正义与善

——社群主义对自由主义的批判

ZHENGYI
YU
SHAN

姚大志 著

目　录

前言：一幅社群主义的导图

一个故事

我们现在要讲一个关于社群主义的故事。任何故事都有自己的背景，我们的故事背景是当代政治哲学。当代政治哲学缘起于美国哈佛大学教授罗尔斯（John Rawls），他于 1971 年发表了《正义论》，而这部巨著的出版立即引起了强烈的反响和热烈的争论。在某种意义上说，几乎所有当代政治哲学文献都是对《正义论》的回应。

《正义论》的发表以及它所引发的争论导致三个意义重大、影响深远的结果。首先，在相对较短的时期内，出现了一大批重要的政治哲学文献以及凭借这些文献而闻名世界的政治哲学家，而且，目前这些政治哲学文献和政治哲学家的名单变得越来越长。其次，以《正义论》为蓝本，当代政治哲学家对正义理论以及其他政治哲学问题进行了大量的、细致的讨论，这些探讨不仅深化了政治哲学各个领域的研究，而且对当代社会制度和其他学科（如政治学、法学、经济学、社会学等）产生了广泛的影响。最后，以罗尔斯为坐标，当代政治哲学家就政治哲学的各种问题展开了激烈的争论，并由此形成了各种不同的派别，而社群主义正是在这种背景下应运而生。

在 20 世纪 70 年代，这场关于政治哲学的争论主要发生于自由主义的内部。如果说罗尔斯的正义理论是一种平等主义的自由主义，那么，以诺奇克（Robert Nozick）为代表的极端自由主义（libertarianism）对罗尔斯提出了尖锐的批评。无论是平等主义的自由主义还是极端自由主义，它们都属于当代自由主义——一种以权利为基础的自由主义，并区别于传统的自由主义——功利主义。

但是，到了20世纪80年代，一大批背景不同、观点各异的思想家脱颖而出，他们对以罗尔斯为代表的自由主义理论进行了猛烈批判。这些思想家的出发点各异，从事批判的角度不同，理论取向也不一样，但是都把自己的观点建立在"共同体"（community）的基础之上，因而，他们的理论被统称为"社群主义"（communitarianism）。如果说自由主义在西方社会处于统治地位，那么社群主义则是自由主义的挑战者。自80年代以来，自由主义与社群主义之间的争论便成为西方政治哲学的主轴。

因为社群主义是自由主义的挑战者，所以我们可以从两者的比较中来把握社群主义的特征。首先，自由主义本质上是一种个人主义，它主张个人是唯一的主体，人们只是为了更好地实现自己的利益才从事合作，并组成共同体；社群主义本质上是一种集体主义，它主张每个人都出生于社会共同体之中，不是个人优先于社会（共同体），而是社会（共同体）优先于个人。其次，自由主义是普遍主义的，它始终以普遍的态度来讨论正义和自由民主制度，似乎它们是适合于所有社会、所有历史和所有文化的普遍价值和制度；社群主义是历史主义的，它强调传统，强调思想的特殊性、历史性和社会性，并以历史的观点看待政治价值和政治制度。最后，当代自由主义是一种以权利为基础的理论，它强调正义或权利的首要性，坚持用正义或权利来规范个人在社会生活中对善的追求；社群主义是一种以共同善为基础的理论，它认为正义和权利不应是抽象的和形式的，而应是实质的和有内容的，即它们应该建立在共同体之共同利益的基础之上。

出于以下三方面原因，社群主义研究具有特别重要的意义。第一，社群主义对自由主义的统治地位提出了挑战。自由主义在西方一直处于支配地位，然而社群主义对自由主义展开了严厉的批判。这种批判从一个独特的角度揭示了自由主义理论的问题和局限，而我们能够通过这种批判来更好地理解当代政治哲学。第二，社群主义提出了需要我们认真思考的政治哲学问题。为了挑战自由主义，社群主义提出了一系列具有针对性的观点，这些具有针对性的观点促使我们思考当代政治哲学的基本问题，如正义与善、个人与共同体、权利与利益、普遍主义与历史主义、中立性与至善主义、团结与多元性等。第三，社群主义对中国具有特殊的影响。一方面，社群主义与儒家思想具有很多共同的地方，两者中存在很多互通并可以互用的思想资源；另一方面，社群主义与马克思主义也有某些相似之处，特别是很多社群主义者都具有马克思主义的思想来源。因此，社群主义对中国学界具有一种特别的吸引力，在国内产生了很大的影响。

四个版本

故事是一个，但是版本有很多。在某种意义上，有多少社群主义者，就有多少版本。但是，考虑到故事的完整性以及流传的范围，我们认为有四个版本值得注意并加以深入研究，它们是哲学社群主义、政治社群主义、古典社群主义以及新社群主义。

哲学社群主义的代表人物是桑德尔（Michael Sandel）。我们把桑德尔的社群主义归为"哲学的"，主要基于两个理由：第一，桑德尔的社群主义主要是否定的（主要体现在他的自由主义批判之中），不是肯定的（没有提出多少建设性的理论），而批判是哲学的一个本质特征；第二，桑德尔的自由主义批判是一种哲学批判，因为这种批判关心的问题是形而上学、认识论和逻辑。桑德尔把以罗尔斯为代表的自由主义看作是义务论自由主义，对它进行了系统的批评。让我们对桑德尔的自由主义批判加以具体分析，以揭示这种批判的哲学性质。

首先，桑德尔试图挖出这种义务论自由主义的形而上学基础。义务论自由主义坚持正义的首要性，其核心主张是正义优先于善。在桑德尔看来，在罗尔斯式的义务论自由主义中，"正义优先于善"这个核心主张依赖于"自我优先于目的"。因为自我是优先的，所以正义才是首要的。因为自我优先于目的，所以权利优先于善。也就是说，罗尔斯的正义理论建立在主体理论的基础之上，而自我观念为正义以及其他观念提供了形而上学的基础。但是，桑德尔认为，罗尔斯在《正义论》中只是阐述了他的正义理论，而没有提出一种主体理论，因此他需要重构罗尔斯的哲学人类学。通过哲学人类学的重构，桑德尔认为罗尔斯的自我观念无法充当其正义理论的哲学基础，从而他得出结论："正义不能在义务论的意义上是首要的，因为我们无法始终一贯地把我们自己当作义务论伦理学（无论是康德式的还是罗尔斯式的）所要求我们成为的那种人。"①

其次，桑德尔对义务论自由主义给予了认识论的批判。罗尔斯在《正义论》中一再重申，正义是社会制度的首要价值。那么正义在什么意义上是首要的？桑德尔提出，我们可以从两种不同但相关的方式来理解正义的首要性：一种是道德意义，另一种是基础意义②。从道德意义来看，正义之所以是首要的，是因为正义的要求高于任何其他道德利益和政治利益，无论这些利益是多么紧迫。正义的首要性意味着，正义是所有价值中的最高价值，在满足其他价值提出的要求之前，正义的价值必须首先加以满足。从基础意义来看，正义的首要性不仅在于它表达了一种道德上的优先性，而且也在于它提供了一种优越的证明形式。也就是说，正义的首要性不仅意味着正义的要求先于善的要求，而且也意味着正义独立于善，即正义原则的证明不依赖于任何特殊的善观念。那么罗尔斯所说的正义的首要性是指哪一种？桑德尔认为，从表面（契约论）看，罗尔斯似乎是在道德意义上主张正义的首要性，即正义优先于善，但是实质上他是在基础意义上主张正义的首要性，即正义独立于善。

最后，桑德尔认为义务论自由主义的错误不在于主张本身而在于逻辑。以罗尔斯为代表的义务论自由主义主张正义的首要性，对此桑德尔提出，这种正义的首要性是有问题的，这种义务论自由主义也是有问题的。但是，桑德尔不是说罗尔斯主张正义的首要性是错误的，而是说罗尔斯不能证明正义具有首要性；桑德尔不是说罗尔斯的正义原则在现实社会中不可能得到实现，而是说罗尔斯无法从其义务论伦理学推论出他的正义原则。也就是说，罗尔斯不能符合逻辑地证明正义的首要性以及正义优先于善。

---

① Michael Sandel, *Liberalism and the Limit of Justice*, Cambridge, UK: Cambridge University Press, 1982, p.65.

② Cf. Ibid., pp.2-3.

政治社群主义的代表人物是沃尔策（Michael Walzer）。我们把沃尔策的社群主义归为"政治的"而非"哲学的"，主要基于三个理由：第一，沃尔策在方法论上是特殊主义的，而哲学家通常是普遍主义的；第二，他提出了系统的政策主张和制度安排，而哲学家对抽象的观念更感兴趣；第三，他强烈倡导政治民主，而哲学家往往更相信理性的慎思。

首先，沃尔策的社群主义是特殊主义的。从方法论上说，沃尔策反对西方自柏拉图以来一直处于支配地位的普遍主义哲学方法。他以嘲讽的口气描述了典型的普遍主义哲学家："走出洞穴，离开城市，登上山峰，为自己（绝不是为普通的男人和女人）塑造一种客观的、普遍的观点。"① 相反，沃尔策称自己的观点完全是特殊主义的，从没有脱离自己生活于其中的社会环境。哲学家总是试图超越社会现实，他们是普遍主义的。因此哲学家（如罗尔斯）的正义追求的是"一"：一个人在一种理想环境（原初状态）下选择一种正义原则，这一种正义原则基于一种标准（平等）并通过一个机构（政府）以一种模式（差别原则）来分配利益。政治学家则需要立足于社会现实，他们是特殊主义的。这样，政治学家（如沃尔策）的正义追求的是"多"：不同的善应该由不同的主体、依照不同的程序、出于不同的理由来加以分配；所有这些不同产生于对社会意义的不同理解，而社会意义本身则是历史特殊主义和文化特殊主义的必然产物。

其次，沃尔策提出了社群主义的制度安排和政策建议。人们通常这样批评社群主义：在批判自由主义时头头是道，在阐述自己的理论时闪烁其词。也就是说，社群主义强于对别人的批判，而弱于提出建设性的主张。这种批判适用于哲学社群主义（如桑德尔），但不适用于政治社群主义（如沃尔策）。沃尔策在很多方面都提出了自己的政策主张，例如关于分配正义问题，他提出了关于制度安排的四个要求：第一，分配正义要求共享的经济、社会和文化方面的基础设施，它们不仅能够扩大人们生活的范围，而且对人们的生活方式也有重要的影响；第二，分配正义要求公共的供给制度，即国家应该照顾病人、老年人、残疾人以及贫苦者，为他们提供食物、衣服、住房、医疗甚至金钱；第三，分配正义要求实现机会平等，在分配

---

① Michael Walzer, *Spheres of Justice*, New York: Basic Books, Inc., 1983, p. XIV.

职位、权力和财富时，为所有人提供平等的机会；第四，分配正义要求实行经济民主，在公司中用公共所有制或工人控制来代替私人所有制。①

最后，沃尔策的政治社群主义的核心观念是民主。沃尔策把民主与哲学对立起来：哲学家知道真理，而真理只有一个并且是永恒的；人民有各种意见，意见则是经常变化的。是哲学优先于民主，还是民主优先于哲学？对于罗尔斯这样的哲学家而言，他们不相信民主的决定都是正确的，不相信民主必然导致正义的结果，因此在理论的意义上他们主张哲学优先于民主。与其相反，对于沃尔策这样的政治学家而言，他们不相信抽象的哲学真理能够适用于所有情况，不相信政治有普遍的、道德上的正确性，因此在实践的意义上他们主张民主优先于哲学。沃尔策认为，民主优先于哲学，一切权力都源于人民的意志；并且认为人民有做错事的权利，甚至人民在做错事的时候也是正确的。在沃尔策看来，这种主张的最有力之处不在于人民知道什么，而在于他们是谁。他们是法律的主体，如果法律要对自由和平等的人们具有约束力，那么人民就必须是法律的制定者。按照这种论证，决定一个东西成为法律的是人民的意志，而非哲学家的理性。②

古典社群主义的代表人物是麦金太尔（Alasdair MacIntyre）。麦金太尔的思想倾向明显是古典的：他向往的时代是古希腊，他的理想国家是古代雅典那样的城邦，他的哲学导师是亚里士多德和托马斯·阿奎那，他的志向是超越现代与后现代而回到前现代。我们把麦金太尔认作古典社群主义的代表人物，主要基于以下一些理由：

首先，麦金太尔以亚里士多德主义为基础，对现代道德哲学给予严厉批判。现代道德哲学由道德主体理论、价值理论和规范理论三个部分组成。按照麦金太尔的批判，道德主体理论的错误是"自我的个人化"，即人是作为个人来扮演社会角色和从事实践推理的。③因为道德主体是作为

---

① Cf. Michael Walzer, "Justice Here and Now", in *Thinking Politically: Essays in Political Theory*, edited by David Miller, New Haven: Yale University Press, 2007, pp.137-147.

② Cf. Michael Walzer, "Philosophy and Democracy", in *Thinking Politically: Essays in Political Theory*, edited by David Miller, New Haven: Yale University Press, 2007, pp.5-6.

③ Cf. Alasdair MacIntyre, "Practical Rationality as Social Structures", in *The MacIntyre Reader*, edited by Kelvin Knight, Notre Dame, Indiana: University of Notre Dame Press, 1998, pp.129-130.

个人的自我，所以我所扮演的角色都是我个人选择的结果，我所赞成的道德原则和所作出的道德判断都是在表达我个人的偏好。因为道德语言所表达的无非是我的偏好，所以在实践推理中，首先我要对各种偏好进行排序和计算，然后追求偏好满足的最大化。价值理论的错误是"善的私人化"。① 在现代道德哲学中，善被理解为个人欲望或偏好的满足，而欲望或偏好又是因人而异的，因此善是个人追求的目标，不存在共同的善。而且，在"什么是善"的问题上，人们之间充满了分歧，而这种分歧是无法消除的。规范理论的错误是"德性的边缘化"。② 在古希腊的城邦中和亚里士多德的伦理学中，德性和规则都挥发了恰如其分的功能，但是在现代社会和现代道德哲学中，道德规则具有了中心地位并且发挥了头等重要的作用，而德性则逐渐被边缘化了。

其次，麦金太尔提出了带有明显古典特征的社群主义理论。这种具有古典特征的社群主义理论表现在各个方面：在元伦理学方面，他主张价值与事实是联系在一起的，反对事实与价值的分离；在规范伦理学方面，他主张德性在道德规范中的首要地位，反对现代的规则伦理学；在道德哲学方面，他主张善的优先性，反对正当优先于善；在正义理论方面，他主张应得是分配正义的原则，反对自由主义和功利主义的各种分配原则；在政治哲学方面，他主张个人归属于共同体，反对各种形式的个人主义。麦金太尔社群主义的古典性质还集中体现在"目的论"的观念之中。在他看来，一种合理的道德哲学和政治哲学应该把目的放在首要的地位，因为目的能够提供理论所需要的基础和统一性，就像亚里士多德主义那样。各种现代道德理论一般也都承认人们所追求的对象是"目的"，区别在于，现代道德哲学通常把所追求的"目的"（ends）当作善；与其不同，麦金太尔把善当作"目的"（telos），并且把这种作为目的的善置于首要位置。

最后，麦金太尔在现代性的哲学争论中持一种前现代的立场。晚近西

① Alasdair MacIntyre, "The Privatization of Good: An Inaugural Lecture", in *The Liberalism-Communitarianism Debate*, edited by C. F. Delaney, Lanham, Maryland: Rowman & Littlefield Publishers, Inc., 1994, p.4.

② Alasdair MacIntyre, *After Virtue*, second edition, Notre Dame, Indiana: University of Notre Dame Press, 1984, p.169.

方哲学中发生了一场关于现代性的争论，参与争论的人们可以分为两个派别：一派是现代主义者，另外一派是后现代主义者。现代主义者通常承认启蒙以来的现代化过程走了一些弯路，但是他们对现代社会本身充满希望，认为现代性是一项未竟的事业。后现代主义者则对启蒙持完全否定的态度，认为现代性是一种过时的东西，应该用后现代取代现代。麦金太尔对现代主义和后现代主义都持反对的态度，既不像前者那样满怀希望地推进现代性，也不像后者那样向往从现代迈向后现代，而试图走第三条道路，即回到前现代，回到古希腊，回到亚里士多德。基于古典的亚里士多德主义，麦金太尔两面作战：一方面，他反对现代主义，批判作为现代道德哲学的规则伦理学（如康德的伦理学），提倡古典的德性伦理学，批判作为现代政治哲学的自由主义（如罗尔斯的正义理论），主张古典的社群主义；另一方面，他也反对后现代主义，既批判相对主义（如福柯的系谱学），承认实践推理的合理性，也批判视点主义（如尼采的系谱学），承认道德理论的真理性。

新社群主义的代表人物是埃齐欧尼（Amitai Etzioni）。社群主义在20世纪80年代的兴起以及与自由主义的论战，使它的思想得到了迅速传播。各种各样的(哲学的、政治的和古典的）社群主义者站出来批评自由主义，不仅对自由主义在西方社会的权威地位形成了挑战，同时也推动了社群主义思想的发展。到了1990年，一些社群主义者不想被混同于80年代的"学院式社群主义"，于是他们打出了"新社群主义"的旗号。① 与80年代的社群主义相比，这种"新社群主义"有如下一些明显的区别：

首先，20世纪80年代的社群主义以罗尔斯的政治哲学为坐标，所关心的核心问题是正义。90年代的新社群主义以西方（特别是美国）社会为坐标，所关心的核心问题是道德。80年代的社群主义只有一个敌人，即自由主义。新社群主义则两面作战，既反对作为左派的自由主义，也反对作为右派的基督教保守主义。80年代的社群主义最终都要诉诸本土共同体（local community），从而导致两个问题，即特殊主义和相对主义。新社群主义试图诉诸"共同体的共同体"，并以此来克服特殊主义和相对主义。

---

① Cf. Amitai Etzioni, *The Common Good*, Cambridge, UK: Polity Press, 2004, p.3.

其次，80 年代的社群主义者基本上都是哲学家，他们善于思考抽象的理论问题。90 年代的新社群主义者基本上是一些社会学家，他们更善于研究和解决现实问题。在 80 年代，西方政治哲学主要体现为自由主义与社群主义的论战，特别是罗尔斯与桑德尔之间的争论，而这些论战和争论都是在抽象的哲学层面展开的。新社群主义者对抽象的哲学理论不感兴趣，他们更关注现实问题，如婚姻家庭、学校教育、社区治安、环境污染、滥用毒品和公共安全等。

最后，20 世纪 80 年代的社群主义是一种理论，准确地说，是各种理论，如社群主义的哲学理论、政治理论或道德理论。90 年代的新社群主义则是一种运动，它不仅要求人们读社群主义的著作，而且要求人们参与各种社群主义的组织，共同分享社群主义的理念和理想。为了推动社群主义的运动，新社群主义者于 1991 年出版了他们的刊物，一本名为《回应的共同体：权利与责任》的季刊，而且发表了社群主义宣言，建立了社群主义的网站。在这些新社群主义者看来，对于西方社会存在的各种问题，抽象的哲学理论是于事无补的，只有大规模的社会运动才能够改变现实。

三个场景

社群主义有很多版本，那么我们为什么选取了这四个？因为它们讲述了独特的、完整的社群主义故事。它们的故事是独特的，分别从不同的角度叙述了自己关于政治哲学的观点，因此，我们把它们分为"哲学社群主义"、"政治社群主义"、"古典社群主义"和"新社群主义"。它们的故事也是完整的，其中至少包含三个场景，即"自由主义批判"、"正义与善"以及"共同体"。

1. 自由主义批判

社群主义是以自由主义挑战者的面貌出现在当代政治哲学舞台上的，并且以对自由主义的批判闻名于世。社群主义的自由主义批判涉及的范围很广，从自由主义的理念到自由主义的制度，从程序正义到实质正义，从权利观念到善观念，其中核心部分包括三个问题，即普遍主义、个人主义和自由主义的中立性。

自由主义是普遍主义的，始终以抽象的方式谈论自由、平等、权利和正义，似乎它们是适合于所有社会、所有历史和所有文化的普遍价值。一些社群主义者（如麦金太尔）以历史主义来反对自由主义的普遍主义：不是只有一种普遍的正义，而是存在着各种各样冲突着的正义，而且这些正义之间的冲突无法得到合理的解决；正义是历史性的，存在于共同体的生活实践之中，所以古希腊的正义不同于中世纪基督教的正义，基督教的正义不同于现代自由主义的正义；自由主义把自己打扮成普遍主义的形象，这仅仅表明自由主义目前所具有的文化霸权和政治霸权，从而推翻普遍主义与颠覆自由主义的霸权是一回事。一些社群主义者（如沃尔策）以特殊主义来反对自由主义的普遍主义：自由主义的正义理论和达成理论的方法都是抽象的，脱离了具体的社会历史和文化环境；正义是分配善的方式，任何一个社会分配善的方式都不是普遍的，而是特殊的；善是特殊的，因为存在着各种各样的善，而不是只有某种善；分配善的方式是特殊的，因为善是特殊的，善与善是不同的，不能同样加以对待；对善的理解是特殊的，因为文化是特殊的，每一种文化对善和分配善的方式都有自己独特的看法。

自由主义是个人主义的，它主张个人是唯一的主体，个人行为完全由私人动机（自私的或仁爱的）支配。对于自由主义者而言，社会只是个人实现私人目标的工具，人们为此才从事社会合作。社群主义者认为，自由主义的个人主义体现为如下三位一体的观点：个人利益独立于共同体的利益，独立于人们之间的道德联系和社会联系；个人利益是第一位的，社会被放在第二位；社会是由众多个人组成的，但是人们组成社会的目的是为了更好地获得私人利益。[①] 社群主义则主张，不是独立的个人首先存在，然后出于私人动机结合成为共同体，而是每个人都出生于共同体之中，人们永远都无法脱离共同体；不是个人优先于共同体，而是共同体优先于个人。自由主义的个人主义把人理解为自主的，这种自主的人也被社群主义

---

① Cf. Alasdair MacIntyre, *After Virtue*, second edition, Notre Dame, Indiana: University of Notre Dame Press, 1984, p.250.

者称为"无羁绊的自我"（unencumbered self）①，即个人不受家庭、宗教、传统和环境的约束，能够毫无牵挂地作出决定。从社群主义的观点看，这种"无羁绊的自我"观念是错误的，它割断了人与其共同体的联系。因为真实的情况是：我是某人的儿子，属于某个家族、部落、城邦或国家，这样我就从我的家族、部落、城邦或国家继承了它们的过去，它们的债务、遗产、正当期望和义务。

中立性是自由主义的一个鲜明特征，它主张：对于人们所拥有的各种各样的善观念，政府必须是中立的，必须在各种善观念之间保持一种中立的立场，既不促进也不阻碍人们追求自己的美好生活。虽然自由主义者承认个人所追求的美好生活理想本身是有价值的，但是他们认为，促进和实现这些美好生活的理想却不是政府的分内之事。对此，社群主义者提出了两个主要批评：首先，中立性是不可能的。任何一种理论都以某些历史条件和社会条件为前提，这些条件为该理论提供了背景，也对该理论进行了限制，决定了它必然持有一种党派性的立场。任何理论都无法摆脱这些历史和社会条件的限制。如果一种理论摆脱不了其历史和社会条件，那么它就不可能是中立的。其次，自由主义也不是中立的。一方面，自由主义的中立性不过是一种假象，以掩饰其党派性；另一方面，自由主义的中立性也是一种伪装，以掩饰其霸权地位。在当代政治哲学的争论中，自由主义是参与争议的一方，它与其他派别进行论战。而自由主义之所以把自己伪装成是中立的，则是因为它在很大程度上控制了当代的学术争论和公共辩论。也就是说，自由主义既是运动员，又是裁判员。

2. 正义与善

在当代政治哲学中，争论的核心问题是"正义与善"。一方面，如何看待两者的关系是区分政治哲学派别的一个标志，自由主义者大都赞同罗尔斯所说的"正义优先于善"，而社群主义者则坚决反对这个命题；另一方面，从"正义与善"的对立衍生出一系列的其他对立，如个人与共同体、权利与利益、普遍主义与历史主义、中立性与至善主义、团结与多元性等

①　Michael Sandel, *Democracy's Discontent: America in Search of a Public Philosophy*, Cambridge, Mass: The Belknap Press of Harvard University Press, 1998, p.116.

等，而如何处理正义与善的关系在很大程度上决定了如何处理其他的对立关系。

罗尔斯主张正义的首要性以及正义对于善的优先性。按照社群主义者的分析，正义的首要性具有两种含义：首先，正义优先于善，即正义的要求高于任何其他道德利益和政治利益，无论这些利益是多么紧迫；其次，正义独立于善，即正义原则的证明不依赖于任何特殊的善观念。正义之首要性的这两种含义在对比中会看得更为清楚：在第一种含义上，正义的首要性同后果论（如功利主义）是对立的，它表达了一系列必须加以遵守的伦理规范，而对这些伦理规范的遵守优先于对任何实践结果的考虑；在第二种含义上，正义的首要性同目的论（如亚里士多德主义）是对立的，它表达了一种证明的形式，在这种证明中，其首要原则不依赖于任何人类目的或善观念。

社群主义者认为，正义之首要性的这两种含义是紧密联系在一起的，而且正义之所以优先于善，是因为它独立于善。在这种意义上，正义的首要性之基础存在于自由主义的主体观念之中。对于当代自由主义而言，道德主体的本质是自由，每个人都具有自由选择的能力，而这种能力不受环境的偶然性制约，不依赖任何社会和心理倾向。这种存在于主体之中的自由能力优先于任何特殊的目的。主体优先于并独立于客体，这种观念为正义的首要性提供了基础：因为主体优先于目的，所以正义优先于善。①

一般而言，自由主义者主张正义优先于善，而社群主义者则坚持善优先于正义。但是我们需要指出，社群主义者所说的善与自由主义者所说的善是不同的。社群主义者所说的善是共同体的善，而自由主义者所说的善则是指个人的善。因此，社群主义把善排在第一位，这不是问题。问题在于排在第一位的善只能是共同体的善，而不能是个人的善。社群主义强调共同体，其实质是强调共同体的善。个人的善是什么？这个问题的回答是容易的和清楚的：一个人所追求的东西就是他的善，而不同的人追求不同的东西。共同体的善是什么？共同体追求什么样的目的？这个问题的回答

---

① Cf. Michael Sandel, *Liberalism and the Limit of Justice,* Cambridge, UK: Cambridge University Press, 1982, p.7.

却十分困难，以致自由主义者通常否认存在共同体的善，并通过这种否认来反驳社群主义。如果社群主义者把善置于优先的位置，那么他们就必须明确回答"什么是共同体的善"。

关于"什么是共同体的善"，社群主义者提供了两种回答：一种回答是"共同善"（common good）；另外一种回答是"最高善"（highest good）。

第一种共同体的善是"共同善"，即共同体之所有成员共同追求的目的。在这种意义上，"共同善"不是个人的善的总和，也不能由个人的善所构成，它们不仅是通过集体活动和共享的理解而得到的，而且更重要的在于它们是由集体活动和共享的理解所构成的。①

对于社群主义者而言，共同体所拥有的"共同善"是构成性的：不仅"共同善"是由集体活动和共享的理解构成的，而且在这种"共同善"中，个人获得他自己的善与他对"共同善"的贡献是不可分的。按照这种"共同善"的观念，辨认什么是我自己的善以及什么是我最好的生活方式，与辨认什么是"共同善"以及什么是共同体的最好生活方式，两者是无法分开的。如果个人所追求的善与共同体的"共同善"是不可分的，那么"我"的善与"你"的善也是一致的，"我"在追求自己的善的过程中决不会与"你"发生冲突，因为我们都是同一个共同体的成员，因为我们拥有共同的善。

第二种共同体的善是"最高善"。关于"最高善"，社群主义者有两种说法：一种说法直接来自于亚里士多德。亚里士多德把"人类的兴盛"（human flourishing）以及"幸福"（well-being）当作人类的"最高善"，在这种意义上，人类的兴盛和幸福就是共同体的善。② 另外一种说法来自于目的论。从目的论的观点看，共同体的存在要有某种理由，而共同体存在的唯一正当理由就是创造并且维持某种共同的生活形式。共同体的这种共同生活形式不仅能够把各种特殊实践中的善整合在一起，以使它们形成一个统一的整体，并且它也为该共同体提供了一个目的（telos），而这个

---

① Cf. Alasdair MacIntyre, "Politics, Philosophy and the Common Good ", in *The MacIntyre Reader*, edited by Kelvin Knight, Notre Dame, Indiana: University of Notre Dame Press, 1998, pp.239-240.

② Cf. Alasdair MacIntyre, *Whose Justice? Which Rationality?* Notre Dame, Indiana: University of Notre Dame Press, 1988, p.44, 107, 134, 142, 193.

目的超越了实践中得到的各种善。这种作为目的的共同生活形式就是"最高善"。①

3. 共同体

如果说社群主义的否定性方面表达于自由主义批判之中，它的肯定性方面表达于"正义与善"的主张之中，那么这两者都以共同体为基础。共同体是社群主义的根基。社群主义与自由主义之间存在很多对立的地方，如善与正义、责任与权利、至善主义与中立性、历史主义与普遍主义、德治与法治等，但最根本的对立是共同体与个人之间的对立。社群主义的基础是共同体，而自由主义以个人为出发点。我们可以说，没有共同体，就没有社群主义。

问题在于，使社群主义得以安身立命的共同体是指什么？归纳社群主义者的观点，社群主义的共同体具有如下三个特征：

首先，共同体的成员之间存在情感的联系。共同体是一个负载情感的关系之网，这些关系不是一对一的个人联系，而是复杂的、相互交叉的和相互强化的。换言之，共同体提供了情感的纽带，能够使由个人组成的群体变为像家庭一样的社会实体。其次，共同体的成员之间具有共享的信念。共同体的所有成员具有对某种特殊文化的共同信念，即对共享的价值、规范、意义以及对共享的历史和认同的信念。一方面，这种对特殊文化的信念使该共同体具有独特的性质，以区别于其他的共同体；另一方面，共同体使这种特殊的文化一代一代传承下去，形成共享的历史和认同。② 最后，共同体对于共同体的成员是构成性的。用桑德尔的话说："共同体不仅表明了他们作为其成员拥有什么，而且也表明了他们是什么；不仅表明了他们所选择的关系，而且也表明了他们所发现的联系；不仅表明了他们的身份的性质，而且也表明了他们的身份的构成因素。"③

---

① Alasdair MacIntyre, "Practical Rationalities as Social Structures", in *The MacIntyre Reader*, edited by Kelvin Knight, Notre Dame, Indiana: University of Notre Dame Press, 1998, p.123.

② Cf. Amitai Etzioni, *The New Golden Rule: Community and Morality in a Democratic Society*, New York: BasicBooks, 1996, pp.127-130.

③ Michael Sandel, *Liberalism and the Limit of Justice,* Cambridge, UK: Cambridge University Press, 1982, p.150.

按照这种归纳，任何具有上述三个特征的社团或者社会实体都可以被称为共同体，比如说家庭、邻里、城镇、学校、公司、教会、民族、国家等。正是在这种意义上，某些社群主义者把共同体看作一个中国套盒（Chinese nesting boxes），也就是说，更小的共同体（如家庭、邻里）被套在更大的共同体（村庄、城镇）之中，而这些更大共同体则位于超级共同体之中，如国家或者跨国家的共同体（如欧盟）。①

问题在于，这些社会实体之间的区别太大了。为简便起见，我们可以把共同体分为两类：一类是大共同体，如国家；另外一类是小共同体，如邻里、城镇或学校等。显然，小共同体更符合社群主义的理想，它们能够满足社群主义共同体所需要的情感、信念和构成性三个特征。因此，一些社群主义者（如麦金太尔）始终都把社群主义的理想诉诸小共同体。虽然有些社群主义者（如桑德尔）曾试图把国家变为社群主义的共同体，但是最终也只能依赖小共同体。

社群主义反对把国家当作共同体的理由如下②：首先，现代国家太大了，以至于排除了社群主义者最关注的东西，即所有公民的政治参与和共同审议。现代国家里的人口太多，从小国拥有的数千万人到大国的数亿人，根本无法实行全体公民的直接参与。其次，因为现代国家太大，内部存在着各种各样的利益集团，而国家是这些利益集团的博弈场所。在这样的博弈中，起作用的东西是每个集团讨价还价的经济力量和政治力量，而国家通过这些冲突着的力量之间的妥协来维持其存在。最后，在现代国家中，虽然存在着一些公共利益，如保障内部安全和抵御外部侵略，但是不存在社群主义意义上的共同善，从而它不是一个共同体。

为什么社群主义的理想只能实现于小共同体之中？社群主义者认为，与大共同体相对比，小共同体具有两个特征：首先，小共同体是一种实践共同体。小共同体拥有某种共同的生活方式，其成员共同参与某种社会实践活动。在各种各样的实践中，生产活动是最基本的实践，人们必须从事

---

① Cf. Amitai Etzioni, *The Spirit of Community: Rights, Responsibilities, and the Communitarian Agenda*, New York: Crown Publishers, Inc., 1993, p.32.

② Cf. Alasdair MacIntyre, *Dependent Rational Animals*, Chicago and La Salle, Illinois: Open Court, 2002, pp.131-132.

某种生产活动以养活自己和家人。其次，小共同体是一种道德共同体。道德共同体的核心是善观念，而社群主义者把共同善置于优先的地位。共同善的这种优先性具有这样的含义：个人的善与共同善是不可分离的，而且它也与为共同善所作出的贡献是不可分离的；个人按照共同善来认同和界定自己的善，从而对于共同体来说最好的生活方式也是个人最好的生活方式；共同善为共同体中各种不同的善提供了排序标准，从而为各种不同善的实现提供了先后次序。

从社群主义者的观点看，国家太大了，它无法成为一种具有情感联系和共同信念的构成性共同体。因此，社群主义只能依赖各种小共同体。但是，在当代社会，特别是美国社会，真正具有情感联系、共同信念和归属感的人通常都属于以种族和宗教为基础的共同体。正如桑德尔为了批判自由主义而举的例子中，具有归属感的人是阿米什人（Amish）、正统犹太教徒和美洲土著人等。① 但是也正如沃尔策所所说的那样，这些以宗教和种族为基础形成的共同体是"狂热共同体"（greedy communities），而这些"狂热共同体"既不能使其成员具有公民美德，也不能使他们成为好公民，因为他们的共同体感存在于其宗教信仰之中。② 另外，社群主义所诉诸的小共同体只是实践共同体和道德共同体，而不是政治共同体。如果共同体要成为社群主义者实现其理想的所在，那么它们必须成为政治共同体。也就是说，政治共同体是社群主义者的阿喀琉斯之踵。

---

① Cf. Michael Sandel, *Democracy's Discontent: America in Search of a Public Philosophy*, Cambridge, Mass: The Belknap Press of Harvard University Press, 1998, pp.68-69.

② Cf. Michael Walzer, "Michael Sandel's America", in *Debating Democracy's Discontent*, edited by Anita L. Allen and Milton C. Regan, Jr., Oxford, UK: Oxford University Press, 1998, p.176.

第一章　哲学社群主义：桑德尔

1971 年，美国哈佛大学教授罗尔斯（John Rawls）发表《正义论》，这在西方学术界造成了双重的结果：一方面，《正义论》对功利主义的批判使其失去了一个多世纪以来的统治地位，以罗尔斯为代表的、以权利为基础的自由主义取代了功利主义；另一方面，《正义论》使政治哲学和正义问题成为当代哲学研究和争论的中心，引发了自由主义者之间以及自由主义与其他派别（社群主义、共和主义、功利主义、西方马克思主义等）之间的激烈辩论。

1982 年，美国哈佛大学教授桑德尔（Michael Sandel）出版了他的作品：《自由主义和正义的限度》。虽然此前已经出现了大量讨论罗尔斯的文章，但这本书是第一部专门以批评罗尔斯为主题的著作，典型地代表了社群主义对自由主义的批判。在当代政治哲学的争论中，桑德尔占有重要的地位。

首先，桑德尔开启了对自由主义的社群主义批判。在 20 世纪 70 年代，政治哲学的争论主要发生在自由主义内部，以诺奇克和德沃金为代表的自由主义者对罗尔斯的《正义论》提出了尖锐的批评。到了 80 年代，一大批持有不同观点的思想家脱颖而出。虽然他们批评罗尔斯的角度不同，其理论背景也不一样，但批判的靶子不约而同地对准了自由主义，因而他们的理论被统称为"社群主义"（communitarianism）。桑德尔典型地表达了这种社群主义的批判：用共同善来对抗自由主义的个人权利，用共同体来对抗自由主义的个人主体，用目的论来对抗自由主义的义务论。

其次，桑德尔明确打出了"社群主义"的旗帜。在 1982 年发表《自由主义和正义的限度》一书之前，西方在道德哲学和政治哲学领域主要有两种观点：一种是功利主义，另外一种是以罗尔斯为代表的自由主义，而两者之间的对立几乎独占了理论探讨和实践争议的所有空间。桑德尔在这本书中首次使用了"社群主义的"这个词，用它来代表与功利主义和自由主义不同的第三种选择。桑德尔在这本书中也简略地表达了社群主义的基本观点：以罗尔斯为代表的当代自由主义是错误的，因为这种自由主义本身包含了无法解决的内在矛盾；在正当与善的关系中，"善优先于正当"是正确的，而"正当优先于善"是错误的；社群主义的道德基础是共同体，而建立在个人主体上面的自由主义是错误的。

"社群主义"作为一个政治哲学派别包含了各种各样的不同思想。从理论基础来看，社群主义可以分为"大社群主义"和"小社群主义"，前者的理论基础是"大共同体"（national community）；后者的理论基础是"小共同体"（local community）。按照这种划分，桑德尔属于"大社群主义"。从理论性质看，社群主义也可以分为"哲学社群主义"和"政治社群主义"，前者关心的是认识论、形而上学、逻辑和伦理学问题；后者关心的则是价值、建议和策略问题。[①] 按照这种区分，桑德尔属于"哲学社群主义"。"社群主义"是一个非常笼统的称号，很多主张不同思想的人都被归属于这个旗号之下，其中一些人愿意被称为"社群主义者"，而另外一些人则不愿意接受这个称号。桑德尔 20 世纪 80 年代对这个称号安之若素，90 年代中期以后则刻意与之保持距离。

第一节　自由主义批判

通常来说，社群主义者长于批判自由主义的思想，而短于阐发自己的主张。桑德尔更是如此。他以批判自由主义闻名于世，其成名作《自由主

---

①　关于"哲学社群主义"与"政治社群主义"的区分，参见 Elizabeth Frazer, *The Problems of Communitarian Politics*, Oxford, UK: Oxford University Press, 1999, pp.8-9。

义和正义的限度》实质上是一本批判罗尔斯《正义论》的专著。在桑德尔
对自由主义的批判中，他用共同体对抗个人，用善对抗权利，用德性对抗
规则，树立了一种典型的社群主义模式。桑德尔在对罗尔斯的批判中也打
出了"社群主义的"旗号，从而使更多持有相近观点的人集聚在社群主义
的旗帜之下。

在桑德尔看来，罗尔斯的正义理论本质上是一种义务论的自由主义。
就方法论而言，这种义务论自由主义是契约论的。就价值论而言，这种自
由主义是中立的。这样，桑德尔对自由主义的批判主要体现为三个方面，
即义务论自由主义批判、契约论批判和中立性批判。

一、义务论自由主义

自近代以来，西方社会的主流思想一直是自由主义。虽然自由主义是
主流，但是也存在着不同形式的自由主义，如洛克式的自由主义、康德式
的自由主义和密尔式的自由主义。在不同的时期，处于统治地位的是不同
形式的自由主义。例如，在 18 世纪，西方的主流思想是洛克式的自由主
义；而在 19 世纪以后，则变成了密尔式的自由主义。

罗尔斯是当代自由主义的主要代表人物。在桑德尔看来，就其哲学基
础来说，以罗尔斯为代表的当代自由主义在很大程度上受惠于康德。从
康德到罗尔斯，这种形式的自由主义都反对功利主义的道德哲学，都主
张正义优先于善。桑德尔把这种形式的自由主义称为"义务论自由主义"
（deontological liberalism）。

这种义务论自由主义的核心思想被桑德尔归纳如下："社会由各种各
样的人组成，每一个人都具有自己的目标、利益和善的观念，当社会为某
些原则所支配，而这些原则并不依赖于任何特殊的善的观念的时候，这个
社会的安排是最好的；能够为这些起支配作用的原则进行辩护的东西不是
它们能最大限度地提高社会福利或者增加善，而是它们符合正当的观念，
正当作为一个道德范畴优先于善并且独立于善。"①

---

① Michael Sandel, *Liberalism and the Limit of Justice,* Cambridge, UK: Cambridge University Press, 1982, p.1.

在桑德尔看来，义务论自由主义的核心主张是正当优先于善。对于康德而言，这种主张体现为正当的首要性。对于罗尔斯而言，这种主张体现为正义的首要性。罗尔斯在《正义论》中一再重申，正义是社会制度的首要价值，正如真理是思想体系的首要价值一样。如果罗尔斯主张正义的首要性，那么正义在什么意义上是首要的？桑德尔提出，我们可以从两种不同但相关的方式来理解正义的首要性：一种是道德意义，另一种是基础意义。①

从道德意义来看，正义之所以是首要的，是因为正义的要求高于任何其他道德利益和政治利益，无论这些利益是多么紧迫。按照这种观点，正义不仅是众多价值之中的一种价值，而且是所有价值之中的最高价值。正义的首要性意味着，在满足其他价值提出的要求之前，正义的价值必须首先加以满足。也就是说，当正义确认了个人权利的时候，即使普遍的福利也不能压倒它们。

从基础意义来看，正义的首要性不仅在于它表达了一种道德上的优先性，而且也在于它提供了一种优越的证明形式。也就是说，正义的首要性不仅意味着正义的要求先于善的要求，而且也意味着正义独立于善，即正义原则的证明不依赖于任何特殊的善观念。由于正义具有独立的地位，因而正义制约善，并确立其范围。对于义务论而言，按照正义行事就是按照道德法则行事。在这种意义上，道德法则的价值不在于它能增加作为目的的善，而在于它自身就是目的，并优先于所有其他的目的。

桑德尔关于正义的这两种理解在对比中会看得更为清楚。在道德意义上，义务论同后果论（如功利主义）是对立的，它表达了一系列必须加以遵守的伦理规范，而对这些伦理规范的遵守优先于对任何实践结果的考虑。在基础意义中，义务论同目的论（如亚里士多德主义）是对立的，它表达了一种证明的形式，在这种证明中，其首要原则不依赖于任何人类目的或善的观念。

对于桑德尔，关键的问题是"正义的首要性"的两种意义是否可以分

---

① Cf. Michael Sandel, *Liberalism and the Limit of Justice*, Cambridge, UK: Cambridge University Press, pp.2-3.

开。对于某些自由主义，如密尔式的自由主义，两者是可以分开的。密尔承认正义对于善具有优先性；但是他认为，使正义处于优先地位的东西不是抽象的道德原则，而是社会功利。密尔式的自由主义可以分为三个层面：底层是个人对善的追求，中间层面是各种正义准则和权利的要求，最高层面是人类的幸福。虽然个人对善的追求必须符合正义或权利的要求，但是人类的幸福作为最高价值为正义和权利提供了解释。按照密尔式自由主义的观点，像所有其他道德原则一样，正义所依赖的最终基础是功利。

对于密尔式的自由主义，正义在道德意义上具有优先性，但是在基础意义上则不具有优先性。对于康德式的自由主义而言，正义不仅在道德意义上是优先的，而且在基础意义上也是优先的。按照桑德尔的解释，对于康德和罗尔斯而言，不仅正义之首要性的道德意义与基础意义是紧密联系在一起的，而且正义之道德的优先性是可能的，就在于其基础的优先性。换言之，正义之所以与其他价值不同而具有首要性，就是因为它的原则是独立的，是独自得出的，而不依赖于任何善观念。

如果正义的道德优先性依赖于其基础的优先性，而其基础的优先性意味着它是独立得出的，那么正义作为道德法则从何而来？换言之，如果正义是其他社会价值的基础，那么它本身又以什么东西为基础？

桑德尔认为，正义的首要性之基础存在于义务论自由主义的主体观念之中。对于义务论的自由主义而言，道德主体的本质是自由，每个人都具有自由选择的能力，而这种能力不受环境的偶然性制约，不依赖任何社会和心理倾向。从义务论的观点看，关键的问题不在于人们能够选择某些目标，而在于人们具有选择的能力。这种存在于主体之中的自由能力优先于任何特殊的目的。主体优先于并独立于客体，这种观念为正义的首要性提供了基础。这种基础不是经验的，不依赖于任何目的论或心理学。桑德尔得出这样的结论：因为主体优先于目的，所以正当优先于善。①

在桑德尔看来，如果"正义的首要性"这种观点说得通，那么"主体的首要性"这种观点也应该说得通。这样，桑德尔追问：是否存在着这种

---

① Cf. Michael Sandel, *Liberalism and the Limit of Justice*, Cambridge, UK: Cambridge University Press, p.7.

独立于并优先于其对象的主体呢？

桑德尔认为，康德式的自由主义提供了两种关于主体之首要性的论证：一种是认识论的；一种是实践的。认识论的论证涉及关于自我知识的假定。康德主张，必须有某种东西作为认知的前提条件，否则我们将一无所知。这种前提条件就是主体自身。主体是认识的基础，它先于任何特殊经验，能够将各种纷杂的知觉统一起来，使其成为一个整体。主体为认识提供了统一的原则，没有它，我们的自我知觉就会仅仅是一串毫无关联的、不断变化的表象之流。实践的论证涉及人的自由。按照康德的观点，人可以作为经验的对象生活于感性的世界上，人也可以作为经验的主体存在于超感性的世界中。作为经验对象生活在感性世界上，人不得不受因果决定论的支配，从而人不是自由的。只有作为主体生活于超感性的理智世界中，人才能是自由的，才独立于因果决定论，才具有选择的能力。人只有是自由的，才能成为真正的道德主体。这样，义务论需要一种独立于并优先于经验的主体观念，这种主体观念是"正义的首要性"所必不可少的前提条件。①

在桑德尔看来，"正义的首要性"依赖于这样一种主体观念，即主体独立于并优先于客体。但桑德尔认为，主体根本不能独立于并优先于客体。人们必须存在于某种环境之中，并受环境所制约。在这种意义上，人既是经验的主体也是经验的客体，既是行为者也是所追求的目的之工具。桑德尔批评自由主义所描述的关于人类的自我形象是片面的，而在他看来，正是在这种自我形象的片面性中，我们能够发现正义的限度。②

当然，桑德尔的批判目标不是康德，而是罗尔斯，但是他认为罗尔斯的自由主义之哲学基础是康德的义务论。同康德一样，罗尔斯也主张"正当优先于善"和"自我优先于目的"。但是，罗尔斯否认这种独立并优先的自我是一种超验的主体。对于罗尔斯而言，康德的主体观念是抽象的、模糊的、武断的和形而上的，它既无法产生出正义原则，也不能使这些正义原则应用于人类存在的现实世界。罗尔斯把主体安置在某种

---

① Cf. Michael Sandel, *Liberalism and the Limit of Justice*, Cambridge, UK: Cambridge University Press, pp.8-9.

② Cf. Ibid., p.11.

经验处境中,主张正义原则产生于"原初状态",产生于一般的正义环境。正是在这种意义上,桑德尔把罗尔斯的自由主义称为"带有休谟面孔的义务论"。①

我们可以把桑德尔对义务论自由主义的上述批判归纳如下:无论是康德还是罗尔斯,都主张一种义务论的自由主义;义务论自由主义的核心主张是正当优先于善,即坚持正义的首要性;正义的首要性可以从两种意义来理解:一种是道德意义,另一种是基础意义;正义之所以在道德意义上是优先的,在于它在基础意义上是优先的;正义之首要性的基础是主体,因为主体优先于目的,所以正当优先于善。在上述推论的基础上,桑德尔得出了他的结论:"正义不能在义务论的意义上是首要的,因为我们无法始终一贯地把我们自己当作义务论伦理学(无论是康德式的还是罗尔斯式的)所要求我们成为的那种人。"②

以罗尔斯为代表的当代自由主义主张正义的首要性,对此桑德尔提出,正义是有限度的,自由主义也是有限度的。但是,桑德尔所说的限度是理论上的,而不是实践上的。桑德尔不是说罗尔斯主张正义的首要性是错误的,而是说罗尔斯不能证明正义具有首要性;桑德尔不是说罗尔斯的正义原则在现实社会中不可能得到实现,而是说罗尔斯无法从其义务论伦理学中推论出他的正义原则。在这种意义上,桑德尔的自由主义批判也有明显的限度。

二、契约论批判

在罗尔斯的正义理论中,正义体现为他的两个正义原则。对于正义原则,桑德尔关心的东西与其说是正义原则是什么,不如说正义原则从何而来。后者是正义原则的证明问题。那么罗尔斯如何证明他的两个正义原则?

正如桑德尔分析的那样,罗尔斯主张正义的首要性,正义的首要性基于主体的优先性,主体的优先性则基于人的自由。因为人有自由选择的能

① Michael Sandel, *Liberalism and the Limit of Justice,* Cambridge, UK: Cambridge University Press, p.14.

② Ibid.

力，所以主体优先于目的，以及正义优先于善。这意味着罗尔斯要证明正义原则，必须基于人的自由选择能力，而这种基于人的自由选择的证明就是契约论。罗尔斯对当代政治哲学的贡献不仅在于他提出了一种宏伟的正义理论，而且还在于他恢复了契约论在政治哲学中的应有地位。

契约论最经典的表达首次出现于霍布斯的《利维坦》（1651 年）之中，后来经过历代西方政治思想家们（斯宾诺莎、洛克、卢梭和康德等）的补充、调整和完善，遂成为西方的正统理论。契约论是否符合历史事实是一个备受争议的问题。人们通常指责它是一种纯粹的虚构，在历史上从来没有真正发生过。实际上，契约论理论家并不坚持契约论是对国家产生过程的真实描述，他们认为它是对国家起源、性质和基本原则的一种证明。从政治哲学来说，契约论的合法性不在于它是否符合某种现实国家产生的历史事实，而在于它是否为某种现实国家或理想国家的存在提供了合理的证明。

如果契约论的理论意义与其是否符合历史事实无关，那么它历经 300 多年而长盛不衰的魅力是什么？

桑德尔认为，契约论的合理性、正当性和魅力存在于它的道德性之中，而它的道德性则存在于两种不同但又相关的理想之中。"一种是自律的理想，它将契约看作是一种意志行为，其道德性存在于订立契约的自愿性质之中；另一种是互惠的理想，它将契约看作互利的工具，其道德性依赖于交易的公平。"①

自律的理想强调契约是人们的自愿选择，表达了启蒙时代所高扬的理性精神。人们在任何国家秩序中都必须服从某些规则，当这些必须加以服从的规则是人们自愿选择的结果的时候，对规则的服从就变成了自律。选择是独立主体的自主决定，缔结契约是自由而理性的人们的自愿行为。因为我们选择了缔结契约，所以我们才同意遵守它们。归根结底，我们遵从的是我们自己。

互惠的理想则突出了契约的公平性质，体现了自由主义中所蕴含的功

---

① Michael Sandel, *Liberalism and the Limit of Justice*, Cambridge, UK: Cambridge University Press, p.106.

利要求。订立契约是一种交易行为，意味着个人权利的交换和转让。正当的交易应该是公平的，而在公平的交易中，每个人得到的应该等于他所出让的。互惠的理想要求是：契约的缔结和履行应该使人们在交换中达到互利，而不应该产生任何对当事人不利的结果。

契约缔结之后，当事人有信守契约的义务，兑现其承诺。桑德尔认为，相对于自律和互惠的不同理想，契约义务也具有完全不同的道德基础。从自律的理想看，一个契约的道德力量来自于缔约者自愿达成协议这个事实，功利则是一种与其毫不相干的东西。遵守契约的道义不在于我能够从履行契约中受益，而在于我应该遵守我自愿选择的东西。然而，从互惠的理想看，承诺履行契约义务的力量来自于契约的功利性质。它重视的不是我自愿达成合作协议这个事实，而是我在社会合作中将要分享的利益。对于互惠理想来说，自由选择是完全不相干的东西，契约的约束力不在于它是被自愿选择的，而在于它倾向于产生对每个人都有利的结果。①

按照桑德尔的上述分析，契约论的两种理想之间在道德根据上显然存在着不一致。在桑德尔看来，这种不一致揭示了契约论的内在矛盾：按照自律的理想，当我自由而且自愿地达成协议的时候，我就必须履行契约的义务，无论这些义务是什么；但是按照互惠的理想，我之所以履行契约的义务，只在于我预期它能够产生公平而且对我有利的结果。

在古典契约论中，除了其两种理想之间的矛盾以外，还存在一个问题，即起支撑作用的东西是某种形而上学。在霍布斯和洛克那里，支撑着契约论的东西是自然法（law of Nature）。在康德那里，支撑着契约论的东西则是纯粹理性。罗尔斯反对自然法理论，一方面，他不愿意接受自然法所涉及的神学和形而上学；另一方面，他主张"正当优先于善"，而自然法将善置于优先的地位。罗尔斯也反对康德的纯粹理性观念，因为它依赖于一种形而上学的假定。在罗尔斯看来，依赖于自然法的契约论具有"因袭性"（conventionalism），而依赖于纯粹理性的契约论则具有"任意性"（arbitrariness）。罗尔斯试图将契约论建立在位于因袭性和任意性之间的某

①　Cf. Michael Sandel, *Liberalism and the Limit of Justice*, Cambridge, UK: Cambridge University Press, p.107.

个地方，这就是"原初状态"。

罗尔斯通过"原初状态"提出了一种新契约论。桑德尔认为罗尔斯的新契约论强调了两点：一是"选择"的观念；二是"人的多样性"的观念。因此，桑德尔对罗尔斯的契约论提出了两个问题。①

首先，关于原初状态中当事人如何得到正义原则的问题，存在两种解释：一种是"意志论"的解释，即当事人通过选择活动或达成协议而获得了正义原则；另一种是"认识论"的解释，即当事人通过发现活动或共同理解而获得了正义原则。罗尔斯一贯主张"自我优先于目的"和"程序（契约）优先于原则"。因为自我是在先的，所以目的必须是被选择的而不是被给予的；因为契约是在先的，所以正义的原则必须是协议的产物而不是所发现的对象。桑德尔认为，自我的优先性和程序的优先性要求罗尔斯的解释只能是"意志论的"。

其次，上述对"选择"的强调必然伴随着对"人的多样性"的强调。正如带有不同目的的人的多样性对于罗尔斯的主体观念是本质的，同样，原初状态中当事人的多样性对于契约观念也是本质的。契约之所以成为契约，就是因为人的多样性。人不能同自己订立一份契约。契约论本质上要求处于罗尔斯的原初状态中的人只能是多样的。

基于上述分析，桑德尔试图证明，罗尔斯关于正义原则的解释不是"意志论的"，处于原初状态中的人也不可能是"多样的"，从而他的契约论不能被用来证明他的两个正义原则。

罗尔斯这样来描述原初状态：一旦当事人处于原初状态之中，那么无论他们所选择的原则是什么，从道德的观点看都是可接受的；一旦一种公平的程序被建立起来，那么所达成的任何原则都将是正义的。

桑德尔认为，罗尔斯的这种说法可以容许两种解释。一种是"意志论"的解释，即正义原则是被选择的原则，处于原初状态中的人们无论选择了什么原则，它们都将是正义的。但桑德尔更倾向于"认识论"的解释。按照这种解释，"所选择的原则将是正义的，无论它们是什么"，这只不过意

---

① Cf. Michael Sandel, *Liberalism and the Limit of Justice*, Cambridge, UK: Cambridge University Press，pp.121-122.

味着，在某种给定的处境中，他们被确保去选择正确的原则。虽然他们可以选择他们所向往的任何原则，但是他们的处境被设计成这样，即他们被确保只想选择某些原则（罗尔斯的正义原则）。按照这种解释，在原初状态中所达成的任何协议都是公平的，这不是因为其程序使任何结果都是正当的，而是因为其处境确保了一种特殊的结果。简言之，原初状态的设计和罗尔斯的两个正义原则之间存在着某种关联，而在这种关联中，"选择"被排除了。①

在桑德尔看来，随着对原初状态的解释从"意志论的"变为"认识论的"，人的"多样性"也成为问题。桑德尔推论，由于在原初状态中所有当事人的处境是完全一样的，所以他们被确保以同样的方式来推理，从而不可能在通常的意义上进行讨价还价。在任何意义上，讨价还价都需要当事人在兴趣、爱好、权力和知识等方面存在着差别，但是在原初状态中，什么差别都没有。在这样的条件下，任何讨价还价的发生都是难以想象的。如果没有发生任何讨价还价，那么也不会发生任何讨论。按照罗尔斯的说法，在原初状态中，在最终协议达成之前，可以提出各种各样的建议来加以讨论。但是，如果当事人以同样的方式进行推理并信服同样的论据，那么他们看起来不会有不同的思想。讨论以讨论者之间存在差别为前提，但在原初状态中没有这种差别。如果既没有讨价还价也没有讨论，那么也就不会有任何一致的协议。换言之，在无知之幕的后面，人的多样性消失了。②

把上述两个论证合在一起，就形成了桑德尔的契约论批判的逻辑：罗尔斯的无知之幕把人的所有特性都剥除掉了，人的多样性消失了；人成为单一的主体，也就不会有任何讨价还价和讨论，从而也不会有意志论意义上的契约或协议。

从桑德尔的观点看，契约应该是讨价还价的结果。但是这种看法是有问题的。因为在西方政治哲学中，存在着两种契约主义：一种是以霍布斯为代表的"古典契约主义"（contractarianism）；另外一种是以罗尔斯为代表的"契约主义"（contractualism）。前者的契约是经过讨价还价所达成的：

---

① Cf. Michael Sandel, *Liberalism and the Limit of Justice*, Cambridge, UK: Cambridge University Press, p.127.

② Cf. Ibid., p.129.

由于当事人的社会地位是不同的，一个具有优势地位的人要达到对自己有利的结果，就会利用自己的优势和权力在讨价还价中进行威胁和恐吓，强迫对方接受不利的条件；这样达成的契约是不平等的，契约的不平等是当事人地位不平等的反映，这样的契约对处于不利地位的一方是不公平的；这些不利者同意达成协议，也仅仅是两害相权取其轻的结果。后者达成的是罗尔斯式的契约：在无知之幕的后面，当事人不知道自己的社会地位或自然天赋，他们不具备通常意义上讨价还价的基础；因为所有当事人都是平等的，具有相同的处境和推理能力，都能为同样的理由所说服；这样，如果任何人在经过相应的反思后而偏爱某种正义观，那么所有人都会这样做，从而达成一致同意的契约。从罗尔斯的观点看，讨价还价的契约，或者是无法达成一致的，或者是不公平的，两者必居其一。也就是说，桑德尔的契约论批判存在一个根本的问题，即他批评的并不是罗尔斯的契约论。

三、中立性批判

桑德尔认为，当代自由主义有三个基本观点，即中立性的理想、人作为无羁绊的自我以及权利的优先性，而且这三种观点是相互关联和相互支持的。① 我们在这里只讨论中立性的问题，自我观念和权利的优先性将在后面两节加以更深入的探讨。

中立性是当代自由主义的一个典型特征。当代自由主义主张，正义原则不应该建立在各种善观念和美好生活理想的基础之上。虽然个人所追求的美好生活理想本身是有价值的，但是实现和促进这些美好生活的理想却不是政府的分内之事。自由主义的中立性体现了宽容的观念：国家不应干涉人们的信仰，不应该支持或反对某种特殊的宗教、道德和哲学学说；在各种对立的信仰之间，国家不仅持有一种中立的态度，而且还要保护人们的信仰，增进人民的自由。自由主义的中立性也是一种限制理论：政府的行为不应该以善观念为基础，也就是说，政府应该在各种善观念之间保持一种中立的立场，既不促进也不阻碍人们追求自己的美好生活。

① Cf. Michael Sandel, *Democracy's Discontent: America in Search of a Public Philosophy*, Cambridge, Mass: The Belknap Press of Harvard University Press, 1996, p.28.

　　桑德尔的中立性批判包括两个部分：一个部分是关于自由主义中立性的解释；另外一个部分是对自由主义中立性的批评。关于桑德尔对中立性的解释，我们可以把它分为两个层面，即理论的层面和实践的层面。

　　在理论的层面，桑德尔把自由主义的中立性解释为对自由的追求。在桑德尔看来，对于以康德和罗尔斯为代表的自由主义而言，建立在美好生活（无论其是宗教的还是世俗的）上的正义理论与自由是冲突的，因为这些以善观念为基础的理论没有尊重独立的、能够自由选择的自我。桑德尔认为，自由主义的中立性与其自我观念是密切相关的，而前者以后者为基础："正因为我们是自由的、独立的自我，所以我们才需要一个中立于目的的权利框架，而这个中立的权利框架拒绝在道德和宗教的争论中偏袒一方，让公民们自由地选择自己偏爱的价值。"①

　　与自由主义不同，亚里士多德主义、功利主义和社群主义都把正义理论建立在善观念的基础之上，而且它们主张善优先于正义和权利。对于亚里士多德主义而言，善在于实现人类的本性，从而使人类繁荣兴盛。对于功利主义而言，善在于快乐或幸福的最大化，或者福利的最大化。对于社群主义而言，善存在于共同体的共同利益之中，存在于共同体的团结、兴盛和自治之中。自由主义主张正义优先于善：一方面，正义具有优先性，从而不能建立在善观念的基础之上；另一方面，在各种不同的甚至是对立的善观念之间，正义是中立的。

　　值得注意的是桑德尔对自由主义中立性的这种解释：中立性的观念"反映了一种人的观念，而人作为自由选择的自我，不受任何先在道德的约束"②。桑德尔的这种解释引出一个问题：自由主义主张中立性，其重心在什么地方？按照桑德尔的解释，中立性的重心在于强调一种人的观念，一种追求自由选择的自我。但是对于主张中立性的自由主义者，他们强调的重心是一种限制理论，即国家不应干涉公民的信仰，国家行为也不应该建立在善观念的基础之上。中立性的观念确实包含有人的自由特别是对善的自由选择，桑德尔在这个问题上是正确的，但是对于自由主义者（特别

_____

　　①　Michael Sandel, *Justice: What's the Right Thing to Do?* New York: Farrar, Straus and Giroux, 2009, p.216.

　　②　Ibid., p.218.

是以诺奇克为代表的极端自由主义者），其中立性观念强调的东西与其说是"积极的自由"，即去做什么或选择什么的自由，不如说是"消极自由"，即不受政府和他人干涉的自由。

在实践的层面，桑德尔把福利国家当作自由主义中立性的一个实际案例。第二次世界大战之后，包括美国在内的西方国家普遍建立了社会保障制度，国家把增进公民福利当作自己的一项重要职能，在这种意义上，西方国家被称为福利国家。自由主义主张权利优先于善。传统的自由主义者重视的是政治权利和公民权利，如言论自由、良心自由和政治参与的权利等，当代的自由主义者重视的则是社会权利和经济权利，如教育权利、医疗权利、就业权利、住房权利、收入保障权利等，而福利国家以保障这些权利为己任。从政治哲学的角度看，问题在于如何来解释福利国家的行为。对于政治权利和公民权利，自由主义能够提供一种基于中立性的解释，即权利是一个中立的框架，公民在这个中立的框架内可以自由选择自己的善观念。但是，福利国家对市场经济的干预与自由主义的中立性是冲突的，社会权利和经济权利需要不同的道德解释，按照桑德尔的观点，这种道德解释应该基于团结、共同目的、相互义务和共享的公民资格等观念①，而这些观念都是社群主义的。

桑德尔提出，尽管社群主义能够为福利国家提供一种更好的辩护，但是实际上西方国家还是依赖自由主义的中立性。桑德尔以美国为例，从罗斯福的"新政"到约翰逊的"伟大社会"，联邦政府不断扩大社会保障、失业保险和公共救助的范围，不断增加对教育、低收入住房、医疗、食品券和就业培训等的资助。关键在于对福利国家的辩护：以罗斯福和约翰逊为代表的历届美国总统为此提供的理由都基于自由主义的中立性，即社会权利和经济权利体现了对独立的、自由的人的尊重，而这些权利有助于增加人的自由选择的能力和范围。②

桑德尔对自由主义的中立性作出如上解释之后，便提出了他的批评。桑德尔对自由主义中立性的批评有两点：第一，中立性是不可能的；第二，

---

① Cf. Michael Sandel, *Democracy's Discontent: America in Search of a Public Philosophy*, Cambridge, Mass: The Belknap Press of Harvard University Press, 1996, p.280.

② Cf. Ibid., pp.280-282.

即使中立性是可能的，也是不可欲的。①

首先，自由主义的中立性是不可能的。桑德尔把自由主义的自我观念和中立性连在一起加以理解：因为人作为自我是独立的、自主的和自由的，所以应该让每个人自己去自由选择他们的善观念。正义和权利是一个公共的框架，对所有公民提供保护，而作为私人领域的善和生活理想则留给每个人自己去选择和追求。桑德尔认为："如果我们把自己理解为独立的和自由的自我，不受任何未经我们选择的道德纽带的束缚，那么我们就无法真正理解很多道德义务和政治义务，而这些义务不仅是我们通常承认的，甚至还是我们珍重的。"② 这些道德和政治义务包括团结、忠诚、历史记忆和宗教信仰等，它们源自于共同体和传统的道德主张，它们也塑造了我们的认同。

桑德尔的推论是这样的：如果我们不能切断自己与共同体之间的联系纽带，不能否认自己负有某些未经我们选择的道德义务和政治义务，那么自由主义的中立性就是不可能的。这种推论的问题是，对于自由主义来说，中立的主体是国家而非个人。自由主义的自我不是中立的，一个人肯定持有某种善观念和道德信念；而自由主义的国家是中立的，它在对立的善观念和道德主张之间不应偏袒任何一方。在这里桑德尔误解了自由主义的中立性，而他之所以产生误解，是因为他对中立性的理解建立在自由主义的自我观念之上。

其次，自由主义的中立性是不可欲的。从肯定的方面说，社群主义的核心主张之一是"自治"（self-government），它意味着共同体的每一个成员就共同善展开协商，共同塑造共同体的未来。这种共享的自治需要共同体的成员具有某些公民美德或公民品质，而这些公民美德或品质需要国家来培养。对于桑德尔而言，社群主义政治学有两个核心观念：一个是共享的自治；另外一个是德性，前者主张公民应该自己统治自己，后者为自治提供必需的德性和品质。在桑德尔看来，这意味着国家对于公民拥有什么

---

① Cf. Michael Sandel, *Justice: What's the Right Thing to Do?* New York: Farrar, Straus and Giroux, 2009, p.220, 251.

② Ibid., p.220.

样的价值和目的不应该是中立的。①

从否定的方面说，自由主义的中立性意味着国家退出关于善观念和美好生活理想的公共论坛；而国家一旦退出，其他各种极端势力就会乘虚而入。在桑德尔看来：在自由主义者不敢进入的地方，原教旨主义者就会横冲直撞；没有政治议程来表达关于公共问题的道德意见，公众的注意力就会转向官员的私人恶行。也就是说，自由主义的中立性创造了一种道德真空，从而为不宽容和其他各种极端主义开辟了道路。②

从道德的观点看，在桑德尔关于中立性的两种批评中，"中立性是不可欲的"不仅是更重要的，而且也更容易引起争议。即使对于许多自由主义中立性的强烈批评者（如麦金太尔和拉兹等）而言，他们也只是主张中立性是不可能的。因此，我们有必要更进一步讨论中立性问题。为了澄清中立性的观念，我们提出并探讨如下问题：主张中立性的理由是什么？国家在什么事情上应该是中立的？在什么事情上不应该是中立的？

支持中立性的理由主要有三个。首先，国家是一个政治和法律权威，但不是一个道德权威，它没有权威和权利来决定人们应该具有什么样的善观念和美好生活理想。其次，历史经验告诉我们，应该对国家的权力给予限制，而中立性就是一种对国家的限制理论。按照中立性的观念，国家有保护个人权利的职责，但是没有干涉个人生活的权利。拥有什么样的善观念和追求什么样的美好生活理想，这是个人的权利。最后，关于善观念和美好生活理想，人们之间存在分歧，不同的人拥有不同的善观念和生活理想。当人们之间在善观念和生活理想问题上产生分歧的时候，国家不应该支持一方而反对另外一方。

即使中立性确有正当的理由，这也不意味着国家在所有的事情上都应该是中立的。那么国家应该在什么事情上是中立的，在什么事情上不是中立的？首先，一般而言，国家在善的问题上是中立的，但是在政治问题上不是中立的。善的问题属于私人事务，政治问题属于公共事务。维持私人事务与公共事务的大致区分，这通常是有益的。国家在公共事务方面拥有

---

① Cf. Michael Sandel, *Democracy's Discontent: America in Search of a Public Philosophy*, Cambridge, Mass: The Belknap Press of Harvard University Press, 1996, pp.5-6.

② Ibid., pp.322-323.

权威，对私人事务则不应干预。其次，国家在不同的善观念之间是中立的，然而在善恶之间不是中立的。不同的人拥有不同的善观念，在权利和正义约束下，他们各自追求自己的美好生活理想。对此，国家必须持一种中立的态度，不应偏袒任何一方。但是在善恶之间、在美好生活与邪恶生活之间，国家不应该是中立的，而应该旗帜鲜明地赞成善、反对恶，支持美好生活、制止邪恶生活，尽管在某些情况下判断善与恶、美好与邪恶不是一件容易的事情。如果，中立性的批评者以为中立性意味着在善恶之间是中立的，那么他们显然误解了中立性的观念。

第二节　作为主体的自我

桑德尔的自由主义批判的基本思路是：当代政治哲学的主流是以罗尔斯为代表的义务论自由主义，而义务论自由主义的核心观念是自我、权利和中立性；在这三个核心观念中，自我观念为权利和中立性提供了哲学基础，它是核心中的核心；只要我们能够证明罗尔斯的自我观念是错误的，就从根本上击垮了义务论自由主义；而为了证明罗尔斯的自我观念是错误的，我们必须重构他的哲学人类学。

这种思路似乎抓住了当代自由主义的要害，可以一击致命。但是，这种形式的自由主义批判本身也有一个致命的弱点：如果它对罗尔斯的哲学人类学的重构是不成功的甚至是错误的，那么，它在其他方面对自由主义所做的批判就都失去了力量，尽管这些方面的批判本身可能是正确的。

一、正义的首要性和自我的优先性

罗尔斯在《正义论》中始终强调正义的首要性，强调正义作为社会的首要价值优先于任何其他价值。与其相平行，罗尔斯也始终坚持自我的优先性，主张自我优先于目的，从而权利优先于善。在桑德尔看来，无论是正义的首要性还是自我的优先性，都存在一些很难克服的问题。

正义的首要性意味着它优先于所有其他价值，就此而言，正义是"价值的价值"。在什么意义上正义优先于所有其他价值？按照桑德尔的观点，首先，正义在道德的意义上是优先的。人类的本质要求正义的优先性。在这种意义上，为了普遍的善而牺牲正义是不允许的，是侵犯了神圣不可侵犯的东西。其次，正义在认识论的意义上也是优先的。这意味着正义不仅独立于其他的价值，而且是评价其他价值的标准。在这种意义上，正义原则构成了评价社会基本结构的"阿基米德点"。

那么在什么地方能够发现这种"阿基米德点"呢？桑德尔认为，存在着两种可能性，即正义原则或者来自于现行社会价值之内或者来自于现行社会价值之外。但这两种可能性都不令人满意。如果正义原则来自于社会上现在通行的价值，那么就无法保证这个"阿基米德点"是正确的。因为作为现行偶然价值的产物，正义也是偶然的。如果正义原则来自于社会目前通行的价值之外，那么它就依赖于某些先验的假定，而这些先验的假定本身是非常可疑的。正义的首要性之困境在于，处于任何一种情况中的正义原则都是武断的：来自于经验价值的正义原则是武断的，因为它是偶然的；来自于先验假定的正义原则是武断的，因为它没有根基。从而，我们既不能在现实世界中寻找这个"阿基米德点"，也不能脱离这个世界寻找它。①

与正义的首要性相对应，罗尔斯也主张自我的优先性。这个主张意味着自我不是各种目标、属性和欲望的被动接受者，而是一个主动的、具有意志的主体。自我区别于我周围的环境，而且拥有选择的能力。那么在什么意义上自我优先于他所选择的目的？桑德尔认为，同正义一样，首先，自我在道德的意义上是优先的。这种优先性反映了对个人自主性的尊重，对人类尊严的尊重，自我作为人超越了他所扮演的角色和他所追求的目的。其次，自我在认识论的意义上也是优先的。这种优先性将"什么是我的"同"什么是我"区别开来，将作为主体的自我与其目的区别开来。主体不同于目的，但目的是主体的目的。

那么这个寻找"阿基米德点"的主体处于什么样的位置？难题就在于

---

① Cf. Michael Sandel, *Liberalism and the Limit of Justice,* Cambridge, UK: Cambridge University Press, 1982, p.17.

这个主体的位置是难以确定的。在桑德尔看来，它不能离对象（目的）太近，也不能太远。主体离对象太近，就会取消自我与目的之间的距离，就会把"属于我的"当成"我"，这样，主体与其处境之间的界限变得模糊不清了。桑德尔把这种主体称为"完全由处境决定的主体"。从义务论的自由主义来看，主体应该与其处境区别开来，否则自我就不能优先于目的。正如正义原则不能来自于经验那样，主体也不能由处境决定。但是，主体也不能离对象太远。如果主体离经验处境太远，那么它就变成了某种抽象意识。由于距对象太远，它也可能什么都意识不到。这样，"完全由处境决定的主体"就变成了一种"虚无缥缈的主体"。按照义务论的自由主义观点，虽然主体应该从远处展望其对象，但不应太远，以至于这些对象从主体的眼界中消失，其景象化为虚无。正如正义原则不能诉诸先验假定那样，主体也不能是虚无缥缈的。①

桑德尔的上述分析试图表明，罗尔斯的基本观念（正义的首要性和自我的优先性）存在一些需要加以克服的困难。按照桑德尔的观点，罗尔斯要想克服这些困难，那么他必须做两件事情：首先，寻找一种既不由现行价值构成也不诉诸先验假定的评价标准；其次，寻找一种既不是完全由处境决定也不是完全虚无缥缈的主体。桑德尔认为，这两个任务是通过"原初状态"的设计来完成的。

原初状态包含着两种基本成分，它们也是关于参与原初状态的当事人的两个假定。一个假定是这些当事人不能知道什么；另一个假定是他们能够知道什么。他们不能知道的东西是任何能够将一个人与其他人区别开来的信息，这就是所谓的"无知之幕"。无知之幕意味着当事人被假定不知道任何有关他们的社会地位、种族、性别、阶级、财富、智力、力量以及其他自然才能的知识，甚至也不知道他们拥有什么样的善观念、价值观和生活理想。这些限制的目的是为了防止在选择正义原则时受自然和社会环境的偶然性影响，这样无知之幕保证了正义原则将在平等和公平的条件下被选择。当事人能够知道的东西是"基本善"。"基本善"是人作为公民而

---

① Cf. Michael Sandel, *Liberalism and the Limit of Justice*, Cambridge, UK: Cambridge University Press, p.21.

需要的东西，其中包括自由、权利、机会、权力、收入和财富等。虽然原初状态中的当事人不可以知道他们的特殊目的，但他们被假定具有某些心理动机。"基本善"提供了最低程度的动机，以使理性选择能够进行下去。按照罗尔斯的想法，这两个假定将保证当事人依据公共的利益行事。

桑德尔认为，罗尔斯的原初状态面临着两种基本的反对意见。一种意见指责原初状态还是离经验太近，没有完全脱离开人的需要和欲望。这种批评主要是针对"基本善"。它提出，关于基本善的观点不是为人们所普遍共享的，而是反映了西方资产阶级的生活计划，代表了他们的偏见，从而正义原则不过是社会通行价值的产物。这种反对意见抱怨"基本善"的观念太强了，以致失去了公平。另外一种意见批评原初状态离经验太远，完全脱离了人类生活环境，而且它所描述的原始处境太抽象，以致无法产生出罗尔斯的两个正义原则。这种批评主要是针对无知之幕。它认为，无知之幕排除了任何相关的信息，从而难以产生任何有意义的结果；处于原初状态中的人也远离生活，从而不具有必要的动机。这种反对意见指责无知之幕太厚，太不透亮，以致不能得出明确的结果。①

桑德尔用原初状态离经验太近，来批评罗尔斯的基本善的观念；用原初状态离经验太远，来批评他的无知之幕的观念。对于罗尔斯而言，这是两种常见的批评，实际上桑德尔这里也是借用他人的批评。桑德尔自己更为关注的是正义的环境。

除了知识（能知道什么和不能知道什么）之外，原初状态还涉及条件，即正义的环境。罗尔斯遵循休谟的思路，把正义的环境分为两类，即客观的和主观的。客观的环境主要是指人类生活的物质条件，罗尔斯在此强调资源方面"适度的匮乏"；而主观的环境涉及具有不同利益和目的但又进行合作的主体，其中罗尔斯强调，主体的心理动机应该弱化，每个人对其他人的利益都不感兴趣。对于罗尔斯而言，正义环境是产生出正义价值的环境，缺少这种环境，就缺少对正义的需要，从而正义也就毫无价值。这些条件也是经验条件，它们是人类生活中真实的、普遍的事实，而罗尔斯

---

① Cf. Michael Sandel, *Liberalism and the Limit of Justice*, Cambridge, UK: Cambridge University Press, pp.27-28.

认为，正义原则在相当大的程度上依赖于人类社会的自然事实。

基于上述分析，桑德尔对正义的首要性提出了批评：如果正义的价值依赖于某些经验条件，那么就不清楚如何能够维持正义的首要性。罗尔斯关于正义环境的经验解释是借用休谟的，但休谟并非用它来支持义务论意义上的正义首要性。要建立罗尔斯所声称的那种正义的首要性，他不仅应该表明这种正义环境适合于所有社会，而且还应该表明正义的价值在所有社会中都是首要的。否则，正义仅仅是某些社会的首要价值。这就要求罗尔斯提供某种社会学的证明，但他没有提供这种证明。①

桑德尔进一步批评说，当我们考虑现实中各种各样的社会机构的时候，正义的首要性依赖于经验基础这种观念就更站不住脚了。我们可以设想这样一些社会机构或人类联合体，如阶层、部落、邻里、城市、乡镇、大学、工会、民族解放运动以及各种宗教、种族、语言和文化的共同体等，这些或多或少拥有共享目的和明确认同的机构和团体具有一个共同的特性，即它们缺少正义的环境。虽然正义的环境在某种意义上也存在于这些场合，但显然它们并不处于支配地位。按照原初状态的经验主义解释，只有对于那些为价值争执和利益冲突所困扰的社会来说，正义才能是首要的。也就是说，"正义作为社会机构的首要价值不是绝对的，如真理之于理论，而仅仅是有条件的，如勇气之于战争②"。

虽然从桑德尔的观点看，上述关于正义之首要性的批评是非常重要的，但实际上即使我们承认这些批评是正确的，它们也是微不足道的，因为这些批评只是在枝节问题（正义的环境）上绕圈子，而没有触及根本问题。按照桑德尔的思路，根本问题在于，正义的首要性基于自我的优先性。因此，桑德尔要驳倒正义的首要性，必须先驳倒自我的优先性。

二、哲学人类学的重构

桑德尔认为，在罗尔斯式的义务论自由主义中，自我观念为其他的观念提供了哲学基础。因为自我在道德和认识论的意义上是优先的，所以正

---

① Cf. Michael Sandel, *Liberalism and the Limit of Justice*, Cambridge, UK: Cambridge University Press, p.30.

② Ibid., p.31.

义才在道德和认识论的意义上是首要的。因为自我优先于目的，所以权利优先于善。也就是说，罗尔斯的道德理论建立在主体理论的基础之上。但是，罗尔斯在《正义论》中只是详细阐述并论证了他的道德理论，而没有提出一种主体理论。

在桑德尔看来，虽然罗尔斯没有提出他的主体理论，但是在罗尔斯关于正义原则的论证中隐含着一种主体理论。罗尔斯是通过原初状态来证明正义原则的。桑德尔认为，原初状态实质上是两种基本成分结合在一起的产物，一方面是关于可行性的考虑；另一方面是关于正义的信念。因此，以这两者为基础，既可以对原初状态进行辩护，也可以对它进行批评。按照桑德尔的观点，原初状态类似一面透镜，从一个方向我们可以看见两个正义原则，从另一个方向我们可以看见一种对人类自己的反思。正义理论与人的理论是对称的。原初状态不仅产生出一种道德理论，而且也产生出一种哲学人类学。①

但是，在《正义论》中，罗尔斯显然主要关心前者。他的目的是建立一种正义理论，他的注意力主要用于如何从原初状态中推论出两个正义原则，而关于人的理论则是潜在的。桑德尔主张，这种道德主体观念虽然是潜在的，但它对于正义理论具有极其重要的意义，因为正义原则以这种道德主体为基础。为此，桑德尔试图重构罗尔斯的哲学人类学。

桑德尔如何进行这种主体观念的重构呢？桑德尔认为，罗尔斯在论证正义原则时把道德主体的本性当作既定的，然后通过原初状态推论出正义原则。现在桑德尔反其道行之，他在重构中暂时把正义原则当作既定的，然后反推道德主体的本性。这样问题就变为：假如我们是一种拥有正义并将正义视为首要价值的主体，那么这种主体应该具有哪些性质并如何体现于原初状态之中？按照桑德尔的重构，罗尔斯的哲学人类学具有如下两个特征：

首先，就自我与他人的关系而言，主体是多样化、个体化的人。对于罗尔斯而言，任何拥有正义的主体在数量上必然是众多的。在只有一个主体存在的世界上，正义毫无用武之地。人的多样性应被视为正义之可能性

---

① Cf. Michael Sandel, *Liberalism and the Limit of Justice*, Cambridge, UK: Cambridge University Press, pp.47-48.

的前提条件。人是众多的，人与人就必须是有差别的，就必须有某些方式把人们区别开来，这是"个体化原则"。人的个体特征是由经验赋予的，通过需要、欲望、目的、属性、目标等，人具有了特殊性。每个人都存在于特定的时间和地点，出生于某种特殊的家庭和社会，这些特殊的环境及其附带的利益和价值使人成为他们所是的那种独特的人。按照罗尔斯的观点，每一个个别的人都是一个道德主体，而每一个道德主体都是一个个别的人。如果人具有多样性，那么是否也同样拥有统一性？罗尔斯主张主体的多样性先于他们的统一性。我们首先是一些不同的个人，然后我们才形成我们之间的关系并从事合作。个体化的主体的存在是先于经验的，而一个主体的目的是否与其他主体的目的相一致并进行合作则是一个经验问题。因为人的多样性先于人的统一性，所以必然需要运用正义原则来处理自我与他人的关系。对于桑德尔而言，关键的问题是：罗尔斯的道德主体作为自我是"我"，而不是"我们"。①

　　其次，就自我与目的的关系而言，主体是一种"所有的主体"（subject of possession）。罗尔斯主张"自我优先于目的"，但他反对这种优先性存在于超验的形而上学领域之中。这样对自我和目的之关系的解释就必须包括两点：一是自我如何区别于其目的；二是自我如何与其目的相关。没有前者，主体就是完全由处境决定的；没有后者，主体就是极端虚无缥缈的。按照义务论的要求，自我是一种独立于任何利益、目的和事物的主体。所谓"所有的主体"是指，就我拥有某种东西而言，我既与它相关又与它不同。"与它相关"意味着我确实拥有某种特性、欲望或抱负，这些东西是属于"我的"，而不是属于"你的"。"与它不同"意味着我以某种方式与我所拥有的东西之间保持着一定的距离，即这些东西是"我的"，而不是"我"。距离是"所有的主体"的本质。距离表明，如果"我"失去了我所拥有的东西，"我"仍然是那个曾拥有它的"我"。对于罗尔斯而言，主体的边界是固定的，从而，相关的道德问题不是问"我是谁"，而是问"我将选择什么目的"。因此，桑德尔批评罗尔斯的主体观念是一种

---

① Cf. Michael Sandel, *Liberalism and the Limit of Justice*, Cambridge, UK: Cambridge University Press, pp.50-53.

"意志主义的主体观念"。在这种意义上，关键的问题是：主体作为"自我"不是由"目的"构成的，而是先于任何他所选择的"目的"的。①

桑德尔把这种能够优先于目的人称为"无羁绊的自我"(unencumbered self)。② 这个观念意指罗尔斯的自我是自主的，不受家庭、宗教、传统和环境的约束，能够毫无牵挂地作出决定。因为人作为自我是无羁绊的，所以他才能够独立于并且优先于目的，才能够自由地选择他的目的。在桑德尔看来，这种"无羁绊的自我"存在两个问题：一方面，按照桑德尔的社群主义，自由意味着自治，自治依赖于政治共同体的公民承认其所负担的角色和义务，而"无羁绊的自我"显然没有这样的负担；另一方面，除了公民和政治权利之外，现代福利国家赋予个人以各种社会权利和经济权利，对福利保障作出了坚决的承诺，这样就要求个人承担与其相应的义务，要求公民具有强烈的共同责任感和道德参与感，而"无羁绊的自我"与此是不一致的。③

在对罗尔斯的主体理论进行上述重构之后，桑德尔便对其提出了强烈的批评。他首先引证内格尔(T.Nagel)的批评：罗尔斯的主体观念"带有强烈的个人主义偏见"，在最好的情况下，这种个人主义的观念仅仅希望个人不受阻碍地追求自己的目的。④ 在桑德尔看来，除了追求私人目的以外，罗尔斯的个人主义具有更深的含义。桑德尔认为，罗尔斯的主体与其目的之间保持着一定的距离，这种距离是任何经验中的对象都无法超越的，这样就一劳永逸地固定了主体的性质，使之成为刀枪不入、百毒不侵的东西。在这种个人主义的主体观念中，"没有任何信念能够深刻地支配我，以至于没有它我就不能理解自己；没有任何生活目标的变化能够具有巨大的颠覆力量，以至于会改变我的身份；没有任何人生计划是本质的，

---

① Cf. Michael Sandel, *Liberalism and the Limit of Justice*, Cambridge, UK: Cambridge University Press, pp.54-59.

② Cf. Michael Sandel, *Democracy's Discontent: America in Search of a Public Philosophy*, Cambridge, Mass: The Belknap Press of Harvard University Press, 1998, p.116.

③ Ibid., pp.117-119.

④ Cf. Thomas Nagel, "Rawls on Justice", in Norman Daniels (ed), *Reading Rawls*, Stanford, CA: Stanford University Press, 1989, pp.9-10.

以至于如果我放弃它，就会产生一个我是什么人的问题①"。桑德尔批评罗尔斯的自我观念是固定不变的，带有康德道德形而上学的印记。与其相反，他主张自我的边界应该不是固定的，而是变化的，随着人的认知能力和反思能力的变化而扩大或缩小。

在桑德尔看来，这样一种个人主义的主体观念排除了任何公共生活的可能性，而在公共生活中，善、恶和当事人的利益都是事关重大的东西；也排除了任何共同的目的或目标，而这些共同的目的和目标有助于达到一种更为广阔的自我理解，也有助于形成一种共同体。更为一般地说，罗尔斯的个人主义主体观念排除了对自我加以"主体之间"（intersubjective）或"主体之内"（intrasubjective）理解的可能性。与罗尔斯相反，桑德尔认为，"主体之间"和"主体之内"的观念反对这种假定，即谈论主体必然地意味着谈论先在的、个体化的主体。"主体之间"的观念能够使我们在描述主体时超越单个的个人主体，而达到家庭、共同体、阶级或国家的层面；而"主体之内"的观念则能够使我们在描述主体时，在一个单一主体内部讨论多重自我，甚至相互冲突着的自我。②

桑德尔认为，罗尔斯的两个基本观念（即自我的优先性和正义的首要性）处于这样的关系之中："由于人的价值和目的永远是自我的属性，而不是自我的构成要素，所以一种共同体感仅仅是一个秩序良好社会的属性，而决不是它的构成要素；由于自我优先于它所确认的目标，所以一个由正义支配的秩序良好的社会优先于其成员所追求的目标。"③ 在他看来，这就是罗尔斯主张"正义是社会制度的首要价值"的意义所在。但是，桑德尔提出，罗尔斯关于人的理论并不能支持其正义理论，正义也不能在义务论的意义上是首要的，因为我们根本就不是义务论自由主义所要求我们所是的那种人。

桑德尔的结论是：自我在道德和认识论的意义上不能是优先的，因为个人作为自我存在于共同体之中，作为共同体的成员而存在；正义也不能

---

① Michael Sandel, *Democracy's Discontent: America in Search of a Public Philosophy*, Cambridge, Mass: The Belknap Press of Harvard University Press, 1982, p.62.

② Cf. Ibid., pp.62-63.

③ Ibid., p.64.

在道德和认识论的意义上是首要的，因为自我不是优先的，罗尔斯的主体理论无法为其道德理论提供一个坚实的基础。

三、重构的还原

桑德尔认为，在《正义论》中，人的观念是既定的，罗尔斯的工作是通过原初状态从人的观念推论出正义原则。在人类学的重构中，桑德尔反其道而行之，他把正义原则看作既定的，然后通过原初状态反推人的观念。通过这种人类学的重构，桑德尔试图证明，罗尔斯的自我观念是有问题的，正义原则无法建立在人的观念上面。用桑德尔的原话来表达就是："正义不能在义务论所要求的意义上是首要的，因为我们不能始终一致地把我们自己看作是义务论伦理学所要求成为的那种人。"①

桑德尔重构人类学的主要目的不是反驳罗尔斯的主体理论，而是批驳他的正义理论。虽然桑德尔在重构人类学的时候把正义原则当作既定的原则，但是当他完成重构后则要反过来推翻罗尔斯的正义原则。因为桑德尔认为罗尔斯的正义理论建立在他的哲学人类学的基础之上，所以这种哲学人类学的重构在他的自由主义批判中占有重要的地位。换言之，如果桑德尔的哲学人类学重构是不成功的，那么他的自由主义批判也就失去了重要的力量。

现在让我们来检验桑德尔的人类学重构是不是成功的。所谓"重构"，意味着在罗尔斯的《正义论》中隐含着一些关于人的观念，通过桑德尔的解释，这些潜在的观念变得清晰和具有条理。现在我们要做的工作是把罗尔斯的观念与桑德尔的解释加以对照，来检验这种重构是否符合罗尔斯的本意。如果桑德尔的解释是对罗尔斯的"重构"，那么我们所做的事情可以被看作"重构的还原"。

桑德尔的人类学重构有一个前提，即罗尔斯的道德理论建立在他的主体理论之上。桑德尔一再重复这样的说法：对于罗尔斯式的自由主义，因为自我优先于目的，所以正义（或权利）优先于善。在桑德尔看来，罗尔斯的正义理论需要有一个康德式的道德形而上学作为哲学基础，而关于自

---

① Michael Sandel, *Democracy's Discontent: America in Search of a Public Philosophy*, Cambridge, Mass: The Belknap Press of Harvard University Press, p.65.

我的观念就充当了这个基础。由于在罗尔斯的《正义论》中并没有这种康德式的道德形而上学，所以桑德尔需要把它重构出来。这一点我们可以从"哲学人类学"这个带有形而上学含义的词组看出来。

桑德尔承认，关于人作为自我的解释，可以用很多名称来表达，如"人的理论、自我观念、道德认识论、人性理论、道德主体理论、哲学人类学"等。在这些名称中，桑德尔最终选择了"哲学人类学"。那么他为什么选择了这个由"哲学的"和"人类学"组成的名称？按照他自己的说法，这是因为他心目中所想的自我解释应该既是哲学的——它是通过反思而非经验的普遍化获得的，也是一种人类学——它关心人类主体的本性。[①] 也就是说，这种"哲学人类学"是以反思的方式来探讨人类主体的本性。在这种意义上，"哲学人类学"类似于康德的道德形而上学，从而桑德尔才有理由批评说，罗尔斯的正义理论建立在康德式的道德形而上学之上。

但是这里存在一个问题："哲学人类学"是用来描述罗尔斯对人作为自我的解释的合适名称吗？我们认为它不是一个合适的名称。问题的关键在于罗尔斯所说的"自我"的所指是什么？罗尔斯所说的"自我"是指"道德人格"，而"道德人格"以人的两种道德能力为特征：一种是获得善观念的能力，它表现为人能够选择并修正自己的合理生活计划；另一种是获得正义感的能力，它表现为人具有按照正义原则行事的愿望。[②] 显然，罗尔斯的自我观念中没有多少形而上学的含义，而且这种自我观念与桑德尔对它的重构也相去甚远。如果罗尔斯的自我观念没有桑德尔所认为的那么强的形而上学含义，那么他对这种自我观念的人类学重构就失去了根基。

在桑德尔的哲学人类学重构中，他描述了一种自由主义的主体观念。这种自由主义的主体观念有两个特征：就自我与他人的关系而言，主体是个体化的；就自我与目的的关系而言，主体是先于目的的。从社群主义的观点看，这里的问题在于罗尔斯所说的主体是"我"而非"我们"，即自由主义的主体观念是个人主义的，个人作为自我能够自由地选择和追求自

---

① Michael Sandel, *Democracy's Discontent: America in Search of a Public Philosophy*, Cambridge, Mass: The Belknap Press of Harvard University Press, p.50.

② Cf. John Rawls, *A Theory of Justice*, Cambridge, Mass: The Belknap Press of Harvard University Press, 1971, p.561.

己的目的。

对此，桑德尔有两个批评。第一个批评的要点是自由。在桑德尔看来，对于罗尔斯，人的唯一特性就是自由，从而自我能够自由地选择和合理地追求自己的目的。第二个批评的要点是自我的优先性。桑德尔认为，在罗尔斯的正义理论中，所涉及的一系列概念（如正义、权利、目的、善等）都建立在他的自我观念上面。下面让我们分别对这两个批评加以分析和评价。

首先，桑德尔对罗尔斯的人的观念存在很大程度的误解。桑德尔把罗尔斯的人理解为抽象的个人，而罗尔斯自己则把人理解为公民。由这个基本差别产生出了人的特征方面的次生差别：作为抽象的个人，人是自由的和合理的；作为公民，人不仅是自由的和合理的，而且是平等的和理性的。

按照桑德尔的理解，对于罗尔斯而言，人是自由的，这意味着人具有自由选择的能力，这种能力不受外在对象的约束，也不受环境的支配。人可以自由地选择自己的目的，而任何目的都是人的目的。一个人只有具备这种自由选择的能力，他才能成为自由的道德主体。人不仅是自由的，而且也是合理的（rational）。所谓"合理的"意味着：虽然每个人都追求自己的个人利益，但是他们在追求自己的利益时是合理的，即他们可以为此进行社会合作；每个人对社会合作所产生的利益分配都不是无动于衷的，他们都希望在利益的分配中得到更大而非更小的份额。

虽然对罗尔斯的这种理解不是错误的，但它是片面的。因为按照罗尔斯本人的说法，人作为公民是"自由的和平等的，理性的和合理的"①。也就是说，人不仅是自由的，而且也是平等的。人是平等的，这意味着人应该成为社会合作之完全的、正式的、终生的平等成员，而任何人在社会合作中不应处于不平等的地位。人的平等也产生出一个道德要求，即人是目的，而不应该被当作手段。同样，人不但是合理的，而且也是理性的。如果说罗尔斯用"合理的"来表达人的自利以及人对自己利益的关心，那么他用"理性的"来强调人们之间的互惠性以及人对他人利益的尊重。如果

---

① 罗尔斯：《作为公平的正义：正义新论》，上海三联书店2002年版，第13页。

说合理性驱使人们追求自己的个人利益，那么理性要求人们在追求自己利益时要服从正义的约束。

其次，桑德尔对自我的优先性的批评是不成功的。桑德尔的批评的逻辑是：罗尔斯的人作为自我是无羁绊的，所以自我优先于目的；但是，由于自我事实上是有羁绊的，每个人都受家庭、宗教、传统和环境等的束缚，所以自我根本不能优先于目的。桑德尔的逻辑有两方面的问题。

一方面，桑德尔把罗尔斯的人称为"无羁绊的自我"，这是值得商榷的。这个术语意味着，对于罗尔斯而言，人的本性是自由，特别是自由选择的能力。但是我们知道，罗尔斯关于人性的准确说法是"自由的和平等的，理性的和合理的"，而仅仅把人规定为自由的，这是一种片面的理解。而且，即使人的本性是自由，这也不一定意味着人是"无羁绊的"，因为肯定人的自由并不意味否定人是"有羁绊的"。罗尔斯没有否认家庭和社会对人的影响，特别是在"政治自由主义"中，他还特别强调了各种哲学、宗教和道德信念对人的束缚。正是在这种意义上，罗蒂为罗尔斯进行了辩护："这样的人（指"无羁绊的自我"——笔者注）只存在于存在主义哲学家的想象之中，或许也存在于励志书籍作者的幻想之中。"①

另一方面，即使我们承认人是"有羁绊的"，这也并不能从中推出自我不是先于目的的，即这不能否定自我的优先性。因为对于罗尔斯而言，自我可以是在反思的意义上优先于目的的。作为一种反思，自我完全可以思考自己应该过一种什么样的生活，可以选择一种什么样的人生计划，然后在生活实践中去追求实现它。这也就是罗尔斯所说的两种道德能力之一，即选择和修正善观念的能力。

这种对重构的还原表明，桑德尔对罗尔斯的哲学人类学所进行的重构是不成功的。如果桑德尔的这种重构是不成功的，那么他对罗尔斯的自我观念的批判就失去了准星。尽管桑德尔的批判火力很猛，但靶子不过是一个稻草人。

---

① Richard Rorty, "Defense of Minimalist Liberalism", in *Debating Democracy's Discontent*, edited by Anita L. Allen and Milton C. Regan, Jr., Oxford, UK: Oxford University Press, 1998, p.122.

第三节　共同体

社群主义在很多问题上都是与自由主义针锋相对的，如善对权利、德性对正义、应得对平等、特殊性对普遍性、公民身份对自我主体、至善主义对中立性、作为自治的自由对作为自主的自由、公民共和国对程序共和国等，但是最根本的对立是共同体对个人。社群主义建立在共同体的观念之上。就像"社群主义"这个词所提示的那样，没有共同体（community），也就没有社群主义（communitarianism）。

像其他社群主义者一样，桑德尔也提出了他自己的共同体观念，设想了基于共同体的政治。但是，也像其他社群主义者一样，桑德尔在共同体观念的问题上陷入了困境，特别是他所说的共同体到底是指什么，这是不清楚的。桑德尔试图使其社群主义兼容左右两派的思想，但是也因此受到了来自两方面的批评：左派批评他的社群主义不过是另外一种版本的自由主义，从而社群主义者只是试图重新确立共同体感的自由主义者[①]；而右派则指责他的社群主义虽然以古典共和主义为思想资源，但是它并没有表达出古典共和主义的精神。[②]

一、共同体的观念

桑德尔对罗尔斯的分析、重构和批判，从主体理论开始，以道德理论为终点。在他看来，自由主义的道德理论与其主体理论是对应的：道德理论中的权利对应于人的界限并表达了将人与人区分开来的东西，道德理论中的善则对应于人的统一并表达了将人与人联系起来的东西。自由主义主张权利优先于善，这意味着将我们分开的东西优先于将我们联系起来的东

---

① Cf. Bruce Frohnen, "Sandel's Liberal Politics", in *Debating Democracy's Discontent*, edited by Anita L. Allen and Milton C. Regan, Jr., Oxford, UK: Oxford University Press, 1998, p.159.

② Cf. Thomas L. Pangle, "The Retrieval of Civic Virtue: A Critical Appreciation of Sandel's *Democracy's Discontent*", in *Debating Democracy's Discontent*, edited by Anita L. Allen and Milton C. Regan, Jr., Oxford, UK: Oxford University Press, 1998, p.20.

西。我们首先是一些相互不同的个人，然后我们同其他人形成关系并从事合作，从而人的多样性优先于人的统一性。

桑德尔认为，如果我们从权利（自由主义）的观点考察罗尔斯的主体理论，我们就会关注主体之间的差别和人的多样性；但是，如果我们从善（社群主义）的观点考察罗尔斯的主体理论，那么我们所关注的焦点就将转移到人的统一性。对于桑德尔来说，善的问题和人的统一性主要涉及共同体的理论。

在共同体的问题上，桑德尔对自由主义的批评主要有三点：首先，自由主义本质上是一种个人主义，因此其政治哲学和道德哲学依赖于个人、自我和主体等观念，而很少关注共同体的问题；其次，即使有些自由主义者（如罗尔斯）重视并讨论了共同体的问题，但是也没有确立一种正确的共同体观念；最后，如果自由主义的某些观点是正确的，那么它们也必须以某种共同体观念为前提，而自由主义并没有提供这样的前提。在这三点批评中，最重要的实质性批评是最后一个。桑德尔以当代最重要的两个自由主义者——罗尔斯和德沃金（Ronald Dworkin）——为例，提出他们的观点需要一种共同体观念为基础。

在罗尔斯的正义理论中，最重要同时也最容易引起争议的是差别原则。差别原则要求，如果某种社会和经济安排是不平等的，那么它们只有在这样的条件下才能是正义的，即它们能够最大限度地改善社会底层群体的状况。差别原则要求社会上收入更高者以制度的方式帮助收入最低者，而收入更高者通常都是自然天赋更高的人。罗尔斯为差别原则提供了一种道德论证，自然天赋不是个人的财产，而是共同的财产，因此那些天赋更高的人应该帮助其他的人。桑德尔认为，罗尔斯为差别原则提供的论证与其个人主义的自由主义前提是矛盾的，如果个人的自然天赋像罗尔斯所说的那样是共同的财产，那么这种观念必须建立在共同体观念的基础之上。①

德沃金是当代自由主义另外一个重要代表，他把平等视为最高的价值，而他对"平权法案"（Affirmative Action）的辩护典型地表达了他的

---

① Cf. Michael Sandel, *Liberalism and the Limit of Justice,* Cambridge, UK: Cambridge University Press, 1982, p.80, 103.

平等主义。所谓"平权法案"，是指 20 世纪 60 年代美国政府基于约翰逊总统所发布的 11246 号行政命令而实行的政策。这个行政命令要求，所有与联邦政府有商业往来或接受联邦政府资助的学院、大学和其他机构，不仅不得实行直接的种族歧视、性别歧视和宗教歧视，而且还应该采取积极的行动来确保申请者在被雇佣（录取）和雇员在被对待时不受他们的种族、肤色、宗教、性别或者民族身份的影响。按照"平权法案"的要求，在大学的招生名额和所雇佣的教职员中，必须为少数族裔和妇女留有一定的名额。在德沃金看来，平权法案明显倾向于照顾处于社会底层的少数民族，与罗尔斯的差别原则十分类似，它可以被视为差别原则在教育领域的体现。通过对德沃金的辩护的细致分析，桑德尔提出，平权法案要能够行得通，或者求助于功利主义，或者求助于共同体的观念；由于义务论自由主义与功利主义是根本对立的，所以这里它只能求助于共同体的观念。①

如果当代政治哲学（其中包括自由主义）确实需要共同体的观念，那么它们需要一种什么样的观念？桑德尔认为可以考虑三种共同体的观念，其中前两种是罗尔斯在《正义论》中提出来的。

罗尔斯在《正义论》第 79 节讨论"社会联合的理想"时，区别了两种共同体。第一种共同体的观念被罗尔斯称为"私人社会"：首先，构成该社会的人都具有自己的私人目的，而这些私人目的之间或者是相互冲突的，或者是相互无关的，但绝不是相互补充的；其次，这个社会的制度本身被认为没有任何价值，参与社会活动不是被视为一种善，而是被视为一种负担。这样，每个人都把社会安排当作实现自己私人目标的一种手段。这种私人社会的观念把共同体理解为工具性的，即个人把社会机构看作一种必要的负担，并仅仅为了追求私人目的而从事合作。

第二种是罗尔斯自己的共同体观念。罗尔斯认为，人类的社会本性在与私人社会观念的对照中能够得到最好的理解：首先，与私人社会中的私人目的不同，人类事实上拥有共享的最终目的；其次，与私人社会对社会制度的看法相反，人们把他们的共同制度和共同活动看作是善本身。我们

---

① Cf. Michael Sandel, *Liberalism and the Limit of Justice*, Cambridge, UK: Cambridge University Press, 1982, p.80, pp.135-147.

不仅作为合作者相互需要，而且他人的成功和享有对于我们自己的善也是必需的和互补的。在这种共同体的观念中，虽然每一个成员仍然拥有自己的利益，但他们之间的利益并非总是对立的和冲突的，而在某些情况下是互补的和交织在一起的。①

桑德尔认为，上述两种共同体的观念都是个人主义的，虽然其理由不尽一致。第一种共同体观念是个人主义的，因为其合作的主体被假定完全由自私的动机所支配，而且共同体的善也仅仅存在于利益之中，而这些利益是个人从追求其私人目标的合作中得到的。第二种即罗尔斯的共同体观念也是个人主义的，因为它预先假定了合作主体的个人性质，尽管这些主体的实际动机可能是自私的，也可能是仁慈的。对于罗尔斯而言，共同体的善不仅存在于社会合作所直接获得的利益之中，而且也存在于主体拥有的动机和情感联系之中，而这些动机和情感联系伴随社会合作的始终并在其过程中得以发扬光大。桑德尔把第一种共同体观念称为"工具性的"，把第二种共同体观念称为"情感的"。桑德尔认为，"工具性的"解释就其诉诸个人的自私动机而言，完全是外在于主体的；"情感的"解释就其牵涉合作主体的情感而言，则是部分地内在于主体的。但是，无论是"工具性的"还是"情感的"解释，都不能提供一种强有力的共同体理论，以满足差别原则或平权法案的要求。②

对于桑德尔而言，罗尔斯的共同体观念虽然是部分地内在于主体的，但是却不能超越个人动机而完全达到构成性的主体。换言之，在罗尔斯那里，主体与其共同体之间的关系是不正确的。这样，桑德尔提出了第三种即他本人的共同体观念。就其共同体感表现于成员的情感联系之中而言，这种共同体观念与罗尔斯的是类似的。但是就其共同体所表达的不仅是一种情感，还是一种自我理解的方式而言，这种共同体观念与罗尔斯的主张是完全不同的。按照桑德尔的这种共同体观念，说一个社会的成员为一种共同体感所约束，这与其说共同体的绝大多数成员认同这种共同体感并追

①　Cf. John Rawls, *A Theory of Justice*, Cambridge, Mass: The Belknap Press of Harvard University Press, 1971, pp.521-522.

②　Cf. Michael Sandel, *Liberalism and the Limit of Justice,* Cambridge, UK: Cambridge University Press, 1982, pp.148-149.

求共同体的目标，不如说他们认识到了他们具有的统一性，而这种统一性是由他们共同作为这个共同体的组成部分来确定的。对于共同体的成员而言："共同体不仅表明了他们作为其成员拥有什么，而且也表明了他们是什么；不仅表明了他们所选择的关系，而且也表明了他们所发现的联系；不仅表明了他们的身份的性质，而且也表明了他们的身份的构成因素。"①与"工具性的"和"情感的"观念相区别，桑德尔将他自己的共同体观念称为"构成性的"。

在桑德尔看来，罗尔斯的主要错误是将共同体建立在主体的情感联系上面。对于任何一个社会都可以追问：它在什么意义上是正义的，并在什么意义上是一个共同体？桑德尔主张，对此的任何一种回答都不应该参照主体的情感和愿望。追问一个特定的社会是否是正义的，并不意味去追问这个社会的绝大多数成员在其各种愿望中是否具有按照正义去行动的愿望，而是去追问这个社会本身是否是具有某种秩序的社会，即正义表现了其基本结构的社会。同样，追问一个特定的社会是否是一个共同体，并不意味去追问这个社会的绝大多数成员在其各种愿望中是否具有同其他人联合在一起的愿望，而是去追问这个社会是否是具有某种秩序的社会，即共同体表现了其基本结构。桑德尔认为，罗尔斯在关于正义的问题上是正确的，而在关于共同体的问题上则是错误的。如果说功利主义的错误是它没有能够严肃地看待我们的差别性，那么自由主义的错误则是它没有能够严肃地看待我们的共同性。②

二、共同体的政治

虽然桑德尔通过分析三种共同体的观念来表明他的"构成性的共同体"比"工具性的共同体"和"情感的共同体"更为优越，但是一个抽象的共同体观念本身不能说明什么。一个人要证明某种共同体观念的优越性，他必须展示它的内容，特别是它的政治内容。因此，桑德尔必须阐述一种基于构成性的共同体观念的政治是什么样的，也就是说，一种社群主义的政

---

① Michael Sandel, *Liberalism and the Limit of Justice, Cambridge*, UK: Cambridge University Press, 1982, p.150.

② Cf. Ibid., pp.173-174.

治学。

我们可以通过把社群主义的政治学与自由主义的政治学加以对照的方式来探讨桑德尔的政治思想。自由主义主张一种"权利政治学"：权利观念是一个基石，政治法律制度的目的就是为了保护人的权利；在权利和正义观念的约束下，每个人拥有选择自己的善观念和生活方式的自由。与其相对照，桑德尔的社群主义主张一种"义务政治学"：义务观念是一个基石，每个公民都应该把自己应尽的义务放在第一位；为了履行公民义务，每个人都需要认同自己的公民身份和拥有相应的公民美德。

任何一个国家，无论其制度形式是什么样的，都要求其公民履行他们的政治义务。如果公民不履行其义务，那么这个国家就不会具有稳定性。从政治哲学的角度看，政治义务的关键问题是义务的来源。自由主义主张，政治义务的来源是同意，只有公民同意这个国家的统治，公民才具有服从国家之政治法律命令的义务。桑德尔认为，自由主义的义务观念太薄弱了，它不能说明我们作为公民对其他同胞所具有的相互的特殊义务，也不能解释这些特殊义务所包含的忠诚和责任，因为自由主义无法理解，过一种忠诚和责任的生活与我们的自我理解是不可分的——我们作为这个家庭或国家或民族的成员，作为那种历史的承担者，作为这个共和国的公民。①

如果说自由主义主张的是一种同意的义务，那么社群主义主张的则是一种团结的义务。同意的义务需要每个公民自己的赞同，这是契约论的政治话语所要求的；团结的义务则不需要每个公民的同意，它们植根于公民所共享的道德、价值、生活和传统之中。桑德尔列举了很多团结义务的例子：南北战争时期南方军队的指挥官李（Robert E. Lee），第二次世界大战时的法国抵抗运动，以色列在 20 世纪 80 年代援救埃塞俄比亚的犹太人，爱国主义的美德，等等。② 通过这些例子，桑德尔试图表明，每个人对家庭成员和公民同胞具有某些特殊的义务，对家庭、共同体、村镇和国家具有特殊的忠诚。桑德尔特别强调，这种团结的义务与个人是否同意无关，

---

① Cf. Michael Sandel, *Justice: What's the Right Thing to Do?* New York: Farrar, Straus and Giroux, 2009, p.224.

② Cf. Ibid., pp.225-241.

而基于同意的自由主义无法解释这种团结的义务。

桑德尔的社群主义政治学具有三个基本主张，其中每一个主张都是与自由主义对立的：第一个主张提倡美好生活的观念，与自由主义的中立性相对立；第二个主张是自由就是自治，与自由主义的消极自由观念相对立；第三个主张强调公民美德的观念，与自由主义强调正义观念相对立。下面让我们对这三个主张进行具体的分析。

首先，义务政治学追求美好的生活（good life）。关于正义与美好生活，桑德尔认为当代政治哲学有三种基本的立场，即功利主义、自由主义和社群主义。关于功利主义，他赞成自由主义所进行的批判，认为它的幸福最大化原则是错误的。自由主义在美好生活方面是中立的，主张正义优先于和独立于善观念；而在桑德尔看来，这种中立性既是不可欲的，也是不可能的。桑德尔提出，为了达到一种正义的社会，我们必须共同讨论美好生活的意义，并且要创造一种能接纳这种讨论之结果的公共文化。① 在这种意义上，桑德尔主张一种共同善的政治。

其次，义务政治学需要公民的自治（self-government）。这里核心的问题是自由的观念。自由主义主张一种"消极自由"的观念，即自由意味着公民享有一些不可剥夺的权利，而任何他人、团体和政府都不得侵犯它们。桑德尔的社群主义主张一种"积极自由"的观念，即自由意味着自治，意味着共同体的每一个成员就共同善展开协商，共同塑造共同体的未来。自由主义首先关心的问题是政府如何对待公民，并主张政府应该在善观念和生活计划等事情上公平地对待公民。社群主义首先关心的问题是公民如何能够自己统治自己，并寻求发现有益于自治的政治形式和社会条件。② 对于桑德尔而言，自治是一种政治参与，公民一起共同审议政治决定，共同追求共同体的善；自治也是一种道德参与，公民一起共同讨论美好生活的问题，共同审议我们生活中遇到的各种道德难题（如堕胎、同性婚姻和

---

① Cf. Michael Sandel, *Justice: What's the Right Thing to Do*? New York: Farrar, Straus and Giroux, 2009, pp.242-243, 260-261.

② Cf. Michael Sandel, *Democracy's Discontent: America in Search of a Public Philosophy*, Cambridge, Mass: The Belknap Press of Harvard University Press, 1998, pp.26-27.

平权法案等)。①

最后，义务政治学倡导培养公民美德（civic virtues）。如果自由依赖于自治，那么自治依赖于公民美德，即共同体的每一个成员都认同自己的公民身份，并且愿意履行自己承担的公民义务。任何一个社会都要求拥有良好的秩序，也希望人们能够和平相处。如何能够使社会有序和人们和谐共处，不同的政治哲学有不同的主张：自由主义强调的是正义，社群主义强调的是美德。在桑德尔看来，公民美德不是天生的，而是培养出来的。他主张通过共同体感（特定的纽带和归属）来培养公民美德，以使公民承担起与其身份相应的社会角色，并履行其对公民同胞和共同体所具有的义务。② 桑德尔一方面批评罗尔斯式的自由主义只谈正义，不谈美德；另一方面又悲叹美国社会世风日下，过去的公民美德在不断衰落。

美好生活、作为自治的自由和公民美德是桑德尔式社群主义的基本诉求，这没有问题。问题在于，它们作为社群主义政治学的基本主张，与其说是从人的政治本性或者共同体的本性推论出来的（如亚里士多德那样），不如说是针对自由主义政治学的基本主张（中立性、消极自由的观念和权利的优先性）而提出来的。因此，桑德尔的政治学更带有论战的性质——挑战自由主义并与其针锋相对，但是更缺少论证的性质——提出一种更为系统、充分和确定的政治哲学并加以证明。

追求美好生活、自治和公民美德，这对任何一种政治哲学来说都是正确的，无论是自由主义还是社群主义。把这些主张放在自由主义的框架下，虽然自由主义者也不会否认它们，但是会把它们放在次要的位置。把这些主张放在社群主义的框架下，尽管桑德尔赋予它们以主要的地位，但是它们缺少确切的内容。

桑德尔批评自由主义的中立性，主张社群主义政治学应该追求美好的生活。问题在于，我们应该追求什么样的美好生活？一方面，桑德尔只说社群主义应该摆脱中立性，应该把追求美好生活放在第一位，但是对于人们应该追求什么样的美好生活，对于美好生活的确切含义，他却没有明确

---

① Cf. Michael Sandel, *Justice: What's the Right Thing to Do?* New York: Farrar, Straus and Giroux, 2009, p.268.

② Cf. Ibid., pp.263-264.

的说法；另一方面，对于应该过一种什么样的美好生活，当代社会中的人们是有争议的，而且人们也确实为此争论不休。因为人们对美好生活存在高度争议，所以自由主义主张中立性。如果桑德尔反对中立性，主张政治共同体应该追求美好的生活，那么他如何解决人们之间在这个问题上的分歧，这也是不清楚的。

桑德尔可能为自己这样辩护：美好生活的内容存在于公民美德之中，即人们追求什么样的美好生活是由人们拥有什么样的公民美德决定的。这样问题就被转移到公民美德，而倡导公民美德也是其政治学的基本主张之一。倡导公民美德是正确的，但问题在于，桑德尔倡导什么样的公民美德，这是不清楚的。在《民主的不满》中，桑德尔确实列举了很多美德，但它们都属于传统社会（农业社会）的美德。正如某些批评者指出的那样：如果使这些传统美德得以实行和发展的社会条件确实不再存在了，而我们又没有能力恢复这些条件，那么我们就无法确定这些传统美德还有什么意义。①

桑德尔主张自由意味着自治，从自由观念的历史发展和争论看，这显然属于一种"积极自由"的观念，并对立于自由主义所坚持的"消极自由"观念。在这里，我们放下"自由"，不讨论两种自由观念的孰是孰非，而只考虑"自治"。自治意味着公民自己统治自己，这与"民主"的本义是一致的。在这种意义上，它应该是当代民主制度的应有之义。问题在于，现代国家是人口众多的民族国家，在这样的国家中，很难实行公民的自治，而只能实行"代议制"。如果桑德尔所说的政治共同体是指国家，那么他必须解决自治在现代民族国家中采取何种政治形式的问题。然而，桑德尔既然没有明确说明他所谓的共同体到底是指什么，从而也更谈不上共同体的政治形式了。

三、什么是共同体

桑德尔的社群主义的核心观念之一是自治，而自治需要共同体，公民

---

① Cf. Jeremy Waldron, "*Virtue en Masse*", in *Debating Democracy's Discontent*, edited by Anita L. Allen and Milton C. Regan, Jr., Oxford, UK: Oxford University Press, 1998, p.37.

作为共同体的成员实行自我统治。在这种意义上，社群主义是否对人们具有吸引力，是否具有可欲性和可行性，关键在于它的共同体观念，在于共同体的具体所指是什么。然而，桑德尔的共同体观念不仅是模糊的，而且也是不断变化的。

在较早的《自由主义和正义的限度》中，桑德尔提出了他的共同体观念，以与自由主义相对抗。桑德尔批评说，自由主义所赞同的"差别原则"（罗尔斯）和"平权法案"（德沃金）需要一种构成性的共同体观念，因为只有它才能满足公民作为共同体的成员应该承担的团结义务。但是自由主义的共同体观念是工具性的或者情感的，这种构成性的共同体观念只存在于社群主义之中。在举例说明什么是这种构成性的共同体时，桑德尔列举了"家庭、部落、城镇、阶级、国家、民族"等。① 这说明，在这个时候，桑德尔没有在国家和共同体之间作出区分，共同体既可以指大共同体（国家），也可以指小共同体（家庭、邻里和村镇等）。

在这个时期桑德尔的思想里，"社会"也可以是一个共同体。桑德尔认为，一个"社会"是否是一个共同体，不在于它的大多数成员是否在其各种欲望中有一种与他人结合在一起的欲望，一种推进共同体之目的的欲望，而在于这个社会本身是否是以这样的方式组织起来的，即我们要用共同体来描述它的基本结构。正是由于一个社会具有这样的结构，我们才说它作为共同体是构成性的。②

桑德尔把国家和社会看作共同体，这表明他的共同体观念是模糊不清的。在《民主的不满》中，他开始在国家和共同体之间作出区分，但是这种区分还不够清晰，因为它表现为两种共同体的区分。在研究美国宪政和公共哲学的历史时，特别是20世纪的历史时，桑德尔发现，虽然美国的两大党派都诉诸共同体的价值，但是两党所指的共同体是不同的。民主党人（如60年代的约翰逊总统）把国家看作一个共同体，诉诸国家共同体的道德理想，并且经常把国家比喻为家庭和邻里。共和党人（如80年代的里根总统）则诉诸小共同体的价值，如家庭、邻里、教会、学校和城镇

① Cf. Michael Sandel, *Liberalism and the Limit of Justice,* Cambridge, UK: Cambridge University Press, 1982, p.172.

② Cf. Ibid., p.173.

等，而把作为大政府的国家看作是对小共同体的威胁。桑德尔在这个问题上显得有些矛盾：他在意识形态上同情民主党人，但是认为共和党人的共同体观念是正确的。也就是说，国家作为一个共同体太大了，没有办法提供让所有公民都共享的价值。①

桑德尔认为，民主党人把国家看作一个共同体，这是为了给福利国家提供一个道德理由；而共和党人诉诸小共同体，则表达了一种塑造性的理想，即培养公民美德，使其具有实行自治的能力。② 在桑德尔看来，以里根为代表的共和党人表达了社群主义的理想：国家只是一个形式的框架，在这个框架下，存在着各种各样的共同体，而实质性的价值（如道德价值和政治价值）只能实现于各种共同体之中。但是，桑德尔在这里误解了共和党人的观点，因为里根所表达的政治思想与以诺奇克为代表的极端自由主义是完全一致的。也就是说，里根的观点与其说是表达了社群主义的理想，不如说是表达了诺奇克式自由主义的乌托邦。

在桑德尔对美国宪政历史的研究中，理论与实践是统一的。按照桑德尔的说法，随着程序自由主义（procedural liberalism）在理论上逐渐在美国处于统治地位③，与其相相应，在实践中各种共同体也逐渐被侵蚀，其道德结构也在慢慢解体。从家庭、邻里和学校到城镇、集会和工会，传统上为人们提供道德支撑和归属感的共同体都处于风雨飘摇之中。桑德尔把对共同体被侵蚀的这种担心称为"美国的焦虑"。④

如果美国社会的共同体受到了侵蚀，那么是什么原因造成了这种侵蚀？美国的保守主义者认为有两个原因：一个是流行音乐和庸俗电影，它们腐蚀了青年人；另外一个是大政府和福利国家，它们削弱了人们的主动

---

① Cf. Michael Sandel, *Democracy's Discontent: America in Search of a Public Philosophy*, Cambridge, Mass: The Belknap Press of Harvard University Press, 1998, pp.312-314.

② Cf. Ibid., p.315.

③ 在《自由主义和正义的限度》中，桑德尔把以罗尔斯为代表的当代自由主义称为"义务论自由主义"。在《民主的不满》中，他则把它称为"程序自由主义"。

④ Cf. Michael Sandel, "Beyond Individualism", in *Public Philosophy: Essays on Morality of Politics*, Cambridge, Mass: Harvard University Press, 2005, p.41; Michael Sandel, *Democracy's Discontent: America in Search of a Public Philosophy*, Cambridge, Mass: The Belknap Press of Harvard University Press, 1998, p.294.

性和团结互助。虽然桑德尔赞同美国保守主义者关于共同体在不断衰落的判断，但是他不同意他们对导致这一事实之原因的解释。在桑德尔看来，使共同体不断衰落的原因是客观的物质的经济力量。在 19 世纪，最主要的力量是蒸汽机、电力和铁路，它们消解了美国生活中的本土共同体。在 20 世纪，最主要的原因是受到自由市场经济的侵蚀，公司对生活的侵入解除了共同体的力量。当贫富之间的鸿沟在不断扩大时，富人逃离公立学校、公共场所和公共交通，在这种情况下维持公共美德就变得困难了，而且共同善也淡出了人们的视线。①

桑德尔关于自由主义在美国逐渐占据统治地位的分析是客观的，但是他得出的结论则是悲观的。问题的关键在于，在市场经济的发展过程中，经济力量变得越来越集中化了，而且也越来越全球化了。在桑德尔看来，自由主义的任务就是与这种集中化的力量和平共处。在开始的时候，人们认为，这种和平共处需要一种很强的国家的共同体感，这种共同体感能够对现代工业秩序的扩张给予道德上和政治上的背书。如果小规模的"德性共和国"在现代社会不再有任何可能性，那么"国民共和国"看起来就是最好的希望。"国民共和国"在原则上是一种致力于共同善的计划：它寄希望于国家，但这个国家不是作为各种利益博弈的中立框架，而是作为一种塑造性的共同体，它重视塑造与现代社会经济形式和规模相适应的共同生活。但是桑德尔认为，这个计划失败了。到 20 世纪中晚期以前，虽然这种"国民共和国"一直按部就班地运行，但事实证明，除了极端时期（如战争）以外，国家的规模确实太大了，以致无法发挥其培养共享的自我理解之功能，而这种自我理解是构成性的共同体所必需的。这样在美的实践和制度中出现了一系列转移：从共同善的公共哲学向公平程序的公共哲学的转移，从善政治学向权利政治学的转移，从国民共和国向程序共和国的转移。②

上述分析表明，桑德尔的共同体观念经历了一个变化，其重心从大共

---

① Cf. Michael Sandel, "The Problem with Civility", in *Public Philosophy: Essays on Morality of Politics*, Cambridge, Mass: Harvard University Press, 2005, p.55, 193.

② Cf. Michael Sandel, "The Procedural Republic and the Unencumbered Self", in *Public Philosophy: Essays on Morality of Politics*, Cambridge, Mass: Harvard University Press, 2005, pp170-171.

同体（国家）转向小共同体（家庭、邻里和城镇等）。这种变化说明社群主义只能依赖小共同体的观念（这一点在麦金太尔那里表现得最为明显），但是它并不表示桑德尔的共同体观念变得清晰了。因为他的共同体观念仍然存在以下一些问题：

首先，在桑德尔看来，国家太大了，它无法成为一种塑造性的和构成性的共同体。因此，社群主义只能依赖各种小共同体。但是，按照桑德尔的分析，由于市场经济力量的侵蚀，各种传统的小共同体（从家庭、邻里和学校到城镇、集会和工会等）都在衰落。这样在当代美国社会，真正具有共同体感和归属感的人通常都属于以种族和宗教为基础的共同体。在桑德尔为了批判程序自由主义而举的例子中，具有归属感的人是阿米什人（Amish）、正统犹太教徒和美洲土著人等。① 沃尔策借用某个社会学家的说法，把这些以宗教和种族为基础形成的共同体称为"狂热共同体"（greedy communities）。在沃尔策看来，这些"狂热共同体"的成员身份既不能使其成员具有公民美德，也不能使他们成为好公民，因为他们的共同体感存在于其宗教信仰之中。②

其次，如果真正具有塑造性和构成性的共同体是以宗教和种族为基础的，那么这些共同体与国家的关系就成为一个难以解决的麻烦。从共同体的观点看，阿米什人有权利违反政府法律而不把他们的孩子送到学校接受教育，正统犹太人有权利不管公司规定而遵守在安息日不得工作的宗教法令，美洲土著人有权利在举行宗教仪式时吸食某种特殊毒品。但是从现代民主国家的观点看，这些共同体是压制、偏见和愚昧的庇护所，而政府有权利保护人民不受其共同体的压制和欺骗。在两种主张的对抗中，人们很难认为这些"狂热共同体"是更有理的一方。

最后，桑德尔主张，我们应该在个人与共同体的关系中来理解人。自由主义是把人理解为独立于共同体的，因此桑德尔把自由主义的人称为"无羁绊的自我"。与其相对立，桑德尔的人则是"有羁绊的自我"，而"羁

---

① Cf. Michael Sandel, *Democracy's Discontent: America in Search of a Public Philosophy*, Cambridge, Mass: The Belknap Press of Harvard University Press, 1998, pp.68-69.

② Cf. Michael Walzer, "Michael Sandel's America", in *Debating Democracy's Discontent*, edited by Anita L. Allen and Milton C. Regan, Jr., Oxford, UK: Oxford University Press, 1998, p.176.

绊"就是对共同体的依恋和归属。在桑德尔关于这种"有羁绊的自我"的论述中似乎存在一个假定：无论是"狂热共同体"的成员还是"传统共同体"的成员，个人与其共同体之间的这种依恋和归属的纽带是牢不可破的。但是，这个假定是错误的，人们不仅在现行法律框架下有权利改变自己的信念和归属，而且也确实有很多人在改变自己的信念和归属，而桑德尔本人关于"共同体的侵蚀"的说法也在证明这一点。

第四节　权利与善

如何看待权利与善的关系，这是当代政治哲学探讨的核心问题之一，也是社群主义与自由主义的主要分歧所在。罗尔斯提出"权利优先于善"，并为此提供了有力的证明。自由主义者大都赞成并坚持罗尔斯的这个命题，以至当代自由主义可以被看作是一种以权利为基础的自由主义。

社群主义者则坚决反对这个命题。桑德尔在这个问题上的观点始终与罗尔斯是密切联系在一起的：在早期的《正义论》中，罗尔斯为权利的优先性提出了一种基于康德道德形而上学的证明，桑德尔对此提出了一种义务论自由主义的批判，并针锋相对地阐述了他自己的社群主义观点；在晚期的《政治自由主义》中，罗尔斯对权利的优先性提出了一种不依赖任何道德形而上学的证明，桑德尔又对此提出了一种政治自由主义的批判，并且修正了自己的社群主义观点。

一、权利优先性的批判

罗尔斯对当代政治哲学作出了许多重要的贡献，例如批判功利主义，提出两个正义原则，重建契约论，推进平等主义，强调政治自由主义等等，但他最重要的贡献是提出了一种以权利为基础的自由主义。在当代自由主义中，这种以权利为基础的自由主义是主流。"人权高于主权"的高扬和"权利话语"的流行，体现了这种类型的自由主义所占据的支配地位，而这种自由主义的理论基础就是"the right is prior to the good"。

由于 right 一词有不同的含义，这个句子也有不同的译法。right 有"正当"和"正确"的意思，在这种意义上，我们可以把这个句子翻译为"正当优先于善"。特别是考虑到罗尔斯的正义理论与康德道德形而上学之间的关系，这种译法是非常合适的。right 也有"权利"的意思，在这种意义上，我们可以把这个句子翻译为"权利优先于善"。考虑到罗尔斯在很多情况下使用了这个词的复数形式，用它来明确指称权利，所以，我们在这里把这个句子翻译为"权利优先于善"。

什么是"权利"？罗尔斯所说的权利既包括传统政治哲学中所谓的自然权利（罗尔斯称为道德权利），也包括宪法所规定的各种权利。在后者的意义上，"权利"与"自由"往往是通用的。什么是"善"？罗尔斯所说的善，既包括宏大完美的各种形而上信念，也包括无限多样的特殊个人利益。所谓"权利优先于善"，一般而言，就是我们应该首先满足权利的要求，然后再满足善的要求，并且在我们追求善的时候，应该接受权利的约束。

罗尔斯在《正义论》中提出，权利的概念是优先于善的概念的。按照罗尔斯的解释，一方面，每一位社会成员都具有基于正义的不可侵犯性，而这种不可侵犯性是不能被任何他人的福利所压倒的；另一方面，人们应该在权利框架的约束下追求自己的利益，而任何需要侵犯权利才能得到的利益都是毫无价值的。[①] 在罗尔斯的正义理论中，这种权利的优先性体现为自由的优先性，即第一个正义原则的优先性。

按照桑德尔的解释，权利优先于善有两种意义："权利的优先性意味着，首先，个人权利不能为了普遍利益而被牺牲（在这种意义上它与功利主义相对立）；其次，规定这些权利的正义原则不能以任何特殊的美好生活观念为前提（在这种意义上它与一般的目的论观念相对立）。"[②] 这种解释中有三种基本的道德观点，即义务论、后果主义和目的论，而以罗尔斯为代表的义务论自由主义与后果主义和目的论相对立。

在桑德尔看来，虽然"权利优先于善"看起来是一种有力的哲学主张，

---

① Cf. John Rawls, *A Theory of Justice*, Cambridge, Mass: The Belknap Press of Harvard University Press, 1971, p.28, p.31.

② Michael Sandel, "The Procedural Republic and the Unencumbered Self", in *Public Philosophy: Essays on Morality of Politics*, Cambridge, Mass: Harvard University Press, 2005, p.157.

但是它最终还是不能自圆其说。他认为，在罗尔斯的正义理论中，"权利优先于善"以一种康德主义的人性观念为基础。这种自由主义的人的观念被桑德尔称为"无羁绊的自我"，这种自我能够不受约束地选择自己的目的。因为自我优先于目的，所以权利优先于善。这样，桑德尔就必须从事两种批判，即"自我的优先性"的批判和"权利的优先性"的批判。

桑德尔提出了两种自我优先性的批判，它们分别对应于自我观念的两种意义。一种意义是，自我观念在广义上被桑德尔看作是罗尔斯整个正义理论的基础，在这种意义上，破坏了自我观念，整个正义理论的大厦就倒塌了。另外一种意义是，自我观念在狭义上是权利优先性的基础，在这种意义上，要想批判"权利的优先性"，那么首先应该批判"自我的优先性"。关于第一种意义的批判体现在桑德尔对罗尔斯哲学人类学的重构中，在这里，我们只讨论第二种意义的批判。

第二种意义的批判之核心是义务观念。按照罗尔斯的观点，有两种义务产生的方式：一种是"自然的职责"，即我们对其他人作为人而具有的义务，如公平待人、避免残忍等；另外一种是我们通过同意而产生的"自愿的义务"，而无论这种同意是默认的还是明示的。如果自由主义把我们每个人看作"无羁绊的自我"，那么我们就只对我们所同意的东西负有义务。也就是说，自由主义的正义要求我们尊重他人的权利，而不是促进他人的善。

桑德尔认为，"自然的职责"和"自愿的义务"只能解释我们负有的某些义务，而不能解释我们的全部义务，特别是无法解释我们的公民职责和团结义务。公民职责和团结义务依赖于如下事实：我们不是"无羁绊的"，而是"有羁绊的"（具有道德的和政治的纽带），是这个家庭、城市、国家或民族的成员，是某种历史的承担者，是这个共和国的公民。在桑德尔看来，这些由道德和政治纽带所决定的公民职责和团结义务可以超越"自然的职责"和"自愿的义务"。归根结底，作为自由主义的人的观念，"无羁绊的自我"太薄弱了，以致无法说明我们通常负有的忠诚、团结和公民责任等道德的和政治的义务。①

----

① Cf. Michael Sandel, *Democracy's Discontent: America in Search of a Public Philosophy*, Cambridge, Mass: The Belknap Press of Harvard University Press, 1998, pp.14-16.

　　如果说桑德尔对自我优先性的批判是围绕义务观念进行的，那么对权利优先性的批判则是通过中立性的观念进行的。用桑德尔的话说："权利优先于善的主张与中立性的理想是连在一起的，而中立性的理想把个人权利放在首要地位。"① 这里值得注意的地方在于，其他社群主义者（如麦金太尔和沃尔策）往往直接用善的优先性来批判和对抗自由主义的权利优先性，而桑德尔则没有这样做，更没有提出善的优先性的主张。

　　桑德尔认为自由主义的中立性理想是错误的。首先，对于自由主义，由于自我是"无羁绊的"，所以人可以自由地选择他的目的。权利的优先性为所有人提供了一种公共的正义框架，而每个人自己可以自由选择他的善观念。但是正如"忠诚"、"团结"和"公民责任"所表明的那样，与"无羁绊的自我"相反，我们与其他人和共同体之间存在着各种道德的和政治的纽带。如果我们不能切断自己与共同体之间的这些联系纽带，不能否认自己负有某些未经我们选择的公民职责和团结义务，那么自由主义的中立性就是不可能的。其次，自由主义的权利优先性意味着自由的优先性，而自由主义的自由是消极的，即个人权利是任何他人、团体和国家都不得侵犯的。与其不同，社群主义的自由是积极的，即自由意味着自治，意味着共同体的每一个成员就共同善展开协商，共同塑造共同体的未来。这种共享的自治需要共同体的成员具有某些公民美德或公民品质，而这些公民美德或品质需要国家来培养。在桑德尔看来，这意味着国家对于公民拥有什么样的价值和目的不应该是中立的。

　　在当代社会，"权利"一词不仅是指公民权利和政治权利，而且也是指社会权利和经济权利，正是基于这些权利，福利国家有义务为它的所有公民提供福利保障。桑德尔批评说，如果自由主义追随康德，主张权利基于人的尊严，从而所有人作为人都拥有同样的权利，那么自由主义的福利国家为什么只为自己的公民提供福利，而不为其他国家的人们也提供福利？在他看来，自由主义基于权利优先性的观念无法解决这个难题，而只有社群主义的共同体观念和成员资格观念能回答这个问题。桑德尔认为，

---

① Michael Sandel, *Democracy's Discontent: America in Search of a Public Philosophy*, Cambridge, Mass: The Belknap Press of Harvard University Press, p.11.

社会福利与对外援助具有不同的道德地位，但是以权利为基础的自由主义无法区分并解释两者的不同。只有诉诸共享的公民身份和共同体成员的相互责任和互惠，福利国家只向自己公民提供福利的行为才能够得到辩护。在这种意义上，道德的羁绊和先在的义务削弱了权利的优先性。①

桑德尔对权利优先性的批判存在两个问题。首先，在桑德尔的批判中，他把"正义的首要性"与"权利的优先性"混为一谈，把两者看作同义的，并在两者间随意转换。② 我认为把两者混为一谈是错误的：第一，"正义的首要性"观念强调正义是社会的第一美德，是评价社会性质的标准；而"权利的优先性"观念具有更深的基础，它基于某种道德权利甚至自然权利的观念。第二，对于自由主义者而言，一个人即使承认正义的首要性，这并不意味着他也会承认权利的优先性，反之亦然。第三，在当代政治哲学和道德哲学中，对于"权利是什么"，这是比较明确的；而对于"正义是什么"，则存在相当大的争议。

其次，桑德尔对权利优先性的批判依赖于他对自我观念的批判。桑德尔认为，罗尔斯式的自由主义以康德道德形而上学为基础，以一种作为"无羁绊的自我"的人的观念为基础。用他的话说就是，因为自我优先于目的，所以权利优先于善。③ 这种批判的问题在于，如果罗尔斯式的自由主义并不以康德的道德形而上学或者人的观念为基础，那么桑德尔的批判就完全失去了力量。即使我们承认罗尔斯在《正义论》中所阐述和论证的权利优先性以康德的道德形而上学为基础（这一点是有争议的），那么，他在《政治自由主义》中的主张则明确脱离了与康德道德形而上学的任何关联。

二、权利优先性的再批判

所谓政治自由主义是指，它不依赖任何统合性的（即形而上学的）哲

---

① Cf. Michael Sandel, *Democracy's Discontent: America in Search of a Public Philosophy*, Cambridge, Mass: The Belknap Press of Harvard University Press, p.17.

② Cf. Michael Sandel, *Liberalism and the Limit of Justice*, Cambridge, UK: Cambridge University Press, 1982, p.2, 17; Michael Sandel, "Political Liberalism", in *Public Philosophy: Essays on Morality of Politics*, Cambridge, Mass: Harvard University Press, 2005, p.224.

③ Cf. Michael Sandel, *Liberalism and the Limit of Justice*, Cambridge, UK: Cambridge University Press, 1982, p.7.

学、道德和宗教学说，其中包括康德和密尔的哲学。罗尔斯提出不依赖任何形而上学的政治自由主义，这是基于以下三个事实：首先，当代民主社会里存在着各种各样的、统合性的宗教学说、哲学学说和道德学说，这些学说的多元性是民主社会公共文化的长久特性，在短期内不会消失；其次，国家只有通过高压强制的手段，才能使民众信从某一种宗教学说、哲学学说或道德学说，以保持思想上的统一；最后，一个民主社会要想保持长治久安，必须获得该社会绝大多数公民的实质性支持。① 其中最重要的是第一个事实，它也被罗尔斯称为"理性多元论的事实"。

政治自由主义的主要任务是证明正义社会的合法性和稳定性。无论是合法性方面还是稳定性方面，解决问题的关键在于就正义原则达成共识。如果罗尔斯能够证明在"理性多元论的事实"条件下能够就正义原则达成共识，那么政治自由主义的任务就完成了。为此罗尔斯提出了一种与《正义论》有所不同的证明，而这种证明依赖于政治自由主义的三个主要观念，即"权利的优先性"、"公共理性"和"重叠共识"。

在政治自由主义中，罗尔斯仍然坚持权利优先于善。在"理性多元论的事实"条件下，权利的优先性意味着权利对人们追求的道德和宗教信念以及个人利益都设定了限制，而任何人都不能超越这种限制。人们所追求的善观念必须服从权利的约束，而违反了这种约束的任何个人理想和目标都是毫无价值的。权利的优先性也意味着对所有形而上的信念和形而下的利益都持有一种目的中立性的立场。也就是说，公民有自由追求自己所向往的善观念，国家不得做任何事情来使人们接受某种特殊价值观念，而排斥另一些价值观念。

如果说权利的优先性是在政治目的方面对信念和利益进行限制，那么公共理性则是在政治推理方面对它们进行限制。公共理性的限制意味着，在理性多元论的条件下，人们不得从形而上的信念或形而下的利益来思考根本的政治问题。公共理性的核心思想是：公民应该在政治正义观念的框架内展开政治讨论，而在政治讨论中所涉及的一切（包括问题、内容、证

---

① Cf. John Rawls, *Political Liberalism*, New York: Columbia University Press, 1996, pp.36-38.

据、推理等）都必须是公共认可的。公共理性为政治推理和政治证明提供了标准，也就是说，只有符合公共理性的政治推理和政治证明才是合法的。

罗尔斯认为，如果我们坚持权利的优先性，并且在政治推理中接受公共理性的限制，那么我们能够就正义原则达成"重叠共识"。由于理性多元论的事实，人们不可能在最高的形而上的信念方面达成共识，但是可以在基本政治问题上达成重叠共识，并且这种重叠共识能够获得各种形而上的哲学、道德和宗教学说的支持。

在以《自由主义和正义的限度》为代表的作品中，桑德尔在很大程度上用"自我优先性的批判"代替了"权利优先性的批判"，因为他认为，罗尔斯的正义理论依赖于康德的道德形而上学——因为自我优先于目的，所以权利优先于善。但是，罗尔斯在后期提出了政治自由主义，而不再依赖任何形而上的道德学说（其中包括康德的道德形而上学），这样，桑德尔就不得不重新思考对权利优先性的批判。

如果说，桑德尔的早期批判针对的是罗尔斯的"自我"观念（自我优先于并独立于其目的），那么，他对权利优先性的再批判针对的则是罗尔斯的"政治的"观念（政治的观念优先于并独立于道德和宗教的观念）。具体地说，桑德尔对权利优先性提出了三种批评。

首先，政治自由主义搁置重要的道德问题是错误的。政治自由主义主张把政治的正义观念（以及权利）与道德和宗教观念分开，因为政治的正义观念适用于公共领域（宪法实质和基本正义问题），而道德和宗教的观念适用于个人生活，所以应该把后者从政治话语中排除出去。桑德尔认为政治自由主义的这种主张是错误的：一方面，如果政治的正义观念适用于公共领域而道德和宗教观念适用于个人生活，那么两者之间就不会产生任何冲突，从而罗尔斯也不必反复宣称政治价值比非政治价值更为重要；另一方面，罗尔斯为了维持权利的优先性而把道德观念搁置起来，这就是否认道德观念可以是真的。因为如果道德观念可以是真的，那么我们就没有理由否认道德价值可以压倒政治价值，从而也就没有理由搁置道德。①

---

① Cf. Michael Sandel, "Political Liberalism", in *Public Philosophy: Essays on Morality of Politics*, Cambridge, Mass: Harvard University Press, 2005, pp.224-225.

按照桑德尔的解释，权利的优先性意味着权利独立于善。在政治自由主义的框架中，这意味着权利独立于道德观念。桑德尔认为，不诉诸道德和宗教观念而只考虑权利的优先性，这是困难的。他以关于堕胎的争论为例来说明其观点。当代美国社会，人们在是否允许妇女堕胎的问题上存在重大分歧。有些人基于自由主义主张，妇女可以自由选择自己是否堕胎，因为这是她的个人权利。有些人则基于天主教反对堕胎，并且把堕胎看作是一种谋杀。桑德尔认为，假如天主教的宗教学说是真的，那么就不仅没有理由在关于堕胎的争论中排除道德和宗教学说，而且这些道德和宗教学说是反对堕胎的正当理由。在这种情况下，权利的优先性是无法维持的。①

桑德尔的这个批评建立在一种假设之上，即某种道德学说或宗教学说可能是真的。而且，从桑德尔的具体论证看，他看起来也相信这个假设是真的。这确实是真的：每个信奉者都相信自己所信奉的道德学说或宗教学说是真的，否认他就转而皈依其他的道德学说或宗教学说了，或者他干脆不信奉任何东西。问题在于，尽管每个人都认为自己信奉的道德学说或宗教学说是真的，但是把所有个人所信奉的学说放在一起，就会发现它们之间是不相容的，即它们不可能都是真的。而且，我们也没有办法来确证到底哪种学说是真的，哪种学说不是真的。把论证和反驳建立在"道德或宗教学说可能是真的"上面，这是非常不可靠的。

其次，"理性多元论的事实"到底是指什么。对于罗尔斯而言，"理性多元论的事实"是指，当代民主社会里存在着各种形而上的道德学说和宗教学说，而且这些学说的多元性在短期内不会消失。因此，为了避免陷入这种形而上的道德和宗教争论，就应该把它们搁置起来。桑德尔认为，权利的优先性就建立在关于善的"理性多元论的事实"上面，然而在他看来，即使这个事实是真的，那么它也不足以确立权利的优先性。因为"权利优先于善"依赖一种更深层的假设：虽然我们在道德和宗教问题上存在分歧，但是我们在正义和权利问题上却不存在分歧。②

桑德尔批评说，罗尔斯的权利优先性依赖于权利与善之间的不对称

---

① Cf. Michael Sandel, "Political Liberalism", in *Public Philosophy: Essays on Morality of Politics*, Cambridge, Mass: Harvard University Press, pp.225-226.

② Cf. Ibid., pp.231-232.

性，而权利与善之间的不对称性依赖于正义与道德和宗教之间的不对称性。罗尔斯假定，人们在权利的问题上观点是一致的，而在善的问题上则存在严重分歧，因此权利优先于善。权利的优先性基于一种更深层的不对称性，即人们在正义的问题上观点是一致的，而在道德和宗教问题上则存在重大分歧。桑德尔认为，人们不仅在善、道德和宗教问题上存在"理性多元论的事实"，而且在正义和权利问题上也存在"理性多元论的事实"。他举例说，当代美国社会在平权法案、分配正义、公平纳税、医疗保健、移民等问题上都充满争议，而这些争议所展示的正是关于正义的"理性多元论的事实"。按照桑德尔的推论，如果人们在关于正义的问题上也存在"理性多元论的事实"，那么就没有理由主张正义的优先性，从而也就没有理由主张权利的优先性。

如果说罗尔斯的主张建立在权利与善、正义与道德和宗教之间的不对称性上面，那么桑德尔对罗尔斯的批判则建立在两者之间的对称性上面。按照桑德尔的观点，人们在正义和权利的问题上，正如在善、道德和宗教的问题上一样，都是充满争议的。因为人们在正义和权利的问题上并不存在一致意见，所以正义和权利都不具有优先性。即使我们承认这种观点（人们在正义和权利的问题上并不存在一致意见）是真的，桑德尔的批判也是有问题的。因为罗尔斯可以这样来为自己辩护：一方面，为了国家的合法性和稳定性，我们必须在正义的问题上达成一致，但是我们却不必在道德和宗教的问题上达成一致；另一方面，正如原初状态所表明的那样，我们可以在正义的问题上达成一致，但是关于道德和宗教方面的"理性多元论"则是无法克服的。

最后，自由主义的公共理性的限制是错误的。罗尔斯对政治哲学的证明提出了公共理性的限制，即在讨论宪法实质和基本正义问题时，人们只能出示政治的理由，而不能以道德和宗教的观念为理由。桑德尔认为，这种公共理性的限制实质上是正义对道德和宗教的限制，是权利对善的限制，它反映了权利对善的优先性。在桑德尔看来，这种公共理性的限制是错误的。他举19世纪美国的废奴运动为例：废奴主义者认为，奴隶制之所以是错误的，是因为它违反了上帝的法则，而这就是奴隶制应该结束的全部理由。也就是说，公共理性的限制在这里是不正确的，因为废奴主者反对奴隶制是以宗教学说为基础的。①

桑德尔认为，自由主义的公共理性的限制不仅是错误的，而且它还要为此付出政治和道德的代价。一方面，自由主义主张在政治论坛中把道德和宗教的观念排除出去，而一种排除道德和宗教的政治学很快就会产生"祛魅的后果"，即人们对公共生活不再拥有热情，政治话语也日益变得贫乏；另一方面，如果人们不用理性的、宽容的道德和宗教占领"公共广场"，那么非理性的、不宽容的道德和宗教就要充填它。用桑德尔一再重复的话说："在自由主义者望而却步的地方，原教旨主义者就会横冲直撞。"②

桑德尔的思路是：如果自由主义主张我们可以在正义问题上相互争论，那么我们也可以在道德和宗教问题上相互争论；如果自由主义主张我们能够在正义问题上达成一致，那么我们也有可能在道德和宗教问题上达成一致。桑德尔看到了道德和宗教争论的一种可能结果，即某种道德或宗教学说比另外一些更有道理。但是他没有看到另一种更为可能的结果，即这是文化战争的开始。

三、基本观点的变化

20 世纪 90 年代，罗尔斯发表了《政治自由主义》，提出了一种不依赖任何统合性的哲学、道德和宗教学说的自由主义。罗尔斯的这种变化不仅迫使桑德尔对自由主义的权利优先性进行再批判，还使他在权利与善的问题上改变了早期的观点。桑德尔观点的变化表现在如下四个方面：

首先，桑德尔在《自由主义和正义的限度》中首次打出了"社群主义的"旗帜，他和其他一些具有相近观点的自由主义批评者（如麦金太尔、沃尔策和泰勒）被称为社群主义者，他们所表达的政治哲学和道德哲学思

---

① Cf. Michael Sandel, "Political Liberalism", in *Public Philosophy: Essays on Morality of Politics*, Cambridge, Mass: Harvard University Press, pp.242-243.

② Michael Sandel, *Democracy's Discontent: America in Search of a Public Philosophy*, Cambridge, Mass: The Belknap Press of Harvard University Press, 1998, p.322; Michael Sandel, "Political Liberalism", in *Public Philosophy: Essays on Morality of Politics*, Cambridge, Mass: Harvard University Press, 2005, p.246.

想也被称为社群主义。人们认为，而且社群主义者自己也认为，社群主义的思想建立在共同体观念的基础上。在这种意义上，自由主义与社群主义的对立体现为个人与共同体的对立。桑德尔现在认为，他与罗尔斯之间的争论，或者社群主义与自由主义之间的争论，"不是个人的要求与共同体的要求哪一个更为重要的问题，而是权利与善之间的关系地位问题"。①也就是说，在桑德尔看来，社群主义与自由主义之争的核心问题不是个人与共同体，而是权利与善。自由主义主张权利优先于善，而社群主义反对权利的优先性。

其次，按照桑德尔的解释，对于罗尔斯而言，权利对善的优先性表达了两种主张：权利优先性的第一种主张是，个人权利是如此重要，即使普遍的福利也不能压倒它们；权利优先性的第二种主张是，规定权利的正义原则不依赖任何善观念的证明，或者任何统合性的哲学、道德和宗教学说的证明。桑德尔认为，区分这两种主张是重要的，因为他反对的是权利优先性的第二种主张，而不是它的第一种主张。②桑德尔关于权利优先性之含义的两种区分，这里的表述与他在1984年发表的一篇重要文章《程序共和国与无羁绊的自我》中的表述是一致的，与《自由主义和正义的限度》中的表述也基本上是一致的。差别在于，在先前的著作中，桑德尔对权利优先性的两种主张都是反对的，而现在他只反对第二种意义上的优先性。

按照桑德尔现在的表述，他实际上所反对的东西可能不是"权利优先于善"，而是"权利独立于善"。他不是认为权利不重要，而是认为自由主义没有对权利的重要性给予合理的哲学解释。

再次，自由主义主张权利独立于善，而社群主义主张权利与善是相关的。桑德尔承认两种观点之间的这种根本对立，但是他认为社群主义的观点有两种版本。第一种版本是通常意义上的社群主义观点：正义与善是相关的，这是指正义原则是从某个共同体里人们所共有的价值中得出其道德力量的。这种把正义与善联系在一起的方式是社群主义的，即共同体的价

---

① Michael Sandel, "Political Liberalism", in *Public Philosophy: Essays on Morality of Politics*, Cambridge, Mass: Harvard University Press, 2005, p.213.

② Cf. Michael Sandel, "The Limits of Communitarianism", in *Public Philosophy: Essays on Morality of Politics*, Cambridge, Mass: Harvard University Press, 2005, p.253.

值界定了什么是正义的或不正义的。按照这种观点，什么被视为一种权利，这取决于传统或共同体的共同理解。第二种版本是桑德尔自己的社群主义观点：正义与善是相关的，这是指正义原则的证明依赖于它们所服务的目的之价值或内在善。按照这种观点，什么被视为一种权利，这取决于它是否尊重和增加某种重要的人类善。①

桑德尔提出有两种版本的社群主义，这是为了把他与其他社群主义者（如麦金太尔和沃尔策）区别开来。对于麦金太尔和沃尔策，什么东西被看作正义或者权利，这应该诉诸传统或共同体。在桑德尔看来，一方面，某种特殊的传统或共同体的判定不足以证明所判定的东西本身是正义的；另一方面，把正义和权利同某种特殊的传统或共同体连在一起，这会剥除其批判的性质。

最后，桑德尔一直批判自由主义，但是他现在也开始批判功利主义了。在关于权利优先性的两种主张中，桑德尔现在只反对第二种，而不反对第一种。第一种主张提出的问题是：权利重要还是善重要？自由主义主张权利更重要，而功利主义主张善更重要。在这种意义上，权利优先性的第一种主张是反功利主义的和反后果主义的，而第二种主张则是反目的论的和反至善主义的。桑德尔的社群主义是目的论的或至善主义的，而非功利主义的或结果主义的。在桑德尔看来，功利主义主要有两个缺点：第一，它把正义和权利看作是一种算计，而非一种原则；第二，它试图把所有人类的善都折算为一种统一的价值尺度，从而抹杀了它们之间性质的差别。② 这实际上也是罗尔斯对功利主义的主要批评。桑德尔认为自己表达了超越自由主义和功利主义的第三种正义观，即正义在于培养美德和共同善。

桑德尔认为有三种基本的道德观点，即后果主义的、义务论的和目的论的。功利主义是后果主义的，以福利最大化为原则。罗尔斯式的自由主义是义务论的，以正义和权利为原则。桑德尔式的社群主义是目的论的，

---

① Cf. Michael Sandel, "The Limits of Communitarianism", in *Public Philosophy: Essays on Morality of Politics*, Cambridge, Mass: Harvard University Press, 2005, pp.253-254.

② Cf. Michael Sandel, *Justice: What's the Right Thing to Do?* New York: Farrar, Straus and Giroux, 2009, p.260.

以公民美德为原则。

桑德尔上述各种观点的变化导致其基本主张的变化。与其说桑德尔主张善具有优先性，从而它比权利更为重要，不如说他主张权利与善是相关的，而不是独立于善的。在桑德尔看来，权利与善的相关性有两层含义：作为一种哲学主张，我们关于正义和权利的反思不能脱离关于美好生活和人类最高目的之本性的反思；作为一种政治主张，我们关于正义和权利的审议不能不参照善的观念，而这种善的观念体现在这些审议存在于其中的文化和传统之中。① 这意味着桑德尔的立场出现了变化。但是，由于像以前一样他的工作主要是批评别人的观点，而不是明确地阐述自己的观点，所以这种变化的性质还难以确定。它可能是一种原先观点的弱化，在这种意义上，桑德尔仍然反对权利的优先性，但这种优先性仅是指权利独立于善。它也可能是一种基本观点的变化，在这种意义上，桑德尔只反对权利独立于善，但是不反对权利优先于善。

虽然桑德尔思想变化的性质是难以确定的，但是在其思想中有一点则非常明确，即他反对自由主义对权利优先性给出的理由。桑德尔关于宗教自由的讨论可以证明这一点。在现代民主社会，宗教自由是一种法律权利，受到宪法的特别保护。但是，宗教自由为什么要受到宪法的特别保护？保护宗教自由的理由是什么？桑德尔认为，对于自由主义，宗教自由之所以重要，是因为它体现了人的自主性，人具有自由选择的能力。宪法规定政府应该尊重宗教自由，但是对于自由主义，政府尊重的东西不是宗教，而是自由。在桑德尔看来，自由主义为宗教自由提供的理由是错误的，因为自由主义只考虑关于信仰的中立性，而不考虑信仰的内容。桑德尔认为，一方面，政府应该尊重的东西不是自由，而是宗教；另一方面，宗教值得尊重的不是其获得方式（如选择、启示、说服和习惯等），而是它的内容，是它在美好生活中的地位或者它所促进的公民性格。②

如果自由主义为宗教自由提供的理由是错误的，那么桑德尔所提供的

---

① Cf. Michael Sandel, "Political Liberalism", in *Public Philosophy: Essays on Morality of Politics*, Cambridge, Mass: Harvard University Press, 2005, p.213.

② Cf. Michael Sandel, "The Limits of Communitarianism", in *Public Philosophy: Essays on Morality of Politics*, Cambridge, Mass: Harvard University Press, 2005, pp.255-256.

理由就更加错误。桑德尔是从个人信仰者的观点来看待宗教自由的。从个人来看，一位信仰者之所以选择某种宗教作为信仰，确实与该宗教的内容有关，与他追求什么样的生活方式相关。但是国家保护宗教自由，则必须在各种宗教之间持一种中立的态度，这样它必须只考虑信仰的权利，而不能考虑信仰的内容。如果国家像桑德尔主张的那样考虑宗教的内容，并且基于是否有益于美好生活而支持某种宗教或反对某种宗教，那么这就会引发宗教战争。尽管宗教自由问题只是一个例证，但是这个例证代表了桑德尔关于权利与善之间关系的一般观点。

第五节　分配正义

政治哲学有两个基本问题：一个是权利；另外一个是分配正义。按照罗尔斯的说法，前者属于宪法实质问题，同一个社会的政治法律制度有关；后者是基本正义问题，同它的社会经济制度有关。从当代政治哲学的争论看，不同派别之间的分歧不仅在于权利和自由问题，而且也在于分配正义的问题。

像其他方面的问题一样，桑德尔在分配正义上的观点也是以罗尔斯为坐标形成的。一方面，他的主要工作仍然是批判罗尔斯的正义理论，而罗尔斯的分配正义理论体现于差别原则之中；另一方面，他提出社群主义的分配正义观，以对抗自由主义的分配正义原则。下面我们首先讨论桑德尔关于分配正义的一般观点，其次分析他对差别原则的批判，最后探讨他自己的分配正义观。

一、分配正义与平等

关于分配正义的基本性质，如分配正义关心什么样的问题、所分配的东西是什么、社会如何进行分配等，桑德尔都接受了罗尔斯的观点，甚至他使用的术语也是罗尔斯所使用的。同罗尔斯一样，桑德尔认为，看一个社会是否是正义的，就是要看它如何分配我们看重的东西；同罗尔斯一样，他认为我们所看重的东西是指收入和财富、义务和权利、权力和机会、职位和荣誉（只有最后一种东西不同，罗尔斯说的是自尊）；像罗尔斯一样，他也把所分配的这些东西称为"善"。桑德尔认为，一个正义的社会以正当的方式分配这些善，而所谓正当的方式用古希腊的说法就是"公平地对待每一个人"(it gives each person his or her due)。① 甚至这种"公平"的观点也是罗尔斯能够接受的，尽管他不会同意这种关于"公平"的说法。

但是，当我们问什么人应该得到什么样的公平对待时，麻烦的问题就来了。不同的派别拥有不同的观点，它们之间也会就分配问题发生争论。分配正义不仅仅是一个理论问题，还是一个实践问题，是我们日常生活中经常遇到的难题。桑德尔从美国的一个事件入手来讨论分配正义问题。

2004 年夏天，"查理"飓风横扫美国南部的佛罗里达州，不仅造成了严重的生命和财产损失，还引发了一场关于价格欺诈的争论。当时正值 8 月，天气很热，因为停电不能用冰箱和空调，人们只好去买冰块，但是冰块由原来的一袋 2 美元涨到了 10 美元。商店里原来标价为 250 美元的家用小型发电机，当时涨到了 2000 美元。飓风刮倒了很多大树，其中一些砸在房顶上。建筑商要求一位房主付 23000 美元，才能将两颗大树从其房顶上移走。佛罗里州达的很多居民非常愤怒，提出了一些"反价格欺诈法"的诉讼。②

围绕"反价格欺诈法"的诉讼，人们形成了不同的派别：一些人支持自由市场，因此不赞同关于价格欺诈的诉讼；一些人则对所谓的自由市场持有异议，从而赞同对价格欺诈进行诉讼。桑德尔认为，如果我们认真观察关于价格欺诈的争论，就会发现支持和反对价格欺诈的论证围绕着三种分配正义的观念展开。③

第一种分配正义的观念主张，自由市场通过物价上涨提供了刺激，使人们更加努力工作以增加所需用的商品和服务，从而促进了社会整体的福

---

① Michael Sandel, *Justice: What's the Right Thing to Do?* New York: Farrar, Straus and Giroux, 2009, p.19.

② Cf. Ibid., pp.3-4.

③ Cf. Ibid., pp.6-8.

利。这种分配正义的观念是功利主义的，它以福利最大化为原则。

第二种分配正义的观念主张，自由市场尊重个人的自由，它让人们自己选择给他们所交易的东西定价，而不是把某种特殊价格强加给他们所交易的商品和服务。这种分配正义的观念是自由主义的，在桑德尔看来，它以尊重自由为原则。

第三种分配正义的观念是桑德尔的，它反对前两种维护自由市场的观点。一方面，它反对功利主义，认为社会整体的福利是不能通过困难时期索要过高价格而达到的，即使涨价能够增加商品和服务的供应，那么其好处也被过高的价格给低收入人们所造成的负担所抵消了；另一方面，它反对自由主义，认为自由市场并非是真正自由的，让人们为克服灾害带来的困难而支付高价，这不是自由交易，而是敲诈。

如果说功利主义的原则是福利最大化，自由主义的原则是尊重自由，那么桑德尔式社群主义分配正义的原则就是应得（desert），其目的是为了促进美德。桑德尔接受了亚里士多德的观点，主张正义意味着应得。为了决定谁应得什么，我们就必须确定哪些美德值得尊敬和奖赏。① 从亚里士多德的观点看，应得是一个人得到了他应该得到的东西；而一个人得到了他不应该得到的东西，这就是贪婪。在灾害时期趁机涨价，这是贪婪，而贪婪是一种恶。社群主义关注的东西是培养美德，减少和消除作为贪婪的恶。

功利主义、自由主义和社群主义代表了三种不同的分配正义观，但是它们试图解决的问题却是相同的——收入和财富的不平等。按照桑德尔的观点，自由主义在20世纪的美国社会越来越占据统治地位，与其相对应，收入和财富也变得越来越不平等，特别是70年代末到90年代尤其明显。桑德尔引用统计数据表明，1950—1978年，穷人和富人一样分享了经济增长的好处，低收入、中等收入和高收入家庭的实际收入分别都增长了一倍；然而从1979—1993年，这一时期几乎家庭收入的所有增加部分都跑到占总人口之五分之一最富裕的家庭那里了。财富的分配明显变得日益不平等；到1992年，在总人口中仅占1%的最富裕的美国人拥有全社会

---

① Michael Sandel, *Justice: What's the Right Thing to Do?* New York: Farrar, Straus and Giroux, 2009, p.9.

42%的私人财富。①

理论与现实是密切相关的。现实社会出现了越来越严重的不平等，政治哲学中也出现了越来越多反对不平等的理论。一般而言，当代西方政治哲学的三大主要派别——功利主义、自由主义和社群主义——都是平等主义的。虽然功利主义、自由主义和社群主义都反对不平等，但是它们给出的理由却是不同的。

功利主义的理由是功利最大化。功利主义追求功利的最大化，而要追求功利最大化，就要考虑边际功利的问题。我们知道金钱的边际功利是递减的：一个人花的钱越多，每一元钱带给他的快乐就越少。当有了足够的生活必需品之后，人们的支出就用在奢侈品上面了。因此，一种理想的功利最大化分配办法应该是这样的，每个人得到的最后一元钱所产生的附加快乐是相同的，即每个人收入的边际功利是相同的。从功利主义的观点看，考虑到功利最大化之要求和收入的边际功利递减之事实，最好的分配办法在原则上是平等主义的。

以罗尔斯为代表的自由主义本身就是平等主义的。但是，关于这种自由主义反对不平等的理由，桑德尔的观点是不一致的。在一个地方，桑德尔认为自由主义反对不平等的理由是公平或分配正义：为了人的自由发展和自我实现，需要进行再分配，以保障每个人都享有某种标准的生活水平和公平的机会。② 在另外一个地方，他又认为自由主义反对不平等的理由是假设的同意：如果我们在平等的原初状态中思考一种假设的契约，那么我们所有人都会同意支持某种再分配的正义原则。③

与功利主义的功利最大化和自由主义的公平或同意相对照，社群主义为反对不平等提供的理由是团结，即贫富之间的巨大差距会破坏维持公民身份和培养公民美德所需要的团结。桑德尔认为，随着不平等的增加，穷人与富人的生活就会逐渐分离：富人住在干净漂亮的郊区，穷人住在破旧

① Cf. Michael Sandel, *Democracy's Discontent: America in Search of a Public Philosophy*, Cambridge, Mass: The Belknap Press of Harvard University Press, 1998, p.329.

② Cf. Ibid., p.330.

③ Cf. Michael Sandel, *Justice: What's the Right Thing to Do?* New York: Farrar, Straus and Giroux, 2009, p.266.

的城区；富人的孩子去私立学校上学，穷人的孩子去公立学校上学；富人到私人俱乐部娱乐和健身，穷人到公共机构和公园里娱乐和健身。① 按照桑德尔的说法，社群主义关心分配正义和反对不平等，其主要考虑不是收入分配本身，而是"如何重建、保护和强化与收入关系不大的共同体制度，如何抵御市场力量对它们的侵蚀"②。由此可以看出，分配正义是正义理论的一个有机组成部分：功利主义关心的东西是福利最大化，罗尔斯式自由主义关心的是公平和正义，社群主义关心的是培养公民美德和维护共同体。

在分配正义和反对不平等的问题上，桑德尔只关注功利主义、以罗尔斯为代表的自由主义和社群主义三种观点，而没有注意极端自由主义（libertarianlism）。美国社会在 20 世纪 80 年代以后确实出现了贫富差距迅速扩大的事实，但在理论上与其对应的既不是功利主义，也不是桑德尔所说的以罗尔斯为代表的程序自由主义，而是以诺奇克为代表的极端自由主义。在这个问题上，支配美国社会的理论是罗尔斯与诺奇克的对立。罗尔斯主张，当代社会分配领域中存在着严重的不平等，这种不平等有悖于正义的理想，从而是必须加以解决的。诺奇克认为不平等问题不应由国家通过再分配来解决，否则就会侵犯个人的权利。罗尔斯用于解决不平等的正义原则是差别原则，他试图从"最不利者"来确定基准，以达到最可辩护的平等。诺奇克则用资格理论来对抗差别原则，他主张只要个人财产的来路是正当的，符合正义的获取原则和转让原则，那么任何他人、群体和国家都无权加以剥夺。如果说罗尔斯的理论表达了战后 50 年代到 70 年代的主流思想，那么在 80 年代之后，处于主流地位的则是诺奇克式的极端自由主义了。

二、对差别原则的批判

在当代西方社会特别是美国，自由主义处于支配地位。自由主义不是一种单纯的主张，而是一个包括各种不同派别的体系。在当代自由主义的

---

① Cf. Michael Sandel, *Justice: What's the Right Thing to Do?* New York: Farrar, Straus and Giroux, 2009, pp.266-267.

② Michael Sandel, *Democracy's Discontent: America in Search of a Public Philosophy*, Cambridge, Mass: The Belknap Press of Harvard University Press, 1998, p.333.

光谱中，罗尔斯位于一端，诺奇克位于另外一端，而任何一个特定时期的主流思想通常位于两者之间。比如说，1980 年之前的美国更接近罗尔斯的思想，之后则更接近诺奇克的主张。

罗尔斯与诺奇克之争的关键是分配正义。罗尔斯提出了他的差别原则，诺奇克对差别原则进行了批评。桑德尔正是在这种格局下介入分配正义问题的。从思想上看，桑德尔在两者之间更倾向于罗尔斯而非诺奇克，但是他的主要批判靶子则是罗尔斯。虽然桑德尔更不赞同诺奇克的主张，但是他利用诺奇克对差别原则的批判来揭示罗尔斯分配正义观念中的问题。因为诺奇克对罗尔斯的批评是经典的，对自由主义者和社群主义者都产生了重大的影响。诺奇克对罗尔斯的差别原则提出了两条主要的批评。

首先，诺奇克批评了罗尔斯所说的"共同的财富"的观点。罗尔斯在社会经济问题上主张差别原则，而差别原则的道德基础是这样一种观点，即个人天赋的分配是一种"共同的财富"或"集体的财产"，它们不应该被用来为个人谋利，而应该为社会全体成员所分享。罗尔斯相信这种"共同的财富"的思想表达了自由主义的理想。

诺奇克提出，将人的自然天赋看作"共同的财富"与自由主义思想是矛盾的，因为自由主义强调人与人之间的差别，并重视个人的神圣不可侵犯性。也就是说，"共同的财富"的观念与罗尔斯的自由主义是不一致的。在桑德尔看来，罗尔斯可以这样为自己辩护："共同的财富"观念并不取消人与人之间的差别，也没有将某人当作别人福利的手段，从而侵犯了个人的权利，因为不是"人"而只是"人的能力"被用作别人福利的手段。在罗尔斯的主张中，主体是一种"所有的主体"，自我与其能力是分离的。桑德尔认为，这种辩护克服了差别原则与自由主义之间的不一致，但它引起了另外一个问题，即如果罗尔斯过于强调自我与其能力的分离，那么就会切掉主体的经验特性，从而使主体变成虚无缥缈的东西。而这种康德式的超验主体正是罗尔斯所极力加以避免的。①

桑德尔认为，从罗尔斯或任何自由主义的观点出发，诺奇克对差别原

---

① Cf. Michael Sandel, *Liberalism and the Limit of Justice*, Cambridge, UK: Cambridge University Press, 1982, pp.78-79.

则的批驳都是无法克服的。桑德尔提出，要想真正为差别原则辩护，要想证明差别原则并没有将"我"用作达到"他人"目的的手段，不应该求助于"被使用的是'我的能力'而不是'我'"，而应该表明"分享我的能力的那些人不应被称为'他人'"。[①] 共同的财富必须属于共同的主体。也就是说，我们必须抛弃个人主义的自我观念，而求助于主体之间的自我观念。

在桑德尔看来，面对诺奇克的批评，罗尔斯只有两种选择：或者放弃他所钟爱的差别原则，或者接受他所拒绝的主体之间的观念。他认为，这两种选择都是罗尔斯无法接受的，因为个人主义的主体观念是罗尔斯自由主义的出发点，而差别原则是罗尔斯正义理论的核心。按照桑德尔的观点，罗尔斯要想摆脱由"共同的财富"引起的问题，只能求助于把差别原则建立在共同体观念的基础上。

其次，诺奇克批评了罗尔斯关于人的天资之任意性的观点。罗尔斯主张人的天资是偶然的和任意的，从道德观点看是不应得的。诺奇克反驳说，即使这种主张是正确的，差别原则也不是其必然的结果，因为其他的原则仍然可能是真实的，如他自己的资格理论。在诺奇克看来，即使任何人对其自然天赋都是不应得的，但这不妨碍人对它们是有资格的，也不妨碍对由它们而产生的东西也是有资格的。如果人对自己所有的东西是有资格的，那么这种所有也就是正义的。

桑德尔认为诺奇克对差别原则的这种反驳是有力的。个人对其天资是不应得的和不应拥有的，这并不必然意味着社会作为一个整体就对它们是应得的和应拥有的。偶然存在于"我"内部的天资可以不是"我的财富"，但为什么像罗尔斯认为的那样，它们必定是"共同的财富"？如果它们不能被认为是属于我的，那么为什么自动地假定它们是属于共同体的？从道德的观点看，它们属于共同体这种说法不是更偶然、更任意的吗？为什么不能将它们视为自由流动的财富而不属于任何主体（无论是个人主体还是社会主体）呢？[②]

---

① Michael Sandel, Liberalism and the Limit of Justice, Cambridge, UK: Cambridge University Press, 1982, p.79.

② Cf. Ibid., p.96.

因此，我们应该更为细致地考察人与其天资的关系。桑德尔提出，依照对所拥有的天资的不同看法，人与其天资之间存在着三种可能的关系。第一种为"人是其天资的拥有者"。"拥有"意味着我对我的天资具有绝对的、毫无疑问的、全部的权利。第二种是"人是其天资的监护者"。"我是我所具有的天资的监护者"意味着这些天资为某些其他的人们所拥有，我为了他们的利益、以他们的名义或在他们的恩典下来培育和使用这些天资。桑德尔认为，这种主张同社群主义观念是一致的。第三种为"人是其天资的收藏者"。这种观点既不像第一种主张以个人主体为前提，也不像第二种主张以社会主体（共同体）为前提。"收藏"意味着排除了天资的来源问题。就我是自然天赋的收藏者而言，不存在这些天赋最终属于谁的问题。这些天赋存在于我内部，但这并不导致我或其他人要求拥有它们。①

第一种主张显然是诺奇克的。在桑德尔看来，这种主张太强了，在这种意义上，罗尔斯对个人应得的反对和对个人天资之任意性的批评是有道理的。那么罗尔斯主张什么观点呢？桑德尔认为，罗尔斯关于个人天资之任意性的论点是正确的，但它所证明的也只是第三种主张（个人作为天资的收藏者），而不是第二种主张（个人作为天资的监护者）。对于桑德尔而言，问题的关键在于：第三种主张不能导致差别原则，因为差别原则必须以第二种主张为前提。在第二种主张中，共同体作为一个整体具有优先性，并对这些天资具有权利，从而允许按照差别原则来进行再分配。而在第三种主张中，我仅仅是这些天资的"收藏者"，这些天资本身不属于任何特殊的人，也不属于任何共同体，从而没有道德上的根据来按照差别原则进行再分配。②

诺奇克同罗尔斯关于天资的争论的焦点是：对于这些天资是让它们"原封不动"，还是以某种其他方式对它们进行重新分配？诺奇克赞成"原封不动"。他的基本理由是这样的，即如果一个人具有一种资产，而任何其他人对它都没有权利，那么尽管他也许对这份资产是不应得的，然而他对它则毫无疑问是有资格的，对任何由它而生的东西也是有资格的，只要

---

① Michael Sandel, *Liberalism and the Limit of Justice*, Cambridge, UK: Cambridge University Press, 1982, pp.96-97.

② Cf. Ibid., p.97.

这个过程中没有侵犯到任何其他人的权利。罗尔斯则赞成将个人天赋作为一种共同的资产进行再分配。在罗尔斯看来，天资的自然分配仅仅是一种事实，它本身无所谓正义或不正义，正义是制度用来处理这些事实的方式。从作为公平的正义来考虑，没有任何理由让这些资产"原封不动"，而"原封不动"只会强化自然分配的任意性。

罗尔斯主张，个人天资是一种共同的财富，从而社会对这种共同财富的总体权利具有一种要求。那么这种社会要求是一种什么样的要求？桑德尔认为，这种对自然财富的社会要求有两种可能性：一种是应得的要求；另一种是资格的要求。如果这种社会要求是一种应得的要求，那么这种要求本身就被罗尔斯自己的理论破坏了。因为社会共同体作为一个整体对自然财富是应得的，它必须具有一种独立于个人的地位。这种观点同罗尔斯的个人主义是对立的，而在他的个人主义观点中，社会不是一个具有自己生命的有机体，也不具有独立于个人的地位。如果这种社会要求是一种资格的要求，那么社会的这种资格只能产生于原初状态之中，即订约者们同意将自然天赋当作共同的财富来分配。桑德尔认为，罗尔斯在这里面临着一种两难的处境：一方面，如果社会对自然财富的要求是原初状态的产物而不是其前提，那么罗尔斯就必须解决这样一个问题，即如不预先将应得的要求归之于作为一个整体的社会，差别原则如何能够成立。另一方面，如果共同财富的观念反过来成为原初状态的前提，那么这将意味着罗尔斯依赖于一种社会应得的观念，依赖于一种共同体的观念。①

桑德尔的批判的逻辑是：罗尔斯的主体观念是个人主义的，而差别原则只能建立在共同体的观念之上。这种批评过于牵强了。一方面，罗尔斯的差别原则与主体理论之间没有桑德尔认为得那么强的关联，而且，他并不拒绝共同体的观念。罗尔斯也拥有自己的共同体观念，即作为"社会联合"的共同体。②虽然罗尔斯的共同体观念没有桑德尔的那么强，但这种共同体观念对于支持差别原则来说则是足够的。另一方面，桑德尔不是反

---

① Cf. Michael Sandel, *Liberalism and the Limit of Justice*, Cambridge, UK: Cambridge University Press, 1982, pp.101-103.

② Cf. John Rawls, *A Theory of Justice*, Cambridge, Mass: The Belknap Press of Harvard University Press, 1971, p.523.

对罗尔斯的差别原则，而是反对罗尔斯的主体理论。他不是批评差别原则不能被当作正义的分配原则，而是批评罗尔斯的差别原则与其个人主义的主体观念是不一致的。桑德尔关心的问题不是差别原则在实践上能否行得通，而是它在理论上有没有道德根据。

三、应得

关于社会经济利益的分配，罗尔斯考虑了三种可能的原则，即"自然的自由"、"自由主义的平等"和"民主的平等"。"自然的自由"是一种基于市场制度的机会平等，类似于诺奇克坚持的资格理论，其道德根据是权利观念。"自由主义的平等"试图为所有人都提供一种平等的出发点，它十分接近于正统的业绩原则（meritocracy），其道德根据是应得观念。"民主的平等"是一种重视公平的机会平等，它体现为罗尔斯的差别原则，其道德根据是将人的天赋才能看作是人类的共同财富。也就是说，当代政治哲学中主要有三种分配正义，即资格理论（诺奇克）、业绩原则和差别原则（罗尔斯）。

在批评罗尔斯的分配正义理论时，桑德尔把资格理论与差别原则加以对比，以揭示后者的问题。在探讨桑德尔本人的分配正义观念时，我们应该从桑德尔对比业绩原则与差别原则入手，以揭示他的立场和观点。业绩原则实际上是西方社会中主导的分配原则。桑德尔认为，差别原则与业绩原则之间存在着以下三个主要区别：

首先，最明显的区别是个人应得所发挥的作用。在业绩原则中，应得具有核心的地位，分配的结果应该与个人的业绩挂钩；而在差别原则中，个人业绩的作用不大，而且罗尔斯也不看重应得的观念。其次，关于如何对待人们之间在自然和文化优势方面的差别，罗尔斯主张，这些差别在本质上同正义问题是不相关的，而对于业绩原则，这些差别是非常关键的。从业绩原则的观点看，一个人的天资是其人格的构成部分，对得自于天资的东西，这个人是应得的。但是对于罗尔斯而言，人的天资同文化优势一样是偶然的和任意的，对于得自于天资的东西，从道德的观点看，它是不应得的。最后，区别还在于如何看待才能的价值与对其价值给予奖励的制度之间的关系。业绩原则实质上是对人的各种才能赋予不同的价值，其中一些价值比另一些价值更为高贵，而对于它所赞赏的价值，则通过制度给予奖励和回报。罗尔斯则主张正当优先于善，价值是由正义的制度确定的，不存在先于正义的价值，从而任何价值都不能作为分配的首要原则。①

这些区别的核心是应得。业绩原则以应得为根据，而差别原则不承认应得在分配正义中具有任何地位。对此我们应该追问三个问题：第一，罗尔斯为什么否认应得在分配正义中的作用？第二，应得意味着什么？第三，桑德尔的观点是什么？

自古希腊以来，应得一直在分配正义中占有非常重要的地位。所谓应得，就是一个人得到了他应该得到的东西。当然，在承认应得的各种正义观念之间，对于"谁应得什么"的问题，也是存在争议的。在这种背景下，罗尔斯在分配正义中完全拒绝应得的观念，这确实有点令人惊讶。那么罗尔斯为什么反对应得的观念？一方面，罗尔斯把"应得"等同于"道德应得"（moral desert），道德应得先于并独立于制度和规则；而分配则是在某种特定的制度和规则框架下进行的，分配正义不能先于和独立于制度和规则；另一方面，罗尔斯认为导致人们之间不平等的因素主要是社会条件和自然天赋，而拥有更好社会条件和自然天赋的人通常也能够获得更多的收入和更高的社会地位；但是，这些更好的社会条件和自然天赋对其所有者来说是偶然的，从而也不是他们应得的。

在这个问题上，桑德尔的观点有些含糊不清。一方面，他同意罗尔斯的观点，认为应得是一个道德概念，在这种意义上，应得先于并独立于制度和规则。与其相对照，他反对诺奇克的资格理论，因为资格则是在制度和规则已经建立起来的条件下产生出来的要求，而这些要求作为产生于制度的东西是不具有道德力量的，从而，资格概念不能提供一种首要的正义原则。② 另一方面，桑德尔反对罗尔斯把应得排除于分配正义之外，而主张应得应该在分配正义中占有一席之地。

即使承认应得在分配正义中应该占有一席之地，那么也还是存在"应得意味着什么"的问题。业绩原则直接承认的东西是业绩，并进而承认人们对自己的业绩是应得的。问题在于，人们对自己的业绩应得什么？对此

---

① Cf. Michael Sandel, *Liberalism and the Limit of Justice,* Cambridge, UK: Cambridge University Press, 1982, pp.72-76.

② Cf. Ibid., p.99.

有两种主要的观点：一种观点主张，人们的业绩与他们的努力相关，抱负和勤奋使他们获得了更优异的业绩，从而努力是应得的基础；另外一种观点主张，人们的业绩与他们的天赋有关，更高的天赋使他们作出了更优异的成绩，从而天赋是应得的基础。桑德尔以美国篮球明星乔丹为例，反对第一种观点，主张第二种观点。乔丹比普通的篮球运动员拥有更高的篮球技巧，从而也拥有更高的收入。假定乔丹对于其收入是应得的，那么他应得的是什么，是努力还是天赋？桑德尔认为，如果乔丹应得的是努力，那么还有许多篮球运动员同样努力甚至更加努力。因此，我们应该承认，人们应得其基于天赋的业绩。[1] 但是这里的问题在于，我们也可以反过来思考：可能也有一些人拥有同乔丹一样甚至更好的篮球天赋，但是他们没有像乔丹一样努力地刻苦训练，从而他们没有获得像乔丹那样优异的成绩。在这种情况下，应得的基础变成了努力。这说明与应得直接相关的是业绩，而业绩可能基于天赋，也可能基于努力。

最后一个问题是桑德尔持有什么样的观点。像在其他问题上一样甚至更为严重，桑德尔很少直接、清晰地表明自己关于分配正义的观点。尽管如此，我们有理由认为，桑德尔的分配正义观念是以道德应得为基础的。我们的理由部分来自于桑德尔以自治和公民美德为核心的社群主义价值体系，部分来自于他下面两种含含糊糊的说法中包含的观点：

第一种说法涉及正义与应得的关系。桑德尔说，使关于正义的论证脱离关于应得的论证，像罗尔斯和德沃金所做的那样，这在政治上和哲学上都是不可能的。他为两者之间的关联出示了两个理由：第一，正义通常具有荣誉性的方面，从而关于分配正义的争论不仅与谁得到什么有关，而且也与什么品质值得奖励有关；第二，应得不仅是对业绩的奖励，还是对美德的奖励，否则分配制度就会陷入腐败。[2] 桑德尔的这种说法是含含糊糊的，因为正义与应得之间的这种"关联"可以很强，也可以很弱。在强的意义上，应得本身就是分配正义的原则；在弱的意义上，分配正义的原则可以是平等或需要，而应得不过是平等或需要之外需要考虑的一个因素

---

① Cf. Michael Sandel, *Justice: What's the Right Thing to Do?* New York: Farrar, Straus and Giroux, 2009, pp.159-160.

② Cf. Ibid., p.179.

而已。

第二种说法涉及亚里士多德的正义观念。桑德尔在探讨道德应得概念的时候，考察了亚里士多德的观点。按照他的理解，亚里士多德的正义有两个核心观念：第一，正义是目的论的；第二，正义是荣誉性的。对于亚里士多德，正义意味着应得。但是，谁应得什么？让我们以乐器长笛的分配为例。一方面，正义是目的论的，而长笛存在的目的就是被很好地吹奏，所以最好的长笛应该分配给最好的长笛演奏者。另一方面，因为正义是荣誉性的，所以我们应该把最好的长笛分配给最好的长笛演奏者，而只有最好的演奏者而非最富有者或最漂亮者才配得上拥有最好乐器的荣誉。① 这里的说法也是含糊不清的，因为这些观点是亚里士多德的，而不是桑德尔的。尽管我们知道桑德尔一般而言赞同亚里士多德的观点，但是我们不知道在这个问题上他在什么程度上赞同。

应得是分配正义的一个重要问题，也是社群主义与自由主义争论的一个重要方面。社群主义者一般主张把应得当作分配正义的原则，如桑德尔和麦金太尔，而自由主义者反对将应得的观念用于分配正义，如罗尔斯。对于桑德尔而言，我们可以把他的观点分为两个方面：一方面，就分配正义而言，他反对罗尔斯，主张应得是分配正义的原则；另一方面，就应得概念的含义而言，他同意罗尔斯，认为应得就是"道德应得"，因此应得先于并独立于制度。无论是单独还是合在一起，这两个方面都存在一些明显的困难。

我们首先来看应得概念的含义。罗尔斯认为，应得就是道德应得，而道德应得是先于并独立于制度的。桑德尔赞同罗尔斯的观点，这可以从三个方面得到证明：首先，他以赞成的语气引证罗尔斯来反对诺奇克的资格理论②；其次，他在使用应得概念的时候，通常情况下都是用"道德应得"③；最后，从他所赞成的亚里士多德主义观点看，正义是荣誉性的，这

---

① Cf. Michael Sandel, *Justice: What's the Right Thing to Do?* New York: Farrar, Straus and Giroux, 2009, pp.186-188.

② Cf. Michael Sandel, *Liberalism and the Limit of Justice,* Cambridge, UK: Cambridge University Press, 1982, p.99.

③ Cf. Michael Sandel, *Justice: What's the Right Thing to Do?* New York: Farrar, Straus and Giroux, 2009, pp.160-164, 178-179, 187-188.

也表明应得就是道德应得，即应得意味着对道德品质或者德性的奖赏。但是，把所有应得都看作道德应得，这是成问题的，因为还存在着非道德的应得。假设一个工匠手艺非凡，能够制作精美的紫砂茶壶，其价格也比其他工匠贵一倍，我们通常会认为这是他应得的，即使这个人的道德品质并不值得我们羡慕。这种应得与技艺有关，而与道德无关。

罗尔斯主张道德应得是先于和独立于制度的，这有两方面的含义：一方面，如果应得是前制度的，而分配是在制度的框架下进行的，那么应得与分配正义无关，正如罗尔斯主张的那样；另一方面，因为应得是前制度的，所以它不受制度框架的约束，从而对现行的分配具有一种批判性的力量。例如，自2011年9月17日，在美国华盛顿一些人发起了"占领华尔街"的示威运动，以表达对美国经济制度的不满。示威者和很多美国民众认为，占美国人口1%的富人拥有40%的财富，这是不正义的；华尔街的银行家和经理的收入是普通职员的几十倍甚至几百倍，这也不是他们应得的。在这样的场合，"应得"的观念具有一种前制度的批判力量。桑德尔同意罗尔斯，应得是道德应得，而道德应得是先于和独立于制度的；但是，这种观点与桑德尔的另外一种观点是不相容的，即应得是分配正义的原则。先于制度的应得如何能作为分配正义的原则？桑德尔没有解释这个问题，甚至他可能也没有意识到这个问题。

虽然以罗尔斯为代表的自由主义者反对在分配正义中使用应得的观念，但是他们也必须用某个概念来充填传统正义理论中应得所占据的空间。这个替代应得的概念就是"资格"（entitlement），对于罗尔斯和诺奇克都是如此。应得与资格的关系是一个值得重视的问题，两者既有相同的地方，也有明显的区别。相同的地方在于，应得和资格都与过去的行为相关，一个人只有基于自己过去做过的事情，才能够说自己对什么是应得的或者是有资格的。但是自由主义者更强调两者的区别，而区别在于应得是先于制度的，资格则是由制度规定的。自由主义者的主张是：或者应得是前制度的，从而它与分配正义无关；或者应得是存在于制度框架之内的，从而它等同于资格。自由主义者的这两个主张都是有问题的。一方面，应得在否定的意义上通常是前制度的，一般的表达式为"这是不应得的"；但是它在肯定的意义上通常是制度的，一般的表达式为"这是应得的"。

另一方面，即使在制度的框架下，我们也不能把应得等同于资格，因为应得的基础是业绩，资格的基础是制度规则。

第六节　社群主义和共同体的限度

桑德尔于 1982 年出版了他的《自由主义和正义的限度》，开启了其经典的社群主义式批判，而麦金太尔、沃尔策和泰勒等人紧随其后。这种批判在 20 世纪 80 年代蔚然成为一种潮流，以至要理解 20 世纪晚期的西方政治哲学，自由主义与社群主义之争是一个无法避免的框架。虽然自由主义仍然在西方处于统治地位，但是社群主义者跃跃欲试，试图挑战并终结自由主义已延续几百年的霸权。但是到了 20 世纪末的时候，这些在 80 年代驰骋天下的社群主义者已经很少勇于承认自己是社群主义者了，其中包括桑德尔本人。

正如桑德尔质疑自由主义和正义的限度，我们现在也需要反思社群主义和共同体的限度。就桑德尔来说，我们首先考察其观点的一些变化，然后讨论其社群主义的两个基本观念：一个是自由；另一个是共同体。

一、自由主义、共和主义和社群主义

桑德尔在 20 世纪 80 年代初以打出"社群主义"的旗帜闻名于世，并用它与自由主义相对抗。然而到了 90 年代中期，他对"社群主义"提出了质疑，不再以社群主义者自居，而宣称归属于共和主义。这种情况需要我们对桑德尔的思想进行历时的考察和共时的定位，以在自由主义、共和主义和社群主义之间确定他的位置。

我们首先来进行历时的考察。在 1982 年出版的《自由主义和正义的限度》中，桑德尔第一次使用了"社群主义"这个词，但他用的不是名词形式的"社群主义"（communtiarianism），而是形容词"社群主义的"（communitarian），如"社群主义的情感"、"社群主义的价值"和"社群

主义的目的"等。① 在发表于 1984 年一篇标题为"道德与自由主义的理想"
的文章中，桑德尔不仅用"社群主义者"同"自由主义者"进行对抗，还
以"社群主义者"自居。② 从此时到 1994 年，桑德尔不仅对"社群主义"
这个词安之若素，还一直高举社群主义的大旗从事对自由主义的批判，尽
管其批判对象的名称在不断变化，从"义务论自由主义"到"程序自由主
义"和"以权利为基础的自由主义"。

但是在 1994 年以"政治自由主义"为标题发表于《哈佛法学评论》
的一篇文章中，桑德尔开始表现出对"社群主义"的质疑：如果这个词是
指权利应该依赖任何特殊共同体中流行的价值，那么它是误导人的；如果
这个词意味着挑战权利的优先性，那么也很少有人在这个意义上是"社群
主义者"。③ 桑德尔于 1996 年为《自由主义和正义的限度》的第二版重写
了一篇序言，标题叫"社群主义的限度"，而其第一节的题目则干脆就是
"社群主义错在什么地方"。在这篇序言中，桑德尔不仅认为"社群主义"
这个标签是误导人的，还否认他自己所捍卫的东西就是这种观点。④ 而在
1996 年发表的另外一部重要著作《民主的不满》中，桑德尔则明确皈依"共
和主义"了，以至于容易让人产生改换门庭的感觉。

历时的考察只能说明桑德尔给自己贴的标签出现了变化，但是标签的
变化并不代表思想本身的变化。总体来看，从 1982 年的《自由主义和正
义的限度》到 2009 年的《正义：什么是应做的正当事情?》，桑德尔本人
的思想没有实质的改变。因为桑德尔在此期间一直以批判自由主义为己
任，同时又先后以社群主义者和共和主义者自居，所以我们需要在自由主
义、共和主义和社群主义之间来确定他本人的思想位置。

几乎桑德尔的所有著作都给人以这样的感觉：他在批判自由主义时雄

---

① Cf. Michael Sandel, *Liberalism and the Limit of Justice,* Cambridge, UK: Cambridge
University Press, 1982, p.60, 61, 172.

② Cf. Michael Sandel, "Morality and Liberal Ideal", in *Public Philosophy: Essays on Mo-
rality of Politics*, Cambridge, Mass: Harvard University Press, 2005, p.154.

③ Cf. Michael Sandel, "Political Liberalism", in *Public Philosophy: Essays on Morality
of Politics*, Cambridge, Mass: Harvard University Press, 2005, p.213.

④ Cf. Michael Sandel, "The Limits of Communitarianism", in *Public Philosophy: Essays
on Morality of Politics*, Cambridge, Mass: Harvard University Press, 2005, p.252.

辩滔滔，在阐述自己观点时惜墨如金。因此，我们能够很容易地知道他的敌人错在什么地方，但很难把握他自己对在什么地方。如果我们无法从桑德尔那里直接确认其理论位置，那么我们可以从他对自由主义的批判中窥知一二。

桑德尔把当代自由主义分为两派：一派是功利主义者；另外一派是康德主义者。功利主义者追随密尔，以最大多数人的最大幸福为原则，以福利最大化的名义捍卫自由主义。桑德尔对功利主义提出了三点批评：首先，功利主义的功利概念是成问题的，因为它假定所有的人类善在原则上都是可以公度的；其次，功利主义者把所有价值都还原为偏好和欲望，这样就抹杀了高级欲望与低级欲望之间性质的区别；最后，功利主义不能认真对待人与人之间的区别，从而没有尊重我们的多元性和个别性。①

当代康德主义的自由主义通常被称为"以权利为基础的自由主义"，因为它明确主张权利优先于善，以反对功利主义。按照桑德尔的解释，权利的优先性有两种含义：首先，个人权利不能为了普遍的善而被牺牲；其次，权利先于并独立于善。桑德尔认为这种康德式的自由主义也分为两派，一派是平等主义的自由主义者，以罗尔斯为代表人物；另外一派是极端自由主义者，以诺奇克为代表人物。在桑德尔看来，无论是平等主义者还是极端自由主义者，以权利为基础的自由主义都持有这种主张，即我们是不同的个人，每个人都拥有自己不同的目标、利益和善观念，并且在权利框架的约束下实现自己的目的。②

在自由主义的两派中，桑德尔认为以权利为基础的自由主义比功利主义更合理，而且前者对后者的批判也是正确的。在以权利为基础的自由主义的两派中，与以罗尔斯为代表的平等主义的自由主义相比，桑德尔更反对以诺奇克为代表的极端自由主义，因为从当代美国社会的政治光谱看，他和罗尔斯都属于左派（广义上的自由主义者），而极端主义者则属于右派（保守主义者）。但是，自由主义作为一个整体，则是桑德尔始终所反对的。桑德尔对自由主义的批评主要体现在三个方面：首先，自由主义基

---

① Cf. Michael Sandel, "Morality and Liberal Ideal", in *Public Philosophy: Essays on Morality of Politics*, Cambridge, Mass: Harvard University Press, 2005, pp.148-149.

② Cf. Ibid., pp.150-151.

于一种"无羁绊的自我"，而他主张人是"有羁绊的"，受到了传统和共同体的束缚；其次，自由主义主张权利优先于善，而他主张一种共同善的政治；最后，自由主义主张自由意味着不得侵犯个人权利，而他主张自由意味着自治。

虽然桑德尔始终都在批评自由主义，但是他与自由主义者之间的界限却不能由此变得更明确。基于以下三个理由，桑德尔对自由主义的批评变得大打折扣：首先，在功利主义、极端自由主义和罗尔斯式自由主义三者之间，桑德尔的思想更倾向于后者，特别是在批判功利主义时，他几乎照搬了罗尔斯在《正义论》中对功利主义的批评。然而从原则上看，桑德尔应该支持功利主义而反对罗尔斯式的自由主义，因为前者用善来对抗后者的权利。其次，虽然桑德尔更多的时候把罗尔斯作为批评的主要靶子，但是需要指出的是，桑德尔通常不是批评罗尔斯的观点是错误的，而是批评罗尔斯没有在哲学上证明自己的观点。他从来没有明确说罗尔斯的两个正义原则（平等的自由原则和差别原则）是错误的，而是说从"无羁绊的自我"不能推论出两个正义原则。最后，在面对美国社会的现实政治问题时，桑德尔与罗尔斯都属于左派，从立场到观点基本上都是一致的。也就是说，桑德尔与罗尔斯应该是盟友而非敌人。因此金里卡这样批评桑德尔：在面对美国社会的实际问题时，左派之间在95%的问题上都是意见一致的，但是却把所有时间都用来在有分歧的5%的问题上争论不休，而不是为了我们共同的95%同右派战斗。①

如果说在20世纪80年代桑德尔用社群主义来对抗自由主义，那么在90年代他改为用共和主义来挑战自由主义。一方面，他声称美国社会具有深厚的共和主义传统，可以用作当代政治哲学争论的思想资源；另一方面，他开始质疑迅速传播的"社群主义"标签，明确改宗为共和主义了。

按照桑德尔的说法，共和主义的核心观念是，自由取决于共享的自治。虽然所有的共和主义都坚持自由取决于自治，但是其主张有强弱之分。更强版本的共和主义理想主张，公民美德和政治参与对于自由来说是

---

① Cf. Will Kymlicka, "Liberalism and Republicanism", in *Debating Democracy's Discontent*, edited by Anita L. Allen and Milton C. Regan, Jr., Oxford, UK: Oxford University Press, 1998, p.134.

内在的，因为我们在本质上是政治性的存在物，所以只有当我们参与共和国的公共生活时，我们才是自由的。更温和版本的共和主义理想主张，公民美德和公共服务对于自由来说是工具性的，尽管我们追求自己目的的自由依赖于我们政治共同体的自由，但是这取决于我们是否有把共同善置于我们私人利益之上的意愿。① 前者是所谓的"新雅典主义的"共和主义，其当代的代表人物大多追随亚里士多德；后者是所谓的"新罗马主义的"共和主义，当代的代表人物有斯金纳和佩蒂特。

桑德尔本人信奉更强版本的共和主义。从更温和版本的共和主义者看来，桑德尔仅仅说自由与自治之间的关系是内在的，这是不够的，他还需要对两者之间的关系给予更充分的规定。但是，桑德尔没有做这样的工作。他既没有解释自治在美国这样巨大而复杂的国家以何种方式进行，也没有说明自治的实行如何能够避免通常所说的"多数的暴政"。另外，在桑德尔谈论共和主义的自由和自治需要公民美德的时候，他依然没有说明为此所需要的到底是什么样的美德。起码从共和主义者的观点看，在桑德尔对共和主义的高扬中，与其说他表明了共和主义的优点，不如说他展示了自由主义的缺点。②

那么桑德尔到底是共和主义者还是社群主义者？一方面，共和主义与社群主义之间存在很多相似之处，夸张一点说，两者之间不存在一条截然分明的界限。另一方面，桑德尔也确实在两者之间徘徊，而这种徘徊反映了社群主义的困难。按照沃尔策的说法，存在两种版本的社群主义：一种是公民共和主义的社群主义；另外一种是多元主义的社群主义。两者之间的根本区别在于前者把国家当作所有公民的共同体，而后者把国家当作共同体的共同体（或者社会联合的社会联合）。③ 桑德尔属于前者，而沃尔

① Cf. Michael Sandel, *Democracy's Discontent: America in Search of a Public Philosophy*, Cambridge, Mass: The Belknap Press of Harvard University Press, 1998, p.26.

② Cf. Philip Pettit, "Reworking Sandel's Republicanism", in *Debating Democracy's Discontent*, edited by Anita L. Allen and Milton C. Regan, Jr., Oxford, UK: Oxford University Press, 1998, p.47.

③ Cf. Michael Walzer, "Michael Sandel's America", in *Debating Democracy's Discontent*, edited by Anita L. Allen and Milton C. Regan, Jr., Oxford, UK: Oxford University Press, 1998, p.175.

策和麦金太尔属于后者。社群主义的基础是共同体，这没有问题。问题在于，作为社群主义之基础的是什么样的共同体。桑德尔显然把国家当作了共同体，而沃尔策和麦金太尔则认为国家不是共同体，共同体只能是本地的。两种版本的社群主义都有其困难。对于桑德尔而言，国家太大，无法实现共同体的善，也无法实现自治；对于麦金太尔和桑德尔而言，他们的共同体只是种族的、宗教的、文化的、语言的共同体，而无法成为政治共同体。

二、自由的观念

自近代以来，自由被看作是最重要的政治价值。洛克、卢梭、康德和密尔在政治哲学和道德哲学方面分别持有不同的立场和观点，但是他们思想的核心都是维护自由。虽然他们的政治哲学和道德哲学都在维护自由，然而他们的自由观却是不同的。对于当代政治哲学也是如此。自由观念典型地体现了自由主义、共和主义和社群主义之间的差异和分歧。

在《自由主义和正义的限度》中，桑德尔对罗尔斯的批判表面上集中于他的自我观念，但实际上是他的自由观念，因为罗尔斯式自由主义的基础不是自我观念，而是自由（权利）观念。在桑德尔的批判中，自由意味着自主，意味着人作为道德主体的自由选择能力。罗尔斯主张自由的优先性，桑德尔把它理解为自我的优先性：因为自我优先于目的，所以人作为主体能够自由地选择各种目标；因为自我独立于目的，所以人作为主体能够自由地建构。桑德尔把自由主义的主体称为"无羁绊的自我"，其目的就是强调，自由意味着人具有自由选择各种目标和目的的能力，而不受秩序、习惯和传统的限制。[①]

但是，桑德尔对罗尔斯的自由观念的理解是错误的。自由意味着人不受限制的自由选择能力，这与其说是自由主义的观点，不如说是存在主义的观点。自由主义强调的东西是人的自由（权利）的不可侵犯性，应该得到宪法和法律的切实保护，而不是自由地去选择和去建构。正是在这种意

---

① Cf. Michael Sandel, *Liberalism and the Limit of Justice,* Cambridge, UK: Cambridge University Press, 1982, p.20, 177.

义上，罗尔斯说："自由是某种制度的结构，是某种界定权利和义务的公共规则体系。"①

当代政治哲学关于自由的讨论是在柏林所确立的框架下进行的。柏林把自由分为两种，即"消极自由"和"积极自由"。所谓"消极自由"，是指人们所免除的各种限制，其中包括良心自由、思想自由和言论自由等；所谓"积极自由"，是指人们可以自由地去做的事情，主要体现为政治参与的自由。下面我们在这个框架下讨论自由主义、共和主义和社群主义的自由观念。

自由主义主张一种消极自由的观念。自由主义者认为，消极自由比积极自由更有价值，而消极自由主要是指人拥有的各种权利。一些人把这样的人权理解为自然权利（如德沃金）；另一些人则把它们理解为道德权利（如罗尔斯），但是人权要得到切实的保护，它们必须成为宪法权利。自由主义主张自由的优先性：一方面，自由的价值高于一切，不受政府、团体和任何他人的干涉；另一方面，自由与利益之间不允许进行交换，由侵犯自由而得到的利益是没有价值的。对于自由主义，人的自由（权利）是以任何理由都不可侵犯的。

共和主义的情况更为复杂，一般可以分为两派：一派可称为古典共和主义，另外一派是当代共和主义。古典共和主义持有积极自由的观念，强调政治参与和公民美德，其思想可以追溯至亚里士多德和卢梭。20 世纪晚期以来，更为活跃的是当代共和主义，其主要代表人物是斯金纳(Quentin Skinner) 和佩蒂特（Philip Pettit）。当代共和主义主张一种消极自由的观念，但是又与自由主义不同。按照佩蒂特的说法，对于自由主义，消极自由意味着没有干涉；而对于共和主义，消极自由意味着没有支配。在他看来，干涉与自由的关系是偶然的，而支配与自由的关联是必然的。佩蒂特认为，一个人（如奴隶）只要处于别人（如主人）的支配下，即使他没有受到干涉，那么他也不是自由的。如果你是一个奴隶，那么你就没有自由，无论你的主人事实上是否干涉你。②

---

① John Rawls, *A Theory of Justice*, Cambridge, Mass: The Belknap Press of Harvard University Press, 1971, p.202.

② Cf. Philip Pettit, *Republicanism: a Theory of Freedom and Government*, Oxford, UK: Oxford University Press, 1999, pp.24-25.

　　社群主义主张一种积极自由的观念，而积极自由的观念体现在公民自治或政治参与的观念之中。社群主义的基础是政治共同体，它要求每个公民应该积极参与共同体的公共生活。在这个问题上，桑德尔的核心观念是，自由取决于自治。我们可以从以下两个方面来理解这个核心观念：

　　一方面，自由取决于自治，而自治需要公民美德。社群主义的自治是一种共同善的政治，要求公民就共同善展开充分协商，共同塑造政治共同体的命运。社群主义的自治也是一种塑造性的政治，关心培养公民美德，要求每个人履行公民义务，也就是说，在公民中培养自治所需的品质。①

　　另一方面，自由取决于自治，而自治取决于公民身份的认同。自治要求政治共同体的成员认同其公民角色，承认公民身份所担负的公民义务。在桑德尔看来，公民身份不只是一种法律地位，而且也是一种自我认同。这种公民身份的认同需要某种习性、性格倾向、关心整个群体以及追求共同的善。这些品质不是天生的，而是通过共同体特定的纽带和归属感而培养起来的。在谈到培养公民身份认同的实践样本时，桑德尔列举了家庭、邻里、宗教、工会、改革运动和地方政府。②

　　自由主义者赞同消极自由的观念，这是因为他们认为消极自由比积极自由更有价值，从而需要加以特别的保护。同时，他们对所有人都参与政治活动感到担心，比如说担心对政治的参与由热情发展到狂热，担心多数派的暴政以及对少数派的压迫。传统的共和主义者和社群主义者支持积极自由的观念，这是因为他们认为消极自由的要求太低了，仅仅保护人们的思想自由、良心自由和结社自由等是不够的，还必须确保人们参与政治的自由，要求公民在政治过程中发表自己的声音，表达自己的观点，在政治决定中发挥自己的作用。一言以蔽之，积极自由的观念不仅要求公民在名义上应该是国家的主人，而且要求他们在实际上也必须是国家的主人。

　　这种积极自由的观念看起来比消极自由的观念更好，但是它包含的问题一点也不比后者少，对于桑德尔的自由观念就更是如此。桑德尔主张，自由取决于自治。这种主张面临以下一些困难：

---

　　① Cf. Michael Sandel, *Democracy's Discontent: America in Search of a Public Philosophy*, Cambridge, Mass: The Belknap Press of Harvard University Press, 1998, p.5.

　　② Cf. Ibid., p.117.

首先，桑德尔在批评罗尔斯的政治哲学时，认为自由主义的自由就是自主，是人的自由选择能力。这种批评犯了两个错误。一方面，他误解了罗尔斯的自由观，因为罗尔斯不仅同其他自由主义者一样持有一种消极自由的观念，而且他在《正义论》中明确说自由是某种制度的性质，是规定权利和义务的公共规则体系。另一方面，桑德尔主张一种积极自由的观念，用他的说法就是，自由取决于自治，而自治取决于公民美德。① 但是，自治不仅取决于公民美德，而且更取决于公民的自主。自治要求一种审议民主，而在审议民主中，公民就政治问题展开协商，并共同作出某种政治决定。审议民主要求作为公民的参与者应该是自主的：他们能够独立思考，在审议中表达自己的见解和推理，具有听取别人观点和改变自己观点的能力，判断各种不同意见的优劣，支持或反对某种决定。

其次，桑德尔的自由观念的核心是：自由取决于自治，而自治需要公民美德。桑德尔在自由与自治之间建立了他所说的"内在的"关联，但是他从来没有明确规定这种内在的关联是什么。同样，桑德尔在自治与公民美德之间也建立了关联，但是他也从来没有明确说明自治所需要的是什么样的公民美德。正如佩蒂特批评的那样，桑德尔需要在三个关键问题上表明其观点：第一，他的政治理想是什么性质的；第二，这些理想所要求的美德是什么性质的；第三，这些理想和美德所推动的制度和政策是什么样的。②

最后，桑德尔在阐述自己的自由观念时使用了一些令人迷惑的说法。我们知道，在20世纪90年代中期，桑德尔对"社群主义"的标签表示了不满，转而认同共和主义。我们也知道，与90年代迅速传播的以斯金纳和佩蒂特为代表的共和主义不同，桑德尔所认同的共和主义不过是沃尔策所说的另一种版本的社群主义。把共和主义还是社群主义的问题存而不论，桑德尔在认同共和主义的时候，还有一些令人迷惑不解的说法。比如说，在谈到自由主义传统和共和主义传统在自由观念上的对立时，桑德尔

---

① Cf. Michael Sandel, *Democracy's Discontent: America in Search of a Public Philosophy*, Cambridge, Mass: The Belknap Press of Harvard University Press, 1998, p.126.

② Cf. Philip Pettit, *Republicanism: a Theory of Freedom and Government*, Oxford, UK: Oxford University Press, 1999, p.45.

认为"每一种传统都凸显了对方的潜在缺点"，如共和主义强调自治，这可能导致多数的暴政；共和主义强调自治依赖公民美德，主张让国家来决定公民的品质，这样就可能为强制和压迫打开了大门。① 共和主义可能导致多数的暴政，导致强制和压迫，这是自由主义者最典型的担心。桑德尔认为，"这种自由主义的担心确实包含了这样一种不能忽视的洞见：共和主义的政治是带有风险的政治，是一种没有保证的政治。"② 这些令人迷惑的说法表明，无论是对于社群主义还是共和主义，桑德尔都不满意，至于到底信奉什么政治理想，他看来还在摸索之中。

三、共同体的限度

在《民主的不满》中，桑德尔提出，美国人的不满集中体现为两点：一点是无论对于个人还是集体来说，我们正在失去对支配我们生活的力量的控制；另外一点是这样一种感觉，即从家庭到邻里到国家，我们周围共同体的道德结构正在瓦解。他把这两点概括为"自治的丧失"和"共同体的侵蚀"，并认为它们一起界定了这个时代的焦虑。③

"自治的丧失"和"共同体的侵蚀"实质上是一个事情的两面：社群主义找不到自己可以安身立命的共同体。"社群主义"与"共和主义"之间词根的区别暗含了一个实质的区别，共和主义者关心的是共和国（国家而非共同体），而社群主义者关心的则始终是共同体，无论这个共同体是指本土共同体、国家共同体甚至全球共同体。共同体是社群主义者的锚地，但是当代社群主义者由于无法知道它在哪里而一直处于漂流之中。这种无法找到锚地的感觉界定了社群主义的焦虑。

社群主义能够用于安身立命的共同体在哪里？有三种可能的候选者，它们是全球共同体、国家共同体和本土共同体。但是，对于桑德尔而言，它们看起来都有一些问题。自治和共同体是密切相关的，没有共同体也就没有自治；反之，桑德尔在自治问题上的语焉不详也体现了共同体的

---

① Cf. Michael Sandel, *Democracy's Discontent: America in Search of a Public Philosophy*, Cambridge, Mass: The Belknap Press of Harvard University Press, 1998, p.27.

② Ibid., p.321.

③ Cf. Ibid., p.3.

限度。

当代世界最有力量的一种趋势是全球化，目前主要是经济的全球化。资本和商品、自然资源和人力资源、污染和移民正在以前所未有的速度在国家之间流动。这些东西的跨国流动在世界上编织了一个密集的网络，把地球上最遥远地方的人们联系起来。经济的全球化要求政治的全球化：一方面需要设计跨国的政治制度，以治理全球化的经济；另一方面需要培养世界主义的公民认同，以满足政治全球化所需要的普世道德和共同体感。也就是说，经济全球化需要一种全球共同体，以处理经济力量所带来的跨国问题。

全球共同体体现了一种世界主义的理想。桑德尔承认经济全球化需要相对应的政治全球化，需要建立一种以世界主义理想和道德为基础的全球共同体，但是他又认为这种世界主义理想本身则是有问题的。[①] 在他看来，世界主义理想及其全球共同体具有以下两个缺点[②]：首先是忠诚和友谊的问题。人们是忠诚于全球共同体还是身边的本土共同体？是对世界上的所有人都一视同仁还是存在一些更亲近的朋友？世界主义者会选择前者，而桑德尔认为这是错误的。从社群主义者的观点看，这种共同体是一个没有爱、没有朋友的世界。其次，即使全球共同体被建立起来了，也还会存在各种各样的本土共同体，而我们都居住在本土共同体之中。在桑德尔看来，世界主义是错误的，其错误不在于它宣称我们对作为人类的整体负有某些义务，而在于它主张我们的全球共同体优先于我们的本土共同体。最后，即使全球共同体在道德上具有可欲性，但是在政治上也不具有可行性。虽然经济全球化需要一种世界主义的政治认同，但是本土认同的力量会更大。即使国家加入到全球共同体之中，那么它仍然会面对来自种族、宗教和语言群体的认同要求和自决要求。这样，或者全球共同体变成一个帝国，从而能够压制各种特殊群体的自决要求；或者各种特殊群体的自决要求得到了满足，从而导致全球共同体的瓦解。

如果全球共同体不是社群主义者可以安心停泊的锚地，那么他们漂流的下一站就是国家。按照桑德尔的观点，"自由就是共享对一个控制其自

---

① Cf. Michael Sandel, *Democracy's Discontent: America in Search of a Public Philosophy*, Cambridge, Mass: The Belknap Press of Harvard University Press, 1998, pp.338-339.

② Cf. Ibid., pp.342-344.

身命运的政治共同体的统治"①。就当代社会而言，唯一能够称得上"政治共同体"的东西就是国家。另外，从桑德尔改宗共和主义来说，他也应该把国家视为最重要的共同体，因为共和主义与社群主义的主要区别之一就是以国家还是本土共同体作为其基础。在这种意义上，国家是自治的载体，而桑德尔需要一种政治的国家化，一个"国民共和国"。"国民共和国"在原则上是一种致力于共同善的计划：它寄希望于国家，但这个国家不是作为各种利益博弈的中立框架，而是作为一种塑造性的共同体，它重视塑造与现代社会经济形式和规模相适应的共同生活。②

　　然而，桑德尔对国家共同体也失去了信念，这其中有两个主要原因：一个原因是实践上的。在桑德尔看来，美国在第二次世界大战以后特别是20世纪60年代诉诸国家共同体的道德理想，把国家看作一个共同体，把国家比喻为家庭和邻里，致力于建立一种"国民共和国"。但是，桑德尔认为，美国建立国家共同体的计划失败了，80年代以后，美国从"国民共和国"变成了自由主义的"程序共和国"。另外一个原因是理论上的，可以分为两个方面。从桑德尔的观点看，国家要成为一种共同体，应该具备两个条件：一个条件是它能够控制日益强大的经济力量；另一个条件是它能够得到全民的道德认同。③但是，这两个条件都无法满足。一方面，国家可以控制国内的经济，但是无法控制跨国的经济。经济的全球化不仅使国家力不从心，还在逐步销蚀国家的权力。另一方面，虽然现代民族国家建立起了一个强大的全国政府，但是它却无法培养起一种共享的民族认同。因为在一个国家内部，还存在各种以民族、种族、宗教和语言为基础的群体，而国家没有能力把这些对本土共同体的认同变成对国家的认同。④

　　如果全球共同体和国家共同体都不能满足社群主义的要求，那么它只

---

①　Cf. Michael Sandel, *Democracy's Discontent: America in Search of a Public Philosophy*, Cambridge, Mass: The Belknap Press of Harvard University Press, 1998, p.202.

②　Cf. Michael Sandel, "The Procedural Republic and the Unencumbered Self", in *Public Philosophy: Essays on Morality of Politics*, Cambridge, Mass: Harvard University Press, 2005, pp170-171.

③　Cf. Michael Sandel, *Democracy's Discontent: America in Search of a Public Philosophy*, Cambridge, Mass: The Belknap Press of Harvard University Press, 1998, p.338.

④　Cf. Ibid., pp.344-345.

剩下一种选择，即本土共同体。本土共同体是社群主义的宿命。各种各样的社群主义者最终都不得不在各种本土共同体中寻找安身立命的所在，正如漂泊一生的游子最终回到故乡一样。本土共同体就是社群主义者的故乡。

本土共同体是介于个人与国家之间的东西。在桑德尔那里，它有时指邻里、乡镇和城市①，有时指学校、工作场所、教会、工会和社会运动等②，有时又指以种族、宗教和语言为基础形成的群体③。第一种是以空间（地理）为基础形成的共同体；第二种是以人的活动为基础形成的共同体；第三种是以种族和宗教为基础形成的共同体。桑德尔对本土共同体的态度是矛盾的。一方面，他不得不最终把社群主义的政治理想寄托于本土共同体之中，因为无论是从理论还是实践来说，只有本土共同体为社群主义理想的实现留有某种空间。正是在这种意义上，桑德尔说"我对本土主义抱有同情"④。另一方面，桑德尔也不情愿把社群主义建立在本土共同体的基础之上，因为把社群主义的原则与特殊共同体所信奉的价值联系在一起，这会使社群主义的原则和价值失去普遍性和客观性。桑德尔坚持社群主义理想的普遍性和客观性，不想诉诸特殊共同体的传统和历史。正是出于这种考虑，他表示了对"社群主义"标签的不满，并且试图区别于其他社群主义者。

就社群主义的诉求而言，全球共同体和国家共同体都不是合适的对象。即使不考虑其他方面的条件，这两类共同体都太大了，既无法得到社群主义所要求的那种身份认同，也无法表达它所要求的那种道德诉求。欧盟就是一个典型的例子。2011 年，欧盟的一些国家（如希腊）爆发了主权债务危机。从经济上讲，这些危机本身并非不好解决。但是有两个因素使这些危机难以处理：一方面，欧盟在经济上是统一的，但在政治上却不

① Cf. Michael Sandel, "Rely to Critics", in *Debating Democracy's Discontent*, edited by Anita L. Allen and Milton C. Regan, Jr., Oxford, UK: Oxford University Press, 1998, p.330.

② Cf. Michael Sandel, *Democracy's Discontent: America in Search of a Public Philosophy*, Cambridge, Mass: The Belknap Press of Harvard University Press, 1998, p.348.

③ Cf. Ibid., p.344.

④ Cf. Michael Sandel, "Rely to Critics", in *Debating Democracy's Discontent*, edited by Anita L. Allen and Milton C. Regan, Jr., Oxford, UK: Oxford University Press, 1998, p.330.

是，每个成员国都是主权国家；另一方面，欧盟作为一个共同体没有得到所有成员国人民的身份认同，比如说很多德国人不愿意拿出钱来帮助希腊人。

　　如果全球共同体和国家共同体都太大了，那么社群主义者只能依靠小共同体（本土共同体）。但是本土共同体也有问题。在桑德尔那里，我们发现有三种本土共同体，即以空间（地理）为基础形成的共同体、以人的活动为基础形成的共同体以及以种族和宗教为基础形成的共同体。对于前两种共同体，使人们成为共同体成员的那些因素是偶然的，例如，人们可能另找一份工作，这样就需要从一个社区（或城镇）搬到另外一个社区（或城镇），从一个工会换为另外一个工会，因此，他们不会拥有社群主义者所需要的那种强烈的身份认同。虽然最后一种共同体能够提供社群主义者所需要的身份认同，但是正如沃尔策所说的那样，这些以宗教和种族为基础形成的"狂热共同体"（greedy communities），既不能使其成员具有公民美德，也不能使他们成为好公民，因为他们的共同体感存在于其宗教信仰之中。①

---

　　① Cf. Michael Walzer, "Michael Sandel's America", in *Debating Democracy's Discontent*, edited by Anita L. Allen and Milton C. Regan, Jr., Oxford, UK: Oxford University Press, 1998, p.176.

第二章　政治社群主义：沃尔策

　　同桑德尔和麦金太尔一样，沃尔策的批判靶子也指向了自由主义和罗尔斯。桑德尔从哲学出发，以道德主体为核心，指控罗尔斯从人性概念推论出正义原则，但其人性概念是矛盾的和无效的，无法成为正义原则的基础。麦金太尔从亚里士多德主义出发，以德性为核心，揭示了西方存在着众多相互冲突的正义观念，而以罗尔斯为代表人物的自由主义只是其中之一，并试图用亚里士多德主义颠覆自由主义的霸权地位。与他们不同，沃尔策从政治学出发，以善为核心，用特殊主义来批评罗尔斯的普遍主义，用复杂平等来挑战罗尔斯的简单平等，用文化多元主义挑战自由主义。桑德尔的正义理论自始至终从事对罗尔斯的批判，尽管也偶尔透过批评的间隙来表达自己的思想。麦金太尔则专注于历史的考察（无论是道德史还是正义观念的历史），而罗尔斯和自由主义不过是一系列历史批判的顶点。与他们相比，沃尔策更倾向于对自己的社群主义理论进行正面的阐述，而对罗尔斯的批评往往退到背景之中。

　　沃尔策是一位强调思想与其处境密切相关的哲学家。思想与思想家的处境之间的关系是一个非常复杂的问题。每位思想家在从事理论思考时都有其独特的处境，这个处境由思想家的生活环境和思想环境构成，而生活环境和思想环境本身也都是错综复杂的。思想与思想家的处境之间存在着什么样的关系？思想只能存在于特殊的环境中并被环境所决定？还是思想必须超越环境？

　　有些思想家认为，思想的真理性与思想者的具体环境无关，思想的真理是既超越时间也超越空间的，而任何具体的、特殊的处境都会限制思想。思想应该具有客观性和普遍性，处境带给思想的只能是主观性和特殊性。思想达到真理的过程，就是逐渐在思想中剔除主观性和特殊性的过程。要想达到普遍的真理，就必须超越特殊的处境。处于特殊环境中的思想家犹如处于柏拉图的"洞穴"中的囚徒。自古希腊以来，大多数西方思想家都持这种观点。

但是，另外一些思想家认为，思想与思想家的处境之间的关系不是消极的，而是积极的；不是否定性的，而是肯定性的；不是限制性的，而是建设性的。真理特别是社会历史领域的真理同某种独特处境具有密切的关联。只有在某种处境中，才能认识到某些真理。因此，处境不是对真理之光的遮蔽，而是真理本身的开启。这种能够揭示真理的处境在马克思那里是"阶级地位"，在曼海姆那里是"社会存在"，在海德格尔那里则是"此在"（Dasein）。

沃尔策属于后一类思想家，他把自己的理论称为"特殊主义"（particularism），而特殊主义与普遍主义相对立。沃尔策批评罗尔斯和自由主义是普遍主义的，其正义理论和达成理论的方法都是抽象的，脱离了具体的社会历史和文化环境。反对普遍主义，反对分配正义中的本质主义和基础主义，强调善的特殊性和各种善之间的差别，强调善的意义和善的分配的多元性，这些思想使沃尔策的特殊主义在某些方面与后现代主义相似。与这种特殊主义的方法论相一致，沃尔策往往通过历史和当代的一些实际例子来展开自己的论证，来解释社会中的各种分配，来讨论分配机构、分配程序、分配标准和分配方式。沃尔策的"例子"与自由主义的"假设"形成了强烈的反差：罗尔斯的"原初状态"，诺奇克的"自然状态"，德沃金的"拍卖"。

第一节 特殊主义、普遍主义与文化多元主义

沃尔策的社群主义是特殊主义的，更明确一点说，他主张的是一种历

史的和文化的特殊主义。① 从方法论上说，沃尔策反对西方自古希腊以来一直处于支配地位的普遍主义哲学方法。他以嘲讽的口气描述了典型的普遍主义哲学家："走出洞穴，离开城市，登上山峰，为自己（绝不是为普通的男人和女人）塑造一种客观的、普遍的观点。然后，此人从远处描述日常生活领域，以至于日常生活领域失去了它的独特轮廓，而呈现出一般的形态。"② 相反，沃尔策称自己的观点完全是特殊主义的，从没有脱离自己生活于其中的社会环境。从正义理论方面说，沃尔策主张，正义是分配善的方式，任何一个社会分配善的方式都不是普遍的，而是特殊的。善是特殊的，因为存在着各种各样的善，而不是只有某种善。分配善的方式是特殊的，因为善是特殊的，善与善是不同的，不能加以同样的对待。对善的理解是特殊的，因为文化是特殊的，每一种文化对善和分配善的方式都有自己独特的看法。

问题在于，特殊主义容易导致相对主义。如果正义是特殊的，每一种文化都有自己特殊的正义观，那么正义就是相对的，即它是相对于某种文化而言的。如果正义是相对的，那么要判断某种历史和文化的社会是正义的还是不正义的，这就会相当困难，即使不是不可能的。沃尔策可以承认自己是特殊主义的，但是他不会接受"相对主义"这顶帽子。为了摆脱相对主义，他必须找到一条从特殊主义通达普遍主义的道路。

一、两种普遍主义

一位思想家要完全否定普遍主义是很困难的。即使一些思想家不想提出什么普遍性的原则或者理论，他们也必须使用抽象的理论术语，以普遍的口气来讲话。沃尔策可以拒绝流行的普遍主义观念（如自由主义的普遍主义），但是他无法直接否定普遍主义本身。为了摆脱这种困境，沃尔策基于犹太教的历史和文献，提出了两种不同的解读，并在此基础上提出了两种不同的普遍主义观念。

第一种普遍主义主张，只有一个上帝，因此，只有一种法律，一种正

---

① Cf. Michael Walzer, *Spheres of Justice*, New York: Basic Books, Inc., 1983, p.6.

② Ibid., p. XIV.

义，关于良好生活、良好政府或者良好政体只有一种正确的理解，对所有人类只有一种拯救，一种弥赛亚，一种千年王国。犹太教中的这种一神论普遍主义后来被基督教继承了，而信仰基督教的民族也具有了一种相应的使命感。沃尔策把这种普遍主义称为"法则性的普遍主义"（covering-law universalism）。①

第二种普遍主义也存在于犹太教的历史之中，我们能够在《圣经》文献的残篇中发现它。按照这种普遍主义，全人类不是只有一种出走（埃及），一种神的救赎，一种解放。相反，解放（出走或救赎）是一种特殊的体验，被每一个被压迫的民族所重复，而每一个民族都有其自己的解放。沃尔策把这种普遍主义称为"重复性的普遍主义"（reiterative universalism）。按照他的解释，使"重复性的普遍主义"区别于"法则性的普遍主义"的东西，是其特殊主义的焦点以及多元主义的趋势。②

以色列人从埃及出走，这在犹太教和基督教的历史中都是一个重要的事件。基于不同的普遍主义，对这个历史事件也有不同的解释。按照第一种普遍主义，这种出走代表了全人类，它在普遍的历史中是关键的，从而以色列人的解放属于全人类。按照第二种普遍主义，没有普遍的历史，只有一系列特殊的历史，从埃及出走所解放的只是以色列人，所以它只是在特殊的历史（以色列人的历史）中才是关键的。但是，"出走"可以被其他的民族所重复，腓力斯人有腓力斯人的出走，叙利亚人有叙利亚人的出走，而他们的出走所解放的也只是他们自己。我们没有理由认为这三个民族的"出走"是一样的，也没有理由主张适用于这三个民族的法则是相同的。

第一种普遍主义代表了自由主义的观点，而第二种普遍主义代表了沃尔策自己的观点。按照自由主义的观点，所有人类行为、所有社会安排以及所有政治实践都服从于一套原则、一种权利观念或者一种善观念。按照沃尔策的观点，社会安排和政治实践是人们一次次创造出来的，从而无法服从单一的法则。"道德创造从其产生说是复数的，从其结果说是差别化

① Cf. Michael Walzer, "Nation and Universe", in *Thinking Politically: Essays in Political Theory*, edited by David Miller, New Haven: Yale University Press, 2007, pp.184-185.

② Cf. Ibid., p.186.

的。"① 虽然人类都有创造的能力，但是这种能力不是以同样方式做同样事情的能力，而是以不同方式做很多不同事情的能力。在犹太教和基督教中有一个上帝创世的故事，沃尔策有一个各民族不断创造道德、政治和法律的故事。沃尔策认为，这个不断重复的故事支持了重复性的普遍主义。

沃尔策之所以提出有两种普遍主义，是因为他不得不承认普遍主义的观念。沃尔策之所以不得不承认普遍主义的观念，是因为他无法拒绝一些普遍主义的价值，如自由、平等、民主、自主、正义、自决、归属等。在现代社会，这些价值被人们普遍地接受了，其中既包括自由主义者，也包括诸如沃尔策这样的社群主义者。沃尔策可以接受这些表示价值的"词"，但是他不能接受自由主义对这些"词"的解释。也就是说，他必须对这些普遍的价值提出他自己的解释。为此，沃尔策提出了两种普遍主义。

两种普遍主义的区分体现了这样一种思路：词（如"正义"）是相同的（普遍的），所有人都可以使用它们，但相同的词所包含的内容可以是不同的（特殊的），不同的人对它们有不同的理解。"重复性的普遍主义"的目的就是给予这些具有普遍主义性质的价值以特殊的解释。问题在于，如果沃尔策对这些"词"的解释是特殊的，那么他的普遍主义也就变成了特殊主义。让我们以"自主"、"归属"和"正义"这三种普遍的价值为例，来说明沃尔策如何给予它们以特殊主义的解释。用沃尔策自己的话说："它们都可以被看作是普遍的价值，但是它们都具有特殊主义的含义。"②

自主（autonomy）是一种重要的价值，对于自由主义，它甚至是最重要的价值。自主被认为是由每个人决定自己过一种什么样生活的权利。如果把主体从个人变为民族或者国家，那么自主就变成了自决或自治，从而每一个民族或国家都拥有自决或自治的权利。在这种意义上，自主是一种普遍主义的价值。沃尔策认为，如果我们珍视自主，那么会希望每个人过他们自己的生活。但是，如果有某种法则完全支配所有人的生活，那么"自己"的观念就没有意义了。毫无疑问，个人的自主可能以各种方式受

---

① Michael Walzer, "Nation and Universe", *in Thinking Politically: Essays in Political Theory*, edited by David Miller, New Haven: Yale University Press, 2007, p.199.

② Ibid., p.189.

到限制，但是它不能被完全控制。我们通常把个人生活看作是一种谋划、一种职业或者一种事业，看作是某种基于计划而实现的东西。但是，这只是我们对个人生活的理解，它不代表事情本身也如此，不意味着它是成为一个人的权威方式。实际上，一个人继承了一种生活方式（如儿子继承了父亲的职业）而且把它看作是自己的而拥有它，这是完全可能的。因此，在对自主的解释中，不仅存在着关于不同的自我决定的空间，而且也存在着关于不同的自我拥有的空间。①

如果自主是一种个人的价值，那么归属（attachment）是群体的价值。在沃尔策看来，后者也可以采取特殊主义的解释：归属不是抽象的道德命令，而是实质性的体验，从而归属以各种具体的、重复性的方式被理解，如爱、忠实、真诚、友谊、献身、承诺等。托尔斯泰有一句名言："所有幸福的家庭都是相似的。"沃尔策认为这种说法是错误的。虽然所有幸福家庭的成员都存在着对家庭的归属感，但是归属感本身是复杂的和各种各样的，它们在家庭内部和家庭之间都存在着差别。例如，归属感以不同的时机向他人表达，以不同的方式来表达，具有不同的强度，带有不同的情感和道德含义。这些差别有时是个人性的，有时则是文化上的，但是它们对于人们的体验则是非常关键的。沃尔策强调，我们是在特殊的差别中体验归属的。如果归属服从某种普遍的法则，那么我们就不会承认它是一种归属。②

正义具有与自主和归属不同的性质。如果说自主和归属存在于个人或群体之中，那么正义是社会制度或秩序的性质。即使存在于个人或群体之中的自主或归属是特殊的和有差别的，但是作为社会制度之性质的正义应该是普遍的和共同的。沃尔策认为，如果我们能够给予自主以特殊主义的解释，那么我们也有同样的理由来这样解释正义。所谓自主，是对个人作为一种道德主体的承认和尊重，即承认和尊重每个人去创造自己的道德世界，去塑造自己的国家，去过自己的生活。个人作为道德主体的这种创造性也适用于正义。年复一年，人们创造出正义的原则或规则来保护他们自

---

① Cf. Michael Walzer, "Nation and Universe", *in Thinking Politically: Essays in Political Theory*, edited by David Miller, New Haven: Yale University Press, 2007, p.190.

② Cf. Ibid., p.191.

己，即一套适用于某种主体的正义原则。但是在沃尔策看来，不是只有一种主体，而是存在着不同的主体。不同的主体创造出了不同的正义，从而正义也是各种各样的。①

按照上述解释，自由、平等、民主、自主、归属和正义等普遍主义的价值都具有特殊主义的含义。在这样的解释中，这些价值的概念是普遍的，然而其含义是特殊的。沃尔策的这种解释会使普遍主义置于危险的境地，即使这种普遍主义是"重复性的"。沃尔策意识到，特殊主义意味着相对主义，因此他必须为自己的"重复性的普遍主义"辩护。也就是说，他必须强调的东西不是特殊的和各种各样的"重复"，而是"普遍主义"，即"重复性的普遍主义"也是一种普遍主义。为此，沃尔策提出了两种论证。②

首先，"重复"的理由是普遍的。如果我们认为自己是一种道德主体，能够创造道德世界，能够决定自己过什么样的生活，那么我们也得承认他人也是一种道德主体，也能够创造他们的道德世界，决定过他们自己的生活。我们能够认识到自己的特殊历史作为人类历史，他人也能够认识到他们的特殊历史作为人类历史；同样，我们能够承认自己对自主和归属的特殊理解作为一种道德理解，他人也能够承认他们对自主和亲情的特殊理解作为一种道德理解。我们可以看出，这里存在着"家族相似"，并且承认每一个家族成员的特殊性。

其次，"重复"的时机是普遍的。我们可以塑造我们的道德，但是我们不是随意地塑造它们。拥有自主和归属的主体是某类人，是具有道德创造力的人，而他们创造的道德必须符合他们的体验。产生道德创造的体验通常与这样一些东西是连在一起的，如屈从、奴役、压迫、弱势、恐惧以及权力的实行。如果人类的道德创造是正当的，那么它们必须符合这样的体验，它们必须满足其时机的要求。这种道德时机就是耻辱和低下的处境——征服、奴役和放逐。因为人们处于这样的境地，所以他们希望为自己创造出这样一个道德世界，在其中他们能够得到荣誉、尊严、价值、承

---

① Cf. Michael Walzer, "Nation and Universe", *in Thinking Politically: Essays in Political Theory*, edited by David Miller, New Haven: Yale University Press, 2007, p.192.

② Cf. Ibid., pp.195-196.

认和重视等等。一言以蔽之，他们希望得到尊重。

从上面的分析中可以看出，沃尔策的"重复性的普遍主义"自身存在着这样一种张力："重复"必然是某种东西的重复，所以它是普遍主义的；同时，"重复"也必然制造出差别，所以它是特殊主义的。那么到底沃尔策主张的是什么，是普遍主义还是特殊主义？如果关键的东西不在于哲学家使用什么词，而在于他赋予所使用的词以什么意义，那么所谓"重复的普遍主义"在名义上是一种普遍主义，实质上它是一种特殊主义。

二、道德最少主义

沃尔策的困境在于：他持有根深蒂固的特殊主义立场，但是他又必须承认最低限度的普遍主义。这种普遍主义与特殊主义之间的张力存在于沃尔策思想的各个方面，特别是存在于他的道德哲学之中。为了缓和道德领域中普遍主义与特殊主义之间的这种张力，沃尔策提出了"道德最少主义"(moral minimalism) 的观念。就思想实质而言，"道德最少主义"是道德领域中的"重复性的普遍主义"。

沃尔策认为，道德词汇有两种意义：一种是"最少的"(minimal) 的意义；另一种是"最多的"(maximal) 的意义。因此，我们也能够给予道德词汇两种解释：一种是"薄"(thin) 的解释；另一种是"厚"(thick) 的解释。这两种解释适合于不同的背景，服务于不同的目的。但是沃尔策指出，这不是说人们在其头脑中有两种道德，或者说有两种正义，而是说"最少的道德"置身于"最多的道德"之中，两者以相同的习语来表达，共享相同的取向（历史的、文化的、宗教的或政治的）。只是在某些特殊的场合，如个人或社会面临危机的时候，"最少主义"才从"最多主义"中独立出来。①

如果说，"法则性的普遍主义"与"重复性的普遍主义"之区分表达了沃尔策方法论上的二元论，那么"最少的道德"与"最多的道德"之区分则表达了他的道德哲学的二元论。沃尔策并不否认他的这种二元论，反

---

①　Cf. Michael Walzer, "Moral Minimalism", in *Thick and Thin*, Notre Dame, Indiana: University of Notre Dame Press, 1994, pp.2-3.

而坚持认为这种二元论是每一种道德的内在特征，即哲学家通常用一些"薄"的普遍原则来描述道德，但这些原则是在这样的或那样的特殊历史环境中作为"厚"的道德被接受的。在沃尔策看来，问题不是如何避免这种二元论，而在于如何看待两者的关系。按照直觉，道德有一个逐渐发展和成熟的过程，它从"薄"开始，从一些普遍的原则开始；随着时间的推移，这种道德越来越丰满，越来越厚重，"薄的道德"变成了"厚的道德"。沃尔策认为，这种直觉是错误的，因为道德从开始就是"厚的"、是完整的、是一个整体，只是在某些特殊的场合才将自身展示为"薄的"。①

要理解沃尔策的"道德最少主义"，关键在于要理解他的文化多元主义。沃尔策的道德概念不是单数的，而是复数的；不是只有一种道德，而是有很多道德，每一个民族都有自己的道德。这些不同的道德之间有某些共同的部分，共享某些普遍的道德原则，如禁止杀人、虐待、压迫、说谎、欺骗等。就这些共享的原则而言，"道德最少主义"是普遍主义的。但是，这些共享的原则在道德中只占很"薄"的部分，而更"厚"的部分是特殊的，它们存在于特殊的文化背景中，体现了不同道德体系的差别。用更形象的语言说，道德是有骨有肉的："最少的道德"是道德的骨架，"最多的道德"是道德的肉体；虽然"骨"很"少"，也很重要，但是没有"肉"的道德是不完整的；道德的骨（"薄"）和肉（"厚"）是连在一起的，把它们分开是"屠夫"（哲学家）工作的结果。

虽然道德是有骨有肉的，但是道德哲学家关注的是骨头。道德哲学通常被看作一种双重的事业：首先，它为一些普遍原则提供一种基础；其次，它在这种基础上建立更庞大的建筑。前者是道德哲学的基础（骨架），显然它更为重要。沃尔策认为，西方哲学的错误是过于强调"薄"的普遍原则（骨架），并且试图把它们从更"厚"的部分中剥离出来。这样，这些普遍原则或"最少部分"既不服务于特殊的利益，也不代表特殊的文化，从而能够以正确的方式规范所有人的行为。但是在沃尔策看来，因为这种"最少的道德"不是任何具体个人的道德，其主体利益和文化表达被割断

---

① Cf. Michael Walzer, "Moral Minimalism", in *Thick and Thin*, Notre Dame, Indiana: University of Notre Dame Press, 1994, p.4.

了，所以它成了所有人的道德。对于沃尔策而言，"道德最少主义"是特殊主义的，它与"最多的道德"是紧密联系在一起的，而后者是在"这里"（具体的时间和地点）被创造出来的。①

人们通常认为，普遍主义与特殊主义之间的张力代表了一种理论困境。沃尔策试图通过二元论来化解这种张力，从而摆脱这种困境。在他看来，普遍主义与特殊主义、"最少的道德"与"最多的道德"，这种二元论不是我们应该努力克服的东西，而是任何人类社会的必然特征。人类社会是普遍的，因为它是"人类的"；人类社会也是特殊的，因为它是一个"社会"。社会必然是特殊的，因为它们有其成员和记忆，而成员不仅带有其自己的记忆，还带有他们共同生活的记忆。相反，人类只有成员没有记忆，所以它没有历史，没有文化，没有共同的生活方式，没有对社会善的共享理解。如果我们承认这种普遍主义与特殊主义的二元论，那么我们也就必须承认"最少主义"与"最多主义"的二元论、"最少的道德"与"最多的道德"的二元论。沃尔策批评说，哲学家往往试图避免二元论，用形容词（人类的）来支配名词（社会），用普遍主义统治特殊主义，用"最少的道德"取代"最多的道德"，但是这种企图对于任何特定的社会都不会成功。②

沃尔策承认"最少的道德"是非常重要的，对于人类社会所重视的团结和批评都是如此。"最少的道德"体现在自由、平等、自主、民主以及其他的价值和规则中，对这些价值和规则的承诺能够使不同社会、不同文化的人们走到一起，能够使处于不同地方的人们相互支持、相互帮助和相互声援，促进了人们的团结。同样，当一个社会或一种政权侵犯了这些价值和规则的时候，"最少的道德"提供了一种批判的观点，能够使"我们"认识到"他们"的社会是有缺陷的，从而能够使"我们"和"他们"一起来反对这个专制的政权。但是，沃尔策认为，"最少主义"的这种批判力量是有限的，因为"我们"和"他们"分属不同的社会或文化，拥有不同的道德。在"我们"与"他们"之间，只有"最少的"部分是共同的，而"最多的"部分则是有差别的。对于任何一种道德，其"最少"与"最多"

---

① Cf. Michael Walzer, "Moral Minimalism", in *Thick and Thin*, Notre Dame, Indiana: University of Notre Dame Press, 1994, p.7.

② Cf. Ibid., p.8.

是紧密连在一起的，因此仅仅基于"最少"的批判是有局限性的。①

正如沃尔策区分了两种普遍主义那样，他也区分了两种"最少主义"：一种是他自己所主张的；另外一种是程序的"最少主义"。按照后者的观点，"最少主义"为不同的"最多的道德"提供了一般规则，而这些数量不多的一般规则不仅为"我们"和"他们"所共享，还能够指导所有人来塑造其文化，而这些文化则不是共享的。这种共享的观念需要一种民主的程序，以使人们一起论辩实质的正义问题。"最少的道德"由约束所有说话者的参与规则所组成，而"最多的道德"则是他们论辩之永无终结的结果。在沃尔策看来，这种程序的"最少主义"的代表就是哈贝马斯（Jürgen Habermas）的批判理论。②

沃尔策认为，这种程序的"最少主义"有两个严重问题。首先，这种"程序的最少"最终表明并非是"最少的"。因为参与规则是这样加以设计的，以确保所有说话者都是自由的和平等的，免除于支配、屈服、奴役、恐惧和服从，而这样的规则一旦实行，那么说话者就没有剩下多少实质性的问题需要讨论和论辩了。社会结构、政治安排和分配标准是给定的，只为局部调整留下了空间。因此，在沃尔策看来，这种"薄的道德"已经就是"厚的"，即带有很多自由主义的或社会主义的民主特征。也就是说，在按照参与规则进行讨论和论辩之前，说话者已经就是"最多主义者"了。其次，参与规则假定，在开始时先有规则，后有参与。"最少主义"先于"最多主义"，我们一旦从"薄"开始，就会逐渐变"厚"。沃尔策认为，这种程序观点所描述的"最少的道德"只是对当代民主文化的一种抽象。如果任何这样的文化不是已经存在，那么这种版本的"最少主义"从何而来？事实完全相反，"最多主义"先于"最少主义"，但是任何一种特殊的"最多的道德"都不是"最少的道德"的唯一根源。也就是说，程序主义者把"最少"与"最多"的因果关系弄反了。③

对于沃尔策而言，虽然"最少的道德"很重要，但它不是"最多的道

---

① Cf. Michael Walzer, "Moral Minimalism", in *Thick and Thin*, Notre Dame, Indiana: University of Notre Dame Press, 1994, pp.10-11.

② Cf. Ibid., pp.11-12.

③ Cf. Ibid., pp.12-13.

德"的基础；不是不同民族的人们发现他们都信奉相同的终极价值，而是不同的人们在其差别化的道德中发现有某种一致。"我们"与"他们"会在历史的某个时刻相遇，在相遇中会发现道德上存在某种重叠共识，但是这种共识所涉及的不是整个道德，而是其很"薄"的部分。从因果关系说，不是先有"最少的道德"，而是先有"最多的道德"，前者只是从后者中抽象出来的。从根源上说，不是"最多的道德"以"最少的道德"为基础，而是"最少的道德"以"最多的道德"为母体，前者只是后者的一个部分。因此，尽管沃尔策在名义上主张"最少主义"（普遍主义），但实质上他主张的是一种"最多主义"（特殊主义）。

如果不同社会或民族的道德之间的共同点只是很"薄的"部分，而更"厚的"部分则是有差别的，那么"我们"应该如何对待"他们"的道德？在沃尔策看来，因为任何一种道德都是有骨有肉的，我们不能把"骨头"从"肉体"中剥离出去，所以我们应该做的不是说服"他们"接受"我们"的道德，而是"我们"应该尊重"他们"的道德。这种主张通常被称为"文化多元主义"（cultural pluralism）。"我们"尊重"他们"的文化，"他们"也尊重"我们"的文化。在某些（"薄的"）东西上，"我们"与"他们"拥有共识，而在其余（"厚的"）部分，则应该相互承认和尊重对方的差别。因此，沃尔策认为"文化多元主义是一种最多主义的观念"①。

三、文化多元主义

普遍主义与特殊主义之间的张力不仅体现在道德词汇（"最少的道德"与"最多的道德"）之中，还体现在文化多元主义之中。如果一个社会中存在各种各样的文化，而且其中某种文化是普遍的（为多数人们所共享），其他的文化是特殊的（为各种少数群体所拥有），那么就存在两者之间的关系问题。所谓"文化多元主义"实质上是这样一种观点，即处于主流的群体（或者国家）应该如何对待少数群体。

这些少数群体作为共同体通常具有三个明显特征。首先，这些共同体

---

① Michael Walzer, "Moral Minimalism", in *Thick and Thin*, Notre Dame, Indiana: University of Notre Dame Press, 1994, p.17.

的产生和存活基于某种特殊的宗教或种族的文化。这些群体或者是宗教的，如以色列或北美一些信奉某种超正统或原教旨主义的宗教共同体；它们或者是种族的，如美国和加拿大某些坚持传统的土著。其次，这些共同体是一些弱势群体。它们是被边缘化的，往往生活在某个封闭的社会角落；它们是弱势的，在国家的权力机构中没有代表；它们是贫穷的，通常在经济上难以维持；其中一些甚至被污名化了，它们的生活方式被其他人看作是耻辱的或可笑的。最后，这些共同体是非自愿的，这些人是生而成为其成员的，其宗教信仰、种族特性和特殊的生活方式是从父母那里继承来的，没有经过个人的自主选择。

特别应该指出的是，一方面，这些共同体往往控制其群体生活中从思想到行为的所有方面，尤其是儿童的抚养和教育，而且一般不会允许其成员自由离开自己的共同体；另一方面，这些共同体通常实行一种明显的等级制，在男人与女人、老人与青年、有知者与无知者之间存在着不平等，而每一个成员在这种等级制体系中占有某种特定的位置。因此，沃尔策把这样的宗教或种族群体称为"极权共同体"（totalizing communities）。① 从文化多元主义的观点看，关于国家应该如何对待这些"极权共同体"方面，主要面对两个问题：一个是权利，另一个是平等。

许多处于少数地位的宗教或种族共同体要求一种文化权利。这些共同体主张，它们拥有一种再生产自身的权利，即一种抚养和教育它们自己孩子的权利。这种要求是那些弱势的、濒危的甚至被污名化的共同体提出来的，这些共同体相信它们的存活和未来处于危险之中。问题在于，国家是否应该承认它们拥有这种文化权利？

从自由主义的观点看，这种权利是成问题的，有三个理由反对它。第一，这些宗教或种族群体不承认其成员拥有个人权利，而这些个人权利是国家赋予的，而且它们也不会告诉其成员拥有这样的个人权利；第二，这些群体通常不为其成员提供经济技能方面的训练，而如果这些成员要想离开其群体，那么他们没有这样的技能是无法维持生存的；第三，这些群体不愿意让

---

① Cf. Michael Walzer, "Cultural Rights", in *Politics and Passion: Toward a More Egalitarian Liberalism*, New Haven: Yale University Press, 2004, p.49.

它们的孩子学习支持民主政治的价值，如公民平等、自由、开放的辩论以及反对的权利等，特别是对超越狭隘群体利益的公共善的承诺。①

这种文化权利集中体现在对儿童的教育上面。从这些"极权共同体"的立场看，它们应该完全控制对儿童教育的权利，否则它们自身无法继续存在下去。从国家的立场看，这些共同体的儿童是国家未来的公民，他们必须接受能够使其履行公民职责的教育。在这个问题上，两者的立场是不相容的：这些共同体反对国家插手其儿童的教育，而国家为了把这些儿童培养成未来的公民则需要干预其教育。

沃尔策在这个问题上处于一种两难的境地：一方面，他认为这些"极权共同体"拥有维持自己生存的权利，从而拥有如何教育自己儿童的权利；另一方面，他也赞同国家的立场，承认国家有责任把这些儿童培养成未来的公民。在沃尔策看来，这种两难的处境是真实的，而只有文化多元主义能够帮助其摆脱这种困境。

文化多元主义的原则是宽容。宽容要求我们承认不同文化之间的差别，承认"我们"与"他们"之间的差别，承认"他们"有按照自己传统或宗教而生活的权利。沃尔策认为，基于宽容的原则，我们应该支持这些"极权共同体"的文化再生产。在他看来，支持这种文化多元主义的主张有四个理由：首先，人类应该支持和扶植文化共同体，如果它们过一种正派生活的话；其次，这些文化共同体是高度复杂的实体，是很多民族经过了多少代的努力和奉献而存活下来的；再次，虽然这些成员并没有自愿选择他们的共同体，但是他们在道德上和情感上强烈地依恋它们；最后，这些不同的共同体信奉不同的价值，而这些不同的价值无法按照单一标准加以衡量。②

即使通过宽容可以解决"极权共同体"的权利问题，但是还存在平等的问题。这些基于种族或宗教形成的共同体通常处于极端贫困甚至流离失所的处境，它们是名符其实的弱势群体。如果我们承认这些共同体的文化权利，尊重它们自己的特殊生活方式，那么我们是否也应该在经济上帮助它们，使用国家的补贴来改善它们的处境？

---

① Cf. Michael Walzer, "Cultural Rights", in *Politics and Passion: Toward a More Egalitarian Liberalism*, New Haven: Yale University Press, p.50.

② Cf. Ibid., p.55.

对于这些共同体，存在两种不同类型的不平等：一种是群体的不平等，与其他群体相比，它们处于贫困的、被边缘化甚至被污名化的地位；另外一种是作为群体成员的个人的不平等，这种个人之间的不平等既存在于群体内部，也存在于群体外面。对于自由主义的理论家而言，个人的不平等更为重要，所以他们更倾向于解决后者的问题。对于沃尔策而言，群体的不平等更为重要，因此他把解决前者的问题放在首位。①

要解决前者的问题，就需要国家实行一种再分配的政策，把更多的资源转移给这些共同体，以改善它们的福利，强化它们的教育机构，提高它们的生活服务水平。问题在于，自由的民主国家是否应该把补贴给予这些极权的、等级制的、不自由的和不平等的共同体？基于文化多元主义，沃尔策认为国家应该支持这些共同体，把更多的资源转移给它们。但是麻烦在于，对于民主国家而言，这样的资源转移只能以政治的方式来进行。也就是说，它需要这些群体的成员参与民主过程来保护自己的利益。如果这些群体的成员要参与民主过程，那么他们就需要通过民主教育来告诉他们所应该为此承担的责任。而如果他们接受了民主教育，这些极权的、等级制的、不自由的和不平等的共同体就难以存在下去了。② 对于这些共同体而言，实行这样的资源转移与其说是一种支持，不如说是一种颠覆。

问题的关键仍然是教育，特别是公民教育。这些"极权共同体"拒绝这种教育，在它们看来，接受这种教育就意味着它们的终结。国家则要强制实行这种教育，在它看来，这些群体中的儿童作为未来的公民需要这样的教育。这里存在两种权利和两种教育：这些共同体声称自己有维持传统生活方式的权利，而为了维持这种传统的生活方式，就应该保留与其相对应的传统教育；国家声称自己有要求公民承担并履行其义务的权利，而为了让公民承担并履行公民义务，就必须实行公民教育。在沃尔策看来，这两种权利和两种教育都能够得到正当的辩护，都具有合法性，但是它们却是相互冲突的。沃尔策主张国家应该支持这些共同体，把更多的资源转移给它们，以改善其福利。同时，他也赞同国家对这些共同体中的儿童实行

---

① Cf. Michael Walzer, "Cultural Rights", in *Politics and Passion: Toward a More Egalitarian Liberalism*, New Haven: Yale University Press, p.57.

② Cf. Ibid.

强制性的公民教育，以培养未来的公民。

这种处境源于这样一种观点：如果这些"极权共同体"接受国家的补贴，那么它们也必须接受国家强制实行的公民教育。这类似于说，"我们可以给你们钱，但是你们必须为此付出代价，必须放弃你们自己对儿童的教育权利。"这显然又是一种两难困境，而且沃尔策自己也承认，他看不出有什么办法可以走出这种困境。在沃尔策看来，这些共同体的最终结果只能是越来越被边缘化，像美国的阿米什人（Amish）那样，不要求任何利益，不实行任何权利，在国家内部过着一种自我流放的生活。①

沃尔策在这个问题上的两难困境反映了其思想中的一种基本张力，而这种张力存在于特殊主义与普遍主义之间。按照普遍主义，沃尔策承认国家有权利对这些共同体的儿童实行强制性的公民教育，特别是在给予这些共同体以补贴的情况下。按照特殊主义，沃尔策也支持这些共同体反对国家插手其儿童的教育，特别是当传统教育与这些共同体的存亡息息相关的时候。困境在于沃尔策位于特殊主义与普遍主义之间：他不能摆脱普遍主义，从而他不能完全站在这些共同体的立场上反对国家的干预；他不能抛弃特殊主义，从而他不能完全站在国家的立场上反对这些极权的、等级制的、不自由的和不平等的共同体。

面对这种特殊主义与普遍主义之间张力的挤压，沃尔策认为唯一的出路是诉诸文化多元主义，诉诸宽容原则。但是，正如我们上面分析的那样，文化多元主义并不能使沃尔策从上述两难困境中摆脱出来，因为"文化多元主义"这个观念本身就包含一种无法避免的张力：一方面，它在本质上是一种自由主义的观念，对自由、权利、平等和民主具有坚定的承诺，主张国家的中立性，并承认各种文化都有存在的权利；另一方面，这个观念的目的是肯定那些与主流文化不同的其他文化，承认它们有与主流文化相同的权利，即使这些文化是极权的、等级制的、不自由的和不平等的。也就是说，文化多元主义的观念是自由主义的，而按照自由主义的普遍主义标准来衡量，这些极权的、等级制的、不自由的和不平等的文化都不具有合法性。

---

① Cf. Michael Walzer, "Cultural Rights", in *Politics and Passion: Toward a More Egalitarian Liberalism*, New Haven: Yale University Press, pp.60-62.

第二节　平等

从某种意义上说，当代的政治哲学家都是平等主义的，无论他们是自由主义者还是社群主义者，是马克思主义者还是共和主义者，是现代主义者还是后现代主义者，是功利主义者还是女权主义者。在当代的平等主义者之中，沃尔策是非常独特的：他把自己的平等主义称为"复杂的平等"（complex equality），以区别于"简单的平等"（simple equality），后者泛指其他的平等主义，其中包括罗尔斯的正义理论。

沃尔策之所以主张"复杂的平等"，有三个原因：首先，他的平等观念是特殊主义的。在他看来，人们的平等要求源于他们的不平等处境，而真实的不平等处境都是特殊的和各种各样的。其次，他的平等观念是历史主义的。处境是特殊的，是因为它们是有历史的，而不同的历史形成了不同的平等观念。最后，他的平等观念是多元主义的。由于平等的要求是各种各样的，由各种不同的因素构成，所以实现平等的方式（或者分配正义的原则）必然是多元的。特殊主义、历史主义和多元主义决定了沃尔策的平等观念是复杂的。

一、简单的平等

所谓"简单的平等"类似于金融体系中的"金本位制"：某种善或一组善（如金钱、权力或者罗尔斯的"基本善"）在社会生活（所有分配领域）中具有支配的地位，正如黄金是各国货币之价值的标准一样。当这样的善（如金钱）被某些人所垄断的时候，（简单的）不平等就产生了。

无论是对于平等还是不平等，无论平等或不平等是简单的还是复杂的，都涉及善的"支配"（dominance）与"垄断"（monopoly）。因此，为了更好地理解简单的平等与复杂的平等之间的区别，我们必须首先了解支配与垄断之间的区别。

按照沃尔策的设想，每一种善或一组善都构成了一个分配领域，它有自己的分配方式、标准和制度性安排。有无限多的善，从而也有无限多的分配领域。每一种善或一组善应该固守自己的领域，善与善之间应该不发生关系，相安无事。善突破自己的领域而侵入到其他领域，这是不合法的。但是，现实社会比理论设想要复杂得多。一种善与其他善发生关系是经常的，而不是例外的。更重要的是这种情况：某一种善（如金钱）在所有的分配领域都是支配性的价值，而且这种支配性的善通常是被某些人所垄断的。沃尔策是这样区别支配和垄断的："如果一些个人拥有某种善，并因其拥有就能支配大量其他的善，那么我称这种善是支配性的。如果一个男人或女人，一个价值世界的君主——或者一群男人和女人，一群寡头——战胜所有对手而拥有它，那么这种善是垄断性的。"①

哪一种善是支配性的善？沃尔策认为，这不是一成不变的。体力、家族声望、宗教职位、政治职务、土地、资本、金钱和技术知识，它们中的每一个在不同的历史时期都曾经是支配性的，并且也都曾经被某些群体所垄断。如果说善是好东西，那么支配性的善是最好的东西。一个人有了最好的东西，所有其他好东西就会接踵而来。这似乎比炼金术更为神奇，一种善能变成另外一种善，而且能变成几乎所有的善。②

支配性的善是如此神奇，人们自然希望得到它。人们不只是希望得到它，而且希望垄断它。为了垄断支配性的善，一些意识形态被制造出来了。这些意识形态的标准形式是以某种哲学原则为媒介，把对善的占有与某些人格品质联系起来，从而证明对这种善的不平等占有是正当的。贵族统治的原则是那些声称拥有优良血统和智力的人的原则，他们通常是土地财富和家族声望的垄断者；神权统治的原则是那些声称懂得上帝之语的人的原则，他们是神宠和教会职位的垄断者；精英统治的原则是那些声称具有天才的人的原则，他们一般是教育的垄断者；自由资本主义的原则是那些准备或声称准备拿金钱来冒险的人的原则，他们是流动资产的垄断者。这些群体竞相垄断随时代而变化的支配性的善，而与其相对应的意识形态则把他们的垄断加以合法化。③ 更重要的地方在于，对善的垄断意味着不平等，因此，这些为垄断辩护的意识形态也是在为不平等辩护。

---

① Michael Walzer, *Spheres of Justice*, New York: Basic Books, Inc., 1983, p.10.

② Cf. Ibid., p.11.

③ Cf. Ibid., p.12.

任何垄断都不是完美无缺的。有垄断，就有反对垄断的斗争。沃尔策认为这种反垄断斗争具有这样的范式：某种群体（如阶级、种姓、阶层、等级团体或它们的联盟）争夺垄断某种支配性的善（如财富、职位和声望），而这种支配性的善能够转变成其他的善；财富被强者占有了，职位被受到良好教育的人占有了，声望被出身名门的人占有了；意识形态把这些占有加以合法化，而且这些意识形态被相信是真理；然而愤怒和反抗也同时遍布整个社会，越来越多的人认为，这些占有是不正义的，支配性群体并不拥有它声称拥有的品质；冲突持续不断，最终相反的主张被提了出来。① 这些相反的主张是新意识形态，反垄断斗争的实质是意识形态革命。这种意识形态革命是库恩的"科学革命"的翻版，正如沃尔策的"范式"概念也来自库恩一样。

如果是垄断产生出了不平等，那么反对垄断的斗争就是反对不平等的斗争；如果传统的意识形态是在为不平等辩护，那么新意识形态就在为平等辩护。在这些反对不平等、争取平等的斗争中，出现了许多新的主张。这些新主张相互不同，但是在沃尔策看来，有以下三种是非常重要的：

1. 支配性的善，无论它是什么，都应该加以再分配，以使它能够被平等地分享或至少被更广泛地分享：这等于说垄断是不正义的。

2. 所有社会善的自主分配之方式应该是开放的：这等于说支配是不正义的。

3. 为某些新群体所垄断的新的善应该取代当前支配性的善：这等于说，现存的支配方式和垄断方式是不正义的。②

第一种是简单的平等，所反对的是垄断；第二种是复杂的平等，所反对的是支配；第三种是马克思的，既反对垄断也反对支配。尽管沃尔策深受马克思的影响，其许多观点都有马克思的影子，但是他认为，第三种主张在哲学上是令人不感兴趣的，从而将其排除在外，除非我们相信生产方式是一种贯穿整个历史的支配性的善。③

罗尔斯主张，如果某些"基本善"（如机会、收入和财富等）在社会

---

① Cf. Michael Walzer, *Spheres of Justice*, New York: Basic Books, Inc., 1983, p.12.

② Cf. Ibid., p.13.

③ Cf. Ibid.

生活中占据了重要的（支配性的）地位，并且其分配是极端不平等的（被垄断的），那么正义就要求对这些善进行再分配，以使其有利于处境最差者。从沃尔策的观点看，罗尔斯的平等是简单的，因为它只涉及"基本善"（机会、收入和财富等），而没有将其他的善包括在内；这种平等是简单的，因为它只反对垄断，而不反对支配；这种平等是简单的，更因为它是不可持续的，也就是说，虽然再分配使人们得到了平等的财富，但是这些财富一进入流通和自由的市场交换，马上就会产生新的不平等。

沃尔策认为，这种由平等到新的不平等是这样的：财富的垄断被打破之后，人们手里有了同等数量的金钱。可供人们购买的商品是无数的，每个人出于不同的目的而购买不同的东西。结果证明，教育是最好的投资。人们纷纷投资教育，于是，学校成为激烈竞争的领域。在教育竞争中，自然天赋取代财富成为支配性的善，教育上的成功和学位证书被"天才"群体所垄断。最终这些"天才"群体的成员们提出要求："他们控制的善在学校外面也应该是支配性的：职位、头衔、特权也包括财富，所有这些东西都应该由他们来占有。"①

在沃尔策看来，按照市场的逻辑，平等财富的不同使用会导致教育的不平等，教育的不平等导致"天才"群体对教育的垄断，而对教育的垄断则导致对其他领域的支配——职位、头衔、特权和财富。原先是有了金钱就有了一切，现在是有了教育就有了一切。但是这种逻辑是有问题的。首先，我们即使承认自然天赋与学习成绩或学位证书之间具有一种直接的对应关系（众所周知，学习成绩同个人努力也有密切的关系），我们也不同意学位证书与职位、头衔、特权和财富之间有一种直接的对应关系。"天才"群体可以提出自己的权利要求（任何一个群体都可以提出自己的权利要求），但其他群体未必同意。其次，无论是作为一般的善还是作为支配性的善，金钱都是与教育非常不同的。在商品社会里，金钱是交换的普遍媒介，它自身没有任何使用价值，但能够购买任何可以出售的东西。教育本身具有价值，但它不能被用作普遍的交换媒介，学位证书不能直接用来交换任何商品。教育可以比金钱更有价值，但它无法像金钱一样用来自由

---

① 　Michael Walzer, *Spheres of Justice*, New York: Basic Books, Inc., 1983, p.14.

交换。因此，即使像沃尔策说的那样，教育成为支配性的善，它也不会具有金钱那样的"魔力"。

沃尔策的观点是，简单的平等是无法凭自身坚持下去的，再分配所达到的平等立即就会被新的不平等所取代。要想维持简单的平等，就需要国家进行不断的干预，不断地通过各种手段限制不平等的发生。但这时，国家的权力就变得非常重要了，它成为一种善甚至一种支配性的善，成为各种群体争夺的目标。各种群体试图垄断国家权力，以便用来强化他们对其他社会善的控制。也就是说，平等的财富变成了不平等的政治权力，而不平等的政治权力又会带来其他方面的不平等。更重要的在于，政治权力是人类历史上最危险的善。①

沃尔策这个推论的问题在于，国家权力被某个群体所垄断，然后将所垄断的政治权力转化为对其他善的垄断，只有在马克思所说的意义上才会发生，即国家是统治阶级的国家，从而国家是统治阶级用来维护自己利益的工具。但沃尔策心目中所想的显然不是马克思所说的国家，他实际上并不赞成马克思关于阶级国家的观点。沃尔策讨论正义问题的背景是民主制度。沃尔策是一个强烈的民主主义者，他不仅主张在政治领域实行民主，还主张在一切领域都实行民主。然而，在民主国家，国家是属于全体人民的，而不是属于某个群体的。国家对于所有人都是中立的，它不能只为某些人牟取利益。

二、多元主义的分配正义

从沃尔策的观点看，简单的平等之所以是简单的，原因在于它是对社会现实的一种哲学抽象。社会现实本身是复杂的，但是经过哲学家的抽象和简化，似乎一种正义的分配就能够使一个不平等的社会变成平等的。这种抽象哲学活动的典范是罗尔斯的正义理论：在理想的原初状态中，在"无知之幕"的后面，人们选择出规范社会制度的正义原则。

沃尔策批评罗尔斯的正义理论是抽象的，它将分配正义的问题简单化了，分配正义仅仅被看作是同财产、消费和拥有什么有关的事情。沃尔策

---

① Cf. Michael Walzer, *Spheres of Justice*, New York: Basic Books, Inc., 1983, p.15.

认为："分配正义的观念不仅同拥有什么有关，而且也同是什么和做什么有关；不仅同消费有关，而且也同生产有关；不仅同土地、资本和个人财产有关，而且也同身份和地位有关。"① 罗尔斯的分配正义观念仅仅与社会的基本结构相关，而所谓的基本结构主要指国家的政治法律制度、经济制度和社会制度。沃尔策的分配正义观念则复杂多了，分配的基本单位不仅包括国家，而且包括个人，更包括位于国家和个人之间各种各样的共同体。如果沃尔策批评罗尔斯把分配正义问题简单化了，那么罗尔斯则会反过来批评沃尔策把分配正义问题复杂化了。沃尔策的这种复杂化具体表现为分配内容、分配方式、分配机构和分配标准的多元化。

首先是分配的内容。在罗尔斯的分配正义中，分配的内容主要是权利和义务；更具体地说，是"基本善"，即权利和自由、权力和机会、收入和财富。对于罗尔斯而言，正义意味着平等，"基本善"应该被平等地分配，除非不平等的分配有利于处境最差者。

在沃尔策的分配正义中，"分配的内容包括成员资格、权力、荣誉、名声、神的恩宠、亲属关系和爱、知识、财富、健康、工作与休闲、奖励与惩罚，以及众多更具体更物质性的善——食物、住所、衣服、交通、医疗、各种商品以及人类收藏的所有古怪东西（绘画、罕见的书籍、盖有邮戳的邮票）"②。对于罗尔斯而言，需要分配的仅仅是"基本善"，其他善没有分配的问题。对于沃尔策而言，任何善都存在着分配问题，无论是物质性的财富，还是非物质性的爱。

沃尔策的分配清单包含的东西太多了。在他看来，人类认为有用或有价值的任何东西都是善，而任何善都会有分配的问题。人们通常把分配的对象限制在物质性的或同物质性有直接关联的东西之内，如诺奇克的财产，德沃金的资源。但是，并非所有物质性的东西都是可分配的。至于非物质性的名声、恩宠和爱，问题就更多了。如何分配恩宠？谁来分配爱或名声？沃尔策把所有的善都放在分配的大锅里一起煮，就无法分清每一种善的来龙去脉了。无法分清每一种善的来龙去脉，就只能任其自然地生

---

① Michael Walzer, *Spheres of Justice*, New York: Basic Books, Inc., 1983, p.3.

② Ibid.

产、分配和消费了。这样，任何正义原则也就无法插入这种生产、分配和消费的自然链条之中。

分配正义是同政治制度和政治决定有关的事情。不是所有的善都涉及分配正义，只有同政治制度和政治决定有关的善才涉及分配正义。你把你的爱给予张小姐(或张先生) 还是李小姐(或李先生)，这是一种私人行为，同正义无关。而在哪里建一条铁路，这条铁路经过哪些地区，则是一种政治决定，因为它涉及政府对利益的分配。

其次是分配的方式。在资本主义的市场经济中，分配的主要媒介是金钱，金钱可以购买人们喜欢的任何东西。分配的主要机制是市场，所有的商品都在市场中进行自由交易。沃尔策主张，分配的方式应该是多元化的、各种各样的。金钱可以买许多东西，但有些东西是金钱买不来的。同样，沃尔策承认市场是分配的最重要机制之一，但认为它在任何地方从来不是、现在也不是一种完善的分配制度。①

自由主义者通常也是市场主义者，他们主张所有的分配都应该通过市场机制来进行，市场之外的其他分配方式既是不公平的，也是没有效率的。罗尔斯和沃尔策都不同意市场主义者的观点，他们不相信市场的完善性，尽管每个人各有自己的理由。罗尔斯不相信市场本身是公平的，也不相信市场能够导致平等的结果，所以他要用正义原则来纠正市场的不完善和不公正。沃尔策不相信市场，不是因为市场是有缺陷的，而是因为市场之外还存在着无数的其他分配方式。市场可以分配商品，但它无法分配爱、恩宠、名声和荣誉。每一种善都是特殊的，从而都有其相应的特殊分配方式。

再次是分配的机构。罗尔斯关心的东西是平等，所以，分配正义与其说同分配有关，不如说同再分配有关，而控制再分配的主要机构只能是政府。沃尔策不承认任何一个机构能够控制所有的分配，即使国家也没有这样的能力。"事情总能从国家的控制中溜出来；新的模式产生出来了——家族网络、黑市、官僚同盟、秘密的政治组织和宗教组织。"② 如果国家没

---

① Cf. Michael Walzer, *Spheres of Justice*, New York: Basic Books, Inc., 1983, p.4.

② Ibid.

有能力控制所有的分配，那么其他机构和组织就更没有这种能力了。

在罗尔斯的分配正义中，只有一个机构——政府，只有一种模式——政府的再分配。沃尔策批评罗尔斯的观点不符合现实，现实分配的多样性被抽象化了。他认为，在现实生活中存在着无数的分配机构，也因此存在着无数的分配模式。但是，如果模式太多，就会导致非模式化。非模式化分配的关键是导向自由放任主义，顺其自然，把一切都交给市场，就像诺奇克主张的那样。沃尔策的正义理论带有两副面孔：正面是激进主义和理想主义，按照正义观念来评价和改造社会；反面是相对主义和保守主义，在多元论和特殊主义的保护伞下任其自然，无所事事。

最后是分配的标准。众所周知，罗尔斯的分配标准是平等，准确地说，是差别原则。对于沃尔策而言，因为分配的内容、方式和机构都是多元的，所以不存在分配的单一标准。也就是说，他的分配标准也是各种各样的。"应得、资格、出身和血统、友谊、需要、自由交换、政治忠诚、民主决定：每一种标准都有自己的位置，都同其他标准共处而又不十分和谐，都为各种竞争性集团所诉求，并且也是相互混淆在一起的。"①

标准是衡量分配是否正义的尺度。如果承认标准的存在，那么就必须承认标准的数目不应太多。标准太多，就是没有标准，就失去了衡量分配是否正义的能力，从而也就失去了自身存在的意义。什么都是标准，意味着什么都不能成为标准。没有确切的标准，就没有能力对现实政治生活进行批判，也难以为改造社会提供明确的方向，就会导致相对主义。沃尔策正义理论的主要问题之一就是相对主义。

在沃尔策看来，就正义理论而言，关键在于关注的东西是什么，是"一"还是"多"？罗尔斯追求的是"一"：一个人在一种理想环境（原初状态）下选择一种正义原则（罗尔斯的正义原则），这一种正义原则基于一种标准（平等）并通过一个机构（政府）以一种模式（差别原则）来分配"基本善"。不仅仅是罗尔斯，自柏拉图以来的西方正义理论都追求"一"；而沃尔策认为，任何这样的理论都是可疑的。沃尔策以"多"来对抗罗尔斯的"一"：人是多样的（男人们和女人们），正义原则是多元的，分配内容

---

①　Michael Walzer, *Spheres of Justice*, New York: Basic Books, Inc., 1983, p.4.

是多元的，分配方式是多元的，分配机构是多元的，分配标准也是多元的。这样，沃尔策对自己多元主义的分配正义做了标准的表述："不同的社会善应该由不同的主体、依照不同的程序、出于不同的理由来加以分配；所有这些不同产生于对社会意义的不同理解，而社会意义本身则是历史特殊主义和文化特殊主义的必然产物。"①

沃尔策提出多元主义的分配正义，其目的是以"多"来对抗柏拉图以来特别是罗尔斯的"一"。在其各种"多元的"之中，最重要的是分配内容。因为分配内容是多元的（其中包括成员资格、权力、荣誉、名声、神的恩宠、亲属关系和爱、知识、财富、健康、工作与休闲、奖励与惩罚，以及众多更具体更物质性的善——食物、住所、衣服、交通、医疗、各种商品等），所以分配方式、分配机构和分配标准都是多元的。问题在于，分配正义所涉及的东西到底是沃尔策所说得"多"（所有具有价值的东西），还是罗尔斯所说的"一"（基本善）？所谓分配正义，实质上是国家以制度的方式来分配某些资源、机会和财富，以纠正现实社会中的不平等。"分配"在这里意味着"再分配"。在这种意义上，沃尔策把所有具有价值的东西都当作分配的对象（如爱、健康和恩宠等），这是不正确的。

三、复杂的平等

按照沃尔策的说法，简单的平等试图打破垄断，复杂的平等则力图消灭支配。支配的本质是一种善能转变为另外一种善，甚至能转变为任何一种善。反对支配，就是为善设定界限，不允许一种善自由地转变为另一种善。沃尔策认为，产生不正义的东西是支配而不是垄断，因此复杂的平等反对支配，而不反对垄断。沃尔策要我们想象这样一个社会："在这种社会中，不同的社会善是被垄断的，……但是任何一种特殊的善一般来说都是不可转变的。……这是一个复杂的平等社会。虽然有许多微小的不平等，但是不平等不会通过转变过程而增殖，也不会越过不同的善而积累，因为分配的自主性只会产生出各种各样的局部垄断。"②

① Michael Walzer, *Spheres of Justice*, New York: Basic Books, Inc., 1983, p.6.
② Ibid., p.17.

　　按照沃尔策的思想，简单的平等要比简单的不平等更好，但是问题在于这种平等无法维持下去。沃尔策在这里似乎接受了诺奇克的"张伯伦论证"：真实的社会生活不服从任何一种模式，如果国家强制实行一种平等的分配，这种平等的分配将会被不平等所取代；国家要想维持平等，就需要进行不断的干预，但是民主的国家没有这种不断干预的权利，否则它就是极权主义的国家了。① 因此，沃尔策试图用复杂的平等来取代简单的平等，而在他看来，复杂的平等是可维持的。但是，在沃尔策所说的复杂的平等中，不是众多的微小平等加在一起形成了复杂的平等，而是众多的微小不平等加在一起形成了复杂的平等。众多的微小平等加在一起等于复杂的平等，这是符合逻辑的。众多的微小不平等加在一起等于复杂的平等，这是不符合逻辑的。起码存在着这样的可能性，即这些微小的不平等加在一起是更大的不平等。② 因此，一些人批评说，沃尔策的观点与其说是"复杂的平等"，不如说是"复杂的不平等"。③

　　什么是复杂的平等？沃尔策给复杂的平等下了这样一个定义："复杂的平等是一种社会状况，在这种社会状况中，任何一个群体的要求都不能支配不同的分配过程。"④ 具体地说，复杂的平等有以下两层含义。

　　第一层含义是捍卫差别。沃尔策所捍卫的差别是各种各样的：不同的善、不同的领域、不同的分配程序、不同的分配理由、不同的给予者和接收者。用沃尔策的话说，不同的社会善应该由不同的主体、依照不同的程序、出于不同的理由来加以分配，所有这些不同产生于对社会意义的不同理解。通过捍卫差别，沃尔策的多元主义同复杂的平等联系起来了。如果复杂的平等在这里仅仅是主张多元主义的分配正义，那么沃尔策也许有足够的理由支持复杂的平等。但是沃尔策还试图在多元主义与正义之间建立

---

　　① Cf. Robert Nozick, *Anarchy, State and Utopia,* New York: Basic Books, Inc., 1974, pp.161-163.

　　② Cf. Richard Arneson, "Against 'Complex' Equality", in *Pluralism, Justice, and Equality*, edited by David Miller and Michael Walzer, Oxford: Oxford University Press, 1995, p.234.

　　③ Cf. Judith Andre, "Blocked Exchanges: a Taxonomy", in *Pluralism, Justice, and Equality*, edited by David Miller and Michael Walzer, Oxford: Oxford University Press, 1995, p.195.

　　④ Michael Walzer, "Distributive Justice as a Maximalist Morality", in *Thick and Thin*, Notre Dame, Indiana: University of Notre Dame Press, 1994, p.32.

联系，因为他主张"正义要求捍卫差别"①。对于沃尔策而言，正义取决于社会意义，而不取决于平等或不平等。如果某种善的社会意义意味着平等，那么对该善的平等分配就是正义的。如果某种善的社会意义意味着不平等，那么对该善的不平等分配就是正义的。从另一个方面来看，复杂的平等允许垄断的存在，而垄断的存在意味着不平等的存在。

复杂的平等的第二层含义是反对越界。捍卫差别和反对越界是一个事情（复杂的平等）的两个方面。如果每一种善都是特殊的，都有自己独特的分配方式、分配机构和分配标准，那么这种善的力量就应该被限制在其领域之内。要维护每一种善及其领域的差别，就必须反对一种善转变为另一种善，反对一个领域的善越过、侵入和支配另一个领域的善。沃尔策经常提出的例子是金钱，金钱不应超越自己的领域界限而支配其他的善，如职位、权力和教育等。沃尔策的这种主张一般来说是正确的，在某种意义上，也有很强的说服力。但是，沃尔策不仅反对越界，而且认为，这种越界在当代社会是"对分配正义的主要挑战"②。也就是说，分配正义的主要敌人是越界，而不是不平等。沃尔策的这种观点不仅遮蔽了他一贯主张的平等主义，还冲淡了分配正义的根本问题。

复杂的平等的关键是"禁止交易"（blocked exchanges）。按照沃尔策的想法，只要把一种善限制在它自己的领域之内，复杂的平等就达到了。最典型的善是金钱：一方面，"金钱能使鬼推磨"，限制它发挥作用是最困难的；另一方面，限制金钱在其他领域发挥作用，其理由也是最充分的。因此，复杂的平等需要告诉我们，什么是金钱不能购买的，什么是金钱可以购买的。

关于金钱不能购买什么，沃尔策开列了一个很长的清单：人口、政治权力、司法审判、各种公民自由、婚姻和生育权、移民的权利、各种公民义务（如兵役）、各种官职、基本的福利和教育、奖励和荣誉、神的恩宠、爱和友谊、非法买卖（如毒品和假货）等。沃尔策认为，这是"一个详尽的清单"，如果真有什么"金钱能使鬼推磨"的事情，那也是在"黑市"，

---

① Michael Walzer,"Distributive Justice as a Maximalist Morality", in *Thick and Thin*, Notre Dame, Indiana: University of Notre Dame Press, 1994, p.33.

② Ibid.

而在那里，人们可能做一些鬼鬼祟祟的事情。①

那么金钱的适用领域是什么？金钱的适用领域是市场，它能够购买的东西是作为商品的善（各种产品和服务）。沃尔策认为，市场关系反映了一种适用于社会的善的道德理解。②也就是说，关于什么东西是可以在市场销售的，什么东西是不可以销售的，人们之间存在一种共同的理解。某些时候，这种共同的道德理解是隐含的；某些时候，这种道德理解是明确的。如果按照这种共同的道德理解对市场施加了合适的限制（"禁止交易"），那么通过市场进行的分配就不是不正义的。在沃尔策看来，你有游艇或高保真音响而我没有，你从东方购买地毯（比如说波斯地毯）而我从廉价百货商店购买，这无关紧要。这是文化问题，不是分配正义问题。只要游艇、高保真音响或（波斯）地毯只具有使用价值和个人性的象征价值，它们的不平等分配就不是问题。③

问题的关键在于，金钱的不平等分配是不是正义的？如果金钱的不平等分配是不正义的，那么矫正这种不正义的方法应该是使它的分配更平等，而不是限制它的使用。如果金钱的不平等分配本身不是不正义的，那么它就无须任何矫正，不管是再分配还是"禁止交易"。无论是哪一种情况，它都表明沃尔策的平等观念是有问题的。

在沃尔策看来，人们在某个特定的领域（如政治领域）对善（如权力）的拥有肯定是不平等的，而不会是平等的，如公民 X 而不是公民 Y 赢得了某一政治职位。但是沃尔策主张："只要 X 的职位没有在其他领域为他带来超过 Y 的优势——更高级的医疗保健、其子女进入更好的学校以及更多的商业机会等，他们一般而言就不会是不平等的。"④以金钱为例。人们对金钱的拥有可以是非常不平等的，有些人拥有巨大的财富，有些人则收入很少，但是只要对金钱的使用作出限制，禁止金钱购买权力、医疗和教育等，那么这两类人之间就是平等的。然而，从市场经济的观点看，"禁止交易"既是不可欲的，也是不可行的。这种主张是不可欲的，因为

---

① Cf. Michael Walzer, *Spheres of Justice*, New York: Basic Books, Inc., 1983, pp.100-103.

② Cf. Ibid., p.104.

③ Cf. Ibid., pp.107-108.

④ Ibid., p.19.

金钱可以买更高级的东西（如游艇、高保真音响和波斯地毯），但是为什么就不可以买更好一些的医疗和教育，如果存在某种医疗或教育市场的话。这种主张也是不可行的，因为只要市场存在并且发挥其功能，沃尔策所主张的"禁止"就不会有效。

沃尔策关于复杂的平等的思路可能是这样的：某些人在财富领域是优越的，某些人在政治领域是优越的，某些人在学术领域是优越的，某些人在艺术领域是优越的，而没有人在所有领域都是优越的；这样，一个人在某一领域的优势（或劣势）就被另一个领域的劣势（或优势）抵消了，因此，所有人都是平等的。这幅复杂的平等的图景不仅把现实简单化了，而且也把它理想化了。实际情况可能完全相反：拥有更多政治权力的人也是拥有更多金钱和更高学位的人，而在财富上一无所有的人往往同时也是最没有权力和接受最少教育的人。后者或许有一点艺术方面的天赋，但因此就说他与前者是平等的，这是荒谬的。沃尔策的复杂的平等可能犯了双重错误：一方面坚持不平等的分配是正义的；另一方面又掩盖了现实分配领域中的极端不平等。

四、平等意味着什么

虽然沃尔策主张一种平等主义的分配正义观念，而复杂的平等是这种正义观念的具体体现，但是分配正义观念需要以原则的方式表达出来，正如罗尔斯的分配正义观念是通过"差别原则"表达出来的一样。因此，沃尔策也提出了他自己的分配正义原则："任何社会善 X 都不应该分配给这样一些拥有某种善 Y 的男人和女人，仅仅是因为他们拥有 Y 而没有考虑 X 的意义。"[①]这个分配原则的实质是反对支配。不能仅仅因为一个人拥有 Y（如金钱）就得到 X（如权力），因为 Y 与 X 分属不同的正义领域，而如何分配 X 则与 X 的社会意义相关。也就是说，分配正义在这里体现为不能让 Y 支配 X。

这个分配正义的原则有三个特点。首先，这个原则是形式的，只表明一种正义的分配不能是什么样的，而没有说明它是什么样的。其次，这个原则是开放的，它作为一种规范只要求 X 的分配不能由 Y 的分配来决定，

---

① Michael Walzer, *Spheres of Justice*, New York: Basic Books, Inc., 1983, p.20.

但是它既没有说 X 应该如何分配，也没有说 Y 应该如何分配。最后，也是最重要的，这个分配正义的原则没有平等主义的含义，它没有表达出任何一种平等主义的内容。

沃尔策一向声称自己是平等主义者，而且他也把分配看作平等发挥作用的重要领域。如果沃尔策的分配正义原则没有表达出平等主义的内容，那么我们就必须追问如下两个问题：第一，沃尔策在什么意义上是一位平等主义者？第二，作为一种平等主义的分配正义观念，"复杂的平等"意味着什么？

第一个问题涉及沃尔策的平等观。沃尔策的平等观有两个特征。首先，沃尔策认为："平等的根本意义是消极的，平等主义起源于废除主义的政治。"① 废除什么？废除差别，因为差别意味着不平等。但是，沃尔策主张，平等主义不是要废除所有差别，而是某些特定的差别，在某些特定的时间和地点的差别，如贵族的特权、资本主义的财富、官僚的权力以及种族或性别上的优越等。这些社会的和政治的差别是非常重要的，因为它们可以产生出一些人对另外一些人的支配。平等主义者要求废除上述社会的和政治的差别，不是因为存在着贵族与平民或者官僚与公民，而是因为贵族对平民所做的事情以及官僚对公民所做的事情，即前者对后者的支配。

其次，沃尔策主张的是"一种与自由相一致的平等主义"②。这一点非常重要，因为在社群主义者中，沃尔策是最强调自由之价值的一位。在他看来，自由和平等是社会制度的两种主要价值，而当它们在一起的时候，能够发挥最大的作用。在这种意义上，"平等并不单独存在，而是与自由密切相关的"③。我们可以把他的这种观点与当代自由主义的三位代表人物进行对比。沃尔策的观点与罗尔斯相似，在后者看来，没有自由，平等是专制的；而没有平等，自由则是形式的。与其不同，德沃金认为平等是第一位的，如果两者发生冲突，平等应该压倒自由。相反，诺奇克主张自由是第一位的，从而自由优先于平等。

---

① Michael Walzer, *Spheres of Justice*, New York: Basic Books, Inc., 1983, p.xiii.

② Ibid., p.xiv.

③ Cf. Michael Walzer, "In Defense of Equality", in *Radical Principles*, New York: Basic Books, Inc., 1980, p.256.

沃尔策是一位特殊主义的平等主义者。从特殊主义的观点看：消灭差别是不可取的，因为差别使这个世界丰富多彩；消灭差别也是不可能的，因为千姿百态的差别是无法消灭的。特殊主义以承认差别的存在为前提。在这种意义上，虽然差别不是复杂的平等的充分条件，但是它是复杂的平等的必要条件。① 另外，沃尔策主张平等与自由是密切相关的，在这种意义上平等的要求会受到自由的约束。因此，从特殊主义和自由两方面看，沃尔策的平等主义存在着明显的限制，而这种限制表现为对各种具体不平等或明或暗的承认。

现在让我们来看第二个问题：复杂的平等在什么意义上是平等主义的？不同的解读者基于不同的考虑，提出了四种不同的观点：首先，复杂的平等意味着人在本性上是平等的，而人在本性上是一种创造文化的动物，创造出了具有意义的世界；其次，复杂的平等意味着没有支配，而在任何没有支配的地方，人们相互而言都是平等的；再次，复杂的平等意味着地位的平等，即如果分配机制是多元主义的和不可公度的，那么每个社会成员都享有平等的社会地位；最后，复杂的平等意味着条件的平等，因为虽然人们在一个单独的领域中是不平等的，但是这些不同领域的不平等加在一起时就会相互抵消，从而使人们所享有的善在总体上是平等的。②

虽然上述各种解释都能够在沃尔策的著作中找到文本上的根据，但是我认为总体上这些解释都是不准确的，甚至可以说是不正确的。我认为，要理解沃尔策的复杂的平等，需要考虑两个因素：第一，沃尔策是一位社群主义者，因此需要从共同体的观点来思考平等的观念；第二，他主张一种"土豆烧肉的多元文化主义"（meat-and-potatoes multiculturalism）③，因此需要从善的观念来思考平等的观念。共同体的观念提供了背景，善的观念标示出了焦点，而两者交汇于"成员资格"（membership）或"公民资格"

① Cf. Michael Rustin, "Equality in Post-Modern Times", in *Pluralism, Justice, and Equality*, edited by David Miller and Michael Walzer, Oxford: Oxford University Press, 1995, p.34.

② Cf. Adam Swift, "The Sociology of Complex Equality", in *Pluralism, Justice, and Equality*, edited by David Miller and Michael Walzer, Oxford: Oxford University Press, 1995, pp.256-258.

③ Cf. Michael Walzer, "Introduction: Liberalism and Inequality", in *Politics and Passion: Toward a More Egalitarian Liberalism*, New Haven: Yale University Press, 2004, p.xiii.

(citizenship)。按照这样的理解，我们可以把复杂的平等解释为成员资格的平等。具体来说，出于以下三个理由，我们认为，复杂的平等意味着成员资格的平等，而且这种平等观念是社群主义的。

首先，对于沃尔策而言，成员资格是具有头等重要意义的善。关于分配正义所要处理的善，沃尔策认为是各种各样的，如权力、荣誉、名声、神的恩宠、亲属关系和爱、知识、财富、健康、工作与休闲、奖励与惩罚，以及众多更具体更物质性的善——食物、住所、衣服、交通、医疗、各种商品等，但是处于第一位的是成员资格。用他的话说，成员资格是我们相互分配的"首要善"（primary good）。① 值得注意的是，沃尔策所使用的词与罗尔斯是一样的，区别在于沃尔策的"首要善"只有一个，即成员资格，罗尔斯的"基本善"（primary goods）则是复数的，如自由和权利、机会和权力、收入和财富等。

其次，成员资格是由人们的共同理解决定的。成员资格在这种意义上是首要的，即成员资格的分配决定了分配正义的其他选择，如我们同谁一起作出选择，我们从哪里征收税赋，我们把善和服务分配给谁。正是在这种意义上，戴维·米勒把它看作一种"中枢"，一种类似于分配标准的东西。② 我们如何分配成员资格？在沃尔策看来，我们如何分配成员资格，与我们如何理解它在我们共同体内的含义以及我们需要什么样的共同体，两者是一致的。③ 这里涉及社会意义：我们的共同理解决定了谁能够拥有成员资格，从而决定了分配正义的特定意义。

最后，成员资格表达了社群主义的观念。在沃尔策看来，成员资格之所以重要，是因为一个政治共同体的成员对彼此而非他人负有义务。共同体应该满足其成员的需要，其中特别是安全与福利的需要。政治共同体的目的是提供公共供给，而公共供给反过来也服务于共同体的稳定和巩固。④ 作为一种分配正义，公共供给的获得要求具备两个条件：一个是需

---

① Cf. Michael Walzer, *Spheres of Justice*, New York: Basic Books, Inc., 1983, p.31.

② Cf. David Miller, "Introduction", in *Pluralism, Justice, and Equality*, edited by David Miller and Michael Walzer, Oxford: Oxford University Press, 1995, p.12.

③ Cf. Michael Walzer, *Spheres of Justice*, New York: Basic Books, Inc., 1983, p.32.

④ Cf. Ibid., p.64.

要，善只能提供给需要它们的人；另外一个是成员资格，善只能提供给共同体的成员。① 应该满足一个共同体的哪些需要，一种需要应该满足到什么程度，这是由共同体成员的普遍共识决定的。但是沃尔策认为，这种普遍共识不是既定的，而产生于成员之间的公共讨论。

如果复杂的平等意味着成员资格的平等，那么沃尔策的这种平等观念将面临这样的问题，即成员资格的平等并不意味着其他重要社会善的平等。在分配正义领域，平等必须以某种方式体现为人们所享有的社会善。让我们把沃尔策与罗尔斯加以对比。沃尔策把成员资格看作"首要善"，因此我们说复杂的平等是"成员资格的平等"。罗尔斯的"基本善"是自由和权利、机会和权力、收入和财富等，因此，我们可以把他的平等称为"基本善的平等"。与罗尔斯相比较，成员资格的平等只能保证自由和权利的平等，但是不能保证权力和机会、特别是收入和财富的平等。也就是说，在沃尔策式的平等社会中，人们之间在权力、机会和财富方面仍然是不平等的。沃尔策可能反驳说，在罗尔斯式的平等社会中，人们所享有的权利和机会、收入和财富也是不平等的。确实如此。但是，在罗尔斯的正义理论中有"差别原则"专门用来矫正这些不平等，而沃尔策的正义理论则没有这样的矫正原则。

复杂的平等是成员资格的平等，而平等的成员资格赋予每个社会成员以平等的权利和义务。因此我们可以说，成员资格的平等意味着权利的平等。实际上，罗尔斯之前的自由主义都持有权利平等的观念。它是一种形式的平等，即每个公民都拥有平等的权利，尽管他们在资源、机会和财富的分享方面是不平等的。在这种意义上，沃尔策的复杂的平等回到了罗尔斯之前的平等观念，因为罗尔斯追求的是实质的平等。

在一个共同体内部，成员资格像冬天房间里的炉火，让人们围坐在一起并且感到温暖。在不同的共同体之间，成员资格则像一道"篱笆"，它不仅区分出了"我们"和"他们"，而且把"我们"与"他们"隔离开了。各种社会善只能在"篱笆"的里边共同分享，而"篱笆"外边的"他们"是不沾边的。无论这个共同体是指小共同体（如某种社团和群体）还是大共同体（国家），社群主义的正义都具有这样的含义。

---

① Cf. Michael Walzer, *Spheres of Justice*, New York: Basic Books, Inc., 1983, pp.78-79.

第三节　善与社会意义

如何看待正义与善的关系，这是区分自由主义与社群主义的重要标志之一。自由主义者（如罗尔斯、诺奇克和德沃金等）一般把正义（以及正当、自由和权利）放在第一的位置，主张正义优先于善。社群主义者（如沃尔策、桑德尔和麦金太尔等）通常把善（主要是指共同体的善）放在首要的位置，主张善优先于正义。在某种意义上，政治哲学层面的正义与善的优先性之争反映了道德哲学层面的义务论与目的论之争。

在沃尔策的政治哲学中，"善理论"（theory of goods）是一个基石，复杂的平等和分配正义的观点就建立在它上面。虽然善具有基础的作用，但是善的含义则是由它的社会意义决定的。分配正义关心的东西是如何分配善，而如何分配善则取决于善的社会意义。一方面，社会意义是分配正义的标准，它决定了一种善的分配应该是平等的还是不平等的；另一方面，社会意义也是一种合法性原则，我们通过它来评价某种善的分配是正义的还是不正义的。

一、善理论

善一般是指人们希望得到的任何东西。就分配正义来说，重要的问题是如何分配善。为了说明如何分配善，沃尔策提出了两种模式：一种是其他正义理论所内含的，其中特别是罗尔斯的正义理论；另外一种是他自己的。

沃尔策认为，以罗尔斯为代表的各种正义理论通常具有这样的模式："人们把善分配给（其他的）人们。"① 沃尔策批评这种模式是对现实分配过程过于简化的理解，仅仅将注意力放在分配主体（作为第一个"人们"的富人）和善的接受者（作为后一个"人们"的穷人）上面，而忽视了对于分配来说更重要的东西，如生产者和消费者的行为。另外，在这种模式

---

① Michael Walzer, *Spheres of Justice*, New York: Basic Books, Inc., 1983, p.6.

中，所关心的东西只是后一个"人们"（穷人）的利益，而非第一个"人们"（富人）的权利。这种模式没有追问：我们的权利是什么？我们需要、希望和应得什么？沃尔策的批评的要点是，这种模式只关心善如何分配，而没有考虑所分配的善是从哪里来的。这种批评与诺奇克对罗尔斯分配正义的批评是完全一致的。

针对这种简单的模式，沃尔策提出了一种更为复杂的模式："人们构思并创造出善，然后在他们自己中间分配。"[1] 在这种模式里，首先是构思和创造，然后才是分配。构思和创造优先于分配，并控制分配。善首先出现在人们的大脑里，他们思考善是什么，给它们起名字，赋予它们以意义，然后他们再集体地制造出它们。这样，就不是主体控制善，而是主体被所拥有的善所约束；不是主体分配善，而是善在人们中间分配自己。在沃尔策的这个模式中，"人们"显然是指同一个共同体中的所有成员。

在沃尔策的模式里，关注点不仅仅是分配过程，而是从观念（意义）开始的整个生产、分配和消费过程。强调整个过程，其目的是为了提出一种关于分配的多元论。分配的多元论以善理论的多元论为基础。沃尔策的善理论主要由以下六个命题组成[2]：

第一，与分配正义有关的所有善都是社会的善。一种东西（如面包）作为善，既是指这个东西（面包）本身，也是指这个东西（面包）的意义。对于沃尔策而言，善与其说指东西本身，不如说指它的意义。所有善都是社会的善，意味着每件东西的意义是社会的；一件东西的意义是社会的，则意味着它的意义是某种文化赋予的。

这个命题隐含了这样一种重要思想：如果善是社会的，那么善的意义就是共享的。善的意义本质上是对善的评价，但是善的意义不是取决于个人出于偏好的评价，而是取决于某种文化的评价。文化的评价归根结底是人们共同的评价。"夕阳西下是美丽的"，这不仅代表了位于此时此地的观察者的思想，还代表了其他人的思想，如果其他人也在此时此地进行观察的话。在沃尔策看来，善的意义不是个人的和主观的，而是主体之间的，

---

①   Michael Walzer, *Spheres of Justice*, New York: Basic Books, Inc., 1983, p.6.

②   Cf. Ibid., pp.7-10.

它产生于人们的共识。善在一种文化内部，其意义可以是共享的。但是，善在不同的文化中，其意义则是不同的。一种文化里被认为是善的东西，在另外一种文化里则可能不被认为是善；即使被认为是善，其意义也是不同的。文化的特殊性决定了善的意义之相对性。如果善的意义像沃尔策所说的那样是由文化决定的，那么它的意义就是相对的。

第二，社会善是人们构思和创造出来的，并且为他们所拥有和利用，而这些构思、创造、拥有和利用界定了他们的特定身份。某种善总是与某人有某种关系，而人的身份表达了他或她与某种善的关系。人的身份可以是生产者，也可以是消费者；可以是善的拥有者，也可以是善的转让者；可以是善的给予者，也可以是善的接受者。身份表达了人与善之间的双重关系：一方面，善是某人的善，这个人或是创造善，或是交换善，或是接受善；另一方面，人是拥有善的人，善或者存在于他或她的头脑中，或者存在于他或她的手里。

第三，不存在唯一一套基本的善，这套善被设想可以跨越所有的道德世界和物质世界。或者说，以这样方式被设想的这套善是如此抽象，以至于在思考特殊的分配时毫无用处。这个命题显然是批评罗尔斯的。罗尔斯有两种善理论：一种是"善的弱理论"；另一种是"善的强理论"。这里批评的主要是善的弱理论。罗尔斯的善的弱理论假设：在原初状态中，处于无知之幕后面的人们唯一知道的东西是"社会的基本善"，即权利和自由、权力和机会、收入和财富。这些善是"社会的"，因为它们受社会基本结构的制约，从而可以被人们平等地或不平等地分享；这些善是"基本的"，因为它们是每个理性的人都追求的东西，而无论其具体的生活计划是什么。

沃尔策认为，罗尔斯把权利和自由、权力和机会、收入和财富称为"基本善"，主要是因为它们是每个人都需要的东西。但是，宽松一些看，人们都需要的东西太多了，既有身体方面的，也有精神方面的，而不仅仅是罗尔斯列出的这几种。如果严格一些，人们永远需要的东西只有一种——食物。即使食物（如面包）是人们永远需要的，但在不同的场合其意义是不同的。例如，面包是生命的支持物、基督的身体、安息日的象征、待客的工具等。在哪一种意义上面包是基本善？沃尔策认为这是不清楚的，取决于具体的场合。

第四，分配之正义或不正义与善的社会意义相关。分配标准和制度安排不是善自己所固有的，而是存在于社会的善之中的。如果我们理解善是什么，善意味着什么，那么我们就会理解善应该如何分配，应该由谁来分配，应该出于什么理由来分配。

在善理论的六个命题中，这个命题是最重要的，沃尔策把它看作是一个合法性原则，也是一个批判性原则。首先，它是一个合法性原则。如果一种善的分配符合它的社会意义，与人们对它的理解是一致的，那么这种分配就是合法的，也就是说，它是正义的。例如，大学教师职位的分配应该根据申请者的知识，而不应该根据申请者的财富或血统。其次，它是一种批判性原则，我们可以依据这个原则来分析社会。如果大学教师职位的分配是根据申请者的财富或血统而非知识，那么这与该职位的社会意义是不符的，从而我们可以判定这种分配是不合法的，也就是不正义的。

这个原则具有相对的性质。沃尔策主张，分配是否正义，取决于被分配的善的社会意义。但是，社会意义是相对的。一种善的社会意义在不同的文化中是不同的。教师职位之分配的社会意义，在一种文化中应该是根据知识，在另一种文化中可能是根据金钱，在第三种文化中则可能是根据血统。沃尔策一再以印度的种姓制度为例来说明文化的特殊性：在当代西方文化中，正义意味着分配应该平等；在印度的种姓制度中，正义意味着分配应该不平等。

第五，社会意义是历史性的，所以分配、正义的分配和不正义的分配都随时间的推移而变化。但是也有一些善的社会意义是长期不变的，显示出具有典型的规范结构，而这种结构拥有跨越时空的稳定性。例如关于职位，从过去到现在，都认为应该给予合格的候选者。沃尔策自己也认识到了这个问题。

第六，在意义明确的地方，分配必然是自主的。同第四个命题一样，沃尔策把这个命题也看作是一个批判性原则，可以用它对社会现实进行批判。所谓分配是自主的，是指每一种社会善或者一组善都构成了一个分配领域，在这个领域内部，只有某些标准和安排是合适的。例如，在教会职位的领域，金钱是不合适的，如果它在决定把职位给谁的过程中发挥某种作用，那么就意味着一个领域侵入到另一个领域，而这是不合法的。自主性所反对的是侵入。分配是自主的，意味着它自己构成一个独立的领域。但是，一方面，社会意义在任何社会都不会是完全明确的；另一方面，一个分配领域发生的事情总会影响另一个分配领域发生的事情，因此，我们只能追求相对的自主性。

如果每一种善都构成一个单独的分配领域，而每一个分配领域都有自己单独的标准和制度安排，那么不仅分配领域太多了，而且分配标准和制度安排也太多了。这里的关键是标准，标准被用来衡量分配是否合乎正义。就像我们在上面说过的，标准太多，就失去了它的意义。尽管沃尔策认为关于自主性的命题拥有一种批判的意义，但由于分配的领域和标准太多，而每一个领域都画地为牢，这个命题的必然结果就是：现实的就是合理的。

二、社会意义

在沃尔策的政治哲学中，善理论、复杂的平等理论和社会意义（social meaning）三者是密切相关的。所要分配的东西是社会善，它们不是只有一种（如功利主义）或一些（如罗尔斯），而是各种各样的，其中每一种善都形成了一个特殊的分配领域。在每一个领域中，善的分配都应该是自主的，这意味着它既不受其他领域的善的支配，自己也不侵入其他善的领域。在每一个领域内部，善应该按照它的社会意义来分配，而只有那些符合其社会意义的分配才是正义的。如果所有领域的善的分配都是自主的，并且也都是按照其社会意义来分配的，那么复杂的平等就实现了。在沃尔策看来，在三者中，社会意义位于中心，善理论是对社会意义的展示，而复杂的平等理论则是对它的利用。

我们如何来理解沃尔策所说的社会意义？我们可以从以下三个方面来把握"社会意义"的意义：

首先，社会意义是一种文化的创造。我们把一个具有价值的东西称为"善"，而这个"善"的意义则是我们创造出来的。在讨论"基于什么特征我们彼此是平等的"问题时，沃尔策提出："我们（所有人）都是创造文化的生物，我们创造并且居住在有意义的世界中"①。一个物（善）本身可能是我们创造出来的（如一张桌子），也可能不是我们创造出来的（如一棵树），但是它们的社会意义一定是我们创造出来的，比如说，我们把一棵松树称为"圣诞树"，把一张桌子称为"祭坛"。对于沃尔策而言，社会意义是文化多元主义的，同一个东西，对于不同的文化则具有不同的意义。例如，一件东西在"你们"看来是一张桌子，"我们"把它看作是一个祭坛，"他们"把它看作是一块砧板。②

其次，社会意义代表了一种共同的理解。社会意义是人们在社会生活中创造出来的，而且这种创造活动是重复性的。人们不断地参与社会生活，就是不断地从事这种创造活动。在这种不断重复的创造活动中，从主观方面说，人们会赋予某种事物以意义；从客观方面说，他们对某种事物拥有了共享的理解。③ 比如说，市场应该是向所有人开放的，职位应该是向有才能的人开放的，而教堂则仅仅向自己的信徒开放，而这些就是"市场"、"职位"和"教堂"的社会意义，代表了我们对它们的共同的理解。在沃尔策看来，社会意义必须反映普遍的意见一致，或者说社会意义必须代表一种共识。④ 如果说社会意义作为一种文化创造具有相对性和多元性，那么它们作为一种共同理解则具有客观性。

最后，社会意义以共同体为背景。由于社会意义是创造出来的，所以同样的东西（如一张桌子）对于不同的人们具有不同的社会意义。也就是说，社会意义是有边界的。虽然社会意义是创造出来的，但它们不是个人的创造，而是群体的创造，这种群体的创造以共同体为背景。在这种意义上，共同体的边界就是社会意义的边界。沃尔策所说的共同体主要是指政治共同体——国家，也指更小单位的共同体——城市和村庄，而且这些共同体（城市、村庄和国家）都是通过特定的语言、历史和文化形成的。因

---

① Michael Walzer, *Spheres of Justice*, New York: Basic Books, Inc., 1983, p.314.

② Cf. Michael Walzer, "Objectivity and Social Meaning", in *Thinking Politically: Essays in Political Theory*, edited by David Miller, New Haven: Yale University Press, 2007, p.40.

③ Cf. Michael Walzer, *Spheres of Justice*, New York: Basic Books, Inc., 1983, p.320.

④ Cf. Michael Walzer, "Objectivity and Social Meaning", in *Thinking Politically: Essays in Political Theory*, edited by David Miller, New Haven: Yale University Press, 2007, p.40.

为社会意义是在共同体的背景下创造出来的，所以在沃尔策看来，社会意义本质上是"语言、历史和文化结合在一起所产生的集体意识"①。这种集体意识的说法使社会意义的含义更接近"意识形态"，特别是当我们意识到这种说法带有马克思主义的特征时，这种"意识形态"的含义就更强了。

我们澄清了社会意义的含义之后，现在来探讨社会意义与分配正义的关系。"正义"是一个程序性的概念，政治哲学家都在使用这个词，然而他们赋予它的具体含义则是不一样的。虽然人们都追求一种正义的分配，但是他们的分配正义所包含的实质性内容则可能是完全不同的。对于沃尔策而言，分配正义与社会意义密切相关，而"正义"一词的程序含义也转移到"社会意义"之中。

沃尔策认为，社会意义是分配正义的标准，而如果一种善是按照其社会意义分配的，那么这种善的分配就是正义的。我们所分配的东西是社会善，社会善是各种各样、千差万别的。没有一种普遍的、抽象的分配正义标准能够适用于所有的善，因为每一种善的分配都是自主的和特殊的，不同于其他的善。一旦我们知道所要分配的东西是什么，如果我们理解了它的社会意义，那么我们也就知道如何分配它、以什么方式来分配，以及把它分配给谁。② 比如说，在沃尔策看来，如果分配的东西是职位，而按照我们的理解（它的社会意义），职位应该向有才能的人开放，那么我们也就知道以什么理由、按照什么方式把相关的职位分配给哪位申请者。因为每一种善都有其特殊的社会意义，从而其分配也是不同的，在这种意义上，善的社会意义作为分配正义的原则是程序性的。

沃尔策主张社会意义是分配正义的标准，一种善的社会意义决定了其分配的正义或不正义，为此，他要求我们在分配某种善之前应该先了解它的社会意义。问题在于，对于很多善，即使我们知道了它们的社会意义，但是我们也不知道什么样的分配是正义的，因为它们的社会意义不能足以决定它们的正义分配是什么样的。例如，我们知道金钱的社会意义（一种普遍的交换媒介），而且像沃尔策要求的那样，我们也知道金钱的界限(可

① Michael Walzer, *Spheres of Justice*, New York: Basic Books, Inc., 1983, p.28.

② Cf. Ibid., pp.8-9.

以买什么以及不可以买什么），但是仅仅基于这些东西，我们仍然不知道什么样的金钱分配是正义的。也许正是出于这个原因，沃尔策自己也不知道如何分配金钱是正义的，所以他在复杂的平等观念中没有提出这样的主张：收入和财富的平等。

不仅金钱的分配是不受其社会意义决定的，其他的善（如权力和职位）的分配也是这样。即使是某些非常同情沃尔策思想的人也认为，善的社会意义决定其分配的标准，这种主张对于某些善是适用的，如爱和公共荣誉；而对于另外一些善则是不适用的，如金钱、权力或职位。因此，沃尔策的复杂的平等只需要这样的主张——对每一种善需要确立不同的分配标准，而无须坚持这样的主张——善的社会意义直接决定它的分配标准。[1] 另外一些对沃尔策的思想没有这种同情的人，则认为他的这种观点完全是错误的，从而主张"社会意义与分配原则之间的这种联系必须加以抛弃"[2]。

沃尔策认为，社会意义不仅是分配正义的标准，而且还是一种批判的标准。[3] 善的社会意义决定了它的分配，如果某种善的分配违反了它的社会意义，那么这种分配就是不正义的。比如说，按照社会意义，教师的职位应该基于申请者的知识和才能来分配，而基于其他的理由（如门第、种族或财富）来分配职位是不正义的，并应该因此受到谴责。但是沃尔策认为，对于不同的社会，教师职位的社会意义是不同的，其他社会按照其他的标准来分配职位，也能够是正义的。

问题在于，作为批判标准的社会意义本身可能就是错误的。以沃尔策经常作为例证的印度种姓制度来说，从我们的观点看，这种等级制度是错误的，它把人们分成社会地位不同的等级，并且按照社会地位的高低来分配社会善。但是沃尔策认为，从"外部"的观点看，这种等级制确实是错误的，婆罗门非常像专制的统治者；然而从"内部"的观点看，从其社会

---

[1]　Cf. David Miller, "Complex Equality", in *Pluralism, Justice, and Equality*, edited by David Miller and Michael Walzer, Oxford: Oxford University Press, 1995, p.222.

[2]　Jeremy Waldron, "Money and Complex Equality", in *Pluralism, Justice, and Equality*, edited by David Miller and Michael Walzer, Oxford: Oxford University Press, 1995, p.155.

[3]　Cf. Michael Walzer, *Spheres of Justice*, New York: Basic Books, Inc., 1983, p.9.

意义看，婆罗门就不是专制的统治者，他们在社会中处于最高等级是很自然的。① 沃尔策强调不同社会文化的特殊性和多元性，主张"外部"的观点不能强加给那些不同的社会，而只能寄希望于这些社会内部发生变化，从而导致其社会意义发生变化。

沃尔策的问题在于，社会意义与文化的特殊性和多元性结合在一起，有可能把一些关键的区别掩盖了，如真与假、正确与错误、正义与非正义。由于沃尔策把社会意义看作"一种合法性原则"②，所以，任何东西，无论它是多么不正义，只要人们有一种共同的理解，就都被合法化了。例如，只要实行奴隶制度的社会成员对它拥有一种共同的理解，或者只要奴隶们承认这种制度，这种奴隶制就是正义的。但是这违背我们的道德直觉。我们认为，在奴隶制度中，某些人天生就低人一等，这是不正义的。社会意义理论的局限性也就在这里。按照这种社会意义的理论，沃尔策无法否定奴隶制，他最多只能说："在形成对社会的共同理解时，奴隶对奴隶制的被迫同意应该是不算数的。"③

三、是相对主义、契约主义还是约定主义

按照沃尔策的观点，正义是相对于社会意义而言的。④ 一种善是按照其社会意义分配的，这种分配就是正义的。如果不同的社会对同样的善持有不同的理解，那么它的分配正义也是不同的。例如，对于沃尔策而言，在现代的自由主义民主社会，平等是正义的；而在实行种姓制度的传统印度社会，不平等是正义的。简言之，正义具有相对性。

沃尔策认为，正义的相对性源自于正义的经典定义，即"正义是给予每个人以其应得的东西"。虽然这个经典定义本身不是相对的，但它在本性上是形式的：我们不能说这个人或那个人应得什么，除非我们知道他们

---

①　Cf. Michael Walzer, *Spheres of Justice*, New York: Basic Books, Inc., 1983, p.315.

②　Ibid., p.9.

③　Michael Walzer, "Distributive Justice as a Maximalist Morality", in *Thick and Thin*, Notre Dame: University of Notre Dame Press, 1994, p.27.

④　Cf. Michael Walzer, *Spheres of Justice*, New York: Basic Books, Inc., 1983, p.312.

通过生产和分配过程彼此如何相关。① 正义的形式性导致正义的相对性，虽然大家都在使用"正义"这个词，但是在不同的社会和文化中，在每个特殊的场合，这个词所具有的社会意义是不同的。用沃尔策的话说，正义是相对于社会意义而言的。在这种意义上，正义的相对性归根结底来自于社会意义的相对性。

沃尔策的思路是这样的：分配正义同被分配的善有关，而被分配的善是各种各样的，分属于不同的领域；每一种善都没有内在的本性，其价值取决于它们在人们精神和物质生活中的位置，即社会意义；社会意义具有文化的特殊性，不同的文化对相同的善拥有不同的理解；因此正义是相对于社会意义而言的，即正义具有相对性。用沃尔策的话说，不存在取代社会意义的普遍正义原则。这样，"分配正义的每一种实质性解释都是一种本地的解释"②。

如果正义是相对于社会意义而言的，而社会意义本身也是相对于特定文化而言的，那么沃尔策的正义观念是不是相对主义的？这里涉及对沃尔策政治哲学之性质的评价。很多批评者认为，沃尔策的正义观念是相对主义的，而这种相对主义集中表现在社会意义这个概念上面。这种观点认为：沃尔策的正义理论赋予社会意义以优先性，这种优先性不仅表现为尊重社会意义，而且还表现为一切都以社会意义为准绳；他对社会意义有一种预先的承诺，通过对社会意义的承诺，进而承认了社会意义所承认的一切，如社会通行的所有习俗、惯例、法规和制度等；社会意义是相对于文化而言的，把社会意义与正义直接关联起来，这会导致在正义问题上的相对主义。③

也有一些评论者认为，沃尔策的思想即使带有某种程度的相对主义，实际上也是非常有限的，这不仅因为他在哲学上持有一种非语境主义的传统真理观念，对真理具有一种承诺，还因为他所阐述的正义观念在整体上

---

① Cf. Michael Walzer, *Spheres of Justice*, New York: Basic Books, Inc., 1983, pp.312-313.

② Ibid., p.314.

③ 我自己过去也持有这样的观点，曾在一些著述中批评沃尔策的正义理论是相对主义的。参见姚大志：《何谓正义：当代西方政治哲学研究》，人民出版社 2007 年版，第 290 页。

显然是一种超语境主义的元理论，对所有的共同体都是有效的。①

沃尔策的正义观念实际上不是相对主义的，尽管人们通常都这样来批评他。基于如下三个理由，我们认为沃尔策不是一位相对主义者：

首先，善的社会意义是由社会决定的。沃尔策主张，如果善是按照其社会意义分配的，而社会意义是该社会成员所共有的信念，那么这种分配就是正义的。虽然这种主张意味着"正义是相对于社会意义而言的"，但是对于每一个特定的社会而言，社会意义是确定的，从而正义的意义也是确定的。沃尔策确实认为，基于不同的社会意义，正义可以意味着平等，也可以意味着不平等。但是，沃尔策的这种观点与其说是相对主义的：对于每一个社会而言，平等可以是正义的，也可以不是正义的；不如说是由社会决定的：对于当代美国社会而言，平等是正义的，对于传统的印度社会而言，不平等是正义的。

其次，社会意义以对"道德最少主义"（moral minimalism）的承诺为前提。② 在沃尔策看来，道德概念不是单数的，而是复数的；不是只有一种道德，而是有很多道德。虽然每一种文化都有自己的道德，但是这些不同的道德之间拥有某些共同的部分，共享某些普遍的道德原则，如禁止杀人、虐待、压迫、说谎、欺骗等。就这些共享的道德原则而言，"道德最少主义"是普遍主义的，它们为不同的社会、文化和民族所共同拥有。沃尔策的正义观念确实是特殊主义的和文化多元主义的，但是他也承认普遍主义的观念，因为他无法拒绝这样一些具有普遍主义性质并且已经被人们普遍接受的价值，如自由、平等、民主、自主和权利等。普遍主义是治疗相对主义的最好药方。

最后，社会意义表达了社会的共识。分配正义所涉及的东西是善，要分配的善是各种各样的，而如何分配善取决于它们的社会意义。沃尔策主张，如果一种善是按照其社会意义分配的，那么这种分配就是正义的。我们对这种主张不应该给予相对主义的解释，因为尽管在沃尔策看来正义是

① Cf. William A. Galston, "Community, Democracy, Philosophy: The Political Thought of Michael Walzer", in *Political Theory*, Vol. 17, No. 1, February 1989, p.122.

② Cf. Michael Walzer, "Moral Minimalism", in *Thick and Thin*, Notre Dame, Indiana: University of Notre Dame Press, 1994, p.2.

相对于社会意义而言的，但社会意义所表达的东西不是人们之间的分歧，而是他们共享的理解。由于社会意义代表了该社会成员的共识，所以社会意义的观念蕴含了这样一种非相对主义的主张：如果一种善的分配得到了所有相关社会成员的同意，那么这种分配就是正义的。

如果我们的上述分析是正确的，那么沃尔策的正义观念就不是相对主义的。即使沃尔策的正义观念不是相对主义的，但是也会产生新的问题。沃尔策认为，社会意义表达了社会成员的共识或共享的理解，而且，他把这种作为共识的社会意义看作是一种合法性原则。对此可以有两种解释：一种解释强调共识，共识意味着"同意"，所以沃尔策主张的是一种"同意理论"，一种特殊版本的契约主义（contractualism）；另外一种解释强调的是社会意义，社会意义实质上是通过人们的文化创造活动而产生出来的，并且在历史过程中积淀为特定的惯例、制度和机构，所以沃尔策主张的是一种历史的和实际的"同意"，一种"约定主义"（conventionalism）。那么沃尔策的政治哲学是一种契约主义还是一种约定主义？

我认为沃尔策的正义理论是约定主义的。就观念的客观性来说，约定主义比相对主义更强，但是比契约主义更弱。我认为有两个理由来支持约定主义的解释。首先，对于沃尔策而言，"同意"应该是实际的而非假设的。共识意味着"同意"，可以有两种同意：一种是假设的同意；另一种是实际的同意。虽然在古典的契约主义者（如霍布斯和洛克）那里，"同意"看起来是实际的，但是当代的契约主义者一般都把"同意"看作是假设，契约不是在现实社会而是在理想的原初状态中达成的。与此不同，沃尔策反对把同意建立在假设基础上的契约主义，而主张同意应该是实际上的。① 如果同意是实际的，那么建立在这种实际的同意之基础上的正义观念就是约定主义的。其次，对于沃尔策而言，正义是相对于文化而言的。契约主义的"同意"是普遍的，任何人只要处于相关的理想处境下，都会就某种正义原则达成一致意见。约定主义的"同意"是特殊的，共享的正义观念存在于某种文化的共同体内部，共同体的边界就是正义的边界。沃

---

① Cf. Brian Barry, "Spherical Justice and Global Injustice", in *Pluralism, Justice, and Equality*, edited by David Miller and Michael Walzer, Oxford: Oxford University Press, 1995, p.77.

尔策主张，正义是相对于文化而言的，而文化是特殊的，一个共同体内部达成的意见一致未必得到其他共同体的同意。简言之，契约主义者诉诸普遍的理性，沃尔策诉诸特殊的文化。因此，我们认为沃尔策的正义观念是约定主义的。

如果我们的上述分析是正确的，那么沃尔策的正义观念就是约定主义的。虽然约定主义可以使沃尔策摆脱相对主义的麻烦，但是它作为一种正义观念的基础也有自己的麻烦，而且这些麻烦是很难摆脱的。

首先，实际上的共识是很难达成的。在现实社会中，人们信仰不同的道德和宗教学说，拥有不同的利害关系，所以很难对某种东西形成共享的理解。由于现实社会中很难达成实际的共识，这导致两种结果：在理论上，如果正义观念需要人们的同意，而实际上的同意是难以达成的，那么当代的契约主义者用假设的同意替代了实际的同意；在实践上，如果一致同意是政治决定的合法性原则，而任何一项提议都很难得到所有人的同意，那么民主社会只能实行"多数决定"的原则。但是，一方面，沃尔策反对当代契约主义，坚持同意只能是实际的而非假设的；另一方面，他又认为，多数人的意见不代表社会意义，多数决定的原则也不能支配关于社会意义的讨论。[①] 困难在于，沃尔策主张社会意义代表了共识，而实际上人们在社会意义上存在分歧。例如，关于金钱的社会意义，沃尔策认为不能用它来购买权力和荣誉、教育和医疗等。而对于大多数人而言，虽然他们承认金钱不可以购买权力和荣誉，但是可以购买教育和医疗。

其次，即使我们承认共识实际上是可以达成的，也会面临这样的问题，即实际上达成的共识是不理想的。我们说过，在现实社会中，人们持有不同的信念，具有不同甚至冲突的利益。在这种情况下，人们如何能够达成共识？基于我们对社会和历史的了解，有两种达成共识的途径：一种是社会化，即某个社会通过教育强制灌输某种正义观念，经过长期的社会化过程，人们对此形成了共识；另一种是宗教化，即某个社会奉行某种原教旨主义的宗教，并且强行把这种宗教灌输给所有的社会成员，从而形成

---

① Cf. Michael Walzer, "Objectivity and Social Meaning", in *Thinking Politically: Essays in Political Theory*, edited by David Miller, New Haven: Yale University Press, 2007, p.44.

了某种共识。甚至沃尔策自己也承认，达成共识的社会过程充满了"武力和欺诈"，经过了长期的"习惯化过程"，从头至尾都是"神秘的"。[①] 如果实际的共识是这样达成的，那么沃尔策面临这样一个问题：实际的共识或者假设的共识，哪一种更好？后者的代表是罗尔斯的契约主义。对于罗尔斯而言，原初状态是一种理想的假设处境，在这种假设的处境中，人们就正义原则问题达成了共识。对比两者，我认为假设的共识比实际的共识更好，契约主义比约定主义更合理。

第四节　分配正义的原则

当代政治哲学家的一个重要任务是提出某种分配正义的原则，以规范各种资源、机会和财富的分配。例如，罗尔斯提出了差别原则，诺奇克提出了持有正义的原则，德沃金提出了资源平等的原则，阿马特亚·森提出了能力平等的原则，麦金太尔提出了应得的原则，尽管在某种意义上说他们都是平等主义者。

与他们一样，沃尔策也提出了自己的分配正义原则："任何社会善 X 都不应该分配给这样一些拥有某种善 Y 的男人和女人，仅仅是因为他们拥有 Y 而没有考虑 X 的意义。"[②] 这个原则的意思是，不能仅仅因为一个人拥有 Y（如金钱）就得到 X（如权力），而 Y 与 X 应该如何分配，这取决于各自的社会意义。这个分配正义的原则在实质上是反原则的：一方面，它不是规定如何进行分配，而是规定不能如何分配；另一方面，它排除了任何一种原则来支配分配领域的可能性。

在分配正义问题上，沃尔策有两个基本的观点：首先，他坚持复杂平等的观念，即分配领域是各种各样的，每一个领域都有自己的分配标准，而一个领域的标准不能应用于其他的领域。其次，他认为任何分配正义的

[①] Cf. Michael Walzer, "Objectivity and Social Meaning", in *Thinking Politically: Essays in Political Theory*, edited by David Miller, New Haven: Yale University Press, 2007, p.41.

[②] Michael Walzer, *Spheres of Justice*, New York: Basic Books, Inc., 1983, p.20.

原则都应该是"结果开放的"（open-ended），即分配正义的原则应该是程序性的，它应该规定的东西是正义的程序，而非固定的结果。这两个基本观点合在一起，就排除了任何一种单一的分配正义原则。

排除了任何一种单一的分配正义原则，这不意味着排除所有的分配正义原则。实际上，如果我们深入分析沃尔策关于分配正义的各种著述，就会发现有三个原则在不同的领域发挥作用，即机会平等、需要和应得。它们是分配正义的原则，因为它们规范了资源、机会和财富的分配。这些分配正义的原则是有限的，因为它们各自只适用于某些领域。

一、机会平等

"机会平等"（equality of opportunity）有两种意义：从广义上说，它意指平等主义的一种类型，以与"结果平等"相区别；从狭义上说，它意味着一种分配正义的原则，其主要的适用领域是机会和权力，如就学和就业的机会，以及与各种经济、政治和学术的职位联系在一起的权力。我们在这里是在狭义的意义上使用"机会平等"的。无论是就学和就业的位置，还是与各种权力联系在一起的职位，它们有两个特征：第一，它们向所有公民开放，每个公民都可以有申请得到它们的权利；第二，它们是有限的，无法保证每个申请者都能够得到。因此，我们可以把这些有限的公共资源合在一起统称为"公职"（office）。所谓机会平等是指，对于各种各样的公职，所有公民作为申请者的机会是平等的。

沃尔策对公职的理解与我们的上述观点基本上是一致的。他给公职做了这样一个界定："公职是指任何一个职位，而政治共同体作为一个整体对这个职位是利益攸关的，因此它或者自己选择担任公职的人，或者制定出指导选择的程序。"① 因为公职涉及共同体的利益，所以控制公职的选择是非常重要的。公职的分配不是个人的事情或者小集团的事情，它们不能被私人侵占，不能由家族代代相传，也不能在市场上出售，尽管在过去的传统社会里它们的确是以这样的方式来分配的。

从公职由私人和家族的控制，到所有人作为公职申请者的机会平等，

---

① Michael Walzer, *Spheres of Justice*, New York: Basic Books, Inc., 1983, p.129.

这是一个漫长的斗争过程。按照沃尔策的解释，这个斗争过程经历了三个主要阶段。① 首先，公职的观念最初是在基督教的教会里发展出来的，是在教会摆脱封建王朝的控制过程中凸显出来的。教会领袖主张，教会的职位不能由政府官员、封建领主或他们的亲朋来担任，也不能拿来出售或交换。其次，这种教会的公职观念被世俗化后，形成市政系统的主张。这种主张一方面反对由贵族或乡绅个人来决定公职的分配；另一方面也反对由极端民主者的党派来实行的"分赃制度"。最后，这种公职的主张逐渐由市政向公民社会扩展，形成现代的公职观念。在现代社会，公职不但是指各级政府部门的官职，而且也指任何一个机构（大学、公司或社团等）的职位。在今天，甚至任何一种工作都可以被称为"公职"。对于所有公职的申请者而言，他们的机会是平等的。

虽然每个人得到公职的机会是平等的，但是因为其名额有限，所以只有其中的一些人才能够得到它们。如果这样，那么问题的关键就在于如何在众多申请者中间分配公职。这意味着需要有一种正义的原则来规范公职的分配。这个原则应该是"结果开放的"，它规定了一种分配公职的程序，而任何人只要通过这种程序得到它，都是正义的。这种程序性的分配原则不关心得到某个公职的人是谁（X 或 Y），只要具备了该原则规定的条件，X 得到这个职位是正义的，Y 得到它也是正义的。

在现代社会，人们通常认为这种分配公职的原则就是"业绩制"（meritocracy），其目标体现为法国大革命的一句口号——"职业向才能开放"。每个人都拥有得到某个公职的平等机会，但是只有候选者中最有才能的人能够得到它。按照沃尔策的解释，"业绩制"以应得为原则："公职应该为最有资格的人们得到，因为资格是应得的一种特例"②。才能是人的一种品质，在通常情况下，最有资格的人也是最有才能的人。由于才能在很大程度上是天生的，人们也许应得或不应得其品质，但是他们应得这些与其品质相符的职位。

这里涉及两个术语，一个是应得(desert)，一个是资格(qualification)。

---

① Cf. Michael Walzer, *Spheres of Justice*, New York: Basic Books, Inc., 1983, pp.129-131.
② Ibid., p.135.

沃尔策认为，"业绩制"以应得（才能、业绩等）为原则来分配职位，但实际情况则更为复杂。对于大多数职位而言，只要符合最低的资格要求，大多数人都能胜任，因此，要做到公平的机会平等，应该按照"先来先得"（或者抽签）来分配。对于这些职位，应得的原则没有多大的意义。对于另外一些需要特殊训练和技巧的职位，则要求候选者应该具备特别的资格，而只有最有资格者才应得其相关的职位。对于这些需要特殊技能的职位而言，应得的原则是有意义的。①

在沃尔策看来，"业绩制"的倡导者主张职位的分配应该以应得为原则，实际上他们心中所想的是资格。或者换一种说法更好：这些倡导者混淆了应得与资格，因此，他们说的是以应得为原则，实际上应该是以资格为依据。因此需要对应得与资格加以明确的区别，以澄清到底什么是"业绩制"。沃尔策认为，应得表示一种非常严格意义上的资历（entitlement），这个资历先于并且决定职位的分配，而资格则是一个非常松散的观念。而且，按照应得来分配职位，主要的考虑是先前的行为；而按照资格来分配职位，则既需要考虑先前的行为也需要考虑以后的行为。② 例如，奖金可以是"应得的"，因为它按照人们先前的（已经履行过的）行为来分配；职位不能是"应得的"，因为它也需要按照人们即将履行的行为来分配。

沃尔策是一位平等主义者，而从平等主义者的观点看，"业绩制"是有问题的。对于沃尔策而言，"业绩制"的问题可以分为事实和规范两个方面。从事实方面看，严格地说并不存在"业绩制"这样的东西，因为公职的分配是复杂的，对于很多职位，资格的要求很低，从而会有很多候选者，而且对于众多的候选者而言，才能只是需要加以考虑的众多因素之一。从规范方面说，"业绩制"以应得为原则来分配公职，但这是不正确的，因为应得强调的东西是候选者的先前行为，而公职的分配不仅应该考虑他们先前的行为，而且应该考虑以后的行为。沃尔策主张，机会平等意味着按照资格而非应得来分配公职。这种机会平等体现为两个要求：首先，每一位合格的候选者都应该得到平等的考虑；其次，职位的具体分配

---

① Cf. Michael Walzer, *Spheres of Justice*, New York: Basic Books, Inc., 1983, pp.135-136.

② Cf. Ibid., p136.

只能依据相关的品质进行。①

即使按照机会平等或者资格来分配职位，也会产生严重的问题。在沃尔策看来，所产生的问题包括以下三个方面：

第一个方面是平等的问题。从平等主义看，机会平等是一个形式的原则，这里的平等实际上是一种权利的平等，即每个人都有权利谋求职位、参与市场竞争和竞选政治职务。尽管这个原则对所有人都是平等的，然而由于人们在自然天赋和社会文化方面的差别，通常会导致不平等的结果。问题与其说在于机会平等往往会产生出结果的不平等，不如说在于结果的不平等反映了自然的不平等（人们之间在智力和体力方面的差别）和社会的不平等（人们出身于不同的家庭、种族和阶层）。长期以来，机会平等一直是自由主义的分配原则。

第二个方面是公职的扩张。现代国家出现了公职扩张的现象，公务员的系统越来越大，国家所管理的事务也越来越多。沃尔策认为有两个原因导致了公职的扩张：一是国家对各种事务的政治控制，而这些事务对共同体的福祉是至关重要的；二是与"公平的机会平等"原则有关，而这个原则的实行需要国家的更多干预和负责更多的事情。公职的扩张趋向于建立普遍的公务员系统，而普遍的公务员系统意味着国家权力的集中。因此，追求机会平等的努力造成并强化了权力的集中。②

第三个方面是伴随公职而来的各种利益和特权。在沃尔策看来，公职是一种支配性的善，如果一个人得到了某种公职，其他的善会随之源源而来。公职是有报酬的。沃尔策把这些报酬分为四类：首先是职位本身，因为有很多人想得到它，所以得到它的人会感到满足和荣耀；其次是物质利益，一个人得到的职位越高，他得到的收入和财富也越多；再次是地位，职业化是一个等级制的阶梯，人们渴望在这个阶梯上越爬越高，从而占有更高的社会地位；最后是权力，拥有了公职，就拥有了权力，而随着职位的提高，其权力也更大，进而拥有了特权和权威。③

那么如何解决这些问题？从原则上来说，沃尔策主张对机会平等的原

---

① Cf. Michael Walzer, *Spheres of Justice*, New York: Basic Books, Inc., 1983, p.144.

② Cf. Ibid., p.160.

③ Cf. Ibid., pp.155-156.

则加以限制，对"业绩制"和"职位向才能开放"加以限制。至于具体的解决方法，在不同的时期，沃尔策提出的解决方法是不一样的。

在《正义诸领域》中，沃尔策似乎认为，主要的问题在于机会平等原则导致了公职的扩张，因此，解决方法是通过限制机会平等原则的使用范围来防止公职的扩张。在他看来，当代社会中的所有工作都被看作是"公职"，这是不对的。公职应该仅仅限于那些政府部门的职位，而其他的工作则不是。例如，当代社会需要各种由私人个体经营的小企业、店铺和维修店等，它们为邻里提供各种生活服务。对于公职的分配，应该实行机会平等的原则，而裙带关系是不正义的。对于这些私人小店，裙带关系不仅被允许，还是一种家族内部的道德要求。即使对于公职而言，也不是所有情况下都需要实行机会平等的原则。例如对于很多并不要求特殊技能的公职的分配，可以采取抽签的方法，也可以采取轮流任职的方法，甚至可以采取政治委任的方法。①

在另外的地方，沃尔策似乎认为，主要的问题在于伴随公职而来的财富和特权，因此，解决方法是限制公职人员的财富和特权。一方面，这种限制意味着职位不能太高和权力不能太大，需要用各种民主的程序和机构来制衡官僚机构；另一方面，限制也意味着不允许在职位、财富和权力之间进行交换，不允许把更高的职位转变为更多的财富和更大的特权。在沃尔策看来，限制公职的方式和机构有许多，如评议会、集体谈判、认可条款、申诉程序、广播电视行业的政府执照以及民主政治本身等，它们都对人们能用职位和权力做什么进行了限制。②

问题的关键在于：不是机会平等的观念本身是有问题的，而是沃尔策的机会平等观念是有问题的。他认为机会平等是一个分配机会和权力的正义原则，尽管这个原则是自由主义的。对于自由主义而言，机会平等意味着"职位向才能开放"，也就是说，机会平等蕴含了对机会的竞争。虽然沃尔策试图降低竞争的激烈程度，但是只要机会是吸引人的和排他性的，竞争就仍然不可避免，仍然会有竞争中的胜利者和失败者。正义要求真正

---

① Cf. Michael Walzer, *Spheres of Justice*, New York: Basic Books, Inc., 1983, pp.161-163.

② Cf. Michael Walzer, "Justice Here and Now", in *Thinking Politically: Essays in Political Theory*, edited by David Miller, New Haven: Yale University Press, 2007, pp.75-76.

的机会平等，而真正的机会平等不仅仅是降低竞争的激烈程度，而且应该要求竞争本身就是公平的。机会的竞争本身是不公平的，这是因为竞争者的条件是不平等的，即竞争者之间在社会条件和自然天赋方面存在着巨大的差别。如果某些竞争条件（如社会条件）的不平等是可以解决的，那么我们就应该创造出平等的条件（如通过平等的教育来改变社会条件）。如果某些竞争条件（如自然天赋）的不平等是不可解决的，那么就必须用某些政策措施（诸如罗尔斯"差别原则"之类的东西）来加以补救。质言之，沃尔策的分配原则是"机会平等"，但它不是"公平的机会平等"。

二、需要

需要（need）通常也被看作是一种分配正义的原则，特别是对于像沃尔策这样具有马克思主义倾向的政治哲学家。马克思在《哥达纲领批判》中有一句名言，"各尽所能，各取所需"。按照一般的理解，这句名言的含义是：每个人应该尽其所能对社会作出贡献，然后根据自己的具体情况从社会领取自己所需要的东西。对于左派知识分子而言，需要作为一种分配正义的原则具有直觉上的吸引力。

沃尔策接受马克思的这句名言，承认需要产生了一个特殊的分配领域，而在这个领域中，需要自身成为一种合适的分配原则。但是，沃尔策提出，人们在把马克思的这句名言当作是一种分配正义的原则时，往往只注意其后半部分"各取所需"，而很少关注其前半部分"各尽所能"。在他看来，作为一种分配正义的原则，前半部分与后半部分是不一致的。前半部分意味着，只要人们拥有相应的能力，就应该尽其所能地为社会工作。但是，如果他们的物质需要能够得到社会的照顾，那么他们就不需要工作了；或者如果他们在精神而非物质的意义上需要工作，那么这种精神上的需要无法区分开他们，从而无从决定他们应该干什么工作并从社会领取什么。①

马克思的这句名言似乎意味着社会创造的所有财富都应该按照人们的需要来分配，尽管他没有具体规定人们的需要都包括哪些东西。而且，按

---

① Cf. Michael Walzer, *Spheres of Justice*, New York: Basic Books, Inc., 1983, p.25.

照马克思的思想，这个原则所适用的是理想的共产主义社会，而当代社会还没有达到这种理想的阶段。这样，尽管沃尔策接受了马克思的这句名言，把需要看作是一种分配正义的原则，但是他对这个原则适用的领域进行了限制。他认为，权力和机会，荣誉和声名，以及各种贵重、稀缺和奢侈的东西，这一切都不能按照需要来分配，因为严格地说，它们不是人人都需要的东西。①

什么是人们的需要？更准确地说，什么是作为一种分配正义原则的需要？简略地说，沃尔策所说的需要是指"社会承认的需要"②。在他看来，人们不仅有需要，还有关于需要的各种观念；人们不仅有各种各样的需要，还在其中有更优先的需要和更急迫的需要；这些更优先和更急迫的需要不仅与人性相关，还与他们的历史和文化相关。③ 那么究竟是什么东西决定了某种需要是"社会承认的"？按照沃尔策的理解，决定社会承认的东西主要有三种，即文化、宗教和政治。沃尔策没有提到自然的需要，这是因为他在谈论社会需要时已经默认了自然需要，也是因为关于什么是自然需要是有争议的，并且最终取决于"社会承认"。因为决定"社会承认"的东西是文化、宗教特别是政治，所以作为分配正义原则的需要不是自发的和固定不变的，在任何特定时刻，它们都服从于公民的公共辩论。

沃尔策认为，"社会承认的需要"是各种各样的，如安全、福利和医疗的需要。从社会成员说，这些东西是人们的需要。从国家说，这些东西是公共供给。也就是说，社会承认的需要应该由社会（国家）来供给。沃尔策把公共供给分为两类：当公共资金的使用有利于所有成员或大部分成员而没有分配给任何个人时，这种公共供给是一般的；当各种各样的善实际上被分配给了每个成员或任何成员时，这种公共供给是特殊的。同样的东西可以既是一般的也是特殊的。例如，建设水库是一般的，而把水输送给用户是特殊的；保证食品供应是一般的，而把食品分给寡妇和孤儿是特

---

① Cf. Michael Walzer, *Spheres of Justice*, New York: Basic Books, Inc., 1983, p.25.
② Cf. Ibid., p.65.
③ Cf. Ibid., p.66.

殊的；公共保健是一般的，而治疗疾病是特殊的。① 但是在别的地方，沃尔策的区分则明显不同。一般的公共供给是指只能共享而不能分给个人的东西，即经济、社会和文化方面的基础设施，如道路、桥梁、公交系统、国家公园、大众传媒、学校、博物馆等。特殊的公共供给是指实际上分配给个人成员的东西，即各种各样的消费品，如食物、衣服、住房、医疗甚至金钱。②

即使对于那些承认需要是一种分配正义原则的哲学家（其中包括沃尔策），他们也都认为它是有限的，只适用于某些领域。在这些需要作为一种原则所适用的领域中，医疗是最典型的例证。按照一些道德哲学家的观点，医疗保健分配的唯一适当标准是医疗的需要。因为每个人的医疗需要是不同的，有的人不需要，有的人需要，有的人非常需要，因此，应该按照需要的不同来分配医疗保健服务。

沃尔策非常赞同这种观点，即按照医疗的需要来分配医疗保健服务，并且他也提出了支持这种观点的主张。首先，沃尔策认为，对于现代社会中的公民，健康长寿是一种"社会承认的需要"，因此人们作出极大努力来促进医疗保健服务更广泛地和更平等地分配，以使每个公民都有平等的机会过一种健康长寿的生活。其次，现代医院的医疗费用是昂贵的，很多严重疾病的治疗费用都超过了个人的负担能力，从而需要一种政府支持的公共医疗保健系统来帮助他们。最后，沃尔策对美国社会的医疗保健现状提出了批评。在他看来，美国的医疗保健服务不是按照需要来分配，而是按照财富来分配的。富人拥有私人医生而且更经常去医院，而穷人则缺医少药，有病得不到足够和连续的治疗。虽然美国在医疗保健方面花费了大量的金钱，但是它们主要花在资助医学和医药研究、补助医院和私人开业医生方面，而没有使所有公民都平等地受益，更没有建立服务所有人的全国性医疗保健体系。③

并非所有的政治哲学家都承认需要是一种分配正义的原则。对于像诺

---

① Cf. Michael Walzer, *Spheres of Justice*, New York: Basic Books, Inc., 1983, pp.65-66.

② Cf. Michael Walzer, "Justice Here and Now", in *Thinking Politically: Essays in Political Theory*, edited by David Miller, New Haven: Yale University Press, 2007, pp.69-72.

③ Cf. Michael Walzer, *Spheres of Justice*, New York: Basic Books, Inc., 1983, pp.87-90.

奇克这样的自由主义者来说，需要根本不能成为一种分配原则，因为所有的东西或者是通过劳动得来的，或者是通过自由交换得到的，除此之外的其他方式都是不正义的。如果沃尔策主张需要是一种分配正义的原则，那么支持其主张的正当理由是什么？为此，沃尔策提出了两种论证：一种是社群主义的；另外一种是契约主义的。

按照社群主义的论证，需要作为一种分配正义的原则发挥作用要具备两个条件：一个条件是某种善确实是人们的需要；另外一个条件是需要某种善的人必须是某个共同体的成员。善必须提供给需要它们的人，但这些人必须是共同体的成员。① 在沃尔策看来，这不是关于个人权利的论证，而是关于某个特定共同体之特征的论证。这个论证意味着并非任何人对任何善都可以提出自己的要求，意味着不存在抽象的福利权，因为只有当一个共同体采用了相互的供给计划时，我们才能确切地知道福利权是什么。

从社群主义的观点看，共同体的成员资格是一种首要的善，而基于成员资格，这个共同体的成员可以得到其他的善。这里所说的共同体主要指三类，即文化共同体、宗教共同体和政治共同体。对于按照成员的需要提供公共供给来说，政治共同体发挥了最大的作用。因此沃尔策认为，每个政治共同体在原则上都是一个"福利国家"，其官员具有提供安全和福利的义务，其成员具有承担所需负担的义务。② 在他看来，不仅是当代的福利国家，还包括历史上的所有国家，都对其人民的福利给予了承诺。国家必须照顾其人民的安全与福利。如果人们没有能力照顾自己，那么国家必须通过公共供给制度来满足他们的福利需要。国家是一个福利国家，"这对于所有国家都是普遍的真理，是一个道德事实"③。

共同体基于哪些需要为其成员提供相应的福利？按照社群主义的观点，共同体应该满足的是那些"社会承认的需要"。这意味着共同体的成员对于公共供给的内容有一种共识，对于成员资格、健康、衣食住、工作和休闲有一种共享的理解。这种共识是先在的，公共供给计划建立在这种

---

① Cf. Michael Walzer, *Spheres of Justice*, New York: Basic Books, Inc., 1983, p.78.

② Cf. Ibid., p.68.

③ Michael Walzer, "Justice Here and Now", in *Thinking Politically: Essays in Political Theory*, edited by David Miller, New Haven: Yale University Press, 2007, p.71.

共识上面。① 对于社群主义而言，基于成员需要而由共同体提供的公共供给具有特别的意义：共同体的共同生活为公共供给提供了前提条件，而公共供给则有助于形成更紧密的共同体。

沃尔策为需要作为分配正义的原则不仅提供了一种社群主义的论证，还提供了一种契约主义的论证。

如果社群主义论证的前提条件是成员资格，那么契约主义论证的前提条件是契约。按照契约主义的论证，人们（他们可以是也可以不是同一个共同体的成员）就共同生活达成了一份社会契约，而社会契约是就哪些善对于我们的共同生活是必需的问题达成了协议，从而能够相互提供这些善。这些签约者彼此负有比"互助"更大的义务，而"互助"是一种任何人对任何人负有的自然义务。由于他们签订了社会契约，所以他们脱离了人类整体而形成了一个特殊的政治共同体，从而负有为彼此提供公共供给的义务。②

如果社群主义论证的道德力量在于同一共同体的成员们拥有共同的历史和文化，那么契约主义论证的道德力量在于签约者的承诺。契约是需要履行的，签约者具有履行契约的道德承诺。在这种意义上，社会契约也是一份道德契约，它把强者与弱者、幸运者与不幸者、富人与穷人联系在一起，以至于形成了超越他们之间利益差别的联合。这个联合越紧密、越包容，对需要的承认越广泛，为满足安全和福利之需要所提供的社会善也就越多。③ 对于社群主义而言，因为我们属于一个共同体从而是"一家人"，所以我们能够共同分享社会的善；对于契约主义而言，因为我们签订了社会契约并承诺履行契约，所以我们能够共同分享社会的善。

如果社群主义论证的核心是共识，那么契约主义论证的核心是同意。契约主义以人的主体性和自主性为基础，强调人的自由选择。我是一个自由的主体，我同意签订社会契约是我自己的自主选择，因此我才有履行契约的道德义务。虽然社群主义和契约主义都需要共识，但社群主义的共识是通过共同体的历史和文化逐渐形成的，而契约主义的共识则是经过谈

---

① Cf. Michael Walzer, *Spheres of Justice*, New York: Basic Books, Inc., 1983, p.82.

② Cf. Ibid., p.65.

③ Cf. Ibid., pp.82-83.

判、讨价还价以及公共辩论才达成的。因此，契约主义的共识不是既定的和自发的，而是服从于特定时间和地点的公共辩论。①

如果说沃尔策为需要的原则提供了两种不同的论证，那么问题不在于两种论证中哪一个更为合理，而在于这两种不同的论证之间形成了一种张力，并且它们之间在很多方面是相互冲突的。

首先，社群主义论证的背景是共同体，基于共同体的历史和文化，社群主义论证主张共同体的成员对彼此负有相互扶助的义务。但是，契约主义论证的背景是个人，而对于作为个人的主体而言，人们只有"互助"的自然义务，对于超出这种"互助"的更多义务，则取决于他的承诺。

其次，社群主义论证的主体是共同体的"成员"，因为我们是同一共同体的成员，所以我们对什么是"社会承认的需要"有共同的理解，对什么是相互扶助的义务有一种共识。社群主义在"我们"与"他们"之间进行了区分，而公共供给只提供给"我们"的人。但是，契约主义论证的主体是"陌生人"，因为我们相互是"陌生人"，所以才需要签订社会契约。因为我们签订了社会契约，我们才拥有提供公共供给的计划。对于契约主义，人们相互而言都是"他者"，而把"他者"联合在一起的是社会契约。

最后，社群主义论证的道德基础是共识，而对于每一位共同体的成员来说，这种共识是既定的，是他不得不接受的。因为在共同体的内部存在这样的共识，所以共同体有道德上的理由来实行相互帮助的再分配，实行普惠于所有成员的公共供给制度。但是，契约主义论证的道德基础是同意，而只有所有的个人都同意，才能够产生出共识。对于每个人而言，他可以同意也可以不同意这种公共供给制度，这完全取决于他的自主选择。原则上说，每个人对于社会契约都拥有否决权。

沃尔策没有说明社群主义论证与契约主义论证之间的这些冲突如何能够消解，而且我们也看不出他如何能够缓和这两者之间的张力。

三、应得

按照一种由来已久的观点，通过市场进行的分配是最有效率的，而市

---

①　Cf. Michael Walzer, *Spheres of Justice*, New York: Basic Books, Inc., 1983, p.79.

场的分配原则就是应得（desert）。因为市场是自由的，所以它给予每个人的东西正是他应得的。按照这种观点，市场给予我们的回报与我们为彼此的福祉所做的贡献是一致的：我们为市场提供的商品或服务由消费者来评价，而这些评价合在一起就决定了我们能够得到的价格。这个价格是我们应得的，因为这个价格表达了我们为市场提供的商品或服务的价值，即它们对消费者的价值。这种观点也能够承认市场是不完善的，从而需要用平等的原则和需要的原则来矫正。

沃尔策反对这种观点。在他看来，一个人为市场提供了商品或服务，但是他能够从市场得到什么样的回报，更具有决定作用的东西与其说是应得，不如说是运气。市场如同赌场一样充满了风险，在市场上投资如同在赌场下注，一个人能够得到什么在很大程度上取决于运气（好运或坏运）。首创精神、积极进取、技术创新和努力工作，这些东西有时会得到回报，有时则不会。用沃尔策的话说："市场并不承认应得。"①

沃尔策认为，不仅市场不承认应得，而且在大多数社会善的分配中，应得所起的作用也很小。即使在公职和教育领域，它的作用也是间接的和最低限度的。对于成员资格、福利、财富、休闲、艰苦工作、家庭之爱和政治权力的分配，它根本就不起作用。那么应得意味着什么？应得起作用的领域是什么？我们可以从以下三方面来理解沃尔策的应得观念②：

首先，应得不是市场中分配财富或收入的标准，而是分配奖励和惩罚的标准。这里所说的奖励（以及惩罚）是宽泛的，如奖金、奖品、奖章、嘉奖和桂冠等。沃尔策把它们统称为公共荣誉，而公共荣誉的标准是应得。其次，应得作为公共荣誉的标准不是个人的，而是公共的。一个人是否应得其奖励或惩罚，这不是从个人(作为朋友或敌人）的观点来看待的，而是从客观的观点由某个机构宣布的。这个宣布公共荣誉的机构通常是国家，但是也可以是民间机构，如诺贝尔奖。最后，应得的理由不应该是个人的，而应该是公共的。基于应得给予某个人以奖励或惩罚，应该有正当的理由，而只有公共的理由才是正当的。因此，当国家的官员出于政治考

---

①   Michael Walzer, *Spheres of Justice*, New York: Basic Books, Inc., 1983, p.109.

②   Cf. Ibid., pp.259-260.

虑把某种公共荣誉授予某个人时，这个荣誉便贬值了，而我们也会批评说这个人是不应得的。

反对应得作为一种分配财富和收入的标准，对此沃尔策与其他的平等主义者（如罗尔斯和德沃金）是相同的。但是在对待应得观念本身的问题上，沃尔策与罗尔斯和德沃金这样的平等主义者是不同的。平等主义者（如罗尔斯）认为，造成不平等的主要因素是家庭出身和自然天赋，那些出身于更好家庭或具有更好天赋的人通常也会有更高的收入；但是这些人拥有这样的家庭出身或自然天赋是偶然的，从道德的观点看，这不是他们应得的。与此不同，沃尔策只是把应得适用的领域限制在公共荣誉之内，他并不否认应得的观念本身。沃尔策批评说，平等主义者的反应得的观点与对人的尊重的观点是冲突的，因为如果把人们的自然天赋看作是他们偶然穿戴的衣帽一样，这不是对他们的尊重。① 另一方面，平等主义者（如德沃金）主张，在民主的政治共同体中，每个公民都有资格获得平等的尊重。沃尔策反对这种平等尊重的观点。在他看来，当公民向政府请愿时，他们有资格得到平等的关注；当分配的是公职时，他们有资格得到平等的考虑；当分配的是福利时，他们有资格得到平等的关心；但是当分配的是尊重时，尊重则属于应得它们的人，而非每个人。② 在应得的领域，沃尔策不是一个平等主义者。

政治哲学家所以关注应得，不是因为公共荣誉，而是因为收入。除了馈赠和福利制度之外，人们获得收入的主要途径是市场，是通过投资（资本市场）或工作（劳动力市场）得到的。如果市场分配的原则不是应得，那么它是什么？沃尔策认为，市场的分配原则是"自由交换"（free exchange）。自由交换创造出市场，而所有的商品和服务都在这里通过货币的媒介进行交换。自由交换是一个结果开放的原则，因为没有人能够预测任何人在特定的时刻能够得到什么。这个分配原则也是正义的，因为在自由交换中，每一笔交易（买或卖）的当事人都是知道该商品或服务之社会意义的人。也就是说，自由交换体现了社会意义：这样的自由交换是由

---

① Cf. Michael Walzer, *Spheres of Justice*, New York: Basic Books, Inc., 1983, p.261.

② Cf. Ibid., p.267.

这些社会意义的创造者们达成的。①

在沃尔策看来，人们的收入是按照自由交换的原则来分配的。对于大多数人而言，所谓收入就是工资。人们要靠自己赚钱来养活自己，这样他们就要作为人力资源进入劳动力市场。资源的价值是由市场决定的，而人们作为人力资源的价格是由市场的供求关系决定的。假如一种工作被认为是"好工作"，那么就会有很多申请者，从而这一工作的薪酬就会降低；假如一种工作被认为是"坏工作"，那么其申请者就会很少，从而这一工作的报酬就会提高；如果市场是完善的，那么人们的工资就完全是由市场的供求关系决定的，而且收入的不平等也会较小。② 对于沃尔策而言，这里起作用的分配原则不是应得，而是自由交换，即雇员作为劳动力的出卖者与雇主作为劳动力的购买者之间的自由交易。

一方面，实际的市场都不是完善的，除了供求关系之外，其他的因素也会对人们的收入产生影响；另一方面，沃尔策关心的东西与其说是决定收入的东西是什么，不如说是导致收入不平等的东西是什么。在沃尔策看来，导致收入不平等的因素有两种：一种是自由市场，那些拥有特殊才能或技能的人们会得到更多的收入；另外一种是政治权力，地位等级、组织结构和权力关系产生出人们之间收入的差别。而且，沃尔策认为，对收入的不平等产生更大作用的是政治权力而非市场。③

对于平等主义者而言，如果人们的收入之间存在着较大的不平等，那么他们就会认为这是不正义的，需要国家来加以矫正。最有效率而且代价最低的矫正方式是再分配，以此可以缩小人们之间的贫富差别，防止社会的两极分化。对于沃尔策而言，因为导致不平等的因素有两种，即市场和政治，所以矫正不平等的再分配也有两种：一种是财富的再分配，另外一种是政治的再分配。

市场肯定会造成收入的不平等。在劳动力市场上，人们的收入是由供求关系决定的。对于那些供应很少的工作，例如需要极高才能或技巧的工作以及非常艰苦或危险的工作，市场必然会提供很高甚至极高的报酬。沃

---

①　Cf. Michael Walzer, *Spheres of Justice*, New York: Basic Books, Inc., 1983, p.21.

②　Cf. Ibid., pp.116-117.

③　Cf. Ibid., p.117.

尔策对市场造成的不平等的态度是矛盾的。一方面，作为平等主义者，他反对任何不平等，其中包括市场导致的不平等，赞同以再分配的方式来缩小贫富差距；另一方面，他也认为，市场的存在是必要的，而只要存在着市场，只要市场的供求规律发挥作用，就会存在收入的不平等。这样，虽然沃尔策并不反对通过财富的再分配来矫正市场导致的不平等，但是他更为关注的东西不是财富的再分配，而是市场的完善，因为在他看来，市场越完善，所产生的不平等也越小。

平等主义者通常主张进行财富的再分配来矫正收入的不平等，如罗尔斯的差别原则和德沃金的资源平等都意味着某种形式的财富再分配。与其不同，对于矫正收入的不平等，沃尔策更重视的不是财富的再分配，而是政治的再分配。所谓政治的再分配是指两种情况：一是权力的再分配，通过禁止"被迫的交易"和支持工会等政策来提高雇员的权力，限制雇主的权力；二是权利的再分配，扩大雇员的权利，对生产资料的所有权加以限制。① 需要指出的是，这种政治的再分配不仅会产生更平等的权力和权利，也会导致更平等的收入。因为造成收入不平等的因素除了市场的供求关系之外，还有沃尔策所说的"地位等级、组织结构和权力关系"，而它们代表了权力和权利的不平等。

让我们回到应得的问题上来。人们通常认为应得是分配收入和财富的正义原则，如果一个人的收入是其应得的，那么这份收入就是正义的。然而沃尔策认为，应得不是一种分配正义的原则，分配正义的原则是自由交换。因为在他看来，财富和收入的分配是通过市场进行的，而市场不承认应得，它承认的东西是自由交换。但是，应得实际上与自由交换有一种对应的关系：如果一个市场不承认应得，即人们没有得到他们应得的东西，那么这个市场也会不承认自由交换，即这个市场中的"被迫交易"非常普遍；反之，如果一个完善的市场承认自由交换，即雇佣双方各自得到了自己满意的东西，那么这个市场也就会承认应得，即每个人得到了自己应得的东西。应得与自由交换是对应的，但它们不是同一的。应得是收入的道德基础，而自由交换是市场的道德基础，两者不是一回事。沃尔策把市场

---

① Cf. Michael Walzer, *Spheres of Justice*, New York: Basic Books, Inc., 1983, pp.121-122.

的道德基础当成了收入的道德基础，这是错误的。

那么沃尔策为什么会发生这种错误？在当代的政治哲学中，这种错误非常容易发生。因为在当代政治哲学中，应得常常被理解为"道德的应得"（moral desert），无论是对于自由主义者（如罗尔斯），还是对于社群主义者（如桑德尔）。由于应得被理解为"道德的应得"，所以在罗尔斯看来，应得与分配正义无关。由于应得也被理解为"道德的应得"，所以在沃尔策看来，应得只是公共荣誉的标准。但是，我们应该看到，有道德的应得，也有非道德的应得，而非道德的应得应该被看作是一种初次分配的正义原则。

第五节　民主

当代政治哲学家对自由和平等都具有坚定的承诺，对于自由主义者或社群主义者都是如此。不同的地方在于，他们对自由和平等的理解存在差异。就平等而言，存在着各种不同的平等观念，如民主的平等（罗尔斯）、权利的平等（诺奇克）、资源的平等（德沃金）、能力的平等（阿马特亚·森）和复杂的平等（沃尔策）等。就自由而言，按照伯林的经典区分，自由主义者一般坚持消极自由的观念，而社群主义者则主张积极自由的观念。

积极自由的观念蕴含了民主，而积极自由的拥护者通常也比消极自由的拥护者具有更强的民主观念。与自由主义者相比，社群主义者不仅更强调民主的政治参与，还坚持在更多的领域（如经济机构）实行民主制。在社群主义者之中，沃尔策不但对民主观念具有更强的承诺，而且他对民主提供了三种不同的论证。这样我们可以在他的著述中发现三种不同的民主观念，即简单的社群主义民主、共和主义民主和复杂的社群主义民主。

一、民主与福利国家

在《激进的原则》中，沃尔策作为一名深受马克思影响的左派知识分子，对西方特别是美国社会进行了反思，并在此基础上提出了一种激进的民主观念。这种民主观念所针对的是福利国家。

从第二次世界大战结束到 20 世纪 70 年代初，西方的社会发展经历了一段黄金时期。在这段时期内，西方各发达国家普遍建立了比较完善的社会福利制度，在教育、医疗、就业和养老等方面拥有了可靠的保障。这些国家也被称为"福利国家"，与福利国家相对应的政治哲学是"福利政治学"。沃尔策也把它称为"政治功利主义"或"自由主义的功利主义"，并提出自己的激进民主观念向它挑战。

沃尔策认为，福利国家的发展使政治具有了一些此前没有的特征。[①]首先，福利国家的发展产生出一种关于国家功能的启蒙。大多数人在历史上第一次明确知道，国家应该为他们做一些事情。如果说过去的国家依赖于某种意识形态（如君权神授）或者某种神秘的仪式，那么现在的国家变成了一架福利生产的机器，其目的是满足人们的需要。其次，福利生产的扩大使国家具有了一种新的合法性。由于过去的国家中存在着大量被牺牲者（被压迫阶级），所以其合法性的基础十分薄弱。福利国家奉行的是功利主义原则，即"绝大多数人的最大幸福"。福利生产的扩大能够使所有人（其中包括被压迫阶级）都得到好处，从而其合法性具有了广泛而坚实的基础。再次，福利国家的发展导致了政治组织规模的扩大。对于过去的共和国，公民是政治参与者，因此国家的规模必须是有限的，以使他们集合在一起作出政治决定。对于现在的共和国，公民是福利领取者，而无须真正参与政治生活，所以国家的规模是没有限制的。最后，福利国家的成功弱化了政治的重要性。福利国家的目标是提供不断丰富的商品和服务，并且使人们更加健康长寿，以能够享受这些物质财富。国家的功能仅限于为公民提供安全和福利，其他的事情都超出了自由主义设定的界限。政治功利主义追求福利的最大化，而这种福利的最大化把国家从政治组织变成了行政机构。

沃尔策认为，福利国家的发展导致一种必然的结果，即国家权力的集

---

① Cf. Michael Walzer, "Dissatisfaction in the Welfare State", in *Radical Principles*, New York: Basic Books, Inc., 1980, pp.25-28.

中和增大。福利项目变得越来越多，执行这些项目的国家行政机构就会越来越多，从而社会控制也会越来越强。这些增长直接来自于官僚机构的不断扩大，来自于人事部门职能的增加。由于社会改革都要通过国家来进行，新的规章和制度都要由中央政府来制定，传统上地方拥有的权力被削弱了，地方精英拥有的权威也被破坏了。①

福利国家是仁慈的，其各种福利项目能够让即使位于社会底层和边缘的人们也都受益。但是这种仁慈是有代价的：福利机构的权力的增长，对福利接受者的控制的增长。一方面，福利项目的增加使国家的权力不断增大，从而日益成为一种强制性的工具；另一方面，福利项目满足了人们的需要，而每一种被满足的新需要都创造出一种对国家的新依赖。在沃尔策看来，福利政治学包含一种辩证法：国家许诺给予人们的生活越好，它越发要求人们应有良好的行为；来自下面要求福利保障的压力越大，来自上面要求良好行为的压力也就越大。福利保障与良好行为之间存在着被不断打破并重新建立的平衡。每一次反社会的行为都被解释为是对增加福利的一种要求，因此，福利变成了闹事和骚乱的唯一解药。每一次平衡都使福利生产达到了更高的水准，同时这也为要求人们的良好行为提供了新的理由。②

国家权力的集中和增长意味着民主的缺失，而在沃尔策看来，没有民主的福利就是专制。③西方各国实行的是代议制政府。在理论上，议员代表了民众的意愿，立法者实行的是民众的意志；行政人员不过是人民的仆人，并受到法律条文的约束。理论是一回事，现实则是另外一回事。福利政治学并没有发展出一种民主制度，而这种民主制度能够足以约束行政人员向立法者负责，以及立法者向选民负责。沃尔策认为，这种民主的缺失揭示了福利政治学（或自由主义的功利主义）所存在的根本问题。

民主是一种政治理想，自治表达了人们的政治追求。由于福利国家削弱了政治的重要性，导致了民主的缺失，使自治成为不可能的，这样沃尔策套用了20世纪60年代一句时髦的词汇来描述其结果：福利国家的实现意味着

---

① Cf. Michael Walzer, "Dissatisfaction in the Welfare State", in *Radical Principles*, New York: Basic Books, Inc., 1980, p.31.

② Cf. Ibid., pp.32-33.

③ Cf. Ibid., p.35.

"意识形态的终结"①。福利国家确实缓和了西方社会内部的政治斗争，因此当时很多西方主流学者都同意丹尼尔·贝尔的这种说法："在西方世界，知识分子关于政治问题今天有了一种大体上的一致：接受福利国家，期望非集中化的权力，一种混合经济和政治多元化的制度。就这种意义而言，意识形态的时代已经终结了"②。事情不仅于此，意识形态的终结也意味着历史的终结。尽管福利国家不断增加各种福利的供给以满足人们不断增长的需要，但事情总有其限度。福利国家总有一天会达到其极限，即它不能为人们做更多的事情了。沃尔策认为："这就是它的历史的终结，它的合法性的顶点。"③ 虽然沃尔策对"历史的终结"并不赞同，但是他的这种说法显然预示了90年代关于"历史的终结"的辩论，而这场辩论的发起者是福山。

沃尔策反对的不是福利国家，而是福利政治学。福利国家使处于社会底层的穷人和位于社会边缘的少数族裔能够过一种体面的生活，这没有什么不好。不好的是福利政治学，因为它削弱了民主，而没有民主的福利国家就是专制。而且，沃尔策主张，任何国家对人们的福利都具有一种道德承诺，无论它是否被称为"福利国家"。因此，沃尔策的意图不是使福利国家消亡，而是使它空洞化。④

沃尔策希望空洞化能让国家变成一个空壳，以使其拥有容纳民主或自治的空间。假如国家变成一个空壳，谁来充填这个空壳？如果说福利政治学需要的是一种以国家为基础的宏观政治，那么沃尔策的民主政治需要的是一种以群体为基础的微观政治。也就是说，充填空壳的东西是各种各样的群体。更准确地说，主要有两类群体是候选者。⑤

第一类群体是各种较大的功能性组织、工会以及行业协会等。这些组织具有广泛的代表性，也拥有巨大的力量，而它们的代表性和巨大力量能

① Michael Walzer, "Dissatisfaction in the Welfare State", in *Radical Principles*, New York: Basic Books, Inc., 1980, p.41.

② Daniel Bell, "The End of Ideology in the West", in *The End of Ideology Debate*, edited by Chaim I. Waxman, New York: A Clarion Book, 1968, p.99.

③ Michael Walzer, "Dissatisfaction in the Welfare State", in *Radical Principles*, New York: Basic Books, Inc., 1980, p.45.

④ Cf. Ibid., p.46.

⑤ Cf. Ibid., pp.46-47.

够迫使福利国家更为慷慨。与其相比较，没有加入这些组织的人们是没有代表的人，其利益得不到保护，其要求不被倾听。但是，沃尔策认为，这些组织容易被整合进福利制度之中：一方面，它们的功能局限于与政府机构或企业机构进行讨价还价，为自己的成员争取更多的利益；另一方面，它们也被迫约束自己的成员，从而有助于同国家一起实行社会控制。在这种意义上，这类群体不是民主的舞台，而是削弱民主的同谋。

第二类群体是地方性的群体，如城镇、工厂、本地工会、大学、教会以及邻里团体等。这些规模更小的群体要求的不是国家的宏观权力，而是此时此地的权力，是决定本地事务的权力，即民主自治的权力。这些群体为宣传鼓动和政治行动提供了空间，使人们更加积极地参与政治过程，而在沃尔策看来，这些地方性的群体最有可能成为民主的舞台。

如果说福利国家奉行的是"福利政治学"，那么沃尔策的民主观念主张的是"反抗政治学"。民主意味着自己做主，民主的人反对国家来代替自己做主。在缺乏民主的地方主张民主，这是对现实的批评和抗议。如果这样，谁是"反抗者"？在沃尔策看来，福利国家中任何一位追求民主自治的成员都可以被称为"反抗者"。反抗者不仅要满足自己的需要（福利国家承诺来满足这些需要），还要实现自己的意愿(希望自己来作出决定)。他们重申民主的古老定义：决定应该由那些受到其影响的人们来作出。[①]因此反抗政治学具有一个核心要求，即地方性的民主自治，而福利国家应该为这些民主自治留有空间。

沃尔策自己把这种民主观念称为"社会主义的"[②]，而某些评论者把它称为"至善主义的"[③]，我则认为它是"社群主义的"。把沃尔策的民主观念解释为"社群主义的"，其主要理由如下：

首先，民主的舞台是共同体。上面我们看到，沃尔策试图用一些较小

① Cf. Michael Walzer, "Dissatisfaction in the Welfare State", in *Radical Principles*, New York: Basic Books, Inc., 1980, pp.48-49.

② Michael Walzer, "Introduction: Radical Principles", in *Radical Principles*, New York: Basic Books, Inc., 1980, p.12.

③ William A. Galston, "Community, Democracy, Philosophy: The Political Thought of Michael Walzer", in *Political Theory*, Vol. 17, No. 1, February 1989, p.127.

的群体去充填福利国家的空壳，以弥补民主的缺失，而它们就是社群主义的共同体，如城镇、工厂、本地工会、大学、教会以及邻里等。几乎所有的社群主义者都以这样的共同体为基础，正是在这种意义上，沃尔策把这些共同体看作是经济活动和政治活动的舞台。① 但是，对于社会主义和至善主义，民主的舞台是国家而非共同体。

其次，作为民主之舞台的共同体是自由的和平等的。民主需要民主的人。什么是民主的人？沃尔策把他们称为"解放了的人"，即"自由和平等的人"。当代政治哲学的各种派别都认为自由和平等是最重要的政治价值，无论是自由主义还是至善主义，是社会主义还是社群主义。区别在于不同的派别所给予自由和平等的解释是不同的。虽然沃尔策承认自由是一种绝对的价值，但是他认为个人自由是没有意义的，因为它必须体现在具体的社会生活形式中，必须体现为共同体成员的共同生活。自由的意义在于人们参与共同的政治生活，在于民主的自治，而不在于个人自由地追求自己的幸福，这不仅因为后一种自由是个人的，还因为这种私人的追求是受到社会控制并服从于现行的政治经济制度的。在平等问题上，人们关心的东西或者是个人的平等，或者是群体（或阶级）的平等。自由主义者关心的是个人平等，因此他们强调的东西是社会的流动性，而流动性代表了一个人从底层群体上升为更高层群体的几率。沃尔策作为社群主义者关心的是群体（或阶级）的平等，因此他强调的东西是底层群体或少数族裔群体应该更积极地参与公共辩论，发出自己的声音，争取更多的权利，更主动地参与政治民主。在沃尔策看来，只有自由和平等的共同体才能适应这些自由和平等的人。②

最后，民主需要实质的正义，也需要程序的正义。对于自由主义者而言，程序正义是更重要的东西；对于社会主义者或至善主义者而言，实质正义是更重要的东西。虽然沃尔策重视实质正义，关心平等和分配正义问题，但是他更重视程序正义，关心自由和权利的问题。正是出于这个原因，沃尔策的社群主义总是带有自由主义的色彩。在他看来，民主的本质就是一种程序正义：谁来作出政治决定？在哪个政治层面作出决定？通过

---

① Cf. Michael Walzer, "Introduction: Radical Principles", in *Radical Principles*, New York: Basic Books, Inc., 1980, p.13.

② Cf. Ibid., pp.12-14.

什么样的方式作出决定？应该包括哪些利益群体和党派？什么样的诉求被看作正义的？所有这些都是最重大的问题。①

如果我们对沃尔策的民主观念的解释是正确的，即这是一种社群主义的民主，那么问题在于这种民主所依赖的共同体是否存在。沃尔策所说的共同体是指城镇、工厂、本地工会、大学、教会以及邻里等。这里的问题是，它们是生活共同体、经济共同体、文化共同体、宗教共同体或者道德共同体，但是它们不是政治共同体。只有在政治共同体中，才需要民主。而在其他的共同体中，可能需要民主，也可能不需要民主（如教会）。正是在这种意义上，沃尔策认为，或者这种共同体将会拥有现代的形式，或者它根本就不会存在。② 至于在西方国家能不能产生出这种具有政治意义的新型共同体，沃尔策表示怀疑。③ 如果没有这种新型的共同体，沃尔策的民主观念就失去了坚实的基础。因为这种民主观念具有这些明显的缺点，所以我们把它称为"简单的社群主义民主"。

二、民主与哲学

如果说关于民主的第一种论证所针对的是福利国家，那么第二种论证所针对的则是哲学。自 1971 年罗尔斯发表《正义论》以来，政治哲学显赫一时。政治哲学家对法学家和经济学家产生了巨大影响，而后两者对法规的制定和社会政策的形成发挥了重大作用。这样，在哲学家与人民之间长期以来就存在的张力就变得更明显了：真理与意见、理性与意志、价值与偏好、一与多。沃尔策把这些张力结合在一起，称之为"哲学与民主"，并且将关于民主的第二种论证表达于一篇同名文章中。

哲学家知道真理，而真理只有一个并且是永恒的。人民有各种意见，意见则是经常变化的。由此带来的问题是：民主能压倒哲学吗？对这个问题的回答就是关于民主的论证。在回答这个问题时，沃尔策采纳了卢梭的

---

① Cf. Michael Walzer, "Introduction: Radical Principles", in *Radical Principles*, New York: Basic Books, Inc., 1980, pp.16-17.

② Cf. Ibid., p.15.

③ Cf. Michael Walzer, "Dissatisfaction in the Welfare State", in *Radical Principles*, New York: Basic Books, Inc., 1980, p.50.

论证。按照卢梭的观点，人民主张自己有权进行统治，这与知识无关。在沃尔策看来，这种主张的最有力之处不在于人民知道什么，而在于他们是谁。他们是法律的主体，如果法律要对自由和平等的人们具有约束力，那么人民就必须是法律的制定者。按照这种论证，决定一个东西成为法律的是人民的意志，而非哲学家的理性。人民可能不知道什么是应做的正确的事情，但是他们声称有权利去做他们认为是正确的任何事情。①

　　这种对民主的论证就是人民主权论。按照这种论证，人民有权利去做任何事情，其中包括错误的事情。这是民主的本质。但是，卢梭不想走那么远，大多数民主主义者也不想走那么远。他们需要对民主进行限制。按照沃尔策的分析，卢梭对民主提出了三种限制。② 首先，卢梭对人民的意志施加了一种形式的限制，即人民的意志必须是"公意"。按照沃尔策的解释，这种限制的目的是禁止歧视，禁止把某个人或一些人挑出来加以区别对待。其次，卢梭坚持人民意志的不可剥夺性，从而坚持保证人民意志之民主特性的制度和实践的不可破坏性，而这些制度和实践是代表大会、公共辩论以及选举等。这里的要点在于人民在当前不能放弃将来行使意志的权利。在沃尔策看来，与前两种限制相比，第三种限制更为重要，即人民的意志必须朝向正确的事情。用卢梭的话说，人民的意志必须朝向共同的善。如果他们是真正的人民，是一个共同体，而非一些自利者的集合，那么人民的意志就会朝向共同的善。沃尔策认为，前两种限制显然为民主决定的司法复审打开了大门，而第三种限制提出了更严重的问题，它有可能毁掉卢梭关于民主的论证：民主政治的合法性依赖于意志（同意）而非理性（正确）。

　　沃尔策认为，关于民主论证的本质体现在这样一种带有悖论的形式中：人民有做错事的权利，这是民主政治的特征。为了更深入地讨论这个问题，沃尔策引用了其他作者提出的一个关于民主的悖论③：

　　1. 作为民主共同体的一个公民，我审查了共同体能够有的各种选择，并得出结论，政策 A 是应该实行的政策。

---

　　① Cf. Michael Walzer, "Philosophy and Democracy", in *Thinking Politically: Essays in Political Theory*, edited by David Miller, New Haven: Yale University Press, 2007, pp.5-6.

　　② Cf. Ibid., p.6.

　　③ Cf. Ibid., pp.7-8.

2. 人民基于他们的智慧或意志选择了政策 B，而政策 B 与政策 A 是对立的。

3. 我仍然认为政策 A 是应该实行的，但是现在作为一名忠诚的民主主义者，我也认为政策 B 应该加以实行。这样，我认为两种政策都应该加以实行，但这是矛盾的。

这个悖论的要点在于：如果我是一位哲学家，那么我会坚持政策 A 是一个正确的政策，从而应该加以实行；如果我是一位民主主义者，那么我会坚持政策 B 是人民选择的政策，从而应该加以实行。这是哲学与民主的悖论。那么如何从这个悖论中走出来？

沃尔策认为，这个悖论基于这样一种区分，即"有权利作出决定"与"知道正确决定"之间的区分，而这种区分也可以被描述为程序正义与实质正义的区分。人们通常认为，民主主义者信奉程序正义，这样他们只能期望正义的程序能够带来正义的结果。沃尔策反对程序正义与实质正义之间的这种区分。在他看来，我们在这里关于程序正义所讨论的东西是权力的分配，而这肯定是实质性的事情。程序正义与实质正义是不能分开的，除了基于某种实质的论证，任何程序的安排都无法加以辩护。因此，按照沃尔策的观点，不是这种情况，即人民有一种程序的权利去制定法律，而是这种情况，即由人民来制定法律是正确的，即使他们制定了错误的法律。[①] 质言之，人民有做错事的权利。

从民主的观点看，人民有做错事的权利，而这意味着他们在做错事的时候也是正确的。从哲学的观点看，任何人做错事的时候都绝不能是正确的，即使做事的是人民。这个问题涉及政治权力的分配，哲学的观点对此有两种含义：首先，人民的权力应该受到限制，应该只限于做正确的事情；其次，一些人应该被授权来审查人民所做的事情，当他们超出了限制的时候，应该有人加以制止。这样的人是谁？沃尔策认为，在原则上，他们是知道什么是正确事情的任何人。在实践上，就美国而言，他们是最高法院的九位法官。[②]

---

① Cf. Michael Walzer, "Philosophy and Democracy", in *Thinking Politically: Essays in Political Theory*, edited by David Miller, New Haven: Yale University Press, 2007, p.8.

② Cf. Ibid., p.9.

自 20 世纪 70 年代以来，政治哲学的重新崛起对法学院和法官产生了巨大影响。对于美国这样民主制度已经确定的社会，法官主要是社会改革的工具。这种社会改革的路线目前是这样的：哲学家首先提出一些原则或理念并且加以论证，说服法官接受它们；法官接受了这些原则或理念，利用自己的专长把它们体现在法律解释和司法判决之中；这些法律解释和司法判决不断积累，最终变成了法律制度或者社会政策。在沃尔策看来，原来哲学与民主之间的张力现在变成司法复审与民主之间的张力。

与政治哲学的重新兴起相对应，"权利"不仅在理论上而且在人们的日常生活中也变得越来越重要的了。这种由哲学家主导、由法官实行的社会改革典型地体现在权利清单的不断扩大之中：哲学家们经过深思熟虑提出了一份权利清单，对于列入其中的各种权利，每一个道德主体都应该拥有；然后哲学家说服法官接受了这份权利清单，并且要求他们在相关的司法案件中按照这份清单来审判。在最高法院的法官审理宪法案件的时候，基于这些权利，法官可以确认或者否决某些立法。问题的关键在于，用沃尔策的话说，在这样的场合，"哲学与民主之间的张力采取了物质的形式"[1]。

如果法官是哲学的代表，那么立法机构就是人民的代表。如果最高法院的法官以司法复审的方式确认了这份权利清单，那么它就会对立法机构的权力构成限制。一方面，这些权利是约束性的界限，立法机构不得僭越。而且，这份清单包含的权利越多，司法确认的范围越大，那么立法机构的选择范围就越小。另一方面，这些权利变成了原则，被用来指导制度和政策。这样法官不仅在这些权利构成的界限内行动，还可以扩大或缩小这些界限。例如"福利权"（right to welfare）是一种备受争议的权利，但是它通常得到了哲学家和法官的普遍承认。如果法官以司法判决的方式确认了福利权，那么在沃尔策看来，这样的司法判决不仅会侵入到立法机构，限制民主决定的范围，甚至也会侵入到行政机构，在很大程度上决定政府预算以及税收水平。[2]

---

[1] Cf. Michael Walzer, "Philosophy and Democracy", in *Thinking Politically: Essays in Political Theory*, edited by David Miller, New Haven: Yale University Press, 2007, p.12.

[2] Cf. Ibid., pp.12-13.

把哲学家的道德权利（如福利权）变成法律权利，在美国可以通过两种方式：一种是最高法院法官的司法复审；另外一种是立法机构的宪法修正案。如果以修正案的方式把这份扩大的权利清单放进宪法，那么民主主义者会更容易接受，即使这份权利清单是哲学家提出的，并且诱导人民的代表（议员）接受的。例如，在沃尔策看来，把罗尔斯提出的两个正义原则以修正案的形式入宪，这不是不可能的。但是沃尔策认为，如果是这样的话，那么整个分配正义的领域实际上就会落入法院的手里。例如，在审查哪一个阶级适用于罗尔斯的"差别原则"时，法官就会在相关的诉讼案件中就其是否属于"最不利者"阶级作出判决。再如，在涉及"差别原则"包含哪些权利的时候，法官将会基于现有的物质条件作出判决。[①] 而在沃尔策看来，分配正义的问题应该由人民自己（民主）来决定。

从沃尔策的观点看，无论是以司法复审的方式还是以宪法修正案的方式，这种由哲学家主导、由法官实行的社会改革是错误的，因为它试图把某种哲学原则变成法律，因为它侵入了政治领域。哲学领域属于哲学家，在这里理性决定一切；政治领域属于人民，在这里人民的意志决定一切。

沃尔策认为，哲学家不属于任何特定的共同体，他们从共同体的外面看一切事情；人民属于某个共同体，他们从特定共同体的内部来决定事情。哲学关心的东西是真理，而真理的证实是哲学家正确推理的结果。民主关心的东西是权力的合法性，而权力的合法性来自于人民的授权。民主在哲学的领域里不是决定真理的合适方式，而哲学在民主的领域里也没有权威。[②]

沃尔策的意图似乎是把哲学与民主分开，两者分属不同的领域，具有不同的合法性。但问题的实质在于优先性：是哲学优先于民主，还是民主优先于哲学？对于罗尔斯这样的哲学家而言，他们不相信民主的决定都是正确的，不相信民主必然导致正义的结果，因此在理论的意义上他们主张哲学优先于民主。与其相反，对于沃尔策这样的哲学家而言，他们不相信抽象的哲学真理能够适用于所有情况，不相信政治有普遍的、道德上的正

---

① Cf. Michael Walzer, "Philosophy and Democracy", in *Thinking Politically: Essays in Political Theory*, edited by David Miller, New Haven: Yale University Press, 2007, pp.13-14.

② Cf. Ibid., pp.18-19.

确性，因此在实践的意义上他们主张民主优先于哲学。

沃尔策对民主的论证从卢梭出发，主张民主优先于哲学，一切权力都源于人民的意志，并且认为人民有做错事的权利，甚至人民在做错事的时候也是正确的。如果说沃尔策关于民主的第一种论证是社群主义的，那么第二种论证显然是共和主义的。这种共和主义的民主观念存在一些更严重的问题。

首先，按照沃尔策的民主观念，人民有做错事的权利，而且他们在做错事的时候也是正确的。即使我们在这里姑且承认"人民有做错事的权利"，但是做错事也不可能是正确的，无论做事者是个人还是人民。由于在英文中"权利"（right）与"正确"（right）是同一个词，所以有时"权利"在某种意义上可以意味着"正确的"。但是，"正确"或"错误"是一种道德评价，如果我们在道德问题上不是相对主义者，那么做错事就不能是正确的。

其次，沃尔策主张，人民有做错事的权利。问题在于，这里的"人民"是指谁，而这里的错事是对谁做的？看起来"人民"这个词是指一个整体，但是人民的意见从来都不是一致的，因此"多数决定"才成为民主的规则。由于人民的意见不一致，在任何一件事情上都可以分为多数与少数，而民主决定代表了多数人的意见。沃尔策认为："民主是一种分配权力并对其使用加以合法化的方式。"① 这样，如果"人民"做错了事情，那么这意味着多数人剥夺了少数人的权利，对他们做了不正义的事情。在这种意义上，多数人并不拥有对少数人做不正义事情的任何权利。

最后，这种共和主义的民主观念与沃尔策一贯奉行的多元主义是冲突的。共和主义的基础是共和国，人民是指全体公民，而民主意味着人民就国家事务作出一致同意的或者多数同意的决定。多元主义的基础是各种各样的特殊共同体，人民是指共同体的成员，而民主意味着共同体成员的自治。共和国、作为公民的人民和作为一致意见的民主是"一"，而共同体、作为共同体成员的人民和作为各种共同体自治的民主则是"多"。就此而言，多元主义与社群主义是相容的，而与共和主义是不相容的，因为前者

---

① Michael Walzer, *Spheres of Justice*, New York: Basic Books, Inc., 1983, p.304.

以共同体为基础，而后者以国家为基础。

三、民主与权力

在第一种论证中，福利国家是民主的敌人，它遮蔽了政治的领域，导致了民主的缺失。在第二种论证中，哲学是民主的敌人，它不仅主张自己优先于民主，还试图代替民主。在表达于《正义诸领域》的第三种论证中，权力成为民主的敌人，各种各样的权力在支配着人们，对人们自己统治自己形成了威胁。在作为民主之敌人的各种权力中，最重要的有三种，分别是主权、知识权力和财产权力。

主权是一种政治权力。在沃尔策看来，政治权力是最重要的善，因为它守卫着各种社会善在其内部加以分配的边界；同时，政治权力也是最危险的善，因为它的使用通常是强制性的甚至是暴力的。政治权力保护人民不受暴力的侵犯，但它本身往往是暴力的。政治权力的最高形式是主权。持续地以暴力方式行使国家的主权就是暴政。因此需要对国家的主权进行限制，使国家成为一个有限的政府。这样就需要区分开什么是国家能够做的事情，什么是国家不能做的事情。以美国为例，沃尔策开列了一个国家主权不能做什么的清单：国家官员不能奴役它的公民或臣民；不能控制婚姻和干预家庭；不能把法律当作政治压迫的工具；不能出售政治权力和政治决定；不能歧视种族、民族或宗教；不能任意征税和没收私人财产；不能控制人们的宗教生活；不能干涉教育和限制学术自由；不能侵犯公民自由（言论自由、出版自由和集会自由）。在沃尔策看来，这些对国家主权的限制虽然通常基于自由的考虑，但是它们也会带来平等的结果。①

与国家主权相比，知识权力对民主的威胁更微妙，有时更难以察觉，从而实质上影响也更大。知识权力对民主的挑战有两种形式：一种是古典的，以柏拉图的《理想国》为代表；另外一种是现代的，以福柯的系谱学为代表。

柏拉图在《理想国》第六卷讨论了国家应该由谁来统治的问题。柏拉图主张，国家的统治者应该是那些知道如何统治的人，他们比普通人拥有

---

① Cf. Michael Walzer, *Spheres of Justice*, New York: Basic Books, Inc., 1983, pp.283-284.

更多的知识，掌握更多的真理，具有统治的专门知识。柏拉图用了一个航海的比喻来说明其思想。让我们设想有一条船，船上的水手们都争抢要当船长，都说自己有权利掌舵，尽管他们从来都没有学习过航海。谁来当船长呢？我们敢乘坐这条船吗？船长应该是一个航海家，他充分了解季节、天象、星辰、风向以及与航海有关的一切事情。如果我们希望安全地到达目的地，那么我们一定会寻找一个拥有航海知识的人来当船长。把船变成国家，道理是一样的。为了国家的安全和福利，我们应该把统治国家的权力交给那些知道如何统治、善于统治的人。

沃尔策拒绝柏拉图关于航海的比喻。他认为，乘客决定目的地，船长决定航线，而目的地控制航线。无论是对于一条船还是对于一个国家，目的是最重要的，而目的是由全体乘客或全体公民决定的。船长设计的航线服从于乘客的集体目的，政府官员的执政能力服务于公民的集体目的。目的与政治相关，航线与知识相关。船长是按照自己的技术指挥航海的，但其航行必须得到乘客的授权；政治家是依据自己的知识来行事的，但其执政必须得到公民的授权。①

如果说柏拉图的政治哲学与古希腊的贵族制是对应的，那么当代社会的民主制度已经成为时代的潮流。在当今世界，所有的国家或者已经实行了民主制，或者在民主化的道路上前进。政治现实似乎已经驳倒了柏拉图，但是福柯却提出了相反的观点。通过"谱系学"和"权力/知识"的观念，福柯揭示出，在宏观（国家）的层面，柏拉图或许已经被驳倒了；但是在微观的层面，现代社会则以更深刻的方式在证实柏拉图主义。

福柯认为，权力和知识是紧紧联系在一起的，拥有知识的人也是拥有权力的人。在当代社会，专家们并不要求统治国家，而是要求统治具体的部门，如医院、军队、学校和监狱。这些地方的成员（病人、士兵、学生和罪犯）与柏拉图船上的乘客不一样，出于不同的原因，他们在不同程度上只能服从决定，而被排除于作出决定的行列之外。因此，专家的权力特别大，他们对待病人、士兵、学生和罪犯就像牧羊人对待羊群一样。知识和权力的结合使权力变得更加神秘，从而摆脱了对自己的批判。在福柯看

---

①　Cf. Michael Walzer, *Spheres of Justice*, New York: Basic Books, Inc., 1983, pp.286-287.

来，知识的权力渗透于整个社会之中，这使当代社会成为一个大监狱。

沃尔策承认福柯揭示的东西是当代社会的事实，但是他一方面用福柯的理论来批判当代社会，批判柏拉图主义；另一方面又批评福柯的理论走得太远了，夸大了柏拉图主义在当代社会中的作用。虽然知识能够产生权力，但这种知识的权力不是无限的。首先，关于医院、军队、学校和监狱的社会意义对这些领域的权力构成了限制。人们对设立这些机构的目的有一种共同的理解，如医院应该关心人，其任务不是修理一架机器；对什么是正当行为也有共同的理解，如官员应该做什么，不应做什么，尽管各种官员（如警察）经常违反由这些理解所设立的限制。其次，虽然知识产生权力，但是知识的权力受到国家主权的限制。国家应该保证学校不像监狱，而监狱应是收容罪犯的地方，不是进行科学试验的地方。最后，尽管一个人在其人生的某个时候是学生、士兵、病人甚至囚犯，但他不会一生都是如此。在这个特殊的时刻结束的时候，与其相应的权力也终结了。沃尔策批评福柯将整个社会都看作是一个大监狱，这就模糊了统治与自由、平等之间的界限。①

除了国家的主权和知识权力之外，财产权力也对民主构成了严重的威胁。也就是说，民主不仅同政治相关，还同经济相关。沃尔策认为，如果我们将目光放在企业活动和小资产阶级身上，那么我们可以说有一种"纯粹"的经济，也可以用"自由交换"来描述它们。但是，如果我们把目光放在现代公司上面，所谓的纯粹经济就消失了。因为公司是一种私人政府，它们的交易带有政治意义，命令和服从取代了自由交换。②财产变成了一种权力，使公司的所有者和代理者能够作出决定，而其代价和风险则由其他人（如工人）来承担。现代的公司实质上是私人政府，但又免除于政府应该实行民主的要求。公司作为私人政府既消除了工会的内部反对，也免除了国家的外部干涉。正义要求取消私人政府，要求在公司里也实行民主制度。

值得注意的是，沃尔策在这里关心的东西不是财产的实际占有，而是

---

① Cf. Michael Walzer, *Spheres of Justice*, New York: Basic Books, Inc., 1983, pp.288-290.

② Cf. Ibid., pp.293-294.

一些人通过财产占有而达到对另外一些人的控制。① 问题的关键在于财产的不平等导致了地位的不平等。这种观点似乎是马克思主义的，但实际上沃尔策与马克思在财产问题上所关注的东西是非常不同的，尽管前者深受后者的影响。马克思关心的问题是剥削，而剥削意味着资本家阶级对工人劳动的剩余价值的榨取。沃尔策关心的问题不是剥削，而是统治，不是剩余价值的榨取，而是对生产的控制。也就是说，是私人政府的问题。

主权、知识权力和财产权力对民主构成了威胁，因此我们要对这些权力加以限制。反过来，限制这些权力的最有效方式是在这些领域中实行民主。归根结底是权力的归属问题：权力是属于所有人，还是属于某些人（官员、有知者和有产者），而这些人能够利用其权力来支配其他人？民主把权力赋予所有的人。

如果我们说沃尔策的第一种论证提出的是简单的社群主义民主，第二种论证提出的是共和主义民主，那么第三种论证提出的则是复杂的社群主义民主。我们把沃尔策的第三种民主观念称为"复杂的社群主义"，主要基于如下三个理由：

首先，这种民主观念的原则不仅是同意，而且还有参与。同意是低级的原则，参与是高级的原则。民主赋予政治权力以合法性：只有经过人民的同意，权力的获得、拥有和使用才是合法的。这种人民的同意是民主的一个原则，民主的同意原则体现为民主的程序。民主的程序描述了人们如何合法地行使政治权力，如定期选举、一人一票和多数决定。沃尔策认为，如果我们仅仅将民主理解为分配权力并使之合法化的政治程序，那么我们对民主的理解就太狭窄了，就误解了它的精神实质。民主不仅是同意的政治，还参与的政治。参与是民主精神的实质。因此，民主不仅仅是投票，还包括集会、辩论、游行、请愿等，它们属于每个人都拥有的政治权利。如果人民从未实行过这些权利，这是一种坏的信号。民主是否成功，取决于它能否培养出具有参与精神的公民。②

其次，这种民主观念要求的不是平等的权力，而是平等的权利。前者

---

① Cf. Michael Walzer, *Spheres of Justice*, New York: Basic Books, Inc., 1983, p.291.

② Cf. Michael Walzer, *Thick and Thin*, Notre Dame: University of Notre Dame Press, 1994, pp.53-54.

是简单的平等，后者是复杂的平等。简单平等是不可能的，因为在任何特定的时刻，总是一些人或一些群体就某个问题作出决定，而另外一些人或一些群体则必须接受该决定和执行该决定。虽然权力的平等是不可能的，但权利的平等则是可能的。所谓权利的平等有两层含义：一方面，所有人拥有参与政治并分享权力的平等机会，在这种意义上，每一个公民都是潜在的政治家；另一方面，竞争总会有胜利者，这次是我们获胜了从而我们统治你们，但是下次可能反过来，你们获胜从而统治我们。民主意味着政治是一种开放的竞争过程，任何胜利都是暂时的。①

最后，这种民主观念强调的东西不是人民的意志，而是理性的统治。② 前者是简单的民主，后者是复杂的民主。按照简单的民主观念（第一种和第二种），人民的意志就是法律，他们有作出决定的权利，而无须好的理由来为之辩护。按照复杂的民主观念（第三种），支配民主政治的东西是理性，理性相对于意志的最大优势就是更少犯错，而一种主张要争取人们的同意就必须有好的理由。民主政治既是一种竞争的政治，也是一种说理的政治，而只有那些能够说服别人接受自己观点的人才能在竞争中获胜。民主意味着讨论、争论和辩论，人们必须用好的理由和正确的推理而非其他的东西（武力、金钱或头衔）来征服别人。在民主政治中，人们的权力不是平等的，那些拥有说服技巧的人们会拥有更大的权力。

第三种论证（复杂的社群主义民主）反对的是权力，即国家主权、知识权力和财产权力。国家主权显然是一种政治权力，无论掌握权力的人是谁。起码从沃尔策所引证的福柯的观点看，知识权力是一种政治权力，而系谱学是一种微观政治学。财产权力也是一种政治权力，因为在沃尔策看来，它引起的主要问题是"私人政府"。而且，在沃尔策对国家主权不能做什么的规定中，第9条要求国家不应该涉入关于善的争论③，这个问题的实质是国家的中立性。第三种论证的主要目的是限制政治权力，主张国家在善问题上的中立性，而通常它们是自由主义更关心的问题，因此，我们可以说沃尔策的第三种论证在很大程度上带有自由主义的色彩，尽管他

---

① Cf. Michael Walzer, *Spheres of Justice*, New York: Basic Books, Inc., 1983, pp.309-310.

② Cf. Ibid., p.304.

③ Cf. Ibid., p.284.

不是一位自由主义者。

　　问题在于，民主是不是像沃尔策所想象的那样，是解决由主权、知识权力和财产权力所引起的各种问题的灵丹妙药。比如，关于如何限制国家的权力，沃尔策主张的是民主的政治参与，人民直接参加公共讨论，作出决定。对于自由主义者，限制国家权力的更好方式是宪政安排，如规定和保护个人权利，实行司法复审制度，限制多数决定等。这里的问题在于关注的焦点是什么：是"民主的权威"还是"民主的暴政"？沃尔策担心的主要问题是削弱"民主的权威"，因此他宁愿冒"民主的暴政"的危险来避免削弱"民主的权威"①，而自由主义者担心的主要问题则是"民主的暴政"。

　　再比如，关于如何限制财产权力的问题，沃尔策提出了一种"强民主"的主张，要求在企业里也实行民主制度，用工人控制或公共所有制来取代"私人政府"。② 在经济领域里实行"强民主"，这确实是一种很强的要求，它带有鲜明的社群主义特征。但是，在全球化的时代，在市场经济中，这种工人控制或公共所有制的企业不仅要同国内的其他企业竞争，还要同其他国家的企业竞争。经验表明，这样的企业是没有竞争力的，很难靠自己的力量长期存在下去。

　　经济领域的"强民主"提供了一个例证，我们可以通过它看到社群主义有两种面孔：在国家这个层面上，社群主义的观点往往不是很激进的，有时甚至是比较保守的，很少要求激烈的变革，也认同目前实行的自由民主制度；在共同体这个层面上，即公司、企业、学校、教会、社团等，社群主义的思想则非常激进，往往要求急剧的社会变革。共同体层面的特征带有乌托邦的性质，或许这种乌托邦的特征也是社群主义最重要的思想，并且与国家层面上的保守主义相映成趣。

　　① Cf. William A. Galston, "Community, Democracy, Philosophy: The Political Thought of Michael Walzer", *Political Theory*, Vol. 17, No. 1, February 1989, p.130.

　　② Michael Walzer, "Justice Here and Now", in *Thinking Politically: Essays in Political Theory*, edited by David Miller, New Haven: Yale University Press, 2007, pp.77-78.

第六节　社会批判理论

沃尔策的政治和道德哲学有三个容易让人质疑的特征：第一，它是多元主义的，主张真理不是只有一个，而是有许多，其中任何一个都不占有特权的地位。第二，它认为分配正义取决于善的社会意义，而善的社会意义具有文化相对性，即同样一个东西在不同的文化中可能具有不同的意义。第三，由于文化是多元主义的和相对的，所以要了解一种文化（如传统的印度社会），必须从内部而非外部来进行。这三个特征合在一起产生出一个普遍的疑问：沃尔策的政治和道德哲学是否具有社会批判的能力？

沃尔策不得不回答这个问题。他的回答从区分三种不同的道德哲学开始，说明不同的道德哲学具有不同的社会批判方式，并以此来证明他的道德哲学不仅有能力从事社会批判，还能够比其他的道德哲学作出更好的批判。

一、道德哲学：外在解释与内在解释

让我们从道德哲学的区分开始。不同的哲学家有不同的区分道德哲学的方式，如目的论与义务论、理性主义与情感主义、契约主义与后果主义、规则伦理学与德性伦理学等。与上述这些通常的区分不同，沃尔策认为有三种从事道德哲学的方式，或者三条进入道德哲学的道路，他把它们称为"发现的道路"、"创造的道路"和"解释的道路"。①

发现的道路有两种版本：一种是宗教版本；另外一种是世俗版本。在沃尔策看来，我们可以在宗教的历史中认识宗教版本：某个人攀上山顶，或进入沙漠，寻找上帝的启示，并且把他的话带回来。对于我们所有其余的人，这个人就是道德法则的发现者，因为如果说上帝把这些法则启示给他，那么他则把它们启示给我们。这样，道德世界就像一片新大陆，宗教

---

① Michael Walzer, *Interpretation and Social Criticism*, Cambridge, Mass: Harvard University Press, 1987, p.3.

领袖就像探索者，他为我们带来了这片大陆存在的好消息以及它的第一幅
地图。我们应该注意这幅地图的一个重要特征，即道德世界不仅是按照神
意创造的，而且也是由上帝的命令构成的。宗教领袖带给我们的是这样的
指令：做这个！不要做那个！这些指令从一开始就具有批判的力量，因为
如果上帝命令我们去做或不做的是我们已经做过或不做的事情，那么我们
就不能称其为启示了。也就是说，这种启示道德的批判力量存在于它总是
与旧观念处于尖锐的对立之中。①

　　发现的道路的另外一种版本是世俗的。启示有神意的，也有自然的。
如果某个哲学家向我们报告了自然法、自然权利或者任何客观道德真理的
存在，那么他就是走在发现的道路上。在发现道德世界的时候，这样的哲
学家需要从他所处的社会位置向后退，与他本人狭隘的利益和忠诚拉开一
段距离，他不应该从任何特殊的观点来看这个世界。这种哲学发现也具有
一种批判的力量，因为我们一旦发现了某些道德原则，我们就应该把它们
体现在我们的日常生活中。在沃尔策看来，虽然同为发现的道德，但是哲
学的发现不如神学的启示那样新颖和鲜明，或者是因为作为一种对新道德
世界的描述，自然法或自然权利听起来不像是真的；或者这些哲学发现中
所包含的东西是已经存在于这个世界中的东西，因为我们不能发现在这个
世界中不存在的东西。②

　　一些哲学家试图在他们所面对的道德现实中发现客观的道德真理，另
外一些哲学家则对所面对的道德现实提出疑问，试图探索更深的真理，就
像物理学家打开原子以探索更深的自然那样。沃尔策认为，功利主义者是
这类道德哲学家的典型代表，他们试图以自然科学的方式来发现人类欲望
中最深层的真理，而功利主义就是这种真理的表达。③ 在这种意义上，功
利主义是沃尔策所谓"发现的道路"的代表。

　　道德世界和道德真理可以是被发现出来的，也可以是被创造出来的。从
事道德哲学的第二种进路是"创造的道路"。按照沃尔策的观点，哲学家从

---

　　① Cf. Michael Walzer, *Interpretation and Social Criticism*, Cambridge, Mass: Harvard University Press, 1987, p.4.

　　② Cf. Ibid., pp.5-6.

　　③ Cf. Ibid., p.7.

事创造工作有两种情况：或者是因为实际上并不存在道德世界（由于上帝死了，或者自然是没有意义的），所以他们要创造出一个新的世界；或者是因为现存的道德世界是有缺陷的，所以他们要构造出一个更好的世界。这样，创造的道路可以分为两个版本：前者属于强的版本；后者属于弱的版本。

强版本的任务是创造出一个道德世界，在这个世界中，正义、善、政治美德或者其他诸如此类的基本价值能够得到实现。因为上帝死了，所以没有神法；因为自然没有意义，所以没有自然法。也就是说，我们只能在没有先在设计的条件下来设计这个道德世界。因此，大部分从事创造的哲学家都从方法论开始，即从事设计程序的设计，而这个设计程序的关键在于它能够导致意见一致。这种设计程序的设计有两种可能：或者我们授权给一个立法者，他代替我们所有人说话；或者我们所有人都亲自参加，每个人都表达自己的意见。前者的困难在于如何选出这个立法者，他是整个人类的代表；后者的困难在于，如果所有人都发表自己的意见，那么就无法达成意见一致。①

哲学家提出了很多办法来解决目前的困难，但是在沃尔策看来，最好的办法是罗尔斯提出来的。罗尔斯设计了一个原初状态，在这个状态中，"无知之幕"把人们关于自己的任何特殊知识都剥除了，人们之间的差别没有了，一个人也是所有人，所有人也是一个人。这样，在原初状态之中和无知之幕的后面，一个人（也是所有人）就可以完成道德原则的创造。在这种意义上，他创造出来的东西类似于神法，如果有上帝的话；或者类似于自然法，如果自然有意义的话。

同神法或自然法一样，这种被创造出来的道德也具有批判的力量。沃尔策以罗尔斯的差别原则为例：正如神法从其创造者汲取力量一样，差别原则也从它被创造的过程汲取力量。我们之所以接受差别原则，是因为我们都参与了或者想象自己参与了它的创造。如果我们能够创造出这个原则，那么我们也能够基于需要创造出其他的原则，并进而能够创造出一个道德体系（世界）。这种被创造出来的道德是批判的，我们可以用它来检

---

① Cf. Michael Walzer, *Interpretation and Social Criticism*, Cambridge, Mass: Harvard University Press, 1987, pp.10-11.

验我们社会生活中的价值是否与之相符。每个社会都有自己的价值及其实践，但是从这些从事创造的道德哲学家的观点来看，这些社会的价值是有缺陷的，因为它们来自不完善的程序——来自充满冲突的长期历史过程。因此，被创造的道德的要点在于它要为所有不同社会的道德提供一种普遍的矫正。① 罗尔斯提出的两个正义原则具有这样的批判性和矫正力量。

但是，从沃尔策这样的道德哲学家的观点来看，问题在于：我们为什么要服从这种普遍的矫正？为了给出解释，沃尔策模仿罗尔斯的原初状态讲了这样一个故事：一群旅行者来到了一个中立的地方（如外层空间），他们来自不同的国家，说不同的言语，信奉不同的价值；他们在这个地方需要进行合作，而为了能够合作，他们必须放弃自己的自然语言而使用一种更完善的世界语，必须放弃自己原来信奉的价值和实践而接受一种合作原则。② 按照沃尔策的解释，在陌生的旅行者中间，遵守这种被创造出来的道德是合理的。但是，当这些旅行者回家以后，要他们继续说世界语而非自然语言、遵从这种被创造出来的道德而非自己文化的价值，这就不那么合理了。

这样我们需要考虑"创造的道路"的另外一个（也是更合理的）版本，即弱版本。强版本的前提是实际上不存在道德，所以要创造出一种道德。弱版本的前提是实际上存在道德，它体现为神法或自然法，所以我们的任务不是去创造，而是为现存道德构造出一种正确的解释，这种解释能够为其道德原则提供一种批判的力量，同时又免于使偏见或个人利益牵涉其中。从方法论上说，这种构造的版本需要设计出一种程序来进行认识论的排除工作，如排除关于自己社会地位、私人关系以及个人信念方面的知识，但是不必排除我们拥有的价值（如自由和平等）方面的知识。③ 沃尔策所说的这种程序实际上就是罗尔斯的"代表装置"。

弱版本的思路是这样的：现存的道德是不理想的，因此我们需要构造出一种理想的道德。与强版本不同，我们现在不是在一无所有的情况下创造道

① Cf. Michael Walzer, *Interpretation and Social Criticism*, Cambridge, Mass: Harvard University Press, 1987, pp.12-13.

② Cf. Ibid., p.14.

③ Cf. Ibid., p.16.

德，而是在现有道德的条件下构造一种理想的道德模式。因此，这种构造道德的工作从对现有道德的直觉开始，然后提出某种理想的道德模式，然后又用道德直觉来检验它。直觉是关于道德世界的前反思的知识，而道德哲学则是对这种知识的批判性反思。这种理想道德模式的构造体现为这样的方式：我们参照我们构造出来的道德模式来纠正我们的道德直觉，或者我们参照我们的道德直觉来纠正我们所构造的道德模式。我们的构造工作就这样在道德直觉与构造出来的道德模式之间不断进行，以致最终两者达成一种平衡。①沃尔策所说的这种构造过程实际上就是罗尔斯的"反思平衡"。

从事道德哲学的第三种道路是解释。沃尔策把道德哲学的这三种进路与国家权力的三种功能相对比："发现"的工作类似于执法部门，即找出合适的法则，并公开宣布，然后加以强制实行；"创造"的工作类似于立法部门，即哲学家像国会议员一样，其任务是创制出带有（道德的）法则效力的原则；"解释"的工作类似于司法部门，即哲学家像法官或律师一样，在各种冲突着的法则或判例中寻找合适的意义。②

对于沃尔策来说，在道德哲学的三种道路中，解释是最正确的。"发现"和"创造"都是没有必要的，因为我们已经拥有它们试图提供的东西。道德不需要拥有执法部门和立法部门：我们没有必要发现道德世界，因为我们永远都居住于其中；我们也没有必要创造道德世界，因为它已经被创造出来了，尽管其被创造过程并非按照哲学的程序进行。道德带有一种既成的性质，就像一个家，由一个延续很多代的家族居住，里面的东西是长年自然积累起来的，并没有统一的设计。道德哲学家的工作是对我们已经拥有的道德给予恰当的解释。③

道德应该具有权威，它需要人们自愿或被迫地服从。被发现的道德是权威的，因为它是上帝创造的，或者因为它是客观的真理。被创造的道德是权威的，因为任何人只要按照合适的设计程序，都能够创造出它，也就是说，因为它是我们一致同意的。如果这样，那么解释的道德之权威何

① Cf. Michael Walzer, *Interpretation and Social Criticism*, Cambridge, Mass: Harvard University Press, 1987, pp.17-18.

② Cf. Ibid., pp.18-19.

③ Cf. Ibid., pp.19-20.

在？沃尔策认为，解释的道德对于我们是权威的，仅仅是因为它的存在。道德就在"那儿"，它是我们唯一拥有的道德。它的存在意味着我们的存在，即我们作为道德存在物而存在：我们的种属、关系、信念和追求都是按照现存道德形成的，并且是通过它来表达的。[1]

沃尔策认为，对于任何一个特定文化或者社会，人们所面对的道德都是现成的。道德是一种我们继承下来的传统，我们永远都生活在某一传统的道德之中。对于我们每个普遍人来说，道德问题具有这样的形式：什么是应当去做的正确事情？道德法则或原则都是普遍的和抽象的，即使我们知道它们，但是我们也无法知道在特殊情况下如何去做。如何去做需要我们知道这些道德法则或原则的社会意义，而它们的社会意义存在于道德话语的传统之中。因此，道德哲学的任务是按照我们的道德传统来解释道德的意义。这样，我们最终回答的问题就改变了我们开始提出的问题：什么是"我们"应当去做的正确事情？

为了论证解释的道德是最正确的，沃尔策提出了一种很强的主张：即使道德来自发现或者创造，它也需要解释。他以罗尔斯提出的差别原则为例。近年来，围绕差别原则出现了大量的研究文献，其中大多数聚焦于平等问题：差别原则能够实际上带来什么样的平等主义后果？这个原则在什么意义上是平等主义的？它应该在什么程度上是平等主义的？在沃尔策看来，差别原则可以是"突然"被提出来的，但是它并不就在"那儿"，因为它需要解释。解释有好有坏，而好的解释会变成这个原则的一部分。沃尔策认为，对差别原则的最好解释是使它与美国社会的其他价值相一致——平等的保护、平等的机会、政治自由和个人主义等，并且使它与某种合理的刺激和效率观念相关。[2]

沃尔策基于不同的进路把道德哲学分为三种，即发现的、创造的和解释的。但是这种区分是不合适的，因为即使按照他自己的基本观点，道德哲学只能有一种，即道德哲学只能是一种道德的解释。我们这样来解释沃尔策是

---

① Cf. Michael Walzer, *Interpretation and Social Criticism*, Cambridge, Mass: Harvard University Press, 1987, pp.20-21.

② Cf. Ibid., pp.27-28.

基于以下的理由，而这些理由也是沃尔策完全同意的：① 首先，我们只有一种道德，即现存的、我们生活于其中的道德，而根本就不存在其他的道德。也就是说，道德是我们从传统文化中继承来的，而不是任何人（或神）发现的或创造的。其次，因为只有一种道德，所以所有道德哲学都是对现存道德的解释，尽管不同的道德哲学对相同的道德给予了不同的解释。在这种意义上，被发现的道德哲学和被创造的道德哲学都是伪装的解释。最后，道德哲学把自己伪装成被发现的或被创造的，这是因为它们对现存的道德不满。现存的道德总是历史的和特殊的，与某种特定文化的生活方式密切相关。一些道德哲学家对此不满，他们试图超越自己的历史和社会局限，发现某种永恒的和普遍的原则，并且把这些原则用作评价特殊道德的标准。

如果我们对沃尔策的解释是正确的，那么就既不是像他一直论证的那样有三种道德哲学，也不是像他实质上主张的那样只有一种道德哲学。按照上面的分析，我们应该把所有的道德哲学分为两种：一种是对道德的外在解释，如沃尔策所说的"发现的"或"创造的"道德哲学；另外一种是对道德的内在解释，如沃尔策本人赞同的"解释的"道德哲学。

二、社会批判：外部批评与内部批评

道德哲学具有一种批判的功能。如果我们把道德哲学分为两种：一种是对道德的外在解释；另外一种是内在解释，那么道德哲学作为一种外在解释具有批判的功能应该是不成问题的。成问题的是内在解释。从一种道德的内部来解释该道德，这种解释怎么会具有社会批判的力量呢？沃尔策必须回答这个问题。

沃尔策认为，与"文学批判"不同，"社会批判"是一种许多人参与的日常活动。而且，"文学的"这个词只告诉我们这种活动的对象是什么，而"社会的"这个词不仅告诉我们这种活动的对象而且也告诉主体是什么。社会批判是一种社会活动。"社会的"这个词有一种指代的和反身的功能，就像"自我批判"中的"自我"一样，能够同时指称主体和对象。当然，这不是说社

---

① Cf. Michael Walzer, *Interpretation and Social Criticism*, Cambridge, Mass: Harvard University Press, 1987, p.21.

会能够自己批判自己。我们知道，古往今来，批判社会的都是一些杰出的个人。虽然社会的批判者是一些个人，但是他们是社会的成员，是在社会中对其他的社会成员讲话，而他们的讲话构成了对共同社会生活的反思。①

按照沃尔策的观点，"社会批判最好被理解为批判性的解释"②，而这种理解显然与他对道德哲学的看法是一致的。道德哲学是一种哲学解释，而哲学解释具有反思的和批判的功能。沃尔策承认，批判需要批判的距离。问题在于，批判的距离应该保持多大？我们站在哪里才能成为社会批判者？

如果我们把道德哲学看作是对道德的解释，那么我们可以把它分为两种，即对道德的外在解释与内在解释。如果我们把社会批判看作是对社会的批判性解释，那么与外在解释与内在解释相对应，我们也可以把社会批判分为两种，即对社会的外部批评与内部批评。让我们首先来探讨外部批评。

人们通常认为，社会批判是一种外部行为。我们只有站在集体生活的环境之外，才能够批评社会。我们如何才能站在我们存在于其中的社会的外面？在沃尔策看来，我们只有具备两种"超脱"（detachment），才能站在"外面"，才能够成为批判者。首先，批判者必须在情感上是超脱的，摆脱成员关系中的亲密与温暖，这样才能不带情感和不关利益，从而才能公正无私。其次，批判者必须在理智上也是超脱的，摆脱对他们自己社会的狭隘理解，这样他们才能够不带偏见，他们的思想才能够是开放的和客观的。③批判者的这种观点与作为外在解释的道德哲学是一致的，或者用沃尔策的说法，与作为发现或创造的道德哲学是一致的。

按照这种通常的观点，一个人要成为批判者，他必须是（或者使自己变成）一个局外人、一个观察者或一个完全陌生的人。这个批判者必须拉开他与社会之间的距离，因为他从他拉开的距离中获得其批判的权威。沃尔策把这样的批判者比作落后的殖民地中的帝国主义法官：他站在外面，占据某种

---

① Cf. Michael Walzer, *Interpretation and Social Criticism*, Cambridge, Mass: Harvard University Press, 1987, p.35.

② Cf. Ibid., p.vii.

③ Cf. Ibid., p.36.

特权的位置，这个位置使他获得了先进的或普遍的原则；而他对任何其他事情都不感兴趣，除了用帝国的严厉态度把这些原则应用于殖民地。①

　　沃尔策对这种作为外部批评的社会批判给予了批评。首先，沃尔策认为，这种激进的超脱不是社会批判的一个前提条件，甚至也不是激进的社会批判的前提条件。其次，他提出，如果我们把古往今来的社会批判者放在一个名单中，就会发现没有什么人符合这个条件。也就是说，历史上的批判者实际上没有超脱于社会之外。最后，人们通常把超脱看作是批判的前提条件，这是因为他们混淆了"超脱"与"边缘"。沃尔策承认边缘是一个能够促动批判的条件，并且能够决定批判者所采取的腔调和姿态，但是他认为它不是这样的条件，即能够造成不带情感和无关利益、开放性和客观性。边缘人处于社会的边缘，他们所经历的困难不是超脱的困难，而是融入的困难。如果他们没有了融入的困难，那么他们也就失去了批评社会的理由。从外部批评的观点看，对于处于社会边缘地位的超脱的批判者而言，假如他没有忘记自己是一个边缘人，这反而会削弱他的判断的客观性，会破坏他批判社会的能力。②

　　沃尔策赞同的是另外一种批判模式——内部批评。我们可以用沃尔策使用的说法对比这两种不同的模式：外部的批判者是局外人，站在外面居高临下地观察"我们"，而内部的批判者就在我们中间，他是我们中的一个同伴；外部的批判者是一位帝国法官，他的判决基于普遍的正义，而内部的批判者是一位本地法官，他的判决基于本土正义；外部批评的原则是普遍的，放之四海而皆准，而内部批评的原则是特殊的，只适用于本地；外部的批判者在情感上是超脱的，他的批评应该不带任何情感，而内部的批判者在情感上是牵连的，他批评的目的是希望其共同事业能够成功；外部的批判者在理智上是超脱的，其思想追求的是开放性和客观性，而内部的批判者在理智上则不是超脱的，即使他学到了某些新观念，也要把它们与本地文化相结合。对于外部批评来说，一个"里面"的人要想从事社会批判，就要尽力把自己变成"局外人"。相反，对于内部批评来说，一个

---

　　① Cf. Michael Walzer, *Interpretation and Social Criticism*, Cambridge, Mass: Harvard University Press, 1987, p.38.

　　② Cf. Ibid., pp.37-38.

"局外人"要想从事社会批判，就要千方百计使自己进入"里面"。① 当然，在沃尔策看来，所有的批判者都存在于社会的"里面"，只不过外部的批判者的超脱立场使他们试图从"里面"跳到"外面"。

社会批判是对现存社会的流行思想提出质疑、批评和挑战。批判者站在外面对流行思想提出批评，这显然更容易一些。即使存在沃尔策所倡导的内部批评，它的力量也要比外部批评更弱。如果这样，那么沃尔策主张内部批评的理由何在？

沃尔策认为社会批判应该被理解为一种更大范围工作的重要副产品，而他把这种更大范围的工作称为"文化的阐释和肯定"。这种工作是由这样一些人士从事的，如先知、牧师、教师、圣人、说书者、诗人、历史学家和作家等。只要这样的人存在，社会批判的可能性也就存在。这不是说，这些人构成了现存文化的颠覆者，或者他们是对立文化的承载者。相反，他们承载的是共同的文化，他们做的是统治阶级的智力工作。而且，在沃尔策看来，只要他们做的是智力工作，他们就为社会批判的相反过程打开了道路。②

沃尔策为了证明他的观点，引用了马克思在《德意志意识形态》中的论证。对于马克思来说，资本主义社会孕育了共产主义批判的可能性。按照沃尔策的解释，使社会批判成为一种永恒可能的是这样一个事实：每一个统治阶级都被迫把自己装扮成一个普遍的阶级，因为它仅仅代表自己并不具有合法性。虽然统治者陷入阶级斗争之中并且追求胜利，但是他们却宣称位于阶级斗争之上，其追求的不是胜利而是超越。统治者的这种自我打扮是由知识分子完成的。知识分子的工作是辩护性的，但是这种辩护为未来的社会批判充当了人质，因为它为统治者设定了一种无法达到的标准。人们可能会说，这些标准体现了统治阶级的利益，但是按照马克思主义的观点，一方面，知识分子只能在普遍主义的伪装下来维护统治阶级的利益；另一方面，这些标准也体现了底层阶级的利益，否则这种伪装就不会有说服力。质言之，意识形态必须把普遍

---

① Cf. Michael Walzer, *Interpretation and Social Criticism*, Cambridge, Mass: Harvard University Press, 1987, p.39.

② Cf. Ibid., p.40.

性看作自己成功的一个条件。①

平等就是这样一个标准。按照马克思主义的观点，平等是资产阶级的一个口号，其意义是有限的。在法国大革命中，平等指的是，在法律面前平等，职业向有才能者开放等。它表达（也掩盖）的是为财富和职位而竞争的条件。一些批评者当时就揭露了它的局限性：它确保了所有人都有睡在巴黎桥底下的平等权利。但是沃尔策认为，"平等"这个词还有更广的意义，而这种意义是无法从统治阶级的意识形态中消除的：我们都是这里的公民，没有人比其他人更优越。批判者利用了平等的这种更广意义，而这种更广意义对于现实社会是一种嘲讽而非描述。在马克思主义者的批判中，平等是资本主义的理想，而压迫是资本主义的现实，这样批判者正是用资本主义所捍卫的东西来谴责它。在这种意义上，沃尔策认为，在法国大革命时，平等是资产阶级的集体呐喊；而在那以后，重新解释的平等则是无产阶级的集体呐喊。②

沃尔策把社会批判分为外部批评和内部批评，其中外部批评与对道德的外在解释是对应的，内部批评与对道德的内在解释是对应的。对于沃尔策而言，正如道德哲学作为内在解释优于外在解释那样，社会批判作为内部批评也优于外部批评。但是沃尔策的观点存在一些难以摆脱的困难。

首先，在沃尔策看来，外部批评的主体是"局外人"（outsider），内部批评的主体是"参与者"（connected critic），但是两者的区分是不清楚的。按照沃尔策的说法，使一个人成为"局外人"的是超脱。他必须在情感上和理智上都是超脱的，然后才能从事社会批判。但是，在通常情况下，一个人是"局外人"还是"参与者"，这是由他所持的态度决定的。一个人对社会持一种强烈的批判态度，这样就使他成为"局外人"；而非相反，一个人是"局外人"，这样就使他对社会持强烈批判的态度。

其次，沃尔策区分开外部批评与内部批评，他有两个目的：一个目的是论证内部批评的存在，并且由此来论证沃尔策自己的政治哲学和道德哲学具有社会批判的能力；另外一个目的是表明内部批评比外部批评更好，

---

① Cf. Michael Walzer, *Interpretation and Social Criticism*, Cambridge, Mass: Harvard University Press, 1987, pp.40-41.

② Cf. Ibid., p.43.

从而表明沃尔策的哲学不仅具有批判的能力，还能提供更好的批判。这样就产生一个问题：如果外部批评与内部批评事实上都存在，那么哪一种批评更重要或者更好？我们认为，如果外部批评像沃尔策所说的那样意味着它更客观、更开放和更理性，那么它显然比内部批评更重要。

最后，对于沃尔策而言，道德哲学与社会批判是对应的：道德哲学应该是一种对道德的内在解释，从而社会批判应该是一种对社会的内部批评。所谓内部批评就是沃尔策所说的"批判性的解释"。问题在于：社会批判到底应该是一种批判性的解释，还是一种解释性的批判？形容词是用来修饰名词的。沃尔策的重心在解释，批判者的重心在批判。如果我们坚持社会批判无论如何都应该是一种"批判"，那么它与其说是一种批判性的解释，不如说是一种解释性的批判。就思想整体而言，沃尔策把道德哲学看作是一种内在解释，这容易导致道德相对主义；他把社会批判看作是一种内部批评，这容易导致政治保守主义。

三、一个案例：社群主义的自由主义批判

沃尔策把社会批判分为外部批评与内部批评，既是为了证明他自己的理论具有批判的能力，也是为了表明他的理论比其他理论能够更好地从事社会批判。在一篇标题为"社群主义的自由主义批判"的文章中，沃尔策为我们提供了一个案例：通过对社群主义批判的批判，它能够被用来表明一种更好的社群主义批判是什么样的。

社群主义的自由主义批判之著名代表人物是麦金太尔和桑德尔。沃尔策承认，他们对自由主义的理论和社会实践给予了有力的批判，这些批判在西方社会中引起了广泛的思想共鸣，产生了重大的影响。他把这些社群主义的批判分为两种：第一种批判针对的是自由主义实践；第二种批判针对的是自由主义理论。但是，沃尔策认为，这两种批判本身是有问题的，因为它们两者不能都是正确的。

第一种批判主张，自由主义理论准确地反映了自由主义的社会实践。按照这种批判，当代西方社会完全是这样的人的故乡：孤立的个人，理性的利己主义者，存在主义的主体，被权利所保护并分离的人们。这个社会的成员没有共享的政治传统或宗教传统，他们能够讲述的唯一故事就是从

虚无（自然状态或原初状态）中诞生的故事。每个人都把自己看作是绝对自由的、无羁绊的主体。对于这样的孤立的、分离的个人，美好生活或者是使他自己的功利达到最大化，从而社会变成一场所有人对所有人的战争；或者是行使他的权利，从而使社会被还原为孤立个人的并立。前者使用的是功利的语言，后者使用的是权利的语言。也就是说，个人生活是按照两种自由主义哲学的语言来描述的。从第一种批判的观点看，自由主义内部功利主义与权利理论的争论表明，关于美好生活的本性，西方社会不再拥有共识，不再有公众的意见一致。①

按照第一种社群主义的批判，自由主义社会是孤立与疏离之家；相反，社群主义的共同体则是和谐与亲密之家。在沃尔策看来，这是当代所有社群主义者的共同主题：新保守主义式的悲愤，新马克思主义式的控诉，新古典主义或新共和主义式的苦恼。如果第一种社群主义的批判是正确的，如果社会确实被分解为并立的、孤立的个人，那么我们就可以合理地推论，自由主义理论是处理这种分解的最好方式。沃尔策问道：如果我们不得不从这些分立的、孤立的个人中创造出一种人造的、非历史的统一，那么为什么不能像自由主义那样把自然状态或原初状态当作我们的概念出发点？既然自由主义社会中不存在共同的善，那么我们为什么不能接受自由主义的基本观点——程序性的正义优先于实质性的善？桑德尔曾这样质问自由主义：由把正义放在第一位的那些人组成的共同体能否不是一个由陌生人组成的共同体？沃尔策认为这个问题问得好，但是相反的提问更合适：如果我们确实是由陌生人组成的共同体，那么我们如何能够不把正义放在第一位？②

第二种社群主义的批判主张，自由主义理论完全错误地反映了真实生活。这个世界不像其理论说的那样：人们割断了与社会的联系，他们是完全无羁绊的自我，每个人都只是自己生活的创造者，而又没有共同的标准来指引其创造。按照第二种批判，每个人都是群体的成员，他们是由父母所生的，他们的父母有朋友、亲戚、邻居、同事、教友以及公民伙伴等，而所有

---

① Cf. Michael Walzer, "The Communitarian Critique of Liberalism", in *Thinking Politically: Essays in Political Theory*, edited by David Miller, New Haven: Yale University Press, 2007, pp.97-98.

② Cf. Ibid., p.99.

这些都是继承下来的而非自己选择的。如果这样，那么这样的人怎么能是陌生人？自由主义可以强调契约关系的意义，但是如果它把我们的所有关系都看作是市场关系，那么这显然是虚假的。归根结底，自由主义理论是错误的，因为我们的社会实质上不像它描述的那样。沃尔策认为，第二种社群主义批判的问题在于它所描述的自由主义社会之深层结构事实上是社群主义的。在这种批判看来，自由主义理论歪曲了这个现实，以至于一旦我们接受了这种理论，它就会剥除我们的社会归属感；自由主义的修辞学限制了我们对自己的理解，使我们不能表达那些把我们联系在一起的信念。这样，自由主义理论似乎具有一种超越现实生活并反对现实生活的力量。①

从沃尔策的观点看，如果说第一种批判依赖一种庸俗的反映论，那么第二种批判依赖一种庸俗的唯心论。但是，这两种批判是不一致的，自由主义或者真实地或者错误地反映了我们的实际社会生活，它们无法都是正确的。如果自由主义关于社会的分离和分解的解释是正确的，那么我们就会对社会的深层结构提出疑问——第二种批判是错误的。如果我们社会的深层结构确实是社群主义的，那么分离和分解的社会肖像就失去了批判的力量——第一种批判是错误的。②

实际上，沃尔策认为这两种社群主义批判都是不正确的。为什么这两种批判都是不正确的？首先，因为批判者都是"局外人"，他们把自己认同为社群主义者，看作是与自由主义格格不入的人。其次，因为批判者从事的是一种外部批评，他们站在自由主义社会的外面，以一种居高临下的态度对待现实的社会生活。相反，沃尔策主张，如果我们不是局外人，而是自由主义社会中的批判者，如果我们从事的不是外部批评，而是一种自由主义社会的内部批评，那么我们就能够看到，这两种社群主义批判都是部分正确的。

首先，第一种批判是部分正确的。沃尔策认为，毫无疑问，我们确实生活在这样一种社会里：个人是彼此相互分离的，或者说得更好一点，我们正在不断地彼此相互分离。我们生活在一种非常不安定的社会里。按

---

①　Cf. Michael Walzer, "The Communitarian Critique of Liberalism", in *Thinking Politically: Essays in Political Theory*, edited by David Miller, New Haven: Yale University Press, 2007, p.100.

②　Cf. Ibid., pp.100-101.

照沃尔策的说法，如果我们追踪这些不安定的形式，就会发现四种流动性。① 首先是地理的流动性。人们从一个地方移居到另外一个地方，而促使人们流动的主要原因是工作。在这种意义上，我们是自愿的移民而非难民。在这种流动中，地域感被削弱了，从而社群主义的感情也随之衰落了，因为社群主义在本质上是本地性的。其次是社会的流动性。在美国，很少有人仍旧生活在其父母生活的地方，做父母所做的工作。人们确实从父母那里继承了很多东西，但是他们过的是一种不同的生活。再次是婚姻的流动性。在今天，分居、离婚以及再婚的比例是如此之高，这在过去或者以前的任何时代都是不曾有过的。因为家庭是处于第一位的共同体，是民族认同和宗教信仰的第一所学校，所以婚姻的破裂必然具有一种对社群主义不利的后果。最后是政治的流动性。当今社会的公民站在所有政治组织的外面，他们自由地选择能最好地服务于其思想和利益的政治党派。他们是独立的投票者，也是反复无常的投票者，从而导致了政府部门的不稳定，特别是与地方共同体有关的地方政治部门的不稳定。

沃尔策认为，自由主义是对这些流动性的理论上的认可和论证。从自由主义的观点看，这四种流动性代表了自由的确立和幸福的追求。在这种意义上，自由主义确实是大众的信条。但是在沃尔策看来，这种大众的信条也有令人不满和悲哀的一面，这种不满和悲哀也被断断续续地表达出来，而社群主义就是这些情感的断断续续的表达。社群主义反映了一种失落感，而这种失落是真实的。人们并非总是自愿地或高兴地离开他们的老邻居和故乡。从我们的文化上说，搬家是一种个人冒险；在真实的生活里，它通常是一种家庭创伤。同样，当婚姻破裂以后，留下的是单亲家庭、分居的孤独男女以及被抛弃的孩子。②

其次，第二种社群主义批判也是部分正确的。沃尔策认为，无论上述四种流动性的程度是什么样的，它们都不足以把我们分开得如此之远，以致我们不再能够相互交谈。确实，我们经常有分歧，但是我们是以相互理

---

① Cf. Michael Walzer, "The Communitarian Critique of Liberalism", in *Thinking Politically: Essays in Political Theory*, edited by David Miller, New Haven: Yale University Press, 2007, pp.101-102.

② Cf. Ibid., p.103.

解的方式有分歧。这些分歧通常属于哲学上的争论。对于麦金太尔来说，这些争论是社会破裂的标记；对于沃尔策来说，这些争论是任何社会都有的平常事情，因为有哲学家的地方，就会有争论。即使分歧表现为政治冲突，但是在自由主义的社会中，它们也很少采取极端的形式，也很少超越谈判、妥协以及程序正义。① 也就是说，自由主义的社会并非是孤独个人的并立，而分歧也并不代表在任何事情上都不存在共识。

沃尔策认为，在大量移民的年代，给美国社会带来了众多具有不同种族和宗教信仰的人们，而这样的人们对美国政治产生了影响。这种影响的结果就是自由主义。对于美国而言，结社自由、多元主义、信仰自由、政教分离、个人隐私、言论自由、职位向才能开放等，使用这些个人权利的语言是不可避免的。我们有谁真正想避免这些语言？正如第二种社群主义批判主张的那样，如果我们确实是由处境决定的，那么，我们的处境就是由这样的自由主义语言决定的。在沃尔策看来，这是第二种批判的正确所在。②

第一种批判是正确的，因为流动性确实使人们彼此处于分离之中。第二种批判也是正确的，因为我们的流动处境决定了我们必然使用自由主义的语言。但是，这两种社群主义批判都是部分正确的，而每一方的正确都是对另外一方之正确性的限制。另外，它们的部分正确性也体现在对自由主义的批评之中。在沃尔策看来，自由主义是一种奇怪的学说，它似乎一直在削弱自己，蔑视自己的传统，极力不断更新自己的希望，以获得超越历史和社会的绝对自由。也就是说，自由主义是一种自我颠覆的学说。沃尔策认为，出于这个理由，自由主义确实需要一种周期性的社群主义加以矫正。③

从另外一面来看，这两种社群主义批判也都是部分错误的。在沃尔策看来，它们的主要错误在于试图用前自由主义的或反自由主义的共同体来替代自由主义的国家。虽然自由主义真的需要矫正，但是这种用社群主义

---

① Cf. Michael Walzer, "The Communitarian Critique of Liberalism", in *Thinking Politically: Essays in Political Theory*, edited by David Miller, New Haven: Yale University Press, 2007, p.104.

② Cf. Ibid.

③ Cf. Ibid., p.105.

共同体替代自由主义国家的方式不是一种合适的矫正。① 从我们迄今为止一直从事的论证来说，对于沃尔策而言，这两种社群主义批判之所以是部分错误的，原因在于它们都是外部批评。如果社群主义者（如麦金太尔和桑德尔）是从外部来批评自由主义社会的，那么，他们通常试图用社群主义的共同体来取代自由主义的国家。与其相对照，如果社会主义者是从内部来批评自由主义社会的，那么他们就不会试图颠覆这个社会，而是尽力用社群主义的价值来矫正自由主义的国家。沃尔策正是这样做的。

社群主义的基础是共同体，而自由主义的基础是权利。在自由主义的理论和实践中，与共同体对应的是自愿结社的权利。在沃尔策看来，对于自愿结社的自由主义理念，自由主义者和社群主义者都没有很好地加以理解。② 自由主义者没有很好地理解，因为他们认为，人们加入什么样的社团，这完全取决于他们自己的自由选择。然而在自由主义的社会，人们实际上是生而进入某种群体的，生而具有某种认同的，而他们所加入的从属性社团不过是这些基本认同的表达。社群主义者也没有很好地理解，因为他们没有看到，虽然人们是生而进入某种群体的，但是他们加入社团确实是自愿的。人们组成社团，也解散社团。人们进入社团，也退出社团。在自由主义社会，社团或群体始终处于不稳定的状态，或者说处于风险之中。

沃尔策认为，在最好的情况下，自由主义社会是罗尔斯所说的"社会联合的社会联合"：各种群体的多元主义，而把它们联合在一起的是宽容和民主的观念。如果所有群体（或社团）都是不稳定的，始终处于被分解或被抛弃的边缘，那么国家作为社会联合的社会联合也必然是脆弱的。自由主义国家的一个鲜明特征是国家的中立性：不同的群体（或社团）倡导不同的美好生活，个人追求自己的美好生活，国家则只负责监管，而不参与其中。监管在本性上是单数的，国家只有一个；倡导和追求是复数的，社团和美好生活是各种各样的。这样就对自由主义的理论和实践提出了一个关键性问题：人们的结社热情和能量是否足够强大，能足以维持群体（或社团）的存在，从而

---

① Cf. Michael Walzer, "The Communitarian Critique of Liberalism", in *Thinking Politically: Essays in Political Theory*, edited by David Miller, New Haven: Yale University Press, 2007, p.105.

② Cf. Ibid., pp.105-106.

充分地满足多元主义的要求？在沃尔策看来，有某种证据表明，它们还不够强大，还需要一点帮助。[1] 如果这样，谁能够提供这种帮助？

对于这个问题，沃尔策给予了一种其他社群主义者未必赞同的回答：它是自由主义的国家。从其他社群主义者的外部批评的观点看，社群主义提出了一种政治理想，而这种政治理想应该取代自由主义的国家。从沃尔策的内部批评的观点看，社群主义的功能是矫正自由主义，因此，它需要自由主义的国家，以便发挥自己的矫正功能。

但是，沃尔策的社群主义所需要的自由主义国家有一点与自由主义不同，即这种自由主义的国家是非中立的。如果自由主义的国家是完全中立的，那么它不会对任何一个群体或社团提供帮助，否则就违反了中立性。从另外一面来看，如果某些群体或社团应该得到自由主义国家的帮助，那么它就不能是中立的。沃尔策认为，自由主义的国家应该肯定和扶植一些群体或社团。但是他提出了一个条件，即这些群体或社团的形态和目标与自由主义社会的共享价值是相容的。沃尔策举了美国的三个例证来说明国家对某些群体或社团的帮助：关于扶植工会组织的法案，以解决逃票者的问题；关于减免税收的法律，以帮助某些种族和宗教群体；关于农田自由通行权的法律，以帮助邻里共同体。[2]

所谓群体或社团，就是社群主义所说的共同体。对于所有的社群主义者，关键的问题在于：共同体在当代西方特别是美国社会一直处于危险之中，一直处于衰落、被分解或者消亡之中。如果第一种社群主义的批判是正确的，现实社会完全是自由主义的，那么社群主义者的任务就是创造出新的共同体。如果第二种社群主义的批判是正确的，现实社会的深层结构是社群主义的，那么社群主义者的任务就是巩固和完善已经存在的各种共同体。这两种批判都是外部批评，而沃尔策的内部批评可以被看作是第三种批判。如果第三种社群主义的批判是正确的，那么社群主义者的任务就必须满足于对自由主义的矫正，即用共同体的价值来矫正自由主义的国家。

---

① Cf. Michael Walzer, "The Communitarian Critique of Liberalism", in *Thinking Politically: Essays in Political Theory*, edited by David Miller, New Haven: Yale University Press, 2007, p.106.

② Cf. Ibid., pp.107-108.

第三章　古典社群主义：麦金太尔

在当代社群主义者中，麦金太尔（Alasdair MacIntyre）明显是一位与众不同的人物。按照时代的坐标，一些社群主义者是现代的，另外一些带有后现代的倾向，而麦金太尔则是前现代的。按照政治的坐标，虽然其他的社群主义者都对自由主义持批判的态度，但是一般并不反对现存的自由民主制度，而麦金太尔不仅反对自由主义，而且也反对现行的自由民主制度，反对资本主义的私有制。按照自我的认同，其他社群主义者或者鲜明地打出了社群主义的旗帜，或者默认自己被称为社群主义者，而麦金太尔则一再强调自己与社群主义的区别，否认自己是社群主义者。

如果麦金太尔否认自己是社群主义者，那么他的自我认同是什么？麦金太尔的自我认同经历了一系列变化：麦金太尔 1929 年出生于苏格兰一个几代人都信奉罗马天主教的家庭，他的成长年代伴随着浓厚的基督教氛围；20 世纪 40 年代末在英国读大学的时候，他转而为马克思主义所吸引，并曾短期加入了当地的共产党组织；在 70 年代写作《德性之后》的时候，他已经认同自己是亚里士多德主义者了；到了 80 年代，他又变成了托马斯主义者，并且被认为重新皈依了天主教。这些变化不是一般理论观点的变化，而是基本信念的变化，是自我认同的变化。因此在这个方面，麦金太尔经常为后人所诟病。

伴随这些变化的是他的著述，或者反过来说更为准确，麦金太尔的著述反映了他的信念变化。自 50 年代初起，麦金太尔在半个多世纪的学术生涯中发表了大量作品，这些作品从主题到内容，从作者的意图到文本的背景都有很大的不同。这样就涉及麦金太尔思想的分期问题。

按照麦金太尔自己的分析，他的思想发展分为三个时期。① 第一个时期是 1949—1971 年，从他到曼彻斯特大学读研究生起到 1970 年去美国以后不久，这一时期的主要著作有《马克思主义：一种解释》(1953 年)、《伦理学简史》(1967 年)、《马克思主义与基督教》(1968 年) 和论文集《反对这个时代的自我形象》(1971 年) 等。按照他自己的说法，这个时期的研究是零碎的、驳杂的、混乱的和无效的。尽管麦金太尔从马克思、杜克海姆、黑格尔、亚里士多德和阿奎那等人的思想中学到了很多东西，但是他既不知道如何把他从中学到的东西与这些理论体系的僵死框架分拆开来，也不知道如何用他学到的东西来写作一部道德学说史。第二个时期是 1971—1977 年。从 1971 年开始，麦金太尔对自己先前的学术研究进行了反思和自我批评，并按照两条线索进行重新思考。一条线索是以系统的方式来思考伦理学问题，认真考虑从一种亚里士多德主义的观点来写作现代道德史和现代道德哲学史的可能性。另外一条线索是重新思考理性神学的问题，认真考虑从一种基督教神学的观点来写作现代世俗化历史的可能性。在这一时期，他也从弗雷格、胡塞尔和维特根斯坦等当代哲学家那里学到了如何清晰地表述哲学问题。到 1977 年他开始写作《德性之后》最后一稿时，麦金太尔此后沿着这两条线索进行研究所需的基本框架和中心论题都确定了。第三个时期从 1977 年开始，麦金太尔一直从事"一个计划"，而实现这个计划的结果便是连续发表了关于道德哲学和政治哲学的三部著作，即《德性之后》(1981 年)、《谁之正义？何种合理性?》(1988 年) 和《三种对立的道德探究观》(1990 年)，它们也被称为"德性三部曲"。

麦金太尔被看作是一个具有重大影响的道德哲学家和政治哲学家，被看作是当代社群主义的主要代表人物之一，主要归因于他的"德性三部曲"，其中特别是《德性之后》。因此，我们的研究也将主要集中于他学术思想的第三个时期，尽管这种研究并不局限于"德性三部曲"。

在麦金太尔的社群主义思想中，不仅包含政治哲学，而且也包含道德

---

① Cf. Alasdair MacIntyre, "An Interview for *Cogito*", in *The MacIntyre Reader*, edited by Kelvin Knight, Notre Dame, Indiana: University of Notre Dame Press, 1998, pp.267-269.

哲学。虽然他的政治哲学与道德哲学是密切连在一起的，但两者在很多方面都是不同的——从他关切的问题到他批判的对象，从他吸收的思想资源到他对理论所做的贡献。

就道德哲学而言，麦金太尔关心的问题是德性，批判的对象是以康德义务论和功利主义为代表的现代伦理学，其理论为从规则伦理学到德性伦理学的转变作出了贡献。对现代伦理学的批判和德性伦理学的兴起，源自安斯康姆（Elizabeth Anscombe）1958 年的"现代道德哲学"一文。在这篇具有广泛影响的论文中，安斯康姆提出，现代道德使用义务论的术语来评价和指导行为，这表达了一种法律的道德观，而这种道德观来自犹太教—基督教的神法伦理学（eivine law ethics）。也就是说，这种法律的道德观和其所使用的术语是一种已被抛弃的世界观的残余。麦金太尔沿着安斯康姆的路线，试图重建古代的德性伦理学，以取代以康德为代表的规则伦理学。在这种重建中，麦金太尔用古希腊伦理学的德性来对抗现代伦理学的规则，用历史主义来对抗现代的普遍主义，用善来对抗正当。这样，德性、善（目的）和历史（传统）就构成了麦金太尔道德哲学的基本概念框架，而把三者串联在一起的则是实践。

就政治哲学而言，麦金太尔关心的问题是正义，批判的对象是自由主义和资本主义，其理论贡献是提出了一种基于前现代生活的社群主义。如果说德性伦理学的重建起于对现代伦理学的批判，那么社群主义的兴起则源于对以罗尔斯为代表的当代自由主义的批判。当代自由主义是一种以权利为基础的理论，它从保护个人权利出发，强调自由、平等、民主和法治的重要性，主张国家对个人选择什么信仰和什么样的生活方式保持一种中立的态度。在对自由主义的批判中，麦金太尔试图以共同善来对抗自由主义的个人权利，以共同体来对抗自由主义的个人主义，以传统来对抗自由主义的中立性，从而用社群主义思想来挑战自由主义的统治地位。麦金太尔尽可能利用各种思想资源来批判自由主义和阐发社群主义：首先是他早年成长于其中并接受的一种苏格兰文化，即由农民、渔民、诗人和说书人构成的盖尔口头文化；其次是他青年时期接受的马克思主义，尽管他后来放弃了马克思主义，但马克思对他的影响则持续一生；最后是他最终接受的亚里士多德主义，一种阿奎那式的亚里士多德主义。马克思主义为他的自由主义批判提供了主要动力，而其余两者则有助于他追求社群主义的理想。

第一节　现代道德批判

按照时间坐标来分析当代哲学，一些哲学是现代的，如罗尔斯的自由主义和哈贝马斯的共和主义；另外一些哲学是后现代的，如福柯的系谱学和德里达的解构主义；还有一些是前现代的，如麦金太尔的社群主义。虽然前现代的哲学与后现代的哲学几乎在所有方面都是对立的，但两者之间仍然存在一个共同点，即对现代性的批判。两者都对现代性不满，但是一种理论主张由现代走向后现代，而另外一种理论则主张从现代返回到前现代。对麦金太尔来说，这种现代性批判既包括对现代道德的批判，也包括对现代政治的批判。

麦金太尔最有影响的著作是《德性之后》，这本书讲述了启蒙（现代道德）如何以及为什么会失败的故事。现代道德哲学通常由三个部分组成，即道德主体理论、价值理论和规范理论。因此，我们对麦金太尔的讨论也从一个道德故事开始，然后按照道德哲学的上述三个方面来分析他的现代道德批判。

一、现代人的道德故事

现代道德哲学有两种主要的理论，一种是以康德为代表的义务论，另外一种是功利主义。麦金太尔在《德性之后》中讲述了一个复杂曲折的启蒙失败故事，以此来论证这两种现代道德哲学都是错误的。在一篇发表于1992年的文章中，麦金太尔以一种极其简洁的方式复述了《德性之后》中的漫长故事。[①] 这个故事由四幕组成，我们也可以把它理解为麦金太尔

---

① Cf. Alasdair MacIntyre, "Plain Persons and Moral Philosophy", in *The MacIntyre Reader*, edited by Kelvin Knight, Notre Dame, Indiana: University of Notre Dame Press, 1998, pp.145-146.

证明启蒙如何失败的四步。

第一幕是问题的提出。故事的主角是一个普通人，他像其他现代人一样追求自己的善，这样他为自己提出了一个问题："什么是我的善"或"什么是善"，并且试图以适合自己的特殊方式来回答它们。在这种探究过程中，这个主角发现，无论他追求的善是什么，无论它们是物质的、精神的或审美的，为了得到这样的善，他都必须要服从某些道德规范（规则或德性）。例如，在追求物质的善时，一方面他应该具有节制的德性，另外一方面他应该尊重其他相关者的权利。如果他不能接受道德规则的引导，那么他也无法得到他想得到的善。他所追求的善和所遵守的规则是互为前提的：为了得到他的善，他必须遵守规则；他之所以遵守规则，是为了得到他的善。

第二幕是矛盾的出现。故事的主角发现在他的道德生活中出现了两种东西，一种是他追求的善，而这些善是各种各样的；一种是规则，而这些规则是必须服从的。追求善是他从事某种行为的动机，遵守规则是道德告诉他做事时必须履行的义务。动机推动他做某件事情，而义务对他可以做什么事情给予了限制。对于他的行为来说，动机和义务都是指示方向的权威。问题在于，这两个权威通常指引的方向是不同的。他应该听从哪一个权威的话？这是他必须解决的问题。

第三幕是对矛盾的解决。故事的主角发现他能够以两种不同的方式来解决这个问题：或者规则的权威独立于各种各样的善，这样遵守规则的意义就在于其自身；或者规则之所以具有权威，只是因为遵守它们能够导致更有效地获得各种善。前者是康德式义务论的，后者则是功利主义的，而两者则是不相容的。

但是，这两种解决问题的方式都有问题。对于康德的义务论而言，如果遵守规则的意义就在于其自身，那么就不可避免地产生出这样的问题，即一个理性的人为什么会认为这样单纯地为遵守而遵守是有意的，以及它如何能够成为行为的动机。对于功利主义而言，如果规则只是获得善的工具并且善是各种各样的，那么当为了获得善而必需违反规则的时候，功利主义者就无法决定该怎样做了。

在麦金太尔看来，不仅康德式义务论和功利主义都不能解决规则与善之间的矛盾，而且它们各自本身也都是有问题的。功利主义的核心概念是功利。什么是功利？古典功利主义者（边沁和密尔）主张功利是指快乐或幸福，并认为趋乐避苦是人们行为的唯一动机，而功利主义的目的就是追求幸福最大化。从麦金太尔的观点看，功利主义是错误的：首先，功利主义所依赖的心理学假定是错误的，即趋乐避苦作为行为的唯一动机是虚假的；其次，快乐或幸福是各种各样的，如喝威士忌酒的快乐不同于在海滩游泳的快乐，而且性质不同的快乐是不可公度的，这样功利主义无法告诉我们是应该喝酒还是去游泳；最后，"趋乐避苦"作为行为的唯一动机是功利主义的心理命题，"幸福最大化"作为目的是功利主义的伦理命题，从其心理命题无法推论出其伦理命题。① 康德式义务论的核心概念是权利，当代的义务论道德哲学是一种以权利为基础的理论，如罗尔斯、诺奇克和德沃金的理论都是如此。麦金太尔对义务论的权利理论提出了批评：首先，这里所说的权利不是指由法律所规定的权利，而是"自然权利"或"人权"，其中包括消极的权利（不受干预的权利）和积极的权利（得到教育和工作等的权利）；其次，权利不具有普遍性，很多社会没有这样的概念，即使在西方，它也是比较晚近才出现的东西，在公元 1400 年之前，在古典的和中世纪的希伯来语、希腊语、拉丁语、阿拉伯语和古英语中，没有与"权利"相对应的词；最后，从 18 世纪到当代，众多自然权利拥护者试图为权利的存在而提供的论证都失败了。简言之，权利是一种虚构，相信权利的存在如同相信巫术。麦金太尔用更挖苦的话说，在没有权利的社会里声称自己拥有权利，就像在没有货币制度的社会里用支票付账一样。②

最后一幕是问题的不了了之。故事的主角发现，他在两种对立的道德主张中只能采取其中一种主张，而对手则持有对立的主张。在他同对手的争论中，双方都没有足够的理由说服对方，而且也没有共享的标准来判断两种主张的优劣。麦金太尔认为，由于对立的道德主张之间是不可公度的，而且没有共享的标准来评判它们。这样，一方面，各种现代道德哲学之间的分歧是无法消除的；另一方面，现代的道德争论具有"无终结性"。也就是说，现代道德哲学的争论是持续不断的和没完没了的，永远也不会得到明确的结论。

---

　　① Cf. Alasdair MacIntyre, *After Virtue*, second edition, Notre Dame, Indiana: University of Notre Dame Press, 1984, pp.63-64.

　　② Cf. Ibid., pp.67-69.

二、自我的个人化

道德故事的主角就是道德理论所说的主体。任何一种道德哲学都以某种道德主体的理论为前提。道德哲学的主要任务不是告诉人们所应遵循的行为规则是什么，而是论证人们为什么应该遵守这样的行为规则。道德哲学提供的是哲学证明，而这种证明通常都建立在人性的观念之上。对人性的看法不同，道德哲学所提供的证明也会不同。也就是说，任何一种道德哲学通常都有自己关于道德主体的观念。

麦金太尔把现代道德哲学所依赖的主体观念称为"情感主义的自我"。这种情感主义的自我有两个特征：首先，对于情感主义者，道德语言仅仅是自我之情感或态度的表达，道德原则仅仅反映了人们的偏好，而道德判断则是道德主体基于其偏好对某种行为的赞扬或谴责；其次，由于道德语言仅仅是情感或态度的表达，所以道德主体没有任何理性的标准可以应用于道德原则和道德判断。从表面看，这种情感主义的自我似乎具有主动的、能动的和自主的能力，能够把自己从特殊的情境中抽离出来，能够同任何具体事物保持一段距离，从而能对任何观点进行选择或批评。但实际上，这一切所表明的无非是这种道德主体缺乏标准。因为情感主义的自我缺乏标准，当人们之间就道德问题产生分歧的时候，就会出现现代道德戏剧的最后一幕，即道德争论的"无终结性"。麦金太尔讽刺说，这种道德分歧无法被解决的情况被称为"多元论"，而参与道德争论的人也就成为"民主化的自我"。[①]

从麦金太尔的观点看，人不是抽象的，每个人都具有特殊的社会身份和社会内容，而这些社会身份和社会内容辐辏于他们所扮演的社会角色之中。每个人对自己的认识，其他人对我的了解，都通过自己所栖息的角色来进行。麦金太尔认为，在当代哲学中，对自我与角色的关系有两种不同的观点。一种观点（如存在主义者）主张，只有自我是实在的，而自我占据的社会角色则是偶然的，简言之，自我就是一切，角色什么也不是，把自我等同于角色是错误的。另外一种观点（如某些社会学家）主张，社会角色是实在的，而自我不过是角色之衣借以悬挂的"衣架"，在这种意义

[①] Cf. Alasdair MacIntyre, *After Virtue*, second edition, Notre Dame, Indiana: University of Notre Dame Press, 1984, pp.31-32.

上，角色就是一切，自我是心理学的虚构，假定在角色之外存在一个实质性的自我是错误的。麦金太尔认为，这两种观点表面上是对立的，但是在表面之下存在着深层的一致：因为自我没有目的，所以他既可以是任何东西（由社会来决定），也可以什么都不是（虚无）。[1]

在麦金太尔看来，情感主义的自我就是存在主义者所说的虚无：一方面，自我作为虚无什么也不是，所以他所承担的任何角色都没有客观的价值；另一方面，自我作为虚无又可以是任何东西，所以他所扮演的任何角色都是偶然的。从人们所扮演的社会角色来理解自我，这是正确的。错误来自当代道德哲学中的自我观念和角色观念。自我观念的问题在于它的个人化，角色观念的问题在于它是偶然的。

自我观念的个人化是指，在现代社会和现代道德哲学中，人是作为个人来扮演社会角色和从事实践推理的。麦金太尔认为，"个人"是社会机器之零件的名称，是社会角色和地位的名称，是对具体社会处境和背景的抽象。在这种意义上，自我所扮演的所有角色都是个人的角色。[2] 因为道德主体是作为个人的自我，所以我所扮演的角色都是我个人选择的结果，我所赞成的道德原则和所作出的道德判断都表达的是我个人的偏好；因为道德语言所表达的无非是我的偏好，所以在实践推理中，首先我要对各种偏好进行排序和计算，然后追求偏好满足的最大化。

麦金太尔认为，这种自我的个人化是错误的。但是，这里的问题不是源于个人观念的错误，而是来自现代社会和现代制度的错误。在前现代的社会中，人们是通过各种社会群体的成员身份来认同自己和他人的。用麦金太尔的话说："我是某某人的兄弟、堂兄弟和孙子，是这个家庭的成员，而这个家庭属于这个村庄，那个部落。"[3] 在社会关系的网络中，每个人都占有某个特殊的位置，没有这种位置，他就什么也不是。与这个位置联系

---

① Cf. Alasdair MacIntyre, *After Virtue*, second edition, Notre Dame, Indiana: University of Notre Dame Press, 1984, p.32.

② Cf. Alasdair MacIntyre, "Practical Rationality as Social Structures", in *The MacIntyre Reader*, edited by Kelvin Knight, Notre Dame, Indiana: University of Notre Dame Press, 1998, pp.129-130.

③ Alasdair MacIntyre, *After Virtue*, second edition, Notre Dame, Indiana: University of Notre Dame Press, 1984, p.33.

在一起的属性（各种社会成员身份）构成了我的实质的一部分，它们确定了我必须承担的义务和责任。由于现代化的过程把前现代社会的关系网络破坏了，人们才从社会群体的成员变成了孤立的个人。

因为自我的认同出现了个人化，所以自我所扮演的角色成为偶然的。在麦金太尔看来，在任何社会中，从社会角色来理解自我都是正确的。现代社会的问题在于，自我的个人化导致一个有害的后果，即自我与其扮演的角色之间存在冲突。为了说明这个问题，麦金太尔提出了"角色"（roles）和"典范"（characters）之间的对比。①

首先，在任何一个社会中，都可能拥有很多各种各样的角色，但是通常只有为数不多的几种典范。麦金太尔曾举例说，在现代社会中，牙医和垃圾收集者是角色，但不是典范，而经理和心理治疗师则既是角色也是典范。

其次，每个人都具有某些信念，而角色和典范对信念的关系是不同的。角色的信念是由社会规定的，个人的信念可能与其一致，也可能不一致。例如，一个工会官员按照自己扮演的角色同雇主谈判，以达到工会的各种目标——提高工资、改善劳动条件和维持就业等，但是他内心可能相信，工会不过是驯服和腐蚀工人阶级的工具。也就是说，他个人的信念与其角色所体现的信念是矛盾的。但是，对于典范而言，社会角色与自我之间不存在信念上的不一致，社会的需要已经内在化为个人的心理动机，因此，个人所实际抱有的信念与社会所倡导的信念是一致的。典范体现了社会对个人的要求，把社会角色与人格融为一体了。这样，典范证明了某种社会存在方式的正当性。

最后，角色本身只是履行某种社会功能，而典范表达了社会所提倡的某种道德理想。角色一般只具有职业意义和地位意义，但是典范除此之外还具有道德意义和文化意义。典范为处于某种历史条件下的社会成员提供了文化上和道德上的理想。因为一个社会的文化特征和道德理想体现在典范之中，所以区别不同社会的关键在于确定哪些社会角色是典范。例如，

---

① Cf. Alasdair MacIntyre, *After Virtue*, second edition, Notre Dame, Indiana: University of Notre Dame Press, 1984, pp.28-29.

维多利亚时期的英国要由"公立学校校长"、"探险家"和"工程师"这些典范来界定，而威廉时期的德国则要由"普鲁士官员"、"教授"和"社会民主党人"这些典范来界定。

通过角色，麦金太尔试图表明现代自我与其角色之间的紧张关系：首先，现代自我的认同是个人化的，从而人们对自己和他人的了解从根本上就是错误的；其次，自我所承担的社会角色是偶然的，因此个人信念与角色信念之间可能存在不一致，而这种不一致将会导致人格的分裂。通过典范，麦金太尔试图揭示现代自我与其社会之间的紧张关系，即"典范是道德哲学所戴的面具"①，通过这些面具，社会与个人之间的真实关系被掩盖了。麦金太尔认为，当代社会的典范是经理和治疗师，他们以其专业知识和技术为社会服务：经理在产业领域对人们进行操纵，以更有效地把投资变为利润；治疗师在心理领域对人们进行操纵，以更有效地把反常者变为正常人。

现代道德哲学把个人理解为自主的道德主体。在麦金太尔看来，这里有两个错误：一个是个人认同的错误，即个人作为个人来认同自己和他人；一个是个人信念的错误，即相信个人具有自主的能力。但是在这些问题上，麦金太尔自己的观点也不是没有问题的。

现代道德哲学相信人具有自主的能力，比如说，一个人从事某种行为或某种职业，这是由他自己决定的，是他个人选择的结果。麦金太尔认为，这种关于自主的信念是错误的，因为一个人选择从事某种行为或职业，还有更深层的原因，而这些深层的原因决定了一个人的选择。② 麦金太尔的方法论是历史主义的：在探讨事情的时候，他向后进行追溯，以发现事物的来龙去脉和因果关联。当我们向后看的时候，事物似乎都有一条明确的轨迹，这种轨迹在哲学解释中就变成了事物的逻辑，从而事物成为现在这个样子也似乎是必然的。但是，当我们将这种方法用于未来事物的时候，它就不灵了。未来是开放的：它有各种可能性，而不是必然的；前方有很多岔路，而看不出有什么内在的逻辑；尽管我们向往某种结果，但

---

①　Alasdair MacIntyre, *After Virtue*, second edition, Notre Dame, Indiana: University of Notre Dame Press, 1984, p.28.

②　Cf. Alasdair MacIntyre, "Notes from the Moral Wilderness", in *The MacIntyre Reader*, edited by Kelvin Knight, Notre Dame, Indiana: University of Notre Dame Press, 1998, p.41.

是我们不知道导致这个结果的确切原因是什么。如果未来是开放的，那么我们就有了某种程度上的选择自由，从而也就有了某种程度上的自主。麦金太尔否认这样的自主和选择，这是没有道理的。

三、善的私人化

实践哲学与价值是不可分的，因为实践归根结底是对某种价值的追求，是所追求价值的实现。因此，价值理论是任何一种实践哲学（道德哲学、政治哲学和社会哲学等）的有机组成部分，为它们提供了所必需的价值基础。对于道德哲学而言，价值理论就是关于善的理论，它提出并回答"什么是善"的问题。

不同的道德哲学和政治哲学派别持有不同的善观念，如康德主义和功利主义，以及自由主义和社群主义。这些派别不仅对"什么是善"的回答是不同的，而且对正当与善的关系也持有不同的看法。一般而言，康德主义和自由主义主张正当优先于善，而功利主义和社群主义则主张善优先于正当。从麦金太尔的观点看，在善的观念上，现代道德哲学（康德主义和功利主义）都是错误的。

麦金太尔认为，在价值理论方面，现代道德哲学的根本错误在于"善的私人化"。下面我们将首先讨论麦金太尔对"善的私人化"的解释，然后分析他对现代道德哲学和当代自由主义的批评，最后简略地探讨他自己的善观念。

麦金太尔认为，在现代道德哲学中，价值理论以人性理论为前提。这种人性理论主张，人的行为都有其动机，而行为的动机是个人的欲望或偏好，这样行为是由个人的欲望或者偏好引起的。[1] 按照这种动机心理学，个人的欲望或偏好是最重要的东西，因此，善就是欲望或偏好的满足。[2]

虽然每个人的行为都以欲望或偏好为动机，但是人们的欲望或偏好是

---

① Cf. Alasdair MacIntyre, *Whose Justice? Which Rationality?* Notre Dame, Indiana: University of Notre Dame Press, 1988, p.21.

② Cf. Alasdair MacIntyre, "The Privatization of Good: An Inaugural Lecture", in *The Liberalism-Communitarianism Debate*, edited by C. F. Delaney, Lanham, Maryland: Rowman & Littlefield Publishers, Inc., 1994, p.3.

不同的，它们指向不同的对象，具有不同的程度，带有不同的内容。简言之，每个人都具有不同的特殊的善观念。在麦金太尔看来，由于现代道德哲学把善理解为欲望或偏好的满足，而欲望或偏好又是因人而异的，所以在"什么是善"的问题上，人们之间充满了分歧，而且这种分歧是无法消除的。更重要的是，在当代社会中，这种善观念方面的分歧被认为是理所当然的。麦金太尔把这种情况称为"善已经被私人化"①。

善的私人化导致三重后果。② 首先是善与道德规则的分离。按照麦金太尔的观点，道德规则应该建立在善的基础上。但是，由于善被私人化了，每个人拥有不同的善观念，这样导致道德规则与善的分离。在道德规则的问题上，人们之间可以达成一致。在善观念的问题上，人们之间无法达成一致。其次是政府的中立性。因为在"什么是善"的问题上人们之间存在尖锐的分歧，而这种分歧又是不可消除的，所以国家或者政府在善的问题上应该保持中立性，既不支持某种特殊的善观念，也不反对某种特殊的善观念。这种中立性一般被看作是自由主义道德的基本特征。最后是公共领域与私人领域的区分。善的问题属于私人领域，道德规则的问题属于公共领域。在私人领域，人的自由不受限制，每个人可以按照自己的意愿去追求自己的善观念；在公共领域，人们应该服从道德规则和其他规范，以保护每个人的自由和权利不受侵犯。对于各种各样的公共事务，诉诸道德规则或其他规范是适当的，而诉诸善观念则是不适当的。

麦金太尔认为，现代道德哲学把善理解为欲望或偏好的满足，这样善便被私人化了。善的私人化使道德规则与善分离开来，使政府对个人所具有的特殊善观念持一种中立的态度，使对善的追求局限于私人领域。在麦金太尔对现代道德哲学的善观念做了上述分析之后，他对这种善的私人化进行了批判。

首先，现代道德哲学的心理学假定是错误的。善的私人化以这样的心理学假定为前提，即欲望是所有行为的动机，而且欲望的功能在各种文化

---

① Alasdair MacIntyre, "The Privatization of Good: An Inaugural Lecture", in *The Liberalism-Communitarianism Debate*, edited by C. F. Delaney, Lanham, Maryland: Rowman & Littlefield Publishers, Inc., 1994, p.4.

② Cf. Ibid., pp.3-4.

中都是一样的。麦金太尔认为这种心理学的假定是错误的：欲望的功能在不同的文化中是不同的，从而它们对引发行为所发挥的作用也是不同的；推动人们去做某事的动机不仅仅是由欲望（需要、快乐、痛苦、情感和意图等）构成的，而且也是由公共的社会因素（要求、借口、恳请、责任和义务等）构成的；更重要的是，欲望本身是由规范控制的，并且只有在规范的支配下，欲望的实现才能够被证明为正当的。①

其次，善的私人化是错误的。善的私人化可以分为两步：第一步，善被规定为偏好的满足或者欲望的实现；第二步，道德规则作为正当不仅独立于善，而且优先于善。麦金太尔对此提出了批评。一方面，在现代道德哲学中，由于道德主体被个人化了，个人作为个人来追求善（欲望的实现），从而必然导致善的私人化；另一方面，善被界定为欲望的实现或者偏好的满足，而每个人的欲望或偏好都是特殊的，因此公共的道德规则才被看作是独立于并优先于善。在麦金太尔看来，这是本末倒置，善应该是道德规则的基础，而道德规则应该以共享的善观念为前提。②

最后，善的私人化导致人们之间的冲突。在现代道德哲学中，由于每个人作为个人来追求自己的善，并且善作为偏好的满足是因人而异的，这样至少在某些情况下，一个人对善的追求与其他人的追求有可能是相冲突的。这意味着一个人所追求的善观念与其他人是不相容的。③在麦金太尔看来，这种善观念的不相容性，以及人们在追求特殊善时所发生的冲突，是现代道德哲学无法解决的。麦金太尔认为，这种善的私人化以及人们善观念之间的冲突不仅是一个理论问题，而且还是一个实践问题，是西方发达社会深陷其中的一种沉疴。

如果把人们之间在善观念方面的冲突看作是现代道德哲学的一种病症，那么医治这种疾病的药方是什么？在麦金太尔看来，因为现代道德哲

---

① Cf. Alasdair MacIntyre, *Whose Justice? Which Rationality?* Notre Dame, Indiana: University of Notre Dame Press, 1988, p.21, 76.

② Cf. Alasdair MacIntyre, "The Privatization of Good: An Inaugural Lecture", in *The Liberalism-Communitarianism Debate*, edited by C. F. Delaney, Lanham, Maryland: Rowman & Littlefield Publishers, Inc., 1994, p.3, 8.

③ Cf. Ibid., p.8.

学把善私人化了，所以它没有任何药方可以用来解决其自身的痼疾。

麦金太尔认为，医治现代道德哲学之疾病的药方存在于古希腊之中，存在于亚里士多德主义之中。按照麦金太尔的观点，只有亚里士多德主义能够提供一种统一各种特殊善的目的，提供一种让人们共享的善观念，这种善观念不仅能够挑战现代道德哲学中善观念的私人化，而且能够为一种合理的道德哲学奠定坚实的基础。

也就是说，要克服善的私人化，就必须建立一种共享的善观念。在亚里士多德主义的基础上，麦金太尔提出了与现代道德哲学针锋相对的善观念。麦金太尔的善观念有三层意义：第一，善内在于实践之中，是行为者在各种特定实践中获得的好处；第二，善是人们整体生活的性质，是人们在追求自己的美好生活中获得的；第三，善是人们作为共同体的成员所追求的东西，这些东西对共同体的所有成员都是共同的。善的这三层含义是相互关联的，后者以前者为基础，前者以后者为补充。①

在价值理论方面，麦金太尔的批判靶子对准了西方现代道德哲学，其所指既包括功利主义，也包括康德式的义务论。然而，从上述讨论中可以看出，麦金太尔关于善的私人化批判可以适用于功利主义，但不适用于康德式的义务论，起码并不完全适用于后者，因为康德式的义务论无需以欲望的满足为行为的心理动机。

四、德性的边缘化

如果任何一种道德哲学都有其道德主体理论、价值理论和规范理论，那么在麦金太尔看来，对于现代道德哲学，道德主体理论的错误是自我的个人化，价值理论的错误是善的私人化，而规范理论的错误是德性的边缘化。

在道德哲学中，规范理论的目的是说明我们应该遵守什么样的道德规范以及论证我们为什么要遵守这样的道德规范。对于任何一个社会，其道德规范体系通常由两个部分构成：一个部分是各种德性，它们规定了我们

① Cf. Alasdair MacIntyre, *After Virtue*, second edition, Notre Dame, Indiana: University of Notre Dame Press, 1984, pp.190-220.

在各种场合应该做什么；另外一个部分是各种道德规则，它们规定了我们在各种场合应该不做什么。德性是肯定性的规范，它们鼓励人们去追求某种东西；规则是否定性的规范，它们界定了哪些东西是为道德所禁止的。

对于任何一种道德体系，既需要德性从正面来规定人们应该做什么，也需要规则从反面来规定人们不应该做什么。也就是说，在正常的和良好的社会生活中，道德体系应该包含德性和规则两个部分。虽然德性和规则在规范体系中发挥不同的功能，但它们同时又是相辅相成的。没有规则，社会生活就会缺乏稳定和秩序，人们的利益和权利也会经常受到侵犯；没有德性，社会生活就会缺乏团结、健康和正义，个人生活也会失去其卓越的性质。

麦金太尔认为，在古希腊的城邦中和亚里士多德的伦理学中，德性和规则都发挥了恰如其分的功能；但是在现代社会和现代道德哲学中，道德规则具有了中心地位并且发挥了头等重要的作用，而德性则逐渐被边缘化了。① 按照麦金太尔的观点，虽然德性的边缘化从斯多葛主义就开始了，但其实现还是在现代道德哲学中，特别是在休谟、亚当·斯密、康德、密尔和罗尔斯的道德哲学中。为了证明在当代道德哲学规则就是一切，德性毫无意义，麦金太尔甚至在《德性之后》一书中两次引用罗尔斯在《正义论》中的同一句话。②

麦金太尔认为，德性的边缘化是由两种主要因素造成的：一种因素是理论，从斯多葛学派到罗尔斯，西方的规范伦理学变成了规则伦理学；另外一种因素是社会生活，人们生活于其中的"社会"由共同体变成了国家。两种因素的合力使规则在道德规范中占据了第一的位置，从而削弱了德性的作用。

从道德理论方面看，德性的边缘化有两种表现：一种是规则成为道德的中心，另外一种是德性由复数的变为单数的。

麦金太尔认为，在现代道德哲学中，规则成为道德的中心，而德性的作用逐渐被弱化。这种德性的边缘化可以从三个方面来加以分析。首先，自然

---

① Cf. Alasdair MacIntyre, *After Virtue*, second edition, Notre Dame, Indiana: University of Notre Dame Press, 1984, p.169, 232.

② Cf. Ibid., p.119, 233.

法理论在 17 世纪和 18 世纪占据了统治地位，它是道德哲学和政治哲学的基础。麦金太尔认为，对于近代道德哲学家，自然之于道德犹如上帝之于基督教：自然发出指令，带来和谐，为人们的社会生活提供了规则。① 麦金太尔在这里显然是按照安斯康姆的思路，批判自然法理论是犹太教–基督教神法的残余。其次，康德是现代道德哲学的代表人物，在其道德形而上学中，规则达到了至高无上的地位。麦金太尔认为，在康德的道德作品中，所有道德问题都围绕一个中心问题，即我们如何知道遵守哪些规则。也就是说，对于康德而言，除了对规则的服从之外，道德什么都不是。这样，"无论是对于道德哲学家还是对于他所生活于其中的社会之道德，德性概念都变成边缘性的"②。最后，罗尔斯是当代道德哲学的代表人物，在其正义理论中，德性对于规则具有次要的地位。按照麦金太尔的解释，罗尔斯把德性定义为"按照正当的基本原则去行动的强烈的和通常有效的欲望"③。也就是说，德性不过是按照规则行事的欲望，这样德性被彻底边缘化了。

德性的边缘化还表现为使用"德性"一词出现的变化，即这个词由复数的（virtues）变成单数的（virtue）。麦金太尔认为，虽然这种变化是从休谟开始的，但是后来变得更为明显。④ 这种变化的意义何在？"德性"一词的使用从复数的变为单数的，这种变化导致双重结果。一方面，它使"德性"与"道德"成为同义词。按照麦金太尔的解释，"德性"一词在古希腊的使用中有"道德的德性"的意思，也有"非道德的德性"的意思。但是，德性以单数的方式来使用之后，它的意思就意味着道德。因此，"道德的德性"这种说法在现代道德哲学中属于同义反复，而在亚里士多德那里则不是；另一方面，当"德性"由复数的变为单数的以后，其含义也发生了变化。当"德性"是复数的时候，我们知道它是指各种具体的德性，如古希腊所说的智慧、勇敢、节制和正义等；当"德性"变成单数以后，当我们只关心一种基本德性以后，这个词的意义也发生了变化，这时

① Cf. Alasdair MacIntyre, *After Virtue*, second edition, Notre Dame, Indiana: University of Notre Dame Press, 1984, p.234.

② Ibid., p.236.

③ Ibid., p.119.

④ Cf. Ibid., p.233.

德性是指对规则的服从。①

在麦金太尔看来，使德性边缘化的力量归根结底是社会生活，而现代社会改变了人们的生活。现在人们在"社会"中生活，过去人们在"共同体"中生活。对于麦金太尔而言，所谓"共同体"是指"家庭、教区、学校、诊所、工作场所和本地邻里"② 等。在这样的共同体中，人们享有共同的善观念和德性观念，而这些共享的善观念和德性观念把人们统一在一起。在现代化和工业化过程中，诸如家庭、教区、学校、诊所、工作场所和本地邻里这样的共同体被削弱了，共享的善观念也不复存在了。德性本来存在于共同体的生活之中，其功能是维系这样的共同生活。当这样的共同体被削弱甚至消失之后，德性必然被边缘化。③ 对于麦金太尔而言，在现代社会中，社会生活只是人们追求自己个人私利的场所，人们之间即使相识也形同陌路。在这样的社会中，因为没有共同的善，而为了防止人们在追求私利时相互侵犯，只能用规则来限制其行为，为人们提供保护。

虽然现代社会中规则伦理学取代了德性伦理学，但是在启蒙达到高峰的 18 世纪，也出现了以共和主义为代表的德性伦理学的复兴。麦金太尔认为，18 世纪的共和主义是一项旨在恢复德性共同体的计划，它继承了从古罗马到中世纪意大利共和国的传统。在麦金太尔看来，与以自由主义为代表的现代道德相比，这种共和主义有两点不同：第一，共和主义的核心是公共的善，而自由主义追求私人的善；第二，共和主义把德性放在首位，而自由主义把规则（权利）放在首位。④

我们应该注意，尽管这里所说的共和主义试图复兴德性伦理学，但是

---

① 这里涉及对麦金太尔著作中 virtues 或 virtue 的翻译问题。国内一些学者主张把这个词翻译为"美德"，我认为不妥。一方面，麦金太尔对复数的 virtues 的使用采取其古希腊的用法，它既具有道德（美德）的含义，也有非道德的含义；另一方面，他对单数的 virtue 的使用则意指德性的边缘化，即德性意味着对规则的服从，从而这个词也不是指美德。

② Alasdair MacIntyre, "The Privatization of Good: An Inaugural Lecture", in *The Liberalism-Communitarianism Debate*, edited by C. F. Delaney, Lanham, Maryland: Rowman & Littlefield Publishers, Inc., 1994, p.12.

③ Cf. Alasdair MacIntyre, *After Virtue*, second edition, Notre Dame, Indiana: University of Notre Dame Press, 1984, p.236.

④ Cf. Ibid., pp.236-237.

它与麦金太尔的德性伦理学不同。在某种程度上，这种差别也反映了共和主义与社群主义的差别。与18世纪的共和主义相比，麦金太尔式的社群主义有两点不同（这两点也可以同自由主义相对照）：第一，虽然社群主义和共和主义都把德性放在首位，但是在麦金太尔看来，前者追求的德性是复数的（各种德性），后者追求的德性是单数的（公德）；第二，共和主义的核心观念是公共的善（如安全、秩序和法治等），而社群主义的核心是共同的善（共同体的目的）。另外两者的思想资源也不同，麦金太尔式社群主义渊源于古希腊，而共和主义则渊源于古罗马。

从卢梭到雅各宾俱乐部的共和主义运动没有引起人们的同情，反而产生了人们对其种种行为的厌恶。当代的自由主义者通常把共和主义对公德的信奉视为极权主义和恐怖的起源。在这个问题上，麦金太尔为共和主义进行了辩护：人们所厌恶的那些东西与其说是来自对公德的信奉，不如说是来自对这种信奉从政治上加以制度化的方式。也就是说，麦金太尔相信，对德性的追求本身不会产生那样大的破坏作用。

我们知道，18世纪的共和主义运动以失败告终。这场复兴德性的运动为什么会失败？因为人们的社会生活变化了，从而人们的道德观念也随之发生了变化。麦金太尔认为，这场共和主义运动及其失败所揭示的真正教训是：当你试图重塑的这个道德习语（指德性）对于普通大众和知识精英都是异化的，你不能希望在整个国家的范围内重塑道德。[①] 麦金太尔的这段话透露了两个非常重要的信息：其一是他对当代的道德和道德哲学持有悲观的看法，从理论到实践，目前的现状很难改变；其二是即使恢复古代的道德传统还有一线希望，那么它也仅存在于小共同体（家庭、教区、农场、邻里等）之中，而非国家或整个社会之中。这两点合在一起塑造了麦金太尔的"小社群主义"。

麦金太尔对现代道德哲学的批判具有双重的影响：一方面，他对康德式义务论和功利主义的批判促使人们从更为广阔的观点（如社群主义）来思考道德哲学问题，反思当代规则伦理学的困难；另一方面，这种现代道德哲学批判也促进了德性伦理学的复兴，从而弥补了当代规范伦理学的缺

---

① Cf. Alasdair MacIntyre, *After Virtue*, second edition, Notre Dame, Indiana: University of Notre Dame Press, 1984, p.238.

陷。但是，麦金太尔的现代道德哲学批判也存在很多的问题。为了简便起见，我们在这里只想指出这种现代道德哲学批判所存在的两个主要问题。

一个问题是这种批判所适用的对象。现代道德哲学有两个代表，一个是康德式义务论，另外一个是功利主义。当麦金太尔把他的现代道德批判用于不同的对象时，这种批判的适当性会出现紧张。因为两者的观点是相反的：功利主义是目的论，康德主义是义务论；功利主义的道德在于最大多数人的最大幸福，康德式义务论的道德在于按照道德规则行事；功利主义把善放在首位，康德式义务论把正当（规则）放在首位；功利主义的道德主体以欲望为动机，康德式义务论的道德主体以善良意志为动机。这样，当麦金太尔批评现代道德哲学使善私人化时，这种批判可以适用于功利主义，但不适用于康德式义务论；当他批评现代道德哲学把规则等同于道德时，这种批判可以适用于康德式义务论，但不适用于功利主义。也就是说，同样的批评应用于两者会产生冲突。

另外一个问题是反现代性。我们把麦金太尔对现代道德哲学的批判归纳为自我的个人化、善的私人化和德性的边缘化，与其相对立，他主张我们应该把个人理解为共同体的成员，把善看作共同体的所有成员共同享有的东西，把德性视为道德的核心。麦金太尔认为，这样的道德主体理论、价值理论和规范理论只能存在于古代社会之中，而不能存在于现代社会之中，因为现代性和现代化把这些道德理论以及作为其基础的生活方式都破坏了。现代性意味着一种生活方式，现代的道德和道德哲学与这种生活方式是对应的。在对现代道德哲学的批判中，麦金太尔反对的不仅是现代道德哲学，而且是现代的生活方式，是现代性本身。问题在于，如果麦金太尔反对的是现代性本身，那么他拿什么东西来取代现代性？他可以基于亚里士多德主义来批判现代道德哲学，但是他无法回到古希腊过传统的城邦生活。

第二节　自由主义批判

在其漫长的人生经历中，麦金太尔本人的信念经历了很多变化，他早期曾经是马克思主义者，20 世纪 70 年代又变成了亚里士多德主义者，80 年代以后通过托马斯主义重新拾起了天主教，但是他在思想上的敌人则始终如一，即自由主义。在半个多世纪的学术生涯中，麦金太尔研究的理论问题不断变化，从马克思主义到伦理学史，从基督教到德性伦理学，从道德哲学到政治哲学，然而一直有一个主题贯穿其中，即自由主义批判。

自由主义在西方处于统治地位，麦金太尔则试图颠覆它的霸权。自由主义是麦金太尔不变的敌人，而他曾经信奉过的各种主义就成为批判自由主义的思想资源，其中特别是马克思主义。麦金太尔对自由主义的批判可以分为三个方面，即个人主义、自由主义的制度和自由主义的中立性。

一、个人主义

无论从亚里士多德主义或天主教还是从马克思主义或社群主义的观点看，自由主义在本质上都是一种个人主义。因此，麦金太尔很多时候把这两个词连在一起，称其为"自由主义的个人主义"（liberal individualism）[①]。这种表述方式明确地表达了麦金太尔对自由主义的批判态度：自由主义的根本错误在于它的个人主义。

如果自由主义的根本错误在于它是一种个人主义，那么个人主义在什么意义上是错误的？让我们从三个方面来考察麦金太尔对个人主义的批评，即自主、善观念和实践合理性。在某种意义上，这三个方面代表了个人主义的三层含义。

首先是自主。自主（autonomy）是一个道德形而上学问题。当代自由主义是一种以权利为基础的理论，并主张权利优先于善。那么权利本身以什么为基础？一些自由主义者主张（如拉兹），权利来自于人的自主。在这种意义上，自主是自由主义的道德基础。当代人对自主的理解通常都基于康德的道德哲学。康德主张，道德的最高根据是自由意志，它具有道德立法的能力，而不受任何外在因素的约束。自由意志的本质就是 autonomy：就自由意志具有道德立法能力而言，它意味着人的自

---

① Alasdair MacIntyre, *After Virtue*, second edition, Notre Dame, Indiana: University of Notre Dame Press, 1984, p.195; Alasdair MacIntyre, *Whose Justice? Which Rationality?* Notre Dame, Indiana: University of Notre Dame Press, 1988, p.339.

主；就自由意志也要服从自己确定的道德法则而言，它意味着人的自律。相信人是自主的，就是相信人能够自由地选择各种目标来追求，控制自己的人生，决定自己的命运。

麦金太尔认为，自由主义的个人主义把人理解为自主的，其错误在于这种人的观念是抽象的，割断了人与其共同体的联系。"在个人主义看来，我是什么取决于我的选择。只要我愿意，我总是能够把被看作是我的存在的那些纯粹偶然的社会特征放在一边。"①在麦金太尔看来，个人主义的观点是虚假的，因为真实的情况是：我是某人的儿子，属于某个家族、部落、城邦或国家，这样我就从我的家族、部落、城邦或国家继承了他们的过去，他们的债务、遗产、正当期望和义务。尽管自由主义的个人主义强调这种个人作为个人的重要性，但是他实际上什么也不是，因为这种个人被剥除了各种具体的社会特性，因为他是一个没有历史的人。

究竟人是不是自主的？麦金太尔的观点与自由主义的观点不仅是对立的，而且还存在一种时间的不对称。自由主义主张人是自主的，人有自由选择的能力。麦金太尔主张人不能独立于其社会和历史条件而存在，人的选择为其社会和历史条件所决定。但是，我们应该注意，自由主义话语的时态是将来时的，自主性存在于你目前还没有作出的决定之中；麦金太尔话语的时态是过去时的，历史性存在于你从出生到现在的人生经历之中。自由主义承认每个人都有其历史，但是认为历史决定论是错误的，我过去是什么不能决定我将来是什么。麦金太尔也承认人在面对未来时会有一些选择，但是认为一个人选择什么与其过去的历史密切相关，我的过去与我的未来之间存在连续性甚至因果关系。

自主性也涉及政治哲学和道德哲学的基础问题，而在这个问题上，麦金太尔与自由主义也是对立的。当代自由主义者认为，自由主义的基础就是人的自主或人的自由选择能力，而对自由主义的最好证明是契约论，即所有相关者的一致同意就是关于某种理论的最好辩护。麦金太尔则认为，把理论建立在人的自由选择上面，说明这种理论是偶然的和任意的，这不

---

① Alasdair MacIntyre, *After Virtue*, second edition, Notre Dame, Indiana: University of Notre Dame Press, 1984, p.220.

是证明了这种理论，而是证明了这种理论根本就没有基础。这里也涉及关于理论基础之性质的理解问题。自由主义主张，政治哲学的理论基础只能是道德的。我们知道，权利概念是当代自由主义的基础，但是权利本身的基础是什么？一些自由主义者（如德沃金）主张，权利的基础是自然权利；另外一些自由主义者（如罗尔斯）主张，权利的基础是道德权利；还有一些自由主义者主张（如拉兹），权利的基础是自主。在这里，自然权利、道德权利和自主都是自由主义的道德基础。但是，麦金太尔认为，理论的基础不能是道德的，只能是历史的和社会的，因为这个道德基础本身只有从历史和社会学之中才能够得到正确的解释。从麦金太尔的观点看，一切关于政治哲学和道德哲学的最终解释都必须建立在历史和社会学的基础之上。

其次是善观念。善观念是一个价值问题：对一个人而言最重要的东西是什么？麦金太尔认为，自由主义在价值问题上的个人主义体现在以下三位一体的观点上：个人利益独立于共同体的利益，独立于人们之间的道德联系和社会联系；个人利益是第一位的，社会被放在第二位；社会是由众多个人组成的，但是人们组成社会的目的是为了更好地获得私人利益。①按照麦金太尔的社群主义观点，共同体的利益应该放在第一位，个人利益不仅只能放在后面，而且个人应该参照共同体的利益来确认自己的利益。

为什么自由主义者（以及现代人）把个人利益置于首位？麦金太尔继续挖掘自由主义的社会前提：我们像一群在海上船只遇难的人，漂流到一个无人居住的荒岛上，大家互不相识；为了在这种艰难的情况下共同生活，就必须制定一些规则，以最大限度地保护每个人。也就是说，现代社会不过是一群陌生人的集合。②从社群主义的观点看，这种个人主义观念对社会作为共同体的侵蚀是现代人所面对的最重要问题。

自由主义的善观念不仅是个人的，而且是多元的。自由主义强调善是多元的，每个人都追求自己特殊的善，而不同的人所追求的特殊善也是不同的，甚至是冲突的。因此，自由主义主张正当优先于善，用正义的规则

①　Cf. Alasdair MacIntyre, *After Virtue*, second edition, Notre Dame, Indiana: University of Notre Dame Press, 1984, p.250.

②　Cf. Ibid., pp.250-251.

来约束人们对善的追求。但是在麦金太尔看来，因为自由主义的善是个人的，并且被放在第一位，从而才会导致善观念是多元的和异质的，才会产生人们之间在善观念方面的分歧，并由此导入正义规则来约束个人对善的追求，来保护在个人利益的冲突中处于不利地位的人。① 反过来，如果像社群主义那样把共同体的善放在第一位，那么善就既不是多元的和异质的，更无需引入正义规则来限制对它的追求。从社群主义的观点看，这里存在一个微妙的、带有讽刺含义的关联：因为自由主义实质上把个人利益放在第一位，所以它不得不在形式上（社会层面）把正义放在第一位。

最后是实践合理性。实践合理性是一个人如何进行实践推理的问题：我做某种事情的理由是什么？麦金太尔认为，自由主义者是从个人偏好出发来进行实践推理的，从而在其推理中包含了这样的一般前提，即"我想要某某"。一个人从自我利益出发，其推理以"我想要某某"为前提，这不是问题。问题在于，对于自由主义而言，"我想要某某"不仅构成了推理者的行为动机，而且还构成了其行为理由。② 行为的动机可以是主观的，但是行为的理由则应该是客观的。在麦金太尔看来，"我想要某某"不是一个好的行为理由。

如果自由主义的实践推理从"我想要某某"出发，那么它如何进行？麦金太尔认为，自由主义者的推理可以分为两步：首先，对个人所拥有的各种偏好进行排序和加总，以便进行人际之间的比较；其次，按照这种排序和加总，使各种偏好的满足达到最大化。对于第一步推理来说，如何对偏好进行排序和加总是关键性的，从而阿罗定理及其继承者在这个理论领域处于重要地位。对于第二步推理来说，最大化不仅是功利主义的核心特征，而且也成为当代道德哲学和政治哲学的普遍特征。③

在麦金太尔看来，自由主义的实践推理是错误的，不仅在于其推理者

---

① Cf. Alasdair MacIntyre, *Whose Justice? Which Rationality?* Notre Dame, Indiana: University of Notre Dame Press, 1988, pp.336-337.

② Cf. Alasdair MacIntyre, "Practical Rationality as Social Structures", in *The MacIntyre Reader*, edited by Kelvin Knight, Notre Dame, Indiana: University of Notre Dame Press, 1998, p.130.

③ Cf. Ibid., p.131.

从个人偏好出发来进行推理，把行为的动机当成了行为的理由，而且在于他作为个人来进行推理。麦金太尔把自由主义的推理同其他推理进行了比较：在亚里士多德主义的实践推理中，个人是作为公民来进行推理的；在托马斯主义的实践推理中，个人是作为探究者来探究个人的善和共同体的善；在休谟的实践推理中，个人是作为有产者或无产者来进行推理的；但是在当代自由主义的实践推理中，个人是作为个人来进行推理的。①

二、自由主义的制度

自由主义不仅是一种理论，而且还是一种实践，一种持续了几个世纪的实践。如果自由主义是错误的，那么在社群主义者看来，它不仅是一种思想错误，而且还是一种制度错误。与其他社群主义者相比，麦金太尔更为关注实践问题，其中包括对自由主义制度的批判。我们可以从政治、经济和社会生活三个方面来考察麦金太尔对自由主义制度的批判。

目前，西方各国实行的政治制度之标准名称为"自由主义的民主制"（liberal democracies）。这种制度是民主的，以区别于君主制和贵族制；这种民主制度是自由主义的，以区别于其他形式的民主。自由主义者在政治上是自由、民主和人权的捍卫者，宣扬这种制度能够保护所有人的权利；自由主义者在经济上是资本主义和市场制度的捍卫者，宣称这种制度能够使所有人都分享资本主义繁荣的好处。但是在麦金太尔看来，目前西方发达国家实行的并非是一种民主制，而是"伪装成自由主义民主制的寡头制"②，并公开反对这种制度。为此，麦金太尔出示了反对自由主义民主制的三个理由。③

首先，麦金太尔指出，马克思主义理论家曾预言过，如果工会在资本主义和议会民主所局限的范围内把改善工作当作工会运动的唯一目标，那

---

① Cf. Alasdair MacIntyre, *Whose Justice? Which Rationality?* Notre Dame, Indiana: University of Notre Dame Press, 1988, p.339.

② Alasdair MacIntyre, "Politics, Philosophy and the Common Good", in *The MacIntyre Reader*, edited by Kelvin Knight, Notre Dame, Indiana: University of Notre Dame Press, 1998, p.237.

③ Cf. Alasdair MacIntyre, "Three Perspectives on Marxism", in *Ethics and Politics*, Cambridge, UK: Cambridge University Press, 2006, pp.153-154.

么其结果不仅会驯化工会的力量，而且也会最终破坏它的力量，从而使工人沦为资本形成的纯粹工具。从 20 世纪 50 年代以来，在不同时期所发表的文章中，麦金太尔一直认为马克思主义的这种预言是有根据的，而且主张这种预言已经成为事实。

其次，麦金太尔认为，自由主义是一种精英政治，通过对政党机器和大众传媒的控制，这些精英在很大程度上预先决定了向普通选民开放的政治选择范围。精英政治表现在当代社会的方方面面：不仅大部分人被排除于政治参与之外，而且大部分重要问题也被排除于选择范围之外；政治成为一个专业化的领域，其中最重要的专业人员是舆论的专业操纵者；进入自由主义政治领域并获得成功需要只有资本主义才能提供的金钱，金钱反过来也能够使特权者对政治决定产生影响。

最后，麦金太尔认为，自由主义的个人主义是一种腐蚀剂，它对参与性的共同体具有破坏作用。无论是在理论上还是实践上，自由主义都把社会看作是这样一个领域：一方面，每个人都追求实现其个人的善；另一方面，每个人也都需要得到保护，以免于个人权利受到他人侵犯。自由主义的政治需要一种道德论证，但是自由主义的道德论证是个人主义的，无法建立在共同善的观念上面，因为自由主义即使有共同善的观念，它充其量也不过是个人偏好的总和。在麦金太尔看来，正义观念（如马克思所说的"各尽所能，各取所需"）应该建立在共同善的基础之上，而自由主义与这样的正义观念是不相容的。

目前，西方各国实行的经济制度通常被称为"资本主义市场"（capitalist markets），以区别于其他类型的市场制度，如前现代社会的市场。从麦金太尔的观点看，自由主义的政治制度和资本主义的经济制度是相互支持的：资本主义的经济生产出大量的商品和服务，为被统治者提供了福利保障，从而证明了政治权威的正当性；自由主义的政治制度为私人财产和资本提供了法律保护，从而使资本主义的生产具有合法性。①

麦金太尔认为，资本主义制度中存在一种根本的不正义，这种不正义

---

① Cf. Alasdair MacIntyre, *Whose Justice? Which Rationality?* Notre Dame, Indiana: University of Notre Dame Press, 1988, p.211.

源自资本的原始占有方面的极端不平等，而资本的原始占有在很大程度上是占有者实行武力和欺诈的结果。在麦金太尔看来，这种资本导致的不平等比前现代社会中穷人与富人之间的不平等还要严重。在前现代社会，穷人与富人之间存在一种相互性的关系：虽然穷人为富人提供产品和服务，但是他们也被承认有资格对所劳动的土地和公地的产品享有某种由习惯法赋予的权利。但是在资本主义社会，资本与劳动的关系是单向的，资本的利用越是有效，劳动就越是变成资本的纯粹工具。①

　　麦金太尔对资本主义市场的批评可以归纳为以下三点。② 第一，资本促使资本家和管理者从事对雇员的剥削，即从雇员的劳动中榨取剩余价值。麦金太尔承认，资本主义的剥削有时是很温和的，给人一副仁慈的样子，而且也为大多数人提供了一种不断提高的生活标准，但是他认为，所有这些都不能改变剥削的不正义。第二，资本主义市场通常被看作是自由的，并且以人们之间的契约关系为前提。麦金太尔认为，资本主义市场既不是自由的，由强迫形成的契约也不是真正的契约。在麦金太尔看来，真正的自由市场只存在于前现代社会中，因为那时生产的基本单位是家庭，家庭不是为了市场而生产，而是为了当地的需要而生产，市场对于生产是附属性的。现代的资本主义市场迫使人们走出家庭成为雇佣劳动者，并且为全球市场而生产。第三，资本主义制度具有一种贪婪的性格，它试图把所有人都塑造成消费者，它所倡导的成功人生就是获得更多的消费品。麦金太尔认为，在现代的资本主义社会，贪婪被当作一种基本的德性；而在前现代社会，贪婪则是一种罪恶。

　　社会生活作为一个领域与政治和经济相对应。如果说自由主义政治的特征是精英专政，资本主义经济的特征是日益变得贪婪，那么在现代西方发达社会中则出现了"社会生活的区隔化"（compartmentalization of social life）。所谓"区隔化"是指，每一个领域都有一套自己确立的规范和价值，一套相应的决策程序，其任务是专门化的，其职位是专业

---

① Cf. Alasdair MacIntyre, "Three Perspectives on Marxism", in *Ethics and Politics*, Cambridge, UK: Cambridge University Press, 2006, p.147.

② Cf. Ibid., pp.148-149.

化的。① 例如，家庭生活的活动和经验是按照一套规范和价值来理解的，私人公司的活动和经验是按照另外一套来理解的，而政治和政府机构的领域则是按照其他规范和价值来理解的。用麦金太尔的话说："一个区隔化的社会产生了一种碎片化的伦理学。"②

社会生活区隔化的一个问题是隔绝。人们实践的各个领域本应是相通的、相互影响的。但是在现代社会，每个实践领域都被孤立起来，隔绝于其他的领域。麦金太尔以学术领域中的哲学和政治学为例来说明这种区隔化。本来哲学与政治学是密切相关的和互相影响的，但是当代社会使哲学成为非政治的，又使政治学成为非哲学的。每一门学术都变成了一个专门化的和职业化的领域，具有自己特殊的习语和风格、自己的评价方式和自己的方法。例如，当代哲学分成不同的派别，这些派别是相互排斥的，每个哲学家都通过自己的专业杂志来发表作品。③

社会生活区隔化的另外一个问题是没有外部的（客观的）标准。因为每一个领域都有自己的规范和价值，孤立于其他领域，所以当这些不同的领域之间发生分歧或冲突的时候，就不存在一个外部的和客观的标准来解决分歧。麦金太尔以一个儿童死于车祸为例：对于其家人来说，这个儿童的死亡所造成的损失是任何东西都无法赔偿的；对于汽车公司的管理者来说，这个儿童的死亡对其年度死亡率产生了影响，但是它对于汽车工业和社会是可以接受的；对于督促家人起诉肇事司机的律师来说，基于近来陪审团的判决结果，这起死亡的确切金钱价值是可以计算的。④ 针对现代社会中关于死亡所存在的区隔化的各种观点，麦金太尔提出，在前现代社会中，人们对死亡则拥有一种共享的观点，而公共的死亡仪式表达了共享的

---

① Cf. Alasdair MacIntyre, "Some Enlightenment Projects Reconsidered", in *Ethics and Politics*, Cambridge, UK: Cambridge University Press, 2006, pp.182-183.

② Alasdair MacIntyre, "Politics, Philosophy and the Common Good ", in *The MacIntyre Reader*, edited by Kelvin Knight, Notre Dame, Indiana: University of Notre Dame Press, 1998, p.236.

③ Cf. Ibid., p.236.

④ Cf. Alasdair MacIntyre, "Social Structures and their Threats to Moral Agency", in *Ethics and Politics*, Cambridge, UK: Cambridge University Press, 2006, pp.198-199.

信念。①

社会生活的区隔化还有一个问题，即自我的分裂。思想和行为的分歧和冲突不仅存在于不同实践领域的不同人们之中，而且存在于一个人自身之中。在现代社会，一个人要扮演很多角色，例如，在家庭生活中扮演一种角色，在工作单位扮演另一种角色，在体育俱乐部扮演第三种角色，在后备役部队扮演第四种角色。个人在不同的实践领域中穿梭，变换不同的角色，使用不同的实践推理，并最终消失于所扮演的各种角色之中。② 自我被个人被所参与的各种实践领域区隔了，从而也被所扮演的各种角色分裂了。

三、自由主义的中立性

如果说自由主义有什么特征能够区别于其他的各种政治哲学，那么这就是自由主义的中立性（neutrality）。所谓中立性是指，对于人们所拥有的各种各样的善观念，政府必须是中立的。自由主义主张，虽然个人所追求的美好生活理想本身是有价值的，但是促进和实现这些美好生活的理想却不是政府的分内之事。自由主义的中立性也是一种限制理论，它对政府的行为进行了限制：政府的行为不应该以善观念为基础。也就是说，政府应该在各种善观念之间保持一种中立的立场，既不促进也不阻碍人们追求自己的美好生活。当代的自由主义者（如罗尔斯和诺奇克）非常重视这个问题，一再重申自由主义对善观念是中立的。

关于中立性问题，我们可以把麦金太尔对自由主义的批判分为两个层面，一个层面是对自由主义理论的批判，另外一个层面是对自由主义国家的批判。在麦金太尔看来，无论是对于自由主义理论还是对于自由主义国家而言，中立性都是一种伪装。

首先，中立性是不可能的。麦金太尔认为，任何一种理论都以某些历史条件和社会条件为前提，这些条件为该理论提供了背景，也对该理论进

---

① Cf. Alasdair MacIntyre, "Some Enlightenment Projects Reconsidered", in *Ethics and Politics*, Cambridge, UK: Cambridge University Press, 2006, p.183.

② Cf. Alasdair MacIntyre, "Social Structures and their Threats to Moral Agency", in *Ethics and Politics*, Cambridge, UK: Cambridge University Press, 2006, p.197.

行了限制，决定了它必然持有一种党派性的立场。任何理论都无法摆脱这些历史和社会条件的限制。在麦金太尔看来，如果一种理论摆脱不了其历史和社会条件，那么它就不可能是中立的，其中包括自由主义。因为任何一种理论都必然以某种历史和社会条件为出发点，所以，"自由主义理论的出发点在人类的各种善观念之间决不是中立的，它们永远是自由主义的出发点"①。

其次，自由主义也不是中立的。在麦金太尔看来，自由主义的中立性不过是一种假象，一种伪装。自由主义的中立性是一种假象，以掩饰其党派性。例如，罗尔斯的正义理论不仅主张中立性而且看起来似乎也是中立的，但是麦金太尔认为，这种中立性仅仅是一种表象，因为罗尔斯的理论实质上是党派性的，即自由主义的个人主义。②自由主义的中立性也是一种伪装，以掩饰其霸权地位。说自由主义的中立性是一种伪装，是因为在当代政治哲学的争论中，自由主义是参与争议的一方，它与其他派别进行论战。而自由主义之所以把自己伪装成是中立的，则是因为它在很大程度上控制了当代的学术争论和公共辩论：只有在自由主义设定的程序框架内，其他派别才会被允许参与辩论。③也就是说，在当代的政治哲学争论中，自由主义既是运动员，又是裁判员。

自由主义不仅是一种理论，而且还是一种制度。自由主义所说的中立性是对国家而言的，即国家或政府应该在各种善观念之间保持一种中立的立场。在自由主义理论中，这种国家的中立性产生出两个问题，即反至善主义和宽容。

按照自由主义的观点，国家应该是反至善主义的：国家不应该拥有、认同或者强加某种特殊的善观念，而且国家的行为不应该建立在任何善观念的基础之上。对此，麦金太尔提出了这样的批评：首先，自由主义的国

---

① Alasdair MacIntyre, *Whose Justice? Which Rationality?* Notre Dame, Indiana: University of Notre Dame Press, 1988, p.345.

② Cf. Ibid., p.4.

③ Cf. Alasdair MacIntyre, "The Privatization of Good: An Inaugural Lecture", in *The Liberalism-Communitarianism Debate*, edited by C. F. Delaney, Lanham, Maryland: Rowman & Littlefield Publishers, Inc., 1994, p.11.

家事实上赞成并且拥有某种善观念，如自由和财产权的观念，这些自由和财产权的观念不仅是特殊的，而且是高度争议性的；其次，自由主义的国家不是中立的，因为它支持这样的人们或群体，即他们的善观念与国家的自由和财产权观念是一致的，它不支持这样的人们或群体，即他们的善观念与国家是对立的；最后，在当代关于善观念的争议中，自由主义的国家不仅不是中立的仲裁者，而且在某种程度上还是参与冲突的一方，并且按照其特殊的和高度争议性的善观念（自由和财产权）行事。① 与自由主义相反，麦金太尔不仅把善观念放在优先的位置，而且主张国家应该基于共同的善观念行事。在这种意义上，麦金太尔是至善主义的。

　　宽容的观念在自由主义中一直占有一种重要的地位：国家不应干涉人们的信仰，不应该支持或反对某种特殊的宗教、道德和哲学学说；在各种对立的信仰之间，国家不仅持有一种中立的态度，而且还要保护人们的信仰，增进人民的自由和自主。在这个问题上，一方面，麦金太尔批评自由主义主义的国家不是中立的，因为自由主义的基本价值观念（自由和财产权）对人们的信仰会产生影响，即它会有利于某些信仰，而不利于另外一些信仰；另一方面，他认为，因为自由主义国家在价值上不是中立的，所以我们不应相信它会真正促进自由、自主和信仰自由。②

　　在当代社会，自由、自主和政府的中立性这些观念在某种程度上已经深入人心，不可动摇。因此，尽管麦金太尔认为自由主义理论和自由主义国家都不是中立的，即中立性不是真的，而是虚构出来的，但是他也不得不承认，中立性是一种重要的虚构；虽然麦金太尔批评自由主义对自由和自主的推进是伪装的，但是他也不得不同自由主义者一样，赞成某种范围的公民自由。③

　　中立性归根结底是价值中立，它意味着承认价值多元论，主张对各种善观念和信仰保持一种宽容的态度。如果是这样，那么麦金太尔为什么还要把它当作自由主义的本质特征加以批判呢？

---

①　Cf. Alasdair MacIntyre, "Toleration and the Goods of Conflict", in *Ethics and Politics*, Cambridge, UK: Cambridge University Press, 2006, pp.209-210.

②　Cf. Ibid., pp.213-214.

③　Cf. Ibid., p.214.

首先，中立性意味着"正当优先于善"。自由主义主张国家对各种善观念和信仰持一种中立的立场，既不支持也不反对某种特殊的善观念和信仰。但是，当不同的善观念和信仰之间发生冲突的时候，国家怎么办？这时，国家就会要求人们遵守公共规则和尊重他人的权利，在规则和权利的约束下去追求自己的善和信仰。在这种意义上，中立性意味着"正当"（规则和权利），而自由主义主张正当优先于善。然而，"正当优先于善"中有两点是麦金太尔无法接受的：第一，相对于规则和权利，善是次要的，处于从属的地位；第二，按照道德要求行事或者履行道德义务，就是按照规则行事。因为中立性暗含了正当的优先性，所以麦金太尔把它当作自由主义的要害加以批评。

其次，中立性意味着"反至善主义"。自由主义的中立性要求国家不应把自己的行为建立在善观念的基础之上，主张善不能成为国家行为的理由。这种观点也被称为"反至善主义"（anti-perfectionism），而大部分当代自由主义者都是反至善主义的。与自由主义相反，麦金太尔的观点是至善主义的。麦金太尔的至善主义由以下观点组成：第一，中立性是不可能的，任何理论都包含了价值成分，都依赖于某些社会和历史条件；第二，不仅自由主义的国家不是中立的，而且任何国家都不是中立的，国家行为对不同的人们会产生不同的影响；第三，在公共事务中排除价值和善观念是错误的，如果它们是共同的价值和善，就应该努力把它们实现出来。因为中立性暗含了反至善主义，所以麦金太尔必然对自由主义的中立性进行批判。

上面我们从个人主义、自由主义的制度和自由主义的中立性三个方面分析了麦金太尔对自由主义的批判。从社群主义的观点看，这几个方面也是自由主义理论和自由主义制度的主要问题。我们知道，批评别人的观点比论证自己的观点更为容易，尽管如此，在麦金太尔的自由主义批判中也存在一些问题。首先，在中立性问题上，麦金太尔的基本论证是，自由主义的国家根本不是中立的。这里的问题在于，即使自由主义的国家确实不是中立的，但是这并不意味着自由主义的中立性理论是错误的。中立性是一种规范性主张。现实中的国家没有满足这种规范性的要求，这不能证明规范本身是错误的。其次，麦金太尔主张至善主义，反对自由主义的反至善主义。至善主义主张，如果某种善观念是正确的，那么国家就有理由努力把它们实现出来。问题在于：如果国家推行的善观念是特殊的，那么国家支持这种善观念，反对其他的善观念，其正当的理由是什么；如果国家推行的善观念是共同的，那么麦金太尔应该指出这样的善观念是什么。最后，麦金太尔批评自由主义的制度，认为其政治制度出现了精英化，经济制度越来越贪婪化，社会生活则表现为区隔化。如果自由主义的制度是错误的，那么麦金太尔拿什么东西来替代它？在这个问题上，像其他社群主义者一样，麦金太尔也拿不出什么建设性的主张。

第三节 德性

麦金太尔的思想可以分成两个方面，一个方面是否定的——对现代道德哲学和政治哲学的批判，另外一个方面是肯定的——对社群主义理论的阐发。与其他社群主义者不同，麦金太尔的社群主义理论具有明显的古典特征：在元伦理学方面，他主张价值与事实是联系在一起的，反对事实与价值的分离；在规范伦理学方面，他主张德性在道德规范中的首要地位，反对现代的规则伦理学；在道德哲学方面，他主张善的优先性，反对正当优先于善；在正义理论方面，他主张应得是分配正义的原则，反对自由主义和功利主义的各种分配原则；在政治哲学方面，他主张个人归属于共同体，反对各种形式的个人主义。

麦金太尔的社群主义思想主要表达于"德性三部曲"、晚出的《依赖的理性动物》以及20世纪80年代以后发表的文章之中。基于这些文献，我们可以把麦金太尔的社群主义思想归纳为五个主题：德性、传统、共同体、历史主义和小社群主义。

在规范伦理学领域，麦金太尔的基本意图是颠覆规则伦理学（康德式义务论和功利主义）的统治地位，恢复古代社会中处于支配地位的德性伦理学。德性伦理学的核心是德性（virtues）概念。麦金太尔对德性概念的解释具有两个特征：首先，他采用了社会学和历史学的方法；其次，这种解释的性质是目的论的。社会学和历史学方法要求在解释中提供概念的背景，而目的论则要求对概念的解释最终应该服务于人的目的。按照社会学和历史学方法，麦金太尔对德性概念提供了实践的背景解释，对实践提供了个人生活整体的背景解释，个人生活的背景解释则存在于共同体（传统）之中，而共同体最终依赖于人类的繁荣兴旺；按照目的论，德性概念服务于个人行为的善、个人生活整体的善以及共同体的善。通过这种社会学和历史学解释以及目的论的共同作用，麦金太尔把德性、实践和善（目的）紧密连在一起。

麦金太尔对德性的本性提供了一种由三个阶段构成的解释。我们对德性的讨论分为三个部分：首先，我们概括麦金太尔对德性之本性的三阶段解释；其次，我们讨论德性与实践的关系；最后，我们探讨德性与善（目的）的关系。

一、德性的本性

在麦金太尔的所有著述中，影响最大的是《德性之后》。在《德性之后》中，麦金太尔的基本思想可以概括为七个主张：第一，在当代社会，关于核心的道德问题（如堕胎和安乐死、分配正义和财产权、战争与和平等），人们之间的分歧是无法解决的；第二，导致这种状况的原因是启蒙计划的失败；第三，启蒙失败的另外一个后果是，当代的道德概念（如人权和功利）服务于社会的操纵目的，而没有合理的确定性和证明；第四，最先认识到启蒙计划之失败和当代道德之面具的哲学家是尼采；第五，德性概念需要一种三阶段的解释，即实践、人生整体和共同体；第六，我们生活在这样一个时代，即德性在一般道德文化中不再处于中心地位；第七，启蒙计划（现代）失败了，我们面临着是选择亚里士多德（前现代）或者尼采（后现代）的问题，结论是选择前者。①

在上述七个主张中，最重要的是第五个主张，即对德性本性的解释。麦金太尔对德性的解释是非常复杂的，涉及很多不同的因素，因此需要分

---

① Cf. Alasdair MacIntyre, "*The Claims of After Virtue*", in *The MacIntyre Reader*, edited by Kelvin Knight, Notre Dame, Indiana: University of Notre Dame Press, 1998, pp.69-72.

为三个阶段，而每个阶段又需要参照不同的背景。概括地说，"第一阶段需要一种我称之为实践的背景解释，第二阶段需要一种我描述为个人生活的叙事秩序的背景解释，第三阶段需要一种关于什么东西构成了道德传统的更为充分的背景解释"①。

德性概念首先与实践相关，或者说内在于实践之中。麦金太尔把实践理解为人们履行其社会角色的活动，而并非人的所有活动都是实践。麦金太尔也举了一些例子来说明什么是实践。例如，踢一下足球不是实践，足球赛则是实践；搭积木不是实践，盖房子则是实践；画萝卜不是实践，种萝卜则是实践。这意味着实践是一种与社会角色相应的活动，所以农民画萝卜不是实践，而一位画家画萝卜则应是实践。

实践能够给人们带来各种善。比如，一个卓越的棋手通过下棋实践能够获得财富、声名、权力和快乐等。麦金太尔将善分为内在的和外在的，这种区分对他的德性概念至关重要。所谓"外在的善"有两个特征：第一，它们总是某些个人的财富或占有物，一些人得到的越多就意味着其他人得到的越少，如金钱、权力和声名等；第二，它们对于实践活动的关系是外在的和偶然的，可以通过其他方式得到它们。例如，一名棋手可以通过下棋发财，也可以通过其他方式发财。所谓"内在的善"也有两个特征：第一，它们内在于某些特定的实践之中，对于一名棋手，下棋的内在善是在其他的活动中得不到的；第二，它们的实现有益于参加实践的整个群体，而不仅仅是对个人有好处。②

在实践和内在的善的基础上，麦金太尔给德性下了一个初步的第一阶段定义："德性是一种习得的人类品质，其拥有和践行倾向于使我们能获得内在于实践的善（goods），其缺乏则严重地阻碍我们获得任何这样的善。"③

由于麦金太尔用内在于实践的善来解释德性，而不是将其看作是处理人与人之间关系的准则，所以，一方面这种德性观念是任意的和偶然的，

---

①　Alasdair MacIntyre, *After Virtue*, Notre Dame, Indiana: University of Notre Dame Press, Second Edition, 1984, pp.186-187.

②　Cf. Ibid., pp.188-189.

③　Ibid., p.191.

另一方面各种德性之间也可能是相互冲突的。例如，一个人的朋友犯了罪，"忠诚"这种德性将此人指向一个方向，而"正义"这种德性则又指向另外一个方向。因此，麦金太尔认识道："除非通过建构一种整体人生的善，一种人生作为统一整体的善，从而拥有一种超越实践之有限善的目的，否则或者某些具有破坏作用的任意性就会侵入到道德生活中，或者我们不能正确地解释各种德性之间的关联。"① 这就将我们引入了探索德性的第二阶段。

在关于德性的第二阶段定义的探讨中，麦金太尔借助人的"叙事性"、"可理解性"和"人格统一"三个概念来推演出他的德性理论。叙事性是指人生就是一个故事，人的每一个行为都在叙述着这个故事的一部分。所以，每一个具体的行为，只有在这种叙事的历史中，即在个人历史的关联和个人出现于其中的处境历史的关联中，并且作为这种叙事历史的一个片段，才是可理解的。人的叙事性和可理解性以人格的统一为前提。这种人格的统一也被麦金太尔称为"叙事的自我"。如果说"叙事的自我"体现了人生故事的主角，那么"人格的统一"体现了故事角色的统一性，而作为目的的个人整体生活则体现了故事的整体性。"人格的统一"表现为个人生活计划的统一性，而个人生活计划的统一性表现为人生追求的统一性。

基于个人的整体生活，麦金太尔提出了第二阶段的德性定义："人的美好生活是在追求人的美好生活中度过的生活，对这种追求所必需的德性是这样的德性，即它们能够使我们理解人的更加美好的生活是什么。"②

在德性的第一阶段的定义中，麦金太尔把德性同实践联系起来，强调了德性与社会生活的关联、德性所拥有的功利内容和德性的多样性。在德性的第二阶段的定义中，麦金太尔将德性同个人的整体生活联系起来，强调了德性与终极目的的关联、人生追求的叙事历史性以及德性的统一性。但是，第一阶段和第二阶段的德性观念是暂时的和有缺点的，因为人作为个人来践行德性和追求美好生活，必然无法避免这些德性和美好生活是特

---

① Alasdair MacIntyre, *After Virtue*, Notre Dame, Indiana: University of Notre Dame Press, Second Edition, 1984, p.203.

② Ibid., p.219.

殊的、偶然的和任意的。人具有德性，就能获得内在于实践的善。但是，对我而言是善的东西并不一定对其他人也是善。人具有德性，更重要的是它们能够使人追求美好的生活。然而，不同时代的不同人所追求的美好生活是不同的。将德性与人的整体美好生活联系起来是正确的，但仅仅如此，仍然解决不了道德相对主义的问题。因为人们所追求的美好生活仍然是不同的，衡量什么是美好生活也仍然依照个人的标准。

在麦金太尔看来，个人以及德性的普遍性和客观性存在于历史性之中。"我"不是一张白纸，任人随意涂写。"我"具有历史性，从我的家庭、城市、种族、民族的过去继承了各种债务、遗产、义务和合理期望。"因此，就其主要部分而言，我是我所继承的东西，我是一种某种程度上展示在我的现在之中的特定过去；我发现自己是历史的一部分，一般来说，无论我是否喜欢，无论我是否承认这一点，我都是一种传统的承担者。"①

传统存在于历史之中，但历史表明：传统有时延续，有时消失。那么使传统得以维持的东西是什么？这就达到了德性的第三阶段定义：德性的意义和作用在于维持传统，为实践和个人生活提供所必需的历史关联。②践行德性，就是在维持相关的传统；缺乏德性的践行，就破坏了传统。也就是说，如果我们在今天的实践和生活中没有体现出"正义"、"真诚"、"勇敢"、"理智"这些德性，那么就意味着我们在败坏传统。

通过对实践、个人的生活整体和传统的探讨，可以看出麦金太尔的德性观念具有三层意义或者三个维度：第一，德性维持人们在实践中发生的关系，使人们获得内在于实践的善；第二，德性维持个人生活的形式，在这种个人生活形式中，每个人追求作为其个人生活整体的善；第三，德性维持传统，而传统为实践和个人生活提供了所必须的历史关联。

二、德性与实践

按照麦金太尔在第一阶段给德性所下的定义，德性是人的一种品质，其拥有和践行能够使他获得内在于实践的善。在这个定义中，实践提供了

---

① Alasdair MacIntyre, *After Virtue*, Notre Dame, Indiana: University of Notre Dame Press, Second Edition, 1984, p.221.

② Cf. Ibid., p.223.

德性的背景解释，而德性通过能够使我们获得内在于实践的善而维持了实践。在麦金太尔看来，要理解德性，必须首先理解实践：一方面，除非我们知道实践的范围（德性在其中展示），否则我们就不会知道在具体的场合拥有一种德性意味着什么；另一方面，除非我们了解德性在维持某种实践中的作用，否则我们不会理解为什么某种品质(如正义)被视为德性。①

如果理解实践对于理解德性是必需的，那么什么是实践？麦金太尔对他使用的实践概念给出了这样的解释："所谓实践，我意指任何一种复杂而一致的、旨在建立社会合作的人类活动形式，通过它，并在试图达到那些卓越标准的过程中（那些卓越标准对于该活动形式既是适当的又是部分确定的），内在于这种人类活动形式中的各种善被实现出来，其结果是，人类实现卓越的力量以及相关的人类目的和善观念都被系统地扩展了。"②按照这种解释，虽然并非人类的所有活动都是实践，而只有那些系统的、包含有内在目标的共同活动才能被看作是实践，但是人类的实践范围也是非常宽广的。麦金太尔举了一些实践的例子，如艺术、科学、体育比赛、亚里士多德意义上的政治以及家庭生活的维持等。③

麦金太尔的实践概念负载了很多思想，其中包括马克思主义、亚里士多德主义和社群主义。具体地分析，这种实践概念由五个因素构成，它们是社会角色、卓越、内在的善、规则以及制度。下面让我们依次加以分析。

麦金太尔在为实践举例时说，画家画画是实践，农民种萝卜是实践。反过来，农民画萝卜不是实践，而画家种萝卜也不是实践。但是，按照麦金太尔的定义，如果种地能够给农民带来内在的善，它也能同样给画家带来内在的善。那么为什么画家种地、农民画画不是实践？因为实践是一种履行社会角色的活动。画家画画是履行其社会角色，但是他种地不是；农民种地是履行其社会角色，但是他画画不是。麦金太尔接受了荷马时代的

① Cf. David Miller, "Virtues, Practices and Justice", in *After MacIntyre*, edited by John Horton and Susan Mendus, Cambridge, UK: Polity Press, 1994, p.249.

② Alasdair MacIntyre, *After Virtue*, Notre Dame, Indiana: University of Notre Dame Press, Second Edition, 1984, p.187.

③ Cf. Ibid., p.188.

德性观念，用社会角色来给实践定位。这里涉及一个重要问题：如何理解实践者？麦金太尔认为，人是作为共同体的一个成员来参与实践的，他在社会上具有某种确定的位置，履行某种特定的社会功能，他所做的事情是由其社会角色决定的。但是，这种对实践者的理解把人的社会角色固定化了，一个人做什么完全是由社会决定的。特别是当这种社会像古希腊一样属于等级制社会的时候，人所承担的社会角色也是等级制的。

当人们在履行其社会角色的时候，有的人好一些，有的人差一些。如果某个人在履行其社会角色时极其优异，非常出色地发挥了他的作用，那么他就会被称为"卓越"。麦金太尔认为，在古希腊，"德性"一词的基本意思就是"卓越"。例如，在荷马的英雄社会中，最基本的社会角色就是"武士"，而"武士"的社会功能就是去战斗。因此，一个武士在履行其社会角色中表现卓越，那么人们就会说他拥有"勇敢"的德性，而"勇敢"也成为英雄社会的基本德性。就武士的行为而言，我们说他"卓越"；就武士的品质而言，我们说他拥有德性。因为德性意味着"卓越"，所以在古典的意义上，一些"卓越"（如正义和节制）是道德的，而另外一些（如明智和勇敢）则是非道德的，从而德性在本质上可以分成道德的德性和非道德的德性。

虽然实践由各种因素构成，但其最重要的因素是目的。目的把实践的各种因素统一起来，它们都是为目的服务的。实践的目的就是为了获得内在的善——内在于某种实践中的善。实践的目的是获得善，这表达了社群主义的基本观点，即善具有一种优先的地位，而自由主义通常把正当或权利置于优先的地位。把善限定为"内在的"，其意义可以从两个方面来看：一方面，这表明善与实践相关，我们只能在具体的、特定的实践中才能获得某种善；另一方面，这表明善也与德性相关，德性有助于我们获得内在于实践中的善。在麦金太尔的理解中，实践、善和德性是三位一体的，即善内在于实践之中，而德性使我们获得善。

实践不仅是目标—导向的，而且是规则—控制的。一种实践要获得其内在的善，要表现得卓越，就要按照其相关规则行事，就要接受相关行为的卓越标准。假如我们正在学习棒球并准备参加棒球比赛，一方面，我们要承认那些教我们的人比我们玩得更好，更卓越；另一方面，我们要遵守棒球赛的规则，接受规则的裁决。显然，在不同的领域，规范行为的规则是不同的。我们可以把规范行为的规则分为两大类，即道德的和非道德的。麦金太尔认为，人类行为的基本规则源于自然法的箴言。①

实践不仅需要公共的规则来规范，而且还需要公共的制度来支持。按照麦金太尔的观点，国际象棋、物理学和医学是实践，国际象棋俱乐部、实验室、大学和医院是制度。实践存在于制度之中。社会制度是实践的承载者，没有制度，就没有实践。但是，制度在本性上与外在的善相关：制度总是在争夺金钱和权力，同时制度也在分配金钱和权力。就此而言，制度是一种腐败的力量。因为制度在本性上是腐败的，所以德性的作用之一就是抵抗制度的腐败。一方面，没有社会制度的支撑，任何实践都不可能长期存在下去；另一方面，没有德性的规范，任何实践都无法抵抗制度的腐败力量。②

从社会角色、卓越、内在的善、规则以及制度来分析实践，其目的不仅是界说实践的本质，而且也是给实践划定界限，以区分什么是实践、什么不是实践。但是这种区分并不是一件易事。按照麦金太尔的说法，生产性的活动是实践，如农业和渔业，但是现代的工业化生产和服务性工作不是实践③；各种发明创造是实践，如科学、技术、音乐和体育，但技术性的技巧不是实践④；政治是一种实践，如古代和中世纪的政治，然而现代政治不是实践⑤。为什么古代的政治是实践而现代的政治不是实践？为什么传统的生产（农业和渔业）是实践而现代的生产（工业和服务业）不是实践？按照麦金太尔的解释，区别在于前现代的活动有内在的目的，而现

---

① Cf. Alasdair MacIntyre, "Plain Persons and Moral Philosophy", in *The MacIntyre Reader*, edited by Kelvin Knight, Notre Dame, Indiana: University of Notre Dame Press, 1998, p.139, 143.

② Cf. Alasdair MacIntyre, *After Virtue*, Notre Dame, Indiana: University of Notre Dame Press, Second Edition, 1984, pp.194-195.

③ Cf. Alasdair MacIntyre, "A Partial Response to My Critics", in *After MacIntyre*, edited by John Horton and Susan Mendus, Cambridge, UK: Polity Press, 1994, p.286.

④ Cf. Alasdair MacIntyre, *After Virtue*, Notre Dame, Indiana: University of Notre Dame Press, Second Edition, 1984, p.193.

⑤ Cf. Alasdair MacIntyre, "The Claims of *After Virtue*", in *The MacIntyre Reader*, edited by Kelvin Knight, Notre Dame, Indiana: University of Notre Dame Press, 1998, p.71.

代的活动只追求外在的目的。但是麦金太尔的解释显得牵强，真正的区别似乎在于"前现代"与"现代"，而对于麦金太尔而言，"现代"的所有东西都有问题。

现在我们来看麦金太尔实践概念的问题。这里所说的问题包括两类：一类是麦金太尔自己提出的问题；另外一类是批判者提出的问题。

麦金太尔认为，人类生活中存在着太多的偶然、矛盾和冲突，存在着悲剧性的事件，在这种情况下，用实践来解释德性，德性的意义就会随处境而变化，不仅不同的德性之间会发生冲突，而且不同的实践之间也会发生矛盾。归根结底，用实践来界定德性，会产生相对主义的问题：善和德性都是特殊的，没有普遍性。那么如何解决相对主义的问题？麦金太尔解决问题的办法是把实践嵌入更大的背景——个人生活的目的和共同体的目的——之中，因此他需要第二阶段和第三阶段来深化对德性的规定。

因为实践概念在麦金太尔的德性理论中占有极其重要的地位，所以很多批评者都从不同的立场对它提出了批评。例如，女权主义者把麦金太尔的实践概念与福柯加以对比，认为福柯的实践概念充满了权力的运行，从而具有强烈的政治意义，与其相比，麦金太尔的实践概念太弱了。[1] 共和主义者则批评麦金太尔的实践概念是浪漫主义的，它意味着我们应该建立一个促进这些实践的亚里士多德式国家，带有鲜明的反启蒙特征，从而患有一种前现代的乡愁。[2] 在众多批判者提出的批评中，最重要的是邪恶实践的问题。

麦金太尔用实践来界定德性。但是，如果实践本身是邪恶的，如纳粹用酷刑折磨犹太人，那么他们所表现出来的某些品质（如勇敢）还是德性吗？在《德性之后》中，麦金太尔对这种批评的回答是：首先，他表示很难确信有邪恶的实践，而对于人们通常所说的邪恶实践的例子（如酷刑和

---

① Cf. Elizabeth Frazer and Nicola Lacey, "MacIntyre, Feminism and the Concept of Practice", in *After MacIntyre*, edited by John Horton and Susan Mendus, Cambridge, UK: Polity Press, 1994, p.271.

② Cf. Philip Pettit, "Liberal/Communitarian: MacIntyre's Mesmeric Dichotomy", in *After MacIntyre*, edited by John Horton and Susan Mendus, Cambridge, UK: Polity Press, 1994, pp.183-186.

施虐-受虐行为），他不相信它们符合他对实践的描述；其次，他主张勇敢是一种德性，这与勇敢属于谁无关，它可以属于荷马时代的武士，也可以属于纳粹。① 但是，麦金太尔的这种观点违反人们的直觉：如果勇敢是一种德性，那么它就不能表现于纳粹的邪恶实践中。很多批评者认为，麦金太尔要解决这个问题，就必须承认阿奎那所说的德性的统一性，而如果德性是统一的，那么纳粹表现出来的勇敢就不是德性。② 麦金太尔在《德性之后》中拒绝了阿奎那的德性的统一性，但是在后来的《谁之正义？何种合理性？》中又承认这种拒绝错误的，从而试图通过德性的统一来解决由邪恶实践给德性带来的问题。③

麦金太尔在这个问题上的态度变化反映了他的德性概念内部存在的张力。麦金太尔是按照古希腊时代的含义来理解德性的，而在古希腊，德性意味着卓越。这样，某些德性可以具有道德的含义，某些德性则可以具有非道德的含义，同样，某种德性（如勇敢）可以具有道德的含义，也可以具有非道德的含义。但是在现代，"德性"一词总是带有道德的含义。在当代社会中，说某种"德性"是道德的，这是同义反复；说某种"德性"是不道德的，这是自相矛盾。基于德性的古典意义，麦金太尔说纳粹的勇敢也是德性；基于德性的现代意义，麦金太尔否认德性存在于邪恶实践之中，并且否认邪恶的实践本身。为了解决这种冲突，他只好放弃《德性之后》的观点，接受阿奎那关于德性的统一的观点。麦金太尔的这种变化表现了他迷失于古典的德性观念与现代的德性观念之间。

三、德性与善

以罗尔斯为代表的自由主义主张"权利优先于善"。与其针锋相对，

---

① Cf. Alasdair MacIntyre, *After Virtue*, Notre Dame, Indiana: University of Notre Dame Press, Second Edition, 1984, pp.179-180, 199-200.

② Cf. Thomas D. D'Andrea, *Tradition, Rationality, and Virtue: the Thought of Alasdair MacIntyre*, Hampshire, UK: Ashgate Publishing Limited, 2006, p.272; Christopher Stephen Lutz, *Tradition in the Ethics of Alasdair MacIntyre: Relativism, Thomism, and Philosophy*, Lanham, Maryland: Lexington Books, 2004, pp.98-102.

③ Cf. Alasdair MacIntyre, *Whose Justice? Which Rationality?* Notre Dame, Indiana: University of Notre Dame Press, 1988, p.X.

社群主义主张"善优先于权利"。对于向往古代社会的麦金太尔就更是如此。在麦金太尔的理论体系中，善是第一位的，它们是个人和共同体追求的目的；德性是第二位的，它们对于获得善是必需的；权利和规则只能占有第三的位置，它们的功能是防止人们之间的相互伤害。①

如果在麦金太尔的理论体系中善占有第一的位置，那么他所说的善是指什么？麦金太尔所说的善既与其他人相同，又与其他人不同。麦金太尔所说的善是指人们追求的目标，这与其他人相同。与其不同的地方在于，麦金太尔的善观念非常复杂：一方面，在他的理论体系中，善、德性和规则是密切联系在一起，要解释其中的任何一个都必须同时也解释其余二者②；另一方面，麦金太尔的善观念本身就是极其复杂的，它包含三层不同的含义，即内在于实践的善、个人生活的善以及共同体的善。③

让我们对这三种善的含义依次加以分析和批评。首先是内在于实践的善。人们在社会中占有不同的地位，承担不同的社会角色，发挥不同的社会功能，从而参与各种不同的实践活动。在实践活动中，人们在履行社会角色的同时也能够获得相应的善。麦金太尔把人们从实践中获得的善分为内在的和外在的：内在的善（如下棋的快乐）只能在相关的实践（下棋）中得到，而外在的善（如财富）也能够在其他活动中得到；内在的善属于正和游戏，它们不仅对相关实践的参与者本人是善的，而且对群体中的其他人也是善的，而外在的善属于零和游戏，它们是物质利益，一个人得到的越多，其他人得到的就越少。外在的善本质上是人们竞争的对象，从而也会产生出胜利者和失败者。内在的善体现了人们在某种实践活动中的卓越，而且这种卓越是所有人都可以欣赏的，从而能够使所有人从中受益。一方面，麦金太尔高扬内在的善，贬低外在的善；另一方面，他把德性定义为能够使我们获得内在的善的东西。

---

① Cf. Thomas D. D'Andrea, *Tradition, Rationality, and Virtue: the Thought of Alasdair MacIntyre*, Hampshire, UK: Ashgate Publishing Limited, 2006, p.258.

② Cf. Alasdair MacIntyre, "Plain Persons and Moral Philosophy", in *The MacIntyre Reader*, edited by Kelvin Knight, Notre Dame, Indiana: University of Notre Dame Press, 1998, p.142.

③ Cf. Alasdair MacIntyre, "A Partial Response to My Critics", in *After MacIntyre*, edited by John Horton and Susan Mendus, Cambridge, UK: Polity Press, 1994, p.284.

麦金太尔高扬内在的善,不仅因为它们体现了人们实践的卓越,而且更因为它们也是可以共享的东西。因此,内在的善属于正和游戏。例如,一个体育运动员在奥运会中得到了一枚金牌,它是一种内在的善,因为只有在这种体育运动中才能表现出其卓越和得到其荣誉和快乐;同时它也是外在的善,因为国家也会因此而奖励一大笔金钱。但是,参与这种体育运动的人有很多,而最终的胜利者只有一人。在竞争性的活动中,有胜利者就有失败者,有欢乐就有悲伤。换言之,内在于某种实践(如体育或游戏)中的善也是竞争性的,正如奥运会的金牌一个人得到了,其他人就得不到。也就是说,不仅外在的善是竞争性的,而且内在的善也是竞争性的。

麦金太尔贬低外在的善,因为它们导致人们之间的竞争,属于零和游戏。如果人们没有德性,那么他们只能得到外在的善。人们只有具备德性,才能获得内在的善。而且,对于得到外在的善,德性反倒可能是有害的。在这种意义上,内在的善、德性和实践是三位一体的:内在的善是实践的目的,而德性有助于得到内在于实践中的善。这里存在一个问题:外在的善是不是实践的目的?虽然麦金太尔承认"外在的善是真正的善"①,但是他不会把外在的善视为实践的目的,因为这样就会导致激烈的竞争,使人们之间为了财富和物质利益相互争斗,并进而产生出一种霍布斯式的社会。对于某些实践,如体育和游戏,麦金太尔的这种观点或许是适合的。但是,对于某些实践,对于最基本的生产性实践,如农业生产和渔业生产,这种观点就难以成立了。一般而言,农业生产的目的就是收获更多的农产品,而它们是农民的财富;渔业生产的目的也是收获更多的水产品,而它们也是渔民的财富。否认外在的善(财富)是生产性实践的目的,这是混淆了不同实践之间质的区别,把生产(一种实践)视为游戏(另一种实践)。

问题不仅存在于内在的善和外在的善自身内部,而且也存在于两者的关系之中。在麦金太尔看来,内在的善与外在的善在本性上是相互排斥的:一方面,只有在德性的帮助下,人们才能够得到内在的善,而德性对

---

① Alasdair MacIntyre, *After Virtue*, Notre Dame, Indiana: University of Notre Dame Press, Second Edition, 1984, pp.179-180,196.

于获得外在的善则是有害的；另一方面，如果人们在实践中只是追求外在的善，那么他们就不会获得内在的善。

如果内在于实践的善具有这些问题，那么如何解决它们？米勒（David Miller）认为，麦金太尔把善分为内在的和外在的并把这种分类用于所有实践，但是，各种实践是不同的，麦金太尔的分类适于某些实践，但不适用于另外一些实践。米勒提出了一种解决方法，他把实践进行分类，即"自我包含的实践"和"目的性的实践"。前者的典型例子是游戏（如棒球或者板球），而在这类实践中，内在的善与外在的善的区分不仅是明确的，而且也非常适用；后者的典型则是农业生产、建筑和物理学研究等，而在这类实践中，存在一个外在的目的，如建设美观和舒适的房子、生产食品和发现科学真理等。虽然在目的性的实践中仍然可以区分内在的善和外在的善，但是外在的善（目的）显然是最重要的，而相关实践也只能按照这些外在的善来加以评价。①

米勒的这种解决办法是麦金太尔无法接受的：一方面，在米勒认为属于"目的性的"各种实践中，其中一些是现代的工业生产，而麦金太尔拒绝承认它们是实践；另一方面，对于农业生产和渔业生产等，即使他承认它们是实践，但是也不同意这些实践应该按照外在的目的来进行评价。②

麦金太尔本人在后来的《谁之正义？何种合理性？》中提出了一种解决办法，即用"卓越善"（goods of excellence）和"有效善"（goods of effectiveness）的区分来代替"内在的善"和"外在的善"的区分。关于"有效善"，麦金太尔给予了明确的说明，它们是指财富、权力、声名等；关于"卓越善"，虽然他没有明确说明它们是指什么，但是从他所说的相关话语中可以推知，它们是人的能力和行为中表现出来的卓越。麦金太尔的批评者或者认为，"有效善"就是"外在的善"，"卓越善"就是"内

① Cf. David Miller, "Virtues, Practices and Justice", in *After MacIntyre*, edited by John Horton and Susan Mendus, Cambridge, UK: Polity Press, 1994, pp.250-251.

② Cf. Alasdair MacIntyre, "A Partial Response to My Critics", in *After MacIntyre*, edited by John Horton and Susan Mendus, Cambridge, UK: Polity Press, 1994, p.286.

在的善"[1]；或者认为，"有效善"与"外在的善"是同义的，"卓越善"与"内在的善"是同义的。[2] 如果两者是一回事，那么它们如何能够解决先前的问题呢？

就实践中获得的对象看，"有效善"与"外在的善"似乎是一回事，而"卓越善"与"内在的善"也似乎是一回事。但是从两种善之间的关系看，两者是完全不同的。对于"内在的善"与"外在的善"而言，两者之间的关系是相互排斥的，强烈地追求一方在某种程度上意味着无法得到另外一方；对于"卓越善"与"有效善"而言，两者之间的关系是相辅相成的。一方面，人们只有追求某些"有效善"，"卓越善"才能被系统地培养起来，因为追求"卓越善"的实践活动必须以制度为前提，而制度需要财富和权力等才能得到维持；另一方面，如果没有培养出"卓越善"，那么也很难得到"有效善"，因为"卓越善"是"有效善"为之服务的目的，而且也因为我们需要财富、权力和声名作为获得卓越善的手段。[3]

无论麦金太尔如何解释，第一层次的善概念（内在于实践的善）肯定是有问题的，否则他也不会由此引申出第二层次的善概念（个人生活的善）。这些问题可以从两个方面来分析：一方面，如果实践是人们履行其社会角色的行为，那么这些行为有可能是相互冲突的；另一方面，如果人们是在各种实践活动中获得善的，那么不仅"内在的善"与"外在的善"之间存在着冲突，而且不同行为之间的冲突也必然引起善的冲突，而无论它们是内在的还是外在的。从麦金太尔的观点看，要解决这些问题，在背景解释方面，就要从"实践"过渡到"叙事的自我"；在善观念方面，就要从"内在于实践的善"过渡到"个人生活的善"。

实践是与人们的社会角色相关的行为，不同的人具有不同的社会角色，即使同一个人也拥有不同的社会角色，这样人们就会从事不同的行

---

① Cf. David Miller, "Virtues, Practices and Justice", in *After MacIntyre*, edited by John Horton and Susan Mendus, Cambridge, UK: Polity Press, 1994, p.248.

② Cf. Thomas D. D'Andrea, *Tradition, Rationality, and Virtue: the Thought of Alasdair MacIntyre*, Hampshire, UK: Ashgate Publishing Limited, 2006, p.295.

③ Cf. Alasdair MacIntyre, *Whose Justice? Which Rationality?* Notre Dame, Indiana: University of Notre Dame Press, 1988, p.35.

为，如写字、种田、下棋、打仗等等。一种行为的意义何在？行为的意义在于主体的意图。麦金太尔是一位历史主义者，他认为我们只有在下述两种历史的关联中才能确定主体的意图，从而解释一种具体行为的意义："我们参照主体的意图在其个人历史中所发挥的作用，将它们置于因果秩序和时间秩序之中；我们也参照它们在所属处境之历史中所发挥的作用，将主体的意图置于因果秩序和时间秩序之中"①。一种是个人历史的关联，另一种是个人存在于其中的处境之历史的关联。这两种关联构成了叙事的历史。

一个人的一种具体行为（如写字）表达了他的某种意图（如出版一本著作），这个意图存在于一种更大的意图（如成为一名作家）之中，而这个更大的意图是其人生计划的一个组成部分。人类生活就是将这些作为目的的计划和意图实现出来。实现人生目的的过程是一种历史，人的行为的可理解性存在于它的叙述性之中，叙述性就是历史性。一个故事的片段是可理解的，因为这个故事有上下文，有其连续性（历史）。人的行为是可理解的和可解释的，因为人的行为也有上下文，也有一种叙事的历史。人生就是一个故事：我们将故事实现于我们的生活中，我们按照实现出来的故事来解释我们自己。

麦金太尔不仅是一位历史主义者，而且也是一位整体论者。按照整体论，人的叙事性和可理解性以人格的统一为前提。这种人格的统一也被麦金太尔称为"叙事的自我"。麦金太尔赋予"叙事的自我"以双重的意义："一方面，在从生到死故事展开的生命过程中，我是其他人有理由认为我是的那个人；另一方面，我是我自己历史而非其他人历史的主体，这种历史有其自己的特殊意义。"② 如果说"叙事的自我"体现了人生故事的主角，那么人格的统一体现了故事角色的统一性，而作为目的的个人整体生活则体现了故事的整体性。每个人在不同的时间地点可以具有不同的（甚至冲突的）道德信念和道德行为，但是，他拥有一种人格的统一，一种角色的统一性，这种角色的统一性存在于他的历史之中，而他的每一道德行为和

---

① Alasdair MacIntyre, *After Virtue*, Notre Dame, Indiana: University of Notre Dame Press, Second Edition, 1984, p.208.

② Ibid., p.217.

道德信念只有在这种历史中才是可理解的和可解释的。

如果人的各种实践活动统一于"叙事的自我",那么实现于实践活动中的各种善统一于"个人生活的善"。实现于各种实践活动中的善是复数的,也就是说,它们是各种各样的,甚至是相互冲突的,从而需要把它们统一起来。统一它们的是一种单数的善,一种个人生活的善,或者一种对"终极目的"的追求。在麦金太尔看来,这个作为目的的、单数的、个人生活的善,第一,能够提供一种标准,以判断什么是善,什么不是善;第二,能够给各种善(内在的和外在的)加以排序,分出轻重缓急,排定优先次序;第三,能够把各种不同的善统一起来,使它们和谐一致。①

那么这种个人生活的善是什么?麦金太尔给出了这样的定义:"人的美好生活是在追求人的美好生活中度过的生活。"② 这个定义是形式的,没有实质性的内容。它告诉我们,个人生活的善就是我们对个人生活的善的追求。

如果麦金太尔赋予这个单数的善(目的)以非常重要的意义,那么他为什么只是给出了一个形式的定义?麦金太尔有两种考虑:一种是现代的,一种是前现代的。所谓现代的考虑是指一种康德式的顾虑,即如果一个概念是普遍的,那么它就不能具有内容,因为内容都是特殊的。麦金太尔也有这种担心:关于个人生活的善,一个公元前5世纪雅典将军的美好生活不同于中世纪一个修女的美好生活,一个中世纪修女的美好生活不同于17世纪一个农民的美好生活。③ 也就是说,在不同的历史处境中,个人生活的善是不同的。所谓前现代的考虑是指这样一种中世纪的追求观念:追求个人生活的善,不是去搜寻什么东西(如采矿者寻找黄金),而是一种过程,在这种追求的过程中,我们所遇到的各种伤害、危险、诱惑、迷乱使我们领悟追求的最终目的,使我们获得善的知识和自我知识。④ 也就是说,在这种前现代的追求观念中,追求的过程比最终所达到的结果更为重要。

---

① Cf. Alasdair MacIntyre, *After Virtue*, Notre Dame, Indiana: University of Notre Dame Press, Second Edition, 1984, p.219.

② Ibid.

③ Cf. Ibid., p.220.

④ Cf. Ibid., p.219.

　　第二层次的善概念存在以下三个主要问题：

　　首先是"叙事的自我"的问题。麦金太尔试图通过"叙事的自我"达到两个目的，一个是把个人的各种实践活动统一起来，另外一个是用故事的整体来解释具体的行为。但是，我们只能叙述已经发生的事情，不能叙述还没有发生的事情。① 如果叙事在本质上是回顾性的，那么它顶多只能说明过去，不能预示未来。然而，对于一个追求美好生活的人来说，重要的事情不是回顾过去——解释为什么我们的目的没有实现，而是预见未来——告诉我们应该去追求什么。

　　其次是目的（单数的善）的问题。复数的善是第一序的善，而第一序的善是具体的和各种各样的，是人们在各种实践活动中追求的目标。单数的善是第二序的善，而第二序的善是个人生活的目的。② 麦金太尔把单数的善当作"最终目的"，在他看来，没有这个目的，就没有追求美好生活的开端。但是，这个目的是什么？个人生活的善是什么？麦金太尔只给了一个形式的定义，而没有告诉我们这个目的的实质性内容是什么。如果我们不知道什么是目的，不知道什么是个人生活的善，不知道什么是美好生活，那么我们如何能够开始追求？我们推测，麦金太尔只能这样来回答：在不同的时代，处于不同的境况，每个人的目的（个人生活的善）是不同的。这样就把我们引向第三层次的善。

　　最后是叙事与目的之间关系的问题。所谓历史主义，其含义之一就是在叙事中强调时间的维度。在叙事的自我中，时间维度是向后的，我们只能叙述已经发生过的事情。但是在目的中，时间维度是向前的，个人生活的目的驱使我们朝向某个将来会实现的目标。在叙事的自我中，麦金太尔信奉历史主义，主张一个人的行为只有在故事整体中才能被正确理解。在目的中，麦金太尔又信奉目的论，主张行为由目的导向，各种具体的善由目的得到统一。在这个问题上，历史主义与目的论是冲突的。这样导致麦金太尔在历史主义与目的论之间不断摇摆：他用人的历史性来解释人的行

---

　　① Cf. Peter Johnson, "Reclaiming the Aristotelian Ruler", in *After MacIntyre*, edited by John Horton and Susan Mendus, Cambridge, UK: Polity Press, 1994, p.58.

　　② Cf. Thomas D. D'Andrea, *Tradition, Rationality, and Virtue: the Thought of Alasdair MacIntyre*, Hampshire, UK: Ashgate Publishing Limited, 2006, p.277.

为，但他不是黑格尔那样坚定的历史主义者；他用目的来统一各种善，但他也不是亚里士多德那样坚定的目的论者。

对于任何把善放在第一位的道德哲学，其中包括社群主义，善的主观性都是一个严重问题。社群主义坚持善的优先性，然而，如果善不具有客观性，那么它就没有道德的理由主张善优先于权利或正当。麦金太尔从第一层次的善过渡到第二层次的善，从复数的善过渡到单数的善，其主要原因就是试图克服善的主观性。但是，如果个人生活的善是因人而异的，不同的人拥有不同的生活目的，那么这种单数的善仍然是主观的。为了保证善的客观性，麦金太尔还需要从第二层次（个人生活的善）推进到第三层次（共同体的善）。

如果我作为个人去追求善，那么这种个人生活的善就难免不是主观的；如果我作为共同体的一个成员去追求善，那么这种个人生活的善就是客观的。克服道德相对主义和主观主义的正确途径是把个人看作共同体的一个成员。任何一个人都必然生存于某种共同体之中，从而属于这个共同体的一个成员。一个人作为个人需要"个人认同"（人格的统一），同时作为共同体的成员也需要"社会认同"：我是某人的儿子，从事着某种职业，属于某个部落、城邦、民族或国家……也就是说，每个人都不得不在社会共同体中并借助于其成员资格去发现他的道德认同，去确定他的道德身份。这些社会共同体可以是小到家庭或行会，大到民族或国家，而"我"是其中的一员。这样，"对于我来说是善的东西对于那些处于这些角色中的任何人来说也都必定是善的"①。只有在共同体中，并作为共同体的成员，才能发现共同的善。

如果善是主观的和个人性质的，那么在道德上便容易导致利己主义。为了使利己主义不至于发展到危害社会的程度，就需要或者在道德上用利他主义的美德和规则来规范对善的追求，或者在制度上用权利和法律来限制对善的追求。麦金太尔认为现代社会就是这样。在麦金太尔看来，与现代社会不同，在亚里士多德主义支配的古代和中世纪社会中，我的善与其他人的善是

---

① Alasdair MacIntyre, *After Virtue*, Notre Dame, Indiana: University of Notre Dame Press, Second Edition, 1984, p.220.

同一的，因为在共同体中，我与其他人是息息相关的。我对善的追求与你对善的追求绝不会发生冲突，因为所追求的善既不是单独属于我的，也不是单独属于你的。也就是说，善不是私人所有物。在这样的社会中，利己主义者永远是这样的人：他对"什么是自己的善"犯了一个基本错误。①

按照麦金太尔的观点，在现代社会中，人们对善的追求是相互冲突的，而在古典社会中，人们对善的追求则不是相互冲突的。那么我们应该追问两个问题：首先，古典社会中人们对善的追求真的不会发生冲突吗？其次，如果这是真的，那么为什么在古典社会中人们对善的追求不会发生相互冲突？

对于第一个问题，我们认为，在古典社会，人们之间在善的追求中不会没有冲突，即使出于各种原因这种冲突要比现代社会中的冲突弱很多。因为在古典社会，人们仍然分为不同的群体，具有不同的社会地位，这些群体身份和社会地位肯定会造成人们之间利益上的冲突。但是为了论证的方便，现在我们假设古典社会人们对善的追求没有冲突。如果这样，那么我们也必须追问原因是什么？可能的回答有两个。

一种可能的回答是这样的：共同体的善是共同体的所有成员都能够共享的。这种回答的问题是，在今天是否还有这种能够共享善的共同体。我们将在下面讨论目的时再详细探讨这个问题。

另外一种可能的回答是这样的：人们在共同体中的关系是等级制的，以及他们对善的关系也是等级制的，从而他们对善的追求不会发生冲突。② 如果是这种情况，那么一方面，这种等级制在现代社会中如何能够存在，这是难以想象的；另一方面，人们批评麦金太尔的道德哲学和政治哲学是保守主义的，这也有了充分的理由。更为严重的是，如果麦金太尔所说的共同体是等级制的，那么个人作为共同体的成员根本就没有选择的余地。因为在麦金太尔看来，个人与共同体的关系是由历史决定的，而非由个人自己决定的。正如佩蒂特批评的那样："个人以紧密的、构成性的

① Cf. Alasdair MacIntyre, *After Virtue*, Notre Dame, Indiana: University of Notre Dame Press, Second Edition, 1984, p.229.

② Cf. Thomas D. D'Andrea, *Tradition, Rationality, and Virtue: the Thought of Alasdair MacIntyre*, Hampshire, UK: Ashgate Publishing Limited, 2006, p.272.

方式属于她的共同体，正如她属于这个或那个肉体"①。

在讨论了内在于实践的善、个人生活的善和共同体的善之后，现在是集中探讨目的问题的时候了。在麦金太尔看来，现代道德哲学主张规则优先于德性，当代自由主义主张正当（权利）优先于善，这是因为它们拒绝了目的观念，抛弃了亚里士多德的"人类的善"的观念。从社群主义的观点看，拒绝目的论产生了两个严重后果：首先，善变成了纯粹的私人事务，属于行为者的个人选择；其次，现代道德哲学和政治哲学只能把正当、规则和权利置于优先的地位，以规范个人对善的追求。

麦金太尔主张，一种合理的道德哲学和政治哲学应该把目的放在首要的地位，因为目的能够提供理论所需要的基础和统一性，就像亚里士多德主义那样。但是，麦金太尔又认为亚里士多德的目的论（teleology）是有缺陷的：亚里士多德的目的论以他的形而上学的生物学为前提。② 由于麦金太尔只是说因为它以"形而上学的生物学"为前提而拒绝了其目的论，但是关于这种"形而上学的生物学"意味着什么，他又没有说任何东西，因此一些批判者指责他在这个问题上"闪烁其词"。③

亚里士多德把"人类的兴盛"（human flourishing）以及"幸福"（well-being）当作人类的目的，而所谓的兴盛是指人类内在能力的发展，如做事情的能力、制造和创造的能力、探究和理解的能力、形成密切关系的能力、克服障碍和消除危险的能力等。④ 麦金太尔出于两种不同的理由，拒绝了这种目的论。一种理由是这样的：亚里士多德的目的论以"形而上学的生物学"为前提，而这种"形而上学的生物学"是错误的；因为人类的本性不是由生物学决定的，而是由社会决定的；所以，我们必须拒绝他的目的论。另外一种理由是：亚里士多德把"兴盛"和"幸福"当作人类的目的，并且把德性理解为有助于人类"兴盛"和"幸福"的品质；但是

①　Philip Pettit, "Liberal/Communitarian: MacIntyre's Mesmeric Dichotomy", in *After MacIntyre*, edited by John Horton and Susan Mendus, Cambridge, UK: Polity Press, 1994, p.181.

②　Cf. Alasdair MacIntyre, *After Virtue*, Notre Dame, Indiana: University of Notre Dame Press, Second Edition, 1984, p.162.

③　Cf. Thomas D. D'Andrea, *Tradition, Rationality, and Virtue: the Thought of Alasdair MacIntyre*, Hampshire, UK: Ashgate Publishing Limited, 2006, p.259.

④　Cf. Ibid., p.409.

我们回顾历史就会发现，人们对于"兴盛和幸福到底是什么"存在着深刻的冲突，存在着对立的和不相容的信念，如亚里士多德和尼采、休谟和《新约全书》就各持一端。①

如果道德哲学和政治哲学需要一种目的论，而亚里士多德以"形而上学的生物学"为前提的目的论是错误的，那么麦金太尔就需要以"社会目的论"来代替他的"生物学目的论"。②麦金太尔的善理论就是一种目的论：他从三个层面——内在于实践的善、个人生活的善和共同体的善——论证，善就是人类的目的。这种目的论是社会的：各种行为的善以实践为基础，个人的善以其社会生活为基础，共同体的善以传统为基础；而在不同的处境、不同的社会和不同的传统中，人们也会有不同的善。麦金太尔的这种社会目的论存在一些问题。

各种道德理论一般都承认人们所追求的对象是"目的"，区别在于，现代道德哲学通常把所追求的"目的"（ends）当作善；与其不同，麦金太尔把善当作"目的"（telos）。一方面，麦金太尔把善当作目的；另一方面，他把这种作为目的的善置于首要位置，主张善优先于权利，因此，他的善理论是一种目的论。把善当作目的（telos），与主张善优先于权利，两者是对应的。在古典社会里，如古希腊的城邦，不仅人们生活于其中的社会很小，而且人们之间存在着各种各样密切的关联，因此，在人们生活的共同体中可以说存在共享的善。如果存在共享的善，那么把善放在首位，主张善优先于权利，在某种意义上可以说其理由是充分的。但是在现代，人们生活于其中的社会就是国家，而国家巨大，人口众多，人们之间的关联非常松散，他们根本无法拥有共享的善，顶多只能有一些公共的利益（如安全和经济发展等）。如果没有共享的善，那么就无法主张善优先于权利；如果善不能被置于首位，那么它也就不是目的。也就是说，麦金太尔的目的论以古典社会为背景，而这种社会已经永远消失了。

麦金太尔不是没有意识到目的论与古典社会之间的紧密联系，他起码知道，如果道德哲学的目的论以早已消失的古代社会为背景，那么就必须

① Cf. Alasdair MacIntyre, *After Virtue*, Notre Dame, Indiana: University of Notre Dame Press, Second Edition, 1984, pp.162-163.

② Cf. Ibid., p.197.

在当代社会的背景下找到表达它的方式。① 但是麦金太尔面临一种两难的处境：一方面，他的目的论只能建立在共享的善的基础上，而这种共享的善就是共同体的善；另一方面，人们现在生活在现代社会之中，生活在民族国家之中，而现代社会和民族国家不是古典意义上的共同体，也不容有共同的善。对于麦金太尔有两种共同体，一种是价值共同体，它拥有共享的善；一种是政治共同体，它维护共同生活的边界。麦金太尔的理想是：两种共同体是完全重叠的，人们生活于其中的政治共同体就是价值共同体。然而现实社会却大不相同：政治共同体与价值共同体是不一致的，人们生活于其中的是政治共同体，而非价值共同体。更明确地说，这种矛盾体现为：人们生活于其中的共同体应该很小，从而才能拥有共享的善；但是现代社会的共同体（国家）太大，无法包容共享的善。

第四节　传统

在麦金太尔20世纪80年代以后的成熟期著作中，传统是一个核心概念。麦金太尔的道德哲学从亚里士多德主义出发，主张道德以实践、社会生活和制度为基础；他的政治哲学从社群主义出发，反对个人主义和自由主义，强调正义依赖于共同体和共同的善；他在研究中使用历史主义的方法，从西方道德思想和正义理论的历史中阐发出德性伦理学和社群主义正义观。亚里士多德主义、社群主义和历史主义辐辏于一点，即对传统的高扬。

虽然传统的概念对于麦金太尔的道德哲学和政治哲学是非常重要的，但是他从未给这个词下过定义，也从未对其含义给予任何解释。而且，在麦金太尔不同的著作中，"传统"一词的含义是不同的，它所针对的东西也是不同的。因此，我们对传统的讨论最好以探讨问题的方式进行：首先，什么是传统？其次，传统的合理性何在？最后，传统到底是被建构的还是建构的？

---

① Cf. Alasdair MacIntyre, *After Virtue*, Notre Dame, Indiana: University of Notre Dame Press, Second Edition, 1984, p.163.

一、什么是传统

如果说"存在"是黑格尔的《精神现象学》的结束和《逻辑学》的开始，那么"传统"就是麦金太尔的《德性之后》的结束和《谁之正义？何种合理性？》的开始。《德性之后》的主题是德性，它试图通过西方德性概念发展的历史来归纳德性的本质，这种本质经过实践和个人生活而最终存在于共同体之中，而共同体的历史就是传统。《谁之正义？何种合理性？》的主题是正义，不同的道德探究传统具有不同的正义观，而这本书以讨论传统为开始，并进而详细地探讨了自古希腊以来各种不同的正义理论。

以传统概念为中介，《德性之后》的终点就是《谁之正义？何种合理性？》的起点，但是两者在很多方面明显不同。首先，《德性之后》讨论的主要内容是道德哲学，其核心概念是德性；《谁之正义？何种合理性？》讨论的主要内容是政治哲学，其核心概念是正义和合理性。其次，在《德性之后》中，麦金太尔心目中的哲学英雄是亚里士多德；在《谁之正义？何种合理性？》中，他心中的英雄变成了阿奎那。再次，在《德性之后》中，传统的含义是道德的，传统归根结底是指道德的传统；在《谁之正义？何种合理性？》中，传统的含义主要是认识论的，其所指由道德的传统变成了道德探究的传统。最后，在《德性之后》中，只有一种传统，即前现代的各种道德理论，而传统的对立面是自由主义；在《谁之正义？何种合理性？》中，有四种传统，即亚里士多德主义、托马斯主义、苏格兰启蒙哲学和自由主义，而它们既区别于以启蒙为代表的现代主义，也区别于以相对主义和视点主义为代表的后现代主义。

为了理解麦金太尔说的传统是指什么，下面我们对所谓的四种传统的基本观点进行梳理，以归纳出四种不同的正义观。然后，我们对麦金太尔所说的传统提出一些质疑，以澄清传统概念的意义。

第一种传统是亚里士多德主义。按照麦金太尔的解释，亚里士多德的正义概念有广义和狭义之分。广义的正义是指法律所要求的一切事情，也就是说，是指公民应该践行在与其他公民关系中的所有德性。狭义的正义则有两种，一种是分配正义，一种是矫正正义。分配正义在于服从分配原则，而分配原则是应得，因此正义意味着应得。虽然城邦中的所有人都会同意分配正义必须符合某种形式的应得，但是在必须符合的应得应该是哪一种应得的问题上，他们之间的分歧便产生了。不仅不同的城邦有不同的应得，而且同一城邦的不同派别也有不同的应得。例如在雅典，存在着三种派别，他们分别主张三种不同的政治制度，即贵族政治、寡头政治和民主政治，而这三种不同的政治制度则分别拥有三种不同的分配原则。贵族政治按照人的德性来进行分配，应得是相对于德性而言的；寡头政治按照财富和门第来进行分配，应得是相对于财富和门第而言的；民主政治按照公民身份来进行分配，应得则是相对于公民身份而言的。矫正正义则要求，如果分配是不正义的，那么必须加以矫正，以恢复正义的秩序。①

第二种传统是托马斯主义。阿奎那认为，正义是这样一种意志，即公平待人或使每一个人得到其应该得到的东西。这样，正义就是一种正当地要求我们所有人都遵守的标准。在所有德性中，正义是一种特别用来处理人与人之间关系的德性，而每个人都应该按照这种德性对待他人。在用正义来处理的人际关系中，最主要的是经济关系。正义突出地表现为分配正义。在分配正义方面，阿奎那接受了亚里士多德的观点：当一个人按照其贡献的比例而得到了收入的时候，分配正义的要求就得到了满足。正义意味着公平待人，但是这里的公平是指，一个人按照其地位、官职和作用，按照如何完成它们，按照对所有人的善的贡献，而得到其应该得到的东西。如果存在着不正义，就需要矫正。但是阿奎那用交换正义代替了亚里士多德的矫正正义。当错误（不正义）得到了赔偿，而且其惩罚与这种错误是相称的时候，交换正义的要求就得到了满足。同亚里士多德一样，阿奎那也认为正义意味着服从法律，而法律既包括成文法也包括自然法。②

第三种传统是苏格兰的启蒙哲学。按照麦金太尔的说法，休谟用财产权颠覆了亚里士多德主义和托马斯主义的应得。休谟认为，正义的核心问题是财产权的问题，在它之外，不存在关于分配是否正义的标准。休谟对财产的看法是现代的，与古代和中世纪完全不同。对于阿奎那而言，财产权是相对的，一个人因为不忍家人的无衣无食而偷窃了别人的财产，这种行为并不违反正义。对于休谟而言，财产权是绝对不容侵犯的，任何侵犯

---

① Cf. Alasdair MacIntyre, *Whose Justice? Which Rationality?* Notre Dame, Indiana: University of Notre Dame Press, 1988, pp.103-104.

② Cf. Ibid., pp.198-199.

财产权的行为都必然是不正义的。休谟的正义理论意在捍卫财产权。在他看来，财产权是社会稳定的基础，而正义就是关于财产占有和转移的规则。休谟认为，自然本质上是匮乏的，没有充足的资源来满足所有人的欲望和需要。因此，为了维持社会的稳定，必须有可强制施行的财产规则，否则社会就会陷于持续的利益冲突之中，最终导致社会的崩溃。休谟同意正义在于服从自然法，但他对自然法的看法与传统观点非常不同。休谟认为自然法的根本法则有三个，它们都是维护财产权的，即尊重财产的所有权、按照同意的原则进行财产转移以及遵守诺言。①

最后一个传统是自由主义。自由主义为人们的生活提供了一套政治、法律和经济的框架，在这种框架中，虽然人们信仰并追求不同的、甚至相互冲突的善观念，但是他们可以在同一个社会中和平相处。在麦金太尔看来，自由主义的善观念实质上是个人偏爱的表达，追求善是一种纯粹私人的事情。既然自由主义的善是异质的和个人性质的，它与正义有何关系？麦金太尔认为，对于自由主义，善作为偏爱的表达是由欲望驱动的，而欲望的实现由人们之间的讨价还价来决定。如果生活中到处都是交易，那么显然有些人在讨价还价中处于优势的地位。正是在这种背景中，自由主义的正义出现了。麦金太尔认为，自由主义的正义规则（如罗尔斯的两个正义原则）就是要对这种讨价还价的过程进行限制，防止人们利用自己的优势为自己谋利，对处于不利地位的人加以保护，从而使每个人都有大体上平等的机会和地位去追求自己的善。②

麦金太尔把西方关于正义观和实践合理性的探究归纳为四种传统，即亚里士多德主义、托马斯主义、苏格兰启蒙哲学和自由主义。这种归纳马上面临的问题是：这种归纳是准确的和合适的吗？对于这种疑问，麦金太尔不得不承认这种归纳漏掉了一些东西，如犹太-基督教传统和德国古典哲学传统，甚至还有伊斯兰教、中国和印度的传统等。③然而，我们关心的是性质完全不同的问题，即麦金太尔所探讨的这些正义观是分属四种不

---

① Cf. Alasdair MacIntyre, *Whose Justice? Which Rationality?* Notre Dame, Indiana: University of Notre Dame Press, 1988, pp.307-308.

② Cf. Ibid., pp.335-336.

③ Cf. Ibid., pp.10-11.

同的传统还是属于一种传统？无论对这个问题的回答是什么样的，它都会影响到下一个问题，即自由主义在什么意义上是一种传统？

我们首先来看第一个问题。如果我们仅仅从正义理论自身来看，而抛开其背景和历史关联，那么亚里士多德主义、托马斯主义、苏格兰启蒙哲学和自由主义确实表达了不同的正义观，从而它们也可以被称为分属不同的传统。自由主义正义观的核心是平等，休谟正义观的核心是保护财产权，亚里士多德和阿奎那的正义观的核心是应得。但是，如果我们像麦金太尔一贯做的那样把这四种理论嵌入西方正义观的历史发展之中，那么它们就会呈现出不同的样子。从历史背景看，亚里士多德主义出现于古希腊的城邦国家，托马斯主义出现于中世纪的欧洲，以休谟为代表的苏格兰启蒙哲学出现于近代的苏格兰和英格兰，而自由主义则是一种现代社会的理论。从历史关联看，这四种正义观的统一性更为清晰：亚里士多德主义是起点，是西方后来道德哲学和政治哲学的源头；阿奎那综合了亚里士多德主义和以奥古斯丁为代表的基督教思想，提出了流行于中世纪欧洲的托马斯主义；休谟基于苏格兰和英格兰的社会变化，综合了加尔文主义的基督教和启蒙思想；以罗尔斯为代表的当代自由主义则基于现代社会的各种变化，综合了先前的各种正义理论。

在这种意义上，西方没有四种传统，而只有一种传统，这种传统从古希腊开始一直延续到今天。其实，麦金太尔在《德性之后》中把自由主义称为传统的对手，在《谁之正义？何种合理性？》中把休谟哲学称为对传统的"颠覆"，都暗含了西方只有一种传统的思想。我们可以这样来理解麦金太尔的四种传统：亚里士多德主义代表了正宗的传统，托马斯主义是亚里士多德主义的基督教改良版，休谟的启蒙哲学是对这个传统的颠覆，而自由主义则是这个传统的对头。正是在这种意义上，亚里士多德主义可以被看作是"传统的传统"。①

如果西方只有一种传统，那么如何理解自由主义？在《德性之后》中，麦金太尔认为自由主义不是一种传统。麦金太尔说的很明确：自由主义除

---

① Cf. Kelvin Knight, "Introduction", in *The MacIntyre Reader*, edited by Kelvin Knight, Notre Dame, Indiana: University of Notre Dame Press, 1998, p.27.

了把传统当作对头外，认为它没有任何用处，从而抛弃了它。① 在这种意义上，自由主义是反传统的。但是几年之后，到了《谁之正义？何种合理性?》，麦金太尔认为自由主义已经变成了一种传统。② 那么自由主义如何由传统的对头变成了传统本身？按照麦金太尔的解释，虽然自由主义把自己打扮成一种普遍的、独立于传统的理论，但是它不是这样的理论，而是一种特殊的理论，代表了一种特殊的制度形式和活动形式。③ 按照这种解释，只要一种理论拥有具体的内容，与某种社会制度形式是对应的，那么它就是一种传统。这样只有两类思想不是传统：一类是现代主义，它追求普遍的、独立于任何时间和地点的绝对真理；另外一类是后现代主义，它拒绝承认任何真理。

把上面的讨论总结一下：在《德性之后》中，麦金太尔的传统概念是道德的和文化的，在这种意义上西方只有一种传统，而自由主义不是传统；在《谁之正义？何种合理性?》中，他的传统概念是认识论的，在这种意义上西方具有不同的传统，而自由主义是其中之一。这两种传统概念之间存在一种紧张，而麦金太尔从没有试图消除这种紧张。

二、传统的合理性

从麦金太尔关于传统的大量说法中，我们可以概括出它具有三个特征。第一，传统是历史的。"一种传统是一种通过时间得以延伸的论证"，而在这种论证中，某些基本的观点一致得到了界定和重新界定。④ 正是在这种意义上，麦金太尔说，"证明就是讲述这种论证迄今为止是如何进行的"⑤。第二，传统是多元的。麦金太尔认为，我们必须承认传统的多元性，承认每一种传统都有自己的合理证明方式。因为传统是多种多样的，每一种都带有自己的历史，从而存在着各种正义观而非一种正义观，也存

---

① Cf. Alasdair MacIntyre, *After Virtue*, Notre Dame, Indiana: University of Notre Dame Press, Second Edition, 1984, p.222.

② Cf. Alasdair MacIntyre, *Whose Justice? Which Rationality?* Notre Dame, Indiana: University of Notre Dame Press, 1988, p.335, 349.

③ Cf. Ibid., p.345.

④ Cf. Ibid., p.12.

⑤ Ibid., p.8.

在着各种合理性而非一种合理性。① 第三，传统是特殊的。传统最初都植根于偶然的环境中，产生于某种特殊社会秩序中的问题、困惑和分歧，并通过那种秩序所具有的特殊语言和特殊文化得以表达。②

对于麦金太尔而言，当我们说某种观点属于一种传统时，这意味着对某种事务持有某种特殊的观点，而这种观点只能在该传统内部得到承认，而不能得到其他传统的承认。该传统的拥护者相信这种特殊的观点，而不相信其他传统关于相关事务的观点。反过来也是一样，其他传统只相信自己的观点，而不相信对立传统的观点。在这种意义上，传统与以启蒙为代表的现代性是对立的：前者是特殊的，后者是普遍的。启蒙追求普遍的、永恒的、适用于一切的理论，但是在麦金太尔看来，启蒙的这种企图已经被证明失败了。

问题不仅在于传统是特殊的，而且更在于不同的特殊传统之间不存在借以评价的共同标准。例如，在正义观方面，亚里士多德主义的传统主张应得是分配正义的原则，以休谟为代表的苏格兰启蒙传统主张保护财产权是分配正义的原则，而以罗尔斯为代表的自由主义传统主张平等是分配正义的原则。这些不同传统在正义观问题上是有争议的，但是，麦金太尔认为，不存在某种共同的标准来解决它们之间的争议，来评价它们各自的合理性。这样，即使麦金太尔可以宣称在传统对启蒙的竞争中，启蒙失败了而传统胜利了，那么他的传统理论现在也面临着后现代主义的挑战。后现代主义有两种表现形式，即相对主义和视点主义。也就是说，由于麦金太尔主张没有一种共同的标准来判定不同传统之间的合理性，所以他有滑向相对主义和视点主义的危险。

在麦金太尔看来，相对主义认为，在各种冲突着的传统之间进行合理的辩论和合理的选择，这是不可能的。关于正义和实践合理性，存在着许多冲突着的传统，如麦金太尔所说的亚里士多德主义、托马斯主义、休谟哲学和自由主义。在这些传统中，我们选择哪一种作为我们的信念？从相对主义的观点看，我们可能有某种理由选择一种传统而非另一种传统，但

---

① Cf. Alasdair MacIntyre, *Whose Justice? Which Rationality?* Notre Dame, Indiana: University of Notre Dame Press, 1988, p.9.

② Cf. Ibid., p.327.

是我们没有合理的理由选择任何一种传统。无论我们选择哪一种，理由的分量都是一样的。因为每一种传统都有自己的合理性标准，而这种标准无法用于其他的传统。这样，无论我们选择了哪一种传统，我们实质上无非是表达了我们武断的信念。我们可以有各种选择，但是我们无法证明我们的某种选择比其他的选择更好。

如果说相对主义挑战的是选择的合理性，那么视点主义挑战的则是理论的真理性。同相对主义一样，视点主义认为，因为存在着各种相互冲突着的传统，而每种传统都有自己的合理性证明模式，所以合理性仅仅存在于一种传统的内部，不能存在于各种传统之间。由于在各种传统之间不存在着共同的合理性标准，因此任何一种传统都不能仅仅依据自己内部的合理性标准而声称自己代表了真理，对方则是虚假的。对于视点主义而言，根本就没有真理问题，只有视点问题。人们从不同的视点来看世界，会产生对世界不同的看法，从而也会得出不同的结论。人们选择不同的理论并拥有不同的信念，是因为人们有不同的视点。

后现代主义挑战的是传统的合理性。传统的合理性实质上可以分为两个不同的问题：一个是传统内部的合理性，它追问的是一种传统是否能有进步？另外一个是不同的甚至对立的传统之间的合理性，它追问的是在什么意义上我们能够说某种传统把握了真理？麦金太尔要想回应相对主义和视点主义的挑战，就必须回答关于传统之合理性的这两个问题。

我们首先讨论传统内部的合理性，看麦金太尔怎样来解决某种传统如何进步的问题。麦金太尔对这个问题的解决分为三个阶段：在第一个阶段，传统的权威被接受了，对此没有任何质疑；在第二个阶段，传统内部产生了认识论危机，出现了各种问题；在第三个阶段，发现的各种问题得到了解决，传统被加以重构。[①] 也就是说，麦金太尔把传统的合理性理解为一个动态的过程，而传统在不断变化的过程中得到了进步。让我们稍为具体地探讨这三个阶段。

传统最初是一种被接受的权威。我们说过，传统最初始于某种偶然的

---

① Cf. Alasdair MacIntyre, *Whose Justice? Which Rationality?* Notre Dame, Indiana: University of Notre Dame Press, 1988, pp.354-363.

环境，产生于某种特殊的问题，并通过特殊的语言和文化得以表达。这意味着传统最初作为一种权威，一种在某种特殊共同体中作为对某些特殊问题的解决并通过某种特殊言语表达出来的权威，被接受了。在某种共同体中，作为权威的文本、话语或者人物得到了遵从，人们或许对它们有一些疑问，但是没有提出系统的质疑。

无论这种传统内部的安宁能持续多长的时间，总有一天会发生这样的情况，即在该传统内部会逐渐出现一些问题，而这些问题是传统的权威无法解决的。于是在传统内部就出现了一种"认识论危机"：旧的理论已经失效，新的理论还没有产生。人们对于所要解决的问题充满了争议，提出了各种各样的解决办法，而没有一种解决办法能够得到普遍的赞同。这样就需要发明新的理论来解决旧理论所不能解决的问题。

按照麦金太尔的观点，这种新的理论应该满足三个严格的要求：第一，这种新理论必须对所出现的问题提出一种系统的解决办法，来结束所发生的认识论危机；第二，这种新理论必须提供一种解释，来说明旧理论为什么会失效，其问题出自哪里；第三，这种新理论必须以这样一种方式来满足前两项要求，即它的新概念框架和理论结构与该传统的相关信念是一致的。如果这样的新理论能够产生，认识论危机就结束了，该传统的权威得到了重新确认。这样，该传统不仅在这种认识论危机的产生和解决过程得到了重构，而且它也在重构中获得了进步。这种重构和进步证明了该传统的合理性。

麦金太尔将同样的模式运用于对立的传统之间，来解决第二种合理性问题。当一种传统内部发生认识论危机的时候，这种传统的信奉者有可能遭遇到其他的传统，从而求助于其他传统的资源来解决自己遇到的问题。他们首先要学习对立的传统的语言，像理解自己一样理解对立的传统，把握其主张、信念和理论。以至于这些人能够自由地游走于两种传统之间，使两者发生真正的联系和沟通，而且他们也能客观地对比和评价它们。通过求助对立传统的思想资源和理论资源，他们能够得到一种新的理论解释，这种新的理论既能够解释为什么自己的传统会发生认识论危机，也能够解释对立的传统为什么没有发生这种危机。在这种情况下，他们不得不承认，对立的传统比自己原来信奉的传统更为优越，具有更大的合理性。至此，他们原先一直信奉的真理被击败了，他们接受了新的真理，即对立传统的真理。他们以接受对立传统的真理之方式解决了所遇到的认识论危机，从而他们也以这种方式续写了自己传统的历史。①

麦金太尔解决传统之合理性的方法显然借用了科学哲学，特别是库恩(Thomas S. Kuhn)的科学革命理论。库恩所描述的科学革命包括三个阶段：首先是常规科学时期，科学家们接受了某种理论（如牛顿力学）作为该科学（如物理学）的范式；然后，这种理论遇到了危机，出现了许多它无法解释的问题；最后，某个科学家（如爱因斯坦）提出了新理论（如相对论），并取代了旧范式，从而进入新的常规科学时期。麦金太尔所说的传统就是库恩所说的科学，麦金太尔所说的合理性就是库恩所说的范式，麦金太尔所说的传统重构就是库恩所说的科学革命。库恩的科学革命模式能够很好地解释科学理论的变化，但是它不适用于道德理论。因为科学理论在既定时期具有能为所有相关科学家接受的"范式"(paradigm)，道德理论则没有这样的"范式"，它只有合理性，而不同的传统具有不同的合理性。这样问题又回来了：如何评价不同传统之间的合理性？科学革命的模式没有办法解决这个问题。

三、被建构的传统与建构的传统

当我们认真面对任何一种传统的时候，通常都会关心两个重要问题：第一，我们应该如何理解这个特定的传统？第二，我们应该如何看待这个传统的未来？第一个问题是向后看的，它追问这个传统的起源，追问它为什么会是这副样子，追问它为什么在那个时间和那个地点出现在那个社会之中。第二个问题是向前看的，它关心这个传统的未来，想知道它是会进步还是会退步，是会成功还是会失败，是兴旺发达还是走向灭亡。

作为一个把传统当作核心概念的哲学家，麦金太尔不仅关心这两个问题，而且他还必须回答它们。为此，他使用了两个传统概念，即"被建构的传统"(tradition-constituted)和"建构的传统"(tradition-constitutive)。②麦金太尔的这种使用有两个用意：第一，使用两个传统概念以厘清关于传

---

① Cf. Alasdair MacIntyre, *Whose Justice? Which Rationality?* Notre Dame, Indiana: University of Notre Dame Press, 1988, pp.363-365.

② Cf. Ibid., p.9.

统的两个主要问题，区分开它们；第二，这两个问题实质上是一个问题的两面，追求传统的起源的人自然也会关心其未来，反之亦然；同样，"被建构的传统"也是"建构的传统"，反之亦然。

所谓"被建构的传统"，是指一种传统具有事实性、历史性和特殊性。任何传统都是一个既成的事实，是一个摆在我们面前的东西，是我们从先辈那里继承过来的东西。对于当代人而言，传统是静态的和现成的，如亚里士多德主义之于西方人，或者孔夫子的儒家学说之于我们。在传统诞生的时间与我们面对传统的时间之间，存在一个或漫长或短暂的历史间隔。要理解一种传统，我们就要穿越历史的间隔去追问当时的社会背景，如亚里士多德产生于其中的古希腊城邦，或者孔子儒家学说产生于其中的古代中国。也就是说，"学说、论点和论证都要按照历史背景来加以理解"①。当我们把某种传统嵌入其历史背景之中，并且从特定的时间、地点和社会生活来理解它的时候，我们就会发现这种传统的特殊性：它始于某种偶然的制度和实践，以解决某个共同体面对的特定问题；它使用某种特殊的语言，赋予某种特定的文本、学说或人物以权威；它所表达的信念、观点和理论与其他传统所表达的东西是不同的，而且它的信奉者只服从自己的特殊传统。

由于"被建构的传统"具有事实性、历史性和特殊性，所以麦金太尔认为，这种传统概念不可避免是"反笛卡尔主义的"②。麦金太尔的思想是历史主义的，传统的合理性存在于特定时间和特定地点的特定社会之中；笛卡尔的思想则是绝对主义的，主张真理与时间和地点无关，它们是无时间性的（timelessness），是永恒的。历史主义必然导致特殊主义，麦金太尔的思想是特殊主义的，主张任何理论都不具有普遍的真理性；笛卡尔的思想则是普遍主义的，主张真理永远都是真理，无论是对于古希腊人还是对于现代人，无论是对于西方人还是对于其他人。麦金太尔与笛卡尔也有一个共同点：他们的理论不仅都包含有"第一原则"，而且也都建立在"第一原则"上面。但是在麦金太尔看来，笛卡尔的"第一原则"是必然的、明证性的和自足的，它们自己就证明了自己。麦金太尔则认为，

---

① Alasdair MacIntyre, *Whose Justice? Which Rationality?* Notre Dame, Indiana: University of Notre Dame Press, 1988, p.9.

② Cf. Ibid., p.360.

"第一原则"的合理性也需要证明：一方面，这种证明是辩证的，它们要有能力经历各种诘难而存活下来；另一方面，这种证明是历史的，它们在传统的框架内接受检验，面对质疑。

这种"被建构的传统"概念是有问题的。问题主要不是指这种传统概念本身，而是指这种传统概念对于一种把传统当作核心概念的理论是有问题的。"被建构的传统"是现成的、静态的和固定的。如果麦金太尔的道德哲学和政治哲学就建立在这种传统概念上面，那么他被指责为"保守主义"就是有理由的。麦金太尔要想摆脱"保守主义"的指责，他就必须阐发出另外一种传统概念。这就是"建构的传统"。

所谓"建构的传统"，是指传统是变化的和开放的。从麦金太尔的观点看，对于传统而言，善是最重要的东西。在这种意义上，麦金太尔认为传统是一种关于善的论证，而对善的追求构成了传统的目的。正如传统是历史的，传统对善的论证也要经过多少世代的持续努力。对于每一代人来说，他们面对的传统是活的东西，因为他们要继续进行这种论证，从而传统具有一种未来。① 然而，一种传统的未来是开放的，它可能成功，也可能失败；它可能兴盛，也可能死亡；它可能仍然是现在这样，也可能变成另外一副样子。在麦金太尔看来，任何传统迟早都会发生"认识论危机"，它的未来如何，是阔步前进还是衰落下去，取决于它能否以及如何解决它面临的"认识论危机"。如果它能够解决这种危机，那么它就会变得更为强大和兴盛；如果它不能，那么它就会逐渐衰落甚至消亡。

如果向后看传统的起源，"被建构的传统"是反笛卡尔主义的，那么向前看传统的未来，"建构的传统"则是反黑格尔主义的。虽然麦金太尔也承认存在终极真理的观念，但是他认为任何真理都具有可错性，都不能排除未来被修正的可能。正是在这种意义上，麦金太尔批评黑格尔体系中的"绝对知识"是一个"怪物"（chimaera）②，因为它排除了知识被修正的可能性。黑格尔式的知识是普遍的和绝对的，而麦金太尔认为传统都是本

---

① Cf. Alasdair MacIntyre, *After Virtue*, Notre Dame, Indiana: University of Notre Dame Press, Second Edition, 1984, pp.222-223.

② Cf. Alasdair MacIntyre, *Whose Justice? Which Rationality?* Notre Dame, Indiana: University of Notre Dame Press, 1988, p.361.

土的，它通过特殊的语言和特殊的社会环境和自然环境才得以表达，它拒绝成为"精神"之自我实现的工具。笛卡尔要求从一种自明的真理开始，"被建构的传统"与其是对立的。黑格尔要求达到一种绝对的真理，"建构的传统"与其是对立的。

这种"建构的传统"把传统理解为活的、变动的和开放的，但是这种传统概念有两个问题。首先，如果一种传统一直处于变化之中，那么我们就没有办法知道它究竟是不是一种传统。也就是说，除非达到其最后阶段，否则我们没有办法描述这种传统的同一性，也不能把它同其他传统加以比较。我们可能会认识到，我们原来认同的传统不仅是有缺点的，而且它甚至可能根本就不是传统。[1] 正如科学哲学所表明的那样，如果某种理论（如库恩的科学哲学）过于强调科学的变化，那么科学就会失去其必需的稳定性。传统也是这样。如果一种理论过于强调传统的变化，那么传统不仅摆脱了保守主义，而且也摆脱了自身——它就不再是一种传统了。其次，麦金太尔用"认识论危机"来解决一个传统内部的进步问题和不同传统之间的评价问题，但是，无论如何，它解决的都是认识论问题（真理问题），而非道德或者道德冲突的问题。例如，在麦金太尔所说的四种传统中，亚里士多德主义与自由主义是对立的。对此，我们可以提出一个问题：两者的对立主要是什么性质的？它们的对立主要是道德的和价值的。这种道德的和价值的对立能够通过"认识论危机"加以解决吗？恐怕不能。对于麦金太尔而言，这种道德的和价值的对立不仅是无法解决的，而且也没有一个共同的标准来评价其优劣。

第五节　共同体

麦金太尔的社群主义可以分为两个部分，一个部分是对现代道德哲学

---

① Cf. Jean Porter, "Tradition in the Recent Work of Alasdair MacIntyre", in *Alasdair MacIntyre*, edited by Mark C. Murphy, Cambridge UK: Cambridge University Press, 2003, pp.52-53.

和政治哲学的批判，另外一个部分是提出他自己的道德哲学和政治哲学的理论。这两个部分的连接点是他的共同体观念：一方面，麦金太尔批评西方现代道德哲学和政治哲学是个人主义的和自由主义的，它们以个人而非共同体为基础，因此它们注定是错误的；另一方面，他提出自己的社群主义理论以对抗个人主义和自由主义，而这种社群主义理论建立在共同体观念的基础之上。也就是说，无论是在批判性的或是建设性的意义上，共同体观念都是非常重要的。

共同体观念是麦金太尔的社群主义理论的基石：对于自我理论而言，只有通过共同体才能认识什么是人的本性；对于道德理论而言，只有通过共同体才能理解什么是善；对于政治哲学而言，只有通过共同体才能知道什么是正义。

一、个人与共同体

如何理解个人和共同体的关系是区分自由主义与社群主义的标志之一。对于自由主义而言，个人是唯一的实体，共同体是由个人组成的。个人的生命和存在具有不可超越的价值，而共同体或国家既不是实体，也没有生命。[①] 在这种意义上，自由主义主张个人先于共同体。因为个人先于共同体，所以权利优先于善。相反，对于社群主义而言，共同体是真正的实体，个人既不能脱离共同体而存在，也不能脱离共同体来理解。因此，社群主义主张共同体优先于个人。因为共同体优先于个人，所以共同体的善优先于个人的权利。

如果共同体观念在社群主义理论中具有如此重要的地位，那么它的所指是什么？麦金太尔从没有给所使用的共同体观念下过定义，只是通过列举来表明他所说的共同体是什么。而且，在不同的地方，其所指的名单也不同。在一些地方，所谓共同体是指"家族（family）、家庭（household）、氏族（clan）、部落（tribe）、城镇（city）、民族（nation）、王国（kingdom）"[②]；在另外一些地方，共同体则是指渔业队（fishing crew）、学校（school）

---

① Cf. Robert Nozick, *Anarchy, State and Utopia*, New York: Basic Books, 1974, pp.32-33.

② Alasdair MacIntyre, *After Virtue*, Notre Dame, Indiana: University of Notre Dame Press, Second Edition, 1984, p.172.

和实验室（laboratory）等。① 对于麦金太尔列举的共同体名单而言，有两点值得我们注意。首先，麦金太尔所指的共同体包括不同的种类，一些是血缘共同体，如家庭和家族等；一些是实践共同体，如渔业队、学校和实验室等；另外一些是政治共同体，如城镇、民族和王国等。其次，在麦金太尔开列的共同体名单中，没有现代社会的机构，如国家、工厂和公司等。他认为，在现代社会中，共同体只存在于边缘性的生产组织中，如农业和渔业的组织。

与自由主义相反，社群主义主张共同体对于个人具有优先性。关于个人与共同体的关系，某些自由主义者（如罗尔斯）也承认个人不能脱离其他人单独存在，人们需要组成共同体。因此，社群主义的共同体的优先性主要不是指个人不能脱离共同体而存在，而是指个人不能脱离共同体而被理解。

从共同体来理解个人，就是把个人当作共同体的成员。对于自由主义而言，个人是一个自主的实体，他具有自由选择的能力；对于社群主义而言，个人是共同体的成员，他占有某种确定的社会位置。对于自由主义而言，个人的自我认同是形而上学的和认识论的，他作为人具有同其他任何人一样的身份；对于社群主义而言，个人的自我认同是社会学的和历史的，他的身份是由他在共同体中所占据的位置决定的。在麦金太尔看来，每个人在共同体中的位置都是确定的："我是某人的儿子或女儿，是另外一个人的表弟或叔叔；我是这个或那个城邦的公民，是这个或那个行会或同业的成员；我属于这个氏族、那个部落或这个民族"②。一个人要认识自己，或者被其他人所认识，都必须通过其共同体成员的身份，通过他所占据的社会地位，通过他与其他人千丝万缕的联系。

自由主义的个人观念是实体性的，人在本性上具有形而上学的实在性，起码具有道德形而上学的实在性。社群主义的个人观念是功能性的，人的

---

① Cf. Alasdair MacIntyre, "Politics, Philosophy and the Common Good ", in *The MacIntyre Reader*, edited by Kelvin Knight, Notre Dame, Indiana: University of Notre Dame Press, 1998, p.239.

② Alasdair MacIntyre, *After Virtue*, Notre Dame, Indiana: University of Notre Dame Press, Second Edition, 1984, p.220.

本性存在于其所扮演的社会角色之中。按照麦金太尔的说法："成为一个人就是履行一套角色，其中每一种角色都有其自身的意义和目的：家庭的成员，公民，战士，哲学家，上帝的仆人。"① 个人所扮演的角色是多重的，一个人可以同时是哥哥、表弟和父亲，也可以同时是这个家庭、那个村子和这个部落的成员。这些社会角色不是一个人的偶然特征，而是他的本质，它们规定了他的责任和义务。在这种相互关联的社会之网中，每个人都占有一些独特的位置；抛开这些位置，脱离关系之网，他就什么都不是。

在共同体中，每个人都是通过这样的成员身份来辨认自己和他人的。一方面，基于共同体来理解个人，个人只能是一些社会角色，并且只能通过所扮演的社会角色来加以辨认；另一方面，这些社会角色把每个人约束在相关的共同体之中，并使他承担与其社会角色相应的各种责任和义务。麦金太尔从社会学和历史的观点来理解个人，这与萨特的观点形成了鲜明的反差。对于萨特而言，人没有本性，从而人是完全自由的，他可以选择成为任何他想成为的那种人。对于麦金太尔而言，人是被决定的，人生来就具有各种社会属性并占有各种位置，这些社会属性和位置决定了他只能成为什么样的人。萨特的人可以天马行空，我行我素，任何外部因素都不能消除人的自由。麦金太尔的人被牢固地束缚于共同体之中：虽然一个社会也可以有被放逐者、陌生人和流浪者，但是他们也是被派定的社会角色；虽然在遥远的山谷中也有孤独的隐士或者牧者，但是他们也像城市的居民一样属于共同体的成员。②

麦金太尔不仅从社会维度，而且还从历史维度来理解人。如果人的社会性体现了横向的社会关系之网，那么人的历史性体现了纵向的社会关系之网。一个人的出生就带着过去，从其家庭、城邦、部族和民族中继承了传统，继承了各种各样的债务、遗产、正当的期望和义务。这些东西构成了个人生活的"给予"，是其道德的起点。在这种意义上，这些东西使一个人的生活具有了道德的特殊性。③这种历史性为理解人开启了一个维度：

① Alasdair MacIntyre, *After Virtue*, Notre Dame, Indiana: University of Notre Dame Press, Second Edition, 1984, p.59.

② Cf. Ibid., pp.172-173.

③ Cf. Ibid., p.220.

没有历史，个人生活就无法开始；没有过去，一个人就不会成长；没有传统，个人的生活就没有目标和方向。

按照麦金太尔的观点，每个人都位于这种社会位置和历史位置的重合点。要理解某一个特定的人，就要先了解他生存于其中的社会之网和历史之网。参照其横向的社会关系之网和纵向的历史关系之网，一个人的位置被确定了，其成员身份被确定了，从而共同体对他的期望以及赋予他的责任和义务也被确定了。

如果个人只有通过共同体才能存在并且被理解，那么什么是共同体？虽然麦金太尔也开列了一些共同体的名单，如家族、家庭、邻里、农场、渔业组织、俱乐部、学校、实验室、氏族、部落、城镇、民族等，但是它们之间具有非常大的差别，所发挥的功能也不一样，有以血缘关系为基础形成的共同体，也有以各种实践为基础形成的共同体，还有以政治活动为基础形成的共同体。麦金太尔认为，其中最重要的是政治共同体，因为它的成员按照一种活动形式来组织他们的共同生活，这种活动形式的具体目标是在其内部尽可能地把其成员从事的各种其他活动形式统一起来，以使其最大程度地享受生活之善。在麦金太尔看来，这种政治共同体的典范就是古希腊的"城邦"（polis），这种活动形式的名称就是"政治生活"（politics），而"城邦"和"政治生活"关心的东西不是这种或那种特殊的善，而是人类的善本身。①

虽然麦金太尔认为政治共同体是最重要的，并且这种共同体的典范是古希腊的城邦国家，但是他否认现代的"民族国家"（nation-state）是共同体，②其中当然也包括自由主义的民主制国家③。那么为什么现代的民族国家或民主制国家不是共同体呢？按照麦金太尔的观点，这有两个理由。首先，在共同体的内部，人们应该拥有共同的实践推理方式，应该对实践

---

① Cf. Alasdair MacIntyre, *Whose Justice? Which Rationality?* Notre Dame, Indiana: University of Notre Dame Press, 1988, pp.33-34.

② Cf. Alasdair MacIntyre, "A Partial Response to My Critics", in *After MacIntyre*, edited by John Horton and Susan Mendus, Cambridge, UK: Polity Press, 1994, p.303.

③ Cf. Alasdair MacIntyre, "Politics, Philosophy and the Common Good", in *The MacIntyre Reader*, edited by Kelvin Knight, Notre Dame, Indiana: University of Notre Dame Press, 1998, p.241.

和制度享有共同的理解，它们都源于某种继承下来的特定的共同文化传统，而现代国家中的人们则不享有这种共同的文化传统。其次，在共同体的内部，人们应该享有一种共同的语言，因为语言的边界就是社会共同体的边界①，共同的实践推理方式、共同的理解和共同的文化传统都体现在共同的语言之中；而在现代国家中，公民们并不享有一种共同的语言，而是分享各自不同的语言。

如果一个共同体应该享有共同的文化传统和共同的语言，那么德语中所说的"民族"（volk）应该是共同体，因为"民族"既享有共同的文化传统，也享有共同的语言。但是麦金太尔认为，同自由主义的民主制国家一样，"民族"也不是共同体。在麦金太尔看来，共同体与"民族"之间存在两个重要区别：首先，把"民族"联系在一起的重要纽带是共享的文化传统，而把共同体联系在一起的东西则是共同的善；其次，"民族"的黏合剂是前理性的（prerational）和非理性的（nonrational），而共同体的黏合剂则是理性的。因此麦金太尔说："民族的哲学家是赫尔德和海德格尔，而非亚里士多德。"②

二、共同体的善

在麦金太尔的道德哲学中，善处于第一的位置，它们是人类所有行为追求的目的；德性处于第二的位置，它们对于获得善既是必要的也是有助益的；各种规则和权利只占有第三的位置，它们的功能是对人的行为给予限制，防止人们之间的相互伤害。正是在这种意义上，善与权利的关系成为区分社群主义与自由主义的基本标志：社群主义主张善优先于权利，而自由主义则主张权利优先于善。

但是这里需要注意，社群主义者所说的善与自由主义者所说的善是不同的，社群主义者所说的善是共同体的善，而自由主义者所说的善则是指个人的善。因为两者所说的善是不同的，所以社群主义的主张与自由主义

---

① Cf. Alasdair MacIntyre, *Whose Justice? Which Rationality?* Notre Dame, Indiana: University of Notre Dame Press, 1988, p.373.

② Alasdair MacIntyre, "Politics, Philosophy and the Common Good", in *The MacIntyre Reader*, edited by Kelvin Knight, Notre Dame, Indiana: University of Notre Dame Press, 1998, p.241.

的主张并非是不相容的。也就是说，逻辑上可以存在这样的排序：共同体的善优先于个人权利，个人权利优先于个人的善。但是，自由主义者不会接受这种排序的前半部分，因为他们一般否认存在共同体的善；社群主义者也不会接受这种排序的后半部分，因为他们认为共同体的善与个人的善是紧密连在一起的。

社群主义把善排在第一位，这不是问题。问题在于排在第一位的善只能是共同体的善，而不能是个人的善。社群主义强调共同体，其实质是强调共同体的善。个人的善是什么？这个问题的回答是容易的和清楚的：一个人所追求的东西就是他的善，而不同的人追求不同的东西。共同体的善是什么？共同体追求什么样的目的？对这个问题的回答却十分困难，以致自由主义者通常否认存在共同体的善，并通过这种否认来反驳社群主义。如果麦金太尔把善排在第一的位置，并且这种处于第一位的善只能是共同体的善，那么他就必须明确回答"什么是共同体的善"。

在麦金太尔成熟期的各种著作中，我们发现存在着关于共同体的善的各种不同说法。在这些不同说法中，我们可以归纳出两种基本的善观念：一种是"最高善"（highest good），另外一种是"共同善"（common good）。这两种善观念各自都存在一些问题，从而麦金太尔也似乎在两者之间徘徊不定。

关于第一种共同体的善，麦金太尔有一些不同的称呼，如"最高善"、"总体善"（overall good）、"至善"（supreme good）和"上帝之善"（goodness of God）等。① 我们在这里采用"最高善"的表述。关于"最高善"，麦金太尔有两种说法。一种说法来自亚里士多德，而亚里士多德把"人类的兴盛"（human flourishing）以及"幸福"（well-being）当作人类的"最高善"。但是麦金太尔在是否接受亚里士多德的说法上有些犹豫：在《德性之后》中，因为麦金太尔把这种"最高善"同亚里士多德的目的论联系在一起，并且认为不同的道德理论对"什么是兴盛和幸福"存在着深刻的分歧，所以他拒绝承认"最高善"意指人类的兴盛和幸福；然而在其后的著作中，特别是《谁之正义？何种合理性?》和《依赖的理性动物》中，他

---

① Cf. Alasdair MacIntyre, *Whose Justice? Which Rationality?* Notre Dame, Indiana: University of Notre Dame Press, 1988, p.44, 107, 134, 142, 193.

又接受了人类的兴盛和幸福作为"最高善"的观点。

因为在第一种说法上存在犹豫，麦金太尔又提出了第二种说法。他认为，共同体的存在要有某种理由，而共同体存在的唯一正当理由就是创造并且维持某种共同的生活形式。共同体的这种共同生活形式不仅能够把各种特殊实践中的善整合在一起，以使它们形成一个统一的整体，并且它也为该共同体提供了一个目的（telos），而这个目的超越了实践中得到的各种善。这种作为目的的共同生活形式就是"最高善"。① 在这种意义上，追问"什么是最高善"，就是追问"什么是共同体的最好生活方式"。

"最高善"不仅为共同体提供了一个目的以供人们追求，而且它也提供了一个标准来排列各种各样的特殊的善。"最高善"的功能之一就是为各种特殊的善排序。按照麦金太尔的观点，这种善的排序包括两个方面：一方面，排序要对各种善按照等级加以排列，如某些善只因其自身就具有价值，某些善既因其自身也因其他更高的善而具有价值，某些善则仅仅作为其他更高善的手段而具有价值；另一方面，排序既要辨认每一种善在正常的社会生活中的位置，也要辨认每一种特殊的善属于哪个特殊的阶层，如体育和军事活动的善属于青年人，神学沉思的善属于成年人，也如农耕的善属于农民，治病救人的善属于医生。② 麦金太尔试图通过善的这种排序来达到两个目的。一个目的是对各种特殊的善分出高低先后，以形成一个等级系列；另外一个目的是通过这种排序把各种特殊的善统一起来，使它们形成一个有秩序的整体。

这种"最高善"的观念存在一些明显的问题。首先，"最高善"的观念出自亚里士多德，这样就不可避免地带有其形而上学和目的论的色彩，而这种形而上学和目的论在今天已经很难让人相信。其次，即使"最高善"作为人类的兴盛和幸福或者共同体的最好生活方式是合适的，但是它也仅仅适合政治共同体，如城邦或国家，而不适合各种各样的实践共同体，如

---

① Cf. Alasdair MacIntyre, "Practical Rationalities as Social Structures", in *The MacIntyre Reader*, edited by Kelvin Knight, Notre Dame, Indiana: University of Notre Dame Press, 1998, p.123.

② Cf. Alasdair MacIntyre, *Whose Justice? Which Rationality?* Notre Dame, Indiana: University of Notre Dame Press, 1988, p.44; Alasdair MacIntyre, "Practical Rationalities as Social Structures", in *The MacIntyre Reader*, edited by Kelvin Knight, Notre Dame, Indiana: University of Notre Dame Press, 1998, p.123.

农场、渔业组织、学校和实验室等。最后，"最高善"的主要功能之一是为各种特殊的善进行排序，分出等级高低或优劣先后，但是，由于特殊的善与特定的阶层是对应的，特殊的善属于特定的群体，从而善的等级高低意味着不同人的等级高低。也就是说，如果善的等级排序意味着人的等级排序，那么麦金太尔设想的共同体实行的是一种贵族等级制度。

由于"最高善"作为共同体的善存在着各种困难，所以麦金太尔又提出了另外一种善观念作为共同体的善，即"共同善"。什么是"共同善"？按照麦金太尔的解释，在一些社团中，其所有成员（如家庭、渔业队和投资俱乐部的成员，学校的学生、教师和行政管理人员，以及实验室一起工作的科学家）以这样一种方式共同拥有一个目标，这个目标作为他们共同活动的目的就是"共同善"。①

如果"共同善"就是某种社团所拥有的共同目标，那么其他道德理论（如功利主义和以权利为基础的自由主义）也可以承认这种"共同善"。为了区别于其他道德理论，麦金太尔需要对"共同善"进行区分。一种是个人主义的"共同善"："共同善"无非是个人作为其成员所追求的善的总和，因为社团本身不过是这些个人达到其私人目的的工具，如由投资俱乐部得到的善；另外一种是社群主义的"共同善"："共同善"不是个人的善的总和，也不能由个人的善所构成，它们不仅是通过集体活动和共享的理解而得到的，而且更重要的在于它们是由集体活动和共享的理解所构成的，如由渔业队、弦乐四重奏组、家庭农场和科研团队等得到的善。②

现在我们可以明白麦金太尔在讨论"共同善"时使用"社团"（association）一词的用意了。"共同善"是"社团"的善，而社团的"共同善"分为两种。如果一个社团所拥有的"共同善"是个人主义的，其"共同善"无非是个人善的总和，那么这个社团无非就是一个群体（group）而已；如果一个社团所拥有的"共同善"是社群主义的，其"共同善"是由集体活动和共享的理解构成的，那么这个社团就是一个"共同体"（com-

---

① Cf. Alasdair MacIntyre, "Politics, Philosophy and the Common Good ", in *The MacIntyre Reader*, edited by Kelvin Knight, Notre Dame, Indiana: University of Notre Dame Press, 1998, p.239.

② Cf. Ibid., pp.239-240.

munity)。一个共同体是一个社团，但一个社团并不一定就是一个共同体。

在麦金太尔看来，共同体所拥有的"共同善"是构成性的：不仅"共同善"是由集体活动和共享的理解构成的，而且在这种"共同善"中，个人获得他自己的善与他对"共同善"的贡献是不可分的。按照这种"共同善"的观念，辨认什么是我自己的善以及什么是我最好的生活方式，与辨认什么是"共同善"以及什么是共同体的最好生活方式，两者是无法分开的。① 如果个人所追求的善与共同体的"共同善"是不可分的，那么"我"的善与"你"的善也是一致的，"我"在追求自己的善的过程中绝不会与"你"发生冲突，因为我们都是同一个共同体的成员，因为我们拥有共同的善。②

同"最高善"的观念一样，"共同善"的观念也存在一些难以克服的问题。首先，如果说"最高善"的局限性是它仅仅适合政治共同体，如人类的兴盛不可能成为弦乐四重奏组的目的，那么"共同善"的局限性是它仅仅适合各种实践共同体，如培育蔬菜新品种可以成为某个实验室的目的，但不能成为政治共同体的目的。其次，即使某个共同体（如实验室）拥有一个共同的目的（共同善），但是这个共同的目的（共同善）也不足以消除其个人成员之间的利益冲突。也就是说，"我"作为一位科学家所追求的善（成为某个蔬菜新品种的发明者）有可能与"你"的善（你作为一位科学家也想成为它的发明者）是相互冲突的。

三、共同体的正义

在社群主义者看来，无论是对于共同体还是个人，善都具有头等重要的意义。如果善处于第一的位置，那么如何分配善将成为一个重要的问题。这就涉及正义理论。虽然在当代政治哲学中正义理论具有更广泛的内容，但是对于麦金太尔和其他社群主义者来说，正义就是如何分配善的问

① Cf. Alasdair MacIntyre, "Politics, Philosophy and the Common Good", in *The MacIntyre Reader*, edited by Kelvin Knight, Notre Dame, Indiana: University of Notre Dame Press, 1998, pp.240-241.

② Cf. Alasdair MacIntyre, *After Virtue*, Notre Dame, Indiana: University of Notre Dame Press, Second Edition, 1984, p.229.

题。在当代各种正义理论中，处于主流地位的是自由主义。对于麦金太尔而言，要想确立社群主义的正义观，必须首先批判自由主义的正义观。

麦金太尔在讨论正义理论时提出了两个假设的人物 A 和 B，而他试图通过这两个假设的人物，既批评自由主义也提出自己的正义观。A 是一个小商店老板或一名警官或一个建筑工人，他想通过艰苦奋斗从收入中节约出一部分钱用来买一所小房子，送孩子到当地大学去读书，以及负担父母健康所需的费用。现在他发现，所有提高税收的政策都威胁到了这些计划的实现。他把这种对其计划的威胁看作是一种不正义，声称他对自己挣得的东西是有权利的，而对于他合法得到的任何东西，任何人都没有权利加以剥夺，即使是以税收的名义。B 是一位自由职业者或一名社会工作者或一个拥有遗产的人，他对财富、收入和机会的分配中存在的各种不平等和任意性有相当深刻的印象。他更感到，这种不平等还会导致穷人和被剥夺者没有什么办法来改善自己的处境。他把这些不平等视为不正义。他相信，对不平等分配的唯一辩护就是这种不平等能够改善穷人和被剥夺者的处境。于是他得出结论，能为社会福利和社会服务提供资金即用于再分配的税收是正义所要求的。

A 主张，作为正义原则，合法的获取及其权利对再分配的可能性设置了限制。如果这种正义原则的应用产生出了不平等，那么容忍这种不平等是为正义所必需付出的代价。B 主张，正义分配的原则对合法的获取及其权利设置了限制。如果这种正义分配原则的应用干涉了在目前社会中被认为是合法的获取和权利，那么容忍这种干涉是为正义所不得不付出的代价。值得注意的是，任何一方的正义的实行都需要对方来付出代价，也就是说，每一社会群体在接受某种正义原则或拒绝某种正义原则时都涉及利害关系。麦金太尔进一步指出，A 和 B 所提出的正义原则不仅在实践上是不相容的，而且两者的对立也没有办法得到合理的解决。A 希望将正义观念建立在人们所获得的并对其拥有权利的东西上面，而 B 则希望将正义观念建立在基本需要和满足这些基本需要之手段的人人平等上面。面对既定的财产或资源，A 主张，正义在于他拥有它，即他合法地获取或挣得它；而 B 主张，正义在于把它分给别人，因为他们更需要它。麦金太尔认为，这种合法权利与需要之间的争论在当代文化中是无法解决的，因为没有一种标准来评判这些不可公度的正义观念。①

　　显然，麦金太尔用 A 与 B 的对立来模拟自由主义内部罗尔斯与诺奇克的争论，A 代表诺奇克，B 代表罗尔斯。麦金太尔认为，罗尔斯和诺奇克的争论在政治哲学的层面上表述了 A 和 B 在日常生活层面上的不一致，而且，罗尔斯和诺奇克的争论在哲学辩论层面上再生产出了"不相容性"（incompalibility）和"不可公度性"（incommensurability），反过来又使 A 和 B 的争论在社会冲突的层面上成为不可解决的。罗尔斯视为首要的东西是按照需要来确定的平等原则，而诺奇克视为首要的东西则是按照权利来确定的平等原则。对于罗尔斯而言，这些具有紧迫需要的人是如何成为具有紧迫需要的，这是一个不相关的问题；正义是一种关于现在的分配方式的问题，过去是不相关的。对于诺奇克而言，只有过去合法获取的东西才是相关的，而现在的分配方式则与正义是无关的。罗尔斯关于平等正义的论证求助于无知之幕，但是，一方面没有人能够处于无知之幕的后面，另一方面他也无法反驳诺奇克的前提，即权利是神圣不可侵犯的。诺奇克关于持有正义的论证求助于人的基本权利，但是，一方面求助于人的权利是求助于不可证明的假设；另一方面，他也无法反驳罗尔斯的前提，即正义意味着需要的人人平等。罗尔斯给予需要以优先性，而诺奇克则给予权利以优先性，两者之间没有一种共同的理性的衡量标准，所以他们之间的争论是不可解决的。②

　　然而，麦金太尔认为，A 和 B 的位置与诺奇克和罗尔斯的位置又不是完全相同的，在 A 和 B 的主张中包含了一个为罗尔斯和诺奇克所共同忽视的因素——应得（desert）。A 和 B 都参照应得来解释正义：A 不仅站在自己的立场上说他对他得到的东西是有权利的，而且说他是通过艰苦的劳动得到了它，所以他是应得的；B 则站在穷人和被剥夺者的立场上说他们的贫穷和被剥夺是不应得的，从而他们处于这样的状态是没有根据的。罗尔斯和诺奇克对正义和权利的论证中都没有考虑应得的问题。

　　麦金太尔提出，正义的分配原则就是应得，并且用应得原则同罗尔斯的

---

　　①　Cf. Alasdair MacIntyre, After Virtue, Notre Dame, Indiana:University of Notre Dame Press, Second Edition, 1984, pp.244-246.

　　②　Cf. Ibid., pp.248-249.

平等原则和诺奇克的权利原则来对抗。分配正义的原则是应得，这个观念来自亚里士多德。同样基于亚里士多德，不正义就是得其不应得，而不应得有两种情况，一种是一个人没有得到其应得的东西，另外一种是一个人得到了多于其应得的东西。① 麦金太尔在应得原则的问题上有三个基本论点。

首先，自由主义在分配正义中排除了应得。应得意味着一个人所得到的东西与其过去的行为相关，即一个人的所得与其过去所作出的贡献是相等的。在麦金太尔看来，自由主义者以不同的方式排除了应得：罗尔斯的正义原则是平等，这种原则只考虑将来（所分配的东西往哪里去），而不考虑过去（所分配的东西从哪里来），从而排除了基于过去行为的应得；诺奇克的正义原则是权利，这种原则只考虑现在（谁拥有什么权利），以维护私人财产权的神话，从而也排除了应得。②

其次，应得的观念与共同体是紧密联系在一起的。正如应得的观念本身来自亚里士多德，应得作为分配正义的原则也被认为只适用于古典社会中的共同体。麦金太尔认为，应得的观念只能存在于这样的共同体中，即人们对个人的善和共同体的善拥有一种共同的认识，而每个人都参照这些善来确定自己的根本利益。③ 而且，在麦金太尔看来，因为自由主义者没有这种共同体的观念，所以他们无法拥有应得这样的实质性正义原则，而只能拥有平等或权利这样的程序性正义原则。

最后，应得的观念在现代社会中处于不断衰落的边缘地位。在麦金太尔看来，只有在共同体中，人们才能拥有并追求共同的善，而应得则是在对这些共同的善的追求中确定的。现代化破坏了古典社会的共同体，从而应得的观念也在不断衰败之中。因此，应得的观念现在只是以残存的形式存在于某些与过去有着很强历史联系的共同体中，如信仰天主教的爱尔兰人，信仰东正教的希腊人，以及犹太人等。④ 也就是说，目前西方主流的正义观念是平等、权利或功利等等，而应得残存于它们的边缘。

---

① Cf. Alasdair MacIntyre, *Whose Justice? Which Rationality?* Notre Dame, Indiana: University of Notre Dame Press, 1988, pp.106-107, p.111.

② Cf. Ibid., p.251.

③ Ibid., p.250.

④ Ibid., p.252.

麦金太尔的这三个论点是针对自由主义提出来的，并且其自身也有某些道理。但是如果我们对其加以深入分析，就会发现它们各自都存在问题。首先，麦金太尔认为自由主义者（如罗尔斯和诺奇克）以平等或权利为正义原则，这是正确的；但是他认为他们在分配正义中排除了应得，这是不正确的。因为无论是罗尔斯还是诺奇克，都在其正义理论中为应得留有一席之地：在罗尔斯的正义理论中，应得体现为罗尔斯所说的"合法期望"；在诺奇克的正义理论中，应得体现为"资格"（entitlement）。其次，麦金太尔认为应得的观念在现代社会中处于不断衰落的边缘地位，这是不正确的。因为现代社会实行的是自由的市场经济，而市场只能按照人们所做的贡献给予其回报，这就是应得。也就是说，应得的观念不仅没有衰落，而且正达到其顶峰。① 也正是由于现代社会的市场经济实行的是应得原则，所以当代的政治哲学家提出平等的原则对其加以矫正，因为按照应得的原则进行分配会导致不平等。最后，麦金太尔把应得与共同体联系在一起，这与他的社群主义思想是一致的。但是，麦金太尔的应得观念来自古希腊，而在古希腊，应得的观念有各种不同的所指，有时是指出身（血统），有时是指地位（贵族），有时是指道德，而所有这些都与其现在的意义极为不同。如果麦金太尔把应得的观念与共同体联系在一起，那么应得的观念在最好的情况下意味着"道德应得"。正是出于这个原因，罗尔斯在其正义理论中不愿意使用"应得"一词，而使用"合法期望"。

第六节 历史主义

在政治哲学方面，麦金太尔的主要敌人只有一个，即自由主义，因此阐述自己的政治哲学与批判自由主义是一件事情的两面。在认识论方面，麦金太尔则有两个主要对手，从而需要两面作战：一方面要反对普遍主

---

① David Miller, "Virtues, Practices and Justice", in *After MacIntyre*, edited by John Horton and Susan Mendus, Cambridge, UK: Polity Press, 1994, pp.257-258.

义，批判以休谟和康德为代表的现代主义哲学；另一方面还要反对相对主义，批判以尼采和福柯为代表的后现代主义哲学。如果说在政治哲学领域麦金太尔用社群主义来对抗自由主义，那么在认识论领域他则用历史主义来对抗普遍主义和相对主义。

用历史主义来对抗普遍主义，这会使麦金太尔在其现代性批判中占有某种优势。但是用历史主义来对抗相对主义，则会产生一个问题：如何区分历史主义与相对主义，以及如何使自己的历史主义避免成为一种相对主义。对于麦金太尔来说，这是一个重大而艰巨的挑战。为了避免被看作是一种相对主义，他不得不一再修正自己的理论，以至于出现了三种不同版本的历史主义。

一、第一种版本的历史主义

《德性之后》是麦金太尔的成名作，第一种版本的历史主义就体现在这部名著之中。我们知道，麦金太尔道德哲学的根本目的是颠覆西方自启蒙以来居统治地位的规则伦理学，试图复兴古代的德性伦理学。在《德性之后》中，他是通过阐释西方德性观念的历史来达到这个目的的。对于麦金太尔而言，哲学就是哲学史，同样，德性就是德性观念的历史，因为任何观念都来源于传统并建立在传统之上，而脱离了传统，任何观念都会失去其意义。

通过考察西方从远古到当代的伦理思想，麦金太尔概括出了西方五种主要的德性观念，即荷马时代英雄社会的德性观念，古希腊特别是亚里士多德的德性观念，中世纪基督教的德性观念，启蒙的德性观念，以及功利主义的德性观念。对于这些在历史上相继出现的德性观念，麦金太尔持有三个观点。首先，这些德性观念是不同的和对立的。例如，荷马把德性理解为能够使人履行其社会角色的品质，亚里士多德把德性理解为能够使人实现其目的的品质，而功利主义把德性理解为能够使人获得成功的品质。其次，这些不同的和对立的德性观念之间具有不可公度性（incommensurability）。每一种德性观念都有自己的前提，并从其前提合乎逻辑地得出了自己的结论。但是，由于这些不同前提所使用的规范观念是不同的和对立的，因此没有一种共同的标准来评价这些不同的德性观念，从而也没有办法来终结它们之间的争论。最后，这些不同的、对立的和不可公度的德性观念源于不同的历史背景。例如，荷马的德性观念源于远古的英雄社会，亚里士多德的德性观念来自古希腊的城邦国家，阿奎那的德性观念来自中世纪的基督教社会，而功利主义的德性观念来自现代的资本主义社会。

基于历史主义，每一种具体的道德理论只有作为连续历史的一环才是可理解的和可辩护的。虽然麦金太尔从黑格尔那里获得了很多教益，但是他的历史主义不同于黑格尔的历史主义。这种差别体现在如下几个方面。首先，对于黑格尔而言，历史发展有一个终点，在观念上这个终点体现为绝对真理；对于麦金太尔而言，既不承认历史发展有什么终点，更不承认存在什么绝对真理。其次，对于黑格尔而言，历史传统展现为一种不断进步的过程，后来的理论不仅取代了先前的理论，而且优越于先前的理论；对于麦金太尔而言，传统可能有进步，也可能有退步，后来的理论并不一定比先前的理论更为优越。最后，对于黑格尔而言，一种理论的意义是按照理论的总体或绝对精神来加以评价的，或者说是按照未来（终点）加以评价的；对于麦金太尔而言，一种理论的意义是按照过去加以评价的，而且只有作为过去的评注和回应才是可理解的。①

按照麦金太尔的观点，西方历史上出现的这些德性观念是不同的、对立的和不可公度的。虽然每一种德性观念都有支持自己的理由，但是这些理由只适用于自己，不适用于对手的德性观念。也就是说，任何一种德性观念都没有足以使对方信服的理由。如果这样，那么如何才能够在这种相互冲突的多种德性观念中清理出一种统一的核心德性观念？麦金太尔主张，只有采取一种历史主义的态度才能完成这个任务。麦金太尔用来解决这个问题的历史主义具有两个特征。第一，他将这些不同的、对立的和不可公度的德性观念看作是传统的不同组成部分，这些不同的组成部分源于传统的不同发展阶段。换言之，统一性不存在于德性观念本身之中，而存在于历史之中，每一德性观念既是历史的产物又表现了历史。第二，他把德性观念建立在某些先在解释的基础之上。德性观念依赖于先在的解释，

---

① Cf. Alasdair MacIntyre, *After Virtue*, Notre Dame, Indiana: University of Notre Dame Press, Second Edition, 1984, pp. 146-147.

只有按照某些关于社会和道德生活特点的先在解释，德性才能被定义和理解。例如，对于荷马的德性，先在解释是关于社会角色的；对于亚里士多德的德性，先在解释是关于人生的目的的；对于功利主义的德性，先在解释是关于功利的。第一个特征表达了历史的动态性，它是一种纵向的历史主义；第二个特征揭示了社会的结构性，它是一种横向的历史主义。

麦金太尔的这种历史主义面临两个明显的问题。首先，麦金太尔在《德性之后》中以历史学家的方式对待哲学问题，以哲学家的方式来分析历史，试图通过研究历史的方式来得出某种哲学结论，但是他的做法导致这样一种批评，即他的历史主义混淆了历史和哲学，在更广泛的意义上混淆了事实和逻辑，因为哲学和逻辑关心的是必然的东西或者真理，而历史和事实关心的是偶然的东西或者社会现实。①

其次，麦金太尔通过研究西方德性观念的历史而概括出五种主要的德性观念，即荷马时代的德性观念、古希腊时期亚里士多德的德性观念、中世纪基督教的德性观念、启蒙时代的德性观念以及当代功利主义的德性观念。麦金太尔认为，这五种德性观念是对立的和不可公度的，不存在一个中立的标准来评价它们。这样便产生一个问题：虽然麦金太尔本人明显赞同亚里士多德主义的德性传统，但是他无法证明这种传统的合理性和优越性。换言之，一种传统的优越性何在？

在 1984 年出版的《德性之后》第二版中，麦金太尔除了对第一版中一些错误进行修改之外，还增加了"第二版的跋"（即第 19 章），以回答批评者提出的批评，而在这些批评中，最重要的就是上面指出的两个问题。

麦金太尔认为，如果以抽象的哲学方式来讨论道德问题，那么就会碰到不同道德理论之间的不可公度性问题；如果我们把道德理论置入具体的历史背景和所要解决的问题之中，那么我们就能够知道哪一种道德理论更为优越。麦金太尔借用物理学的历史进行论述：与伽利略和亚里士多德的物理学相比，牛顿物理学更为优越，因为它能够解决它们所不能解决的理

---

① Cf. Gordon Graham, "MacIntyre's Fusion of History and Philosophy", in *After MacIntyre*, edited by John Horton and Susan Mendus, Cambridge, UK: Polity Press, 1994, p.162.

论难题，从而克服了自己局限性。道德哲学也是如此。当一种道德理论面对不同的、与其竞争的和不相容的其他理论时，如果它能够辨别出对手的缺点和局限性，对其缺点和局限性提供一种合理的解释，并且超越了对手的缺点和局限性，那么它与其对手相比就具有优越性。①

麦金太尔以历史主义反对实在论：实在论对真理的观念具有一种坚定的承诺，而历史主义拒绝对真理观念的这种承诺。同时麦金太尔也反对黑格尔的历史主义：黑格尔的历史主义持有一种历史终结的观点，在历史的顶点就会出现绝对知识和绝对真理；麦金太尔的历史主义接受了"可错论"（fallibilism）的观念，任何一种理论最终都将被超越，都将被更好的理论所替代。麦金太尔主张，我们不能期望获得一种完美的、无懈可击的理论，而只能得到"迄今为止最好的理论"。所谓"迄今为止最好的理论"，是指它能够回应对手的不断挑战，在避免对手的缺点和局限时能够汲取其优点来修正自己，并且能够对其缺点和局限提供目前最好的解释，并且也能对所面临的问题给予目前最好的解决。在麦金太尔看来，亚里士多德的道德理论就是这种"迄今为止最好的理论"。② 但是，这里需要指出，"迄今为止最好的理论"并不是真理，而麦金太尔第一种版本的历史主义一直拒绝真理的观念。

即使我们基于第二版的《德性之后》，考虑了麦金太尔在"第二版的跋"所进行的一些澄清和修正，第一种版本的历史主义仍然存在两个问题。第一，如果历史主义应该以历史事实为基础，那么历史事实所表明的东西是亚里士多德的道德理论被后来的一系列道德理论所取代了，而不是其他的道德理论被亚里士多德主义取代了。基于西方道德哲学演化的历史，麦金太尔所钟爱的亚里士多德主义和托马斯主义都被后来的人们抛弃了。第二，在第二版的《德性之后》中，麦金太尔主张，虽然一种"迄今为止最好的理论"比其他理论具有优越性，能够对相关的缺点、局限和问题提供最好的解释，但是这种评价的标准仍然是内部的，即这种内部的评价标准不能克服不同的道德理论之间的不可公度性。这样麦金太尔不得不处在一

---

①　Cf. Alasdair MacIntyre, *After Virtue*, Notre Dame, Indiana: University of Notre Dame Press, Second Edition, 1984, pp. 268-269.

②　Cf. Ibid., p.270.

种两难的理论位置：或者承认存在一种中立的标准，并且用它来解决对立的道德理论之间的冲突；或者不承认存在这样一种中立的标准，从而对立的道德理论之间的冲突无法得到合理的解决。因为第一种位置就是启蒙的立场，而麦金太尔无论如何都不能接受它，所以他必然处于第二种位置，而这种位置引起了相对主义的问题。

二、第二种版本的历史主义

麦金太尔的问题在于：一方面，在面对各种道德哲学和政治哲学的理论问题时，他持有一种历史主义的立场，其探究的主要目的之一是为各种理论传统提供历史的和社会学的解释；另一方面，在面对西方自古希腊以来的各种道德哲学和政治哲学时，他又赞同亚里士多德主义和托马斯主义，主张它们比现代的和当代的各种理论更为合理。历史主义的立场与亚里士多德主义和托马斯主义的立场之间存在一种内在的张力，因为从后者的立场看，历史主义会引发相对主义的问题。这样，为了解决相对主义的问题，麦金太尔在《谁之正义？何种合理性？》中提出了第二种版本的历史主义。

由历史主义引起的相对主义问题可以分为两种。一种是理论的进步问题：如果一种理论必须按照其时代的历史背景来加以理解，而不同的理论对应着不同的历史背景，那么理论本身不过就是时代的表象，从而不同时代的理论之间只有替代而没有进步。另外一种是理论的合理性问题：如果存在不同的、对立的和不可公度的理论，而没有一种共同的评价标准可以应用于它们，那么就没有理由主张某一种理论比其对手更为合理，从而也就没有理由可以主张某种理论能够战胜其他理论。

麦金太尔想坚持历史主义的立场，但是不想背负相对主义的指控。为了避免陷入相对主义的泥沼，他必须区分开历史主义与相对主义，并表明他如何能够克服相对主义。为此，麦金太尔在理论上必须证明两点：第一，他的历史主义可以承认理论的进步，并说明什么是理论进步；第二，他的历史主义可以证明理论的合理性，以及一种理论为什么会比另外一种理论更为合理。

我们首先来讨论理论进步的问题。麦金太尔认为，当我们对某个方面的理论探究进行历史回溯时，不仅会发现一种理论的进步，而且会发现这种进步指向某个目标。在这个问题上，麦金太尔的观点由四个论点组成。第一，虽然理论探究的后来阶段以先前阶段的发现为前提，但是后来阶段则能够提供某种观点来理解和描述先前阶段所发现的东西，而这样的理解和描述在先前阶段则是不可能的。第二，对于先前阶段没有解决的问题以及没有解决的分歧，后来阶段能够提供一种解释，来说明这种分歧为什么会发生，以及说明为什么这种分歧在先前阶段是不可解决的。也就是说，后来阶段为先前阶段的缺陷提供了一种说明其错误的理论。第三，后来阶段能够提供一种更好的理论，而所谓"更好"，不仅是指该理论在观念上更丰富了和描述上更详细了，而且指理论探究拥有了更好的目标和方向，从而为进一步的探究打下了坚实的基础。第四，这种目标概念逐渐丰富，以致最终不仅能够为该理论探究提供一种目的，而且也能够提供一种终极解释，这就是"本原"（archē）。① 在其他的地方，这种作为目的和终极解释的东西也被麦金太尔称为"第一原则"。

如果说麦金太尔用辩证的方法来解释理论的进步，这里的辩证法既是古希腊意义上的——理论通过克服自己的局限性而进步，也是黑格尔式的——理论朝向一个终极的目的，那么与此不同，麦金太尔用科学哲学的方法，特别是库恩的科学革命理论，来解释理论的合理性。

麦金太尔把我们通常所说的理论称为"探究的传统"。在道德哲学和政治哲学领域，西方存在很多探究的传统，如亚里士多德主义代表的古代传统，托马斯主义代表的基督教传统，休谟哲学代表的现代传统，以及自由主义代表的当代传统。如果西方存在这些不同的和对立的理论传统，那么哪种传统具有更大的合理性而胜过其他传统？

麦金太尔对这个问题的解决分为三个阶段。第一个阶段是传统的形成，即某种理论的权威被接受了，对此没有任何系统的质疑。在第二个阶段，该理论传统内部产生了认识论危机，出现了各种问题。这时，这种理论传统的信奉者有可能遭遇到其他的传统，从而求助于其他传统的资源来

---

① Cf. Alasdair MacIntyre, *Whose Justice? Which Rationality?* Notre Dame, Indiana: University of Notre Dame Press, 1988, pp.79-80.

解决自己遇到的问题。在第三个阶段，各种出现的问题被解决了，传统被加以重构。为了克服认识论危机，某种理论传统的信奉者首先要学习对立传统的语言，理解对立的传统，把握其主张、信念和理论。通过求助对立传统的思想资源和理论资源，他们能够得到一种新的理论解释，这种新的理论既能够解释为什么自己的传统会发生认识论危机，也能够解释对立的传统为什么没有发生这种危机。在这种情况下，他们认为对立的传统比自己原来信奉的传统更为优越，具有更大的合理性。这样，他们原先一直信奉的理论被击败了，他们接受了对立的传统的理论，并且以这种方式重构了自己传统的历史。①

麦金太尔借用辩证法来解决理论的进步问题，用科学哲学的模式来解决理论的合理性问题，从而表明他的历史主义不是相对主义。然而，这些做法不仅不能使麦金太尔摆脱相对主义，而且还会对他的基本观点产生冲击。一方面，通过借用科学革命的模式，麦金太尔提出，当一种理论传统发生"认识论危机"并克服由此带来的问题以后，新确立的传统就具有比先前传统更大的合理性。但是，一种理论传统可能发生所谓的"认识论危机"，也可能不发生，甚至非常可能不发生，在这种情况下，麦金太尔仍然没有办法解决不同理论之间的合理性问题；另一方面，通过辩证法，麦金太尔提出，一种理论传统的后来阶段与其先前阶段相比是进步了，因为它不仅能够解决先前阶段所不能解决的问题，而且还能解释在先前阶段为什么不能解决其问题。在西方的理论传统中，亚里士多德主义、托马斯主义、休谟哲学以及自由主义代表该传统的不同阶段。如果麦金太尔关于理论进步的观点是正确的，那么它就会反过来破坏他的道德哲学和政治哲学，因为他赞同先前阶段的亚里士多德主义和托马斯主义，反对后来阶段的休谟哲学和自由主义。

麦金太尔使用两种策略来摆脱相对主义的指责。一种是表明他的历史主义有能力解决理论的进步和合理性的问题，从而不会得出相对主义的结论；另一种是在他的历史主义与相对主义之间划出一条界线，从而否认

---

① Cf. Alasdair MacIntyre, *Whose Justice? Which Rationality?*, Notre Dame, Indiana: University of Notre Dame Press, 1988, pp.363-365.

他的历史主义是相对主义。后者包括三个步骤：第一，区分开参与者与旁观者，以区分开历史主义者与相对主义者；第二，区分开相对性与相对主义，以表明自己不是相对主义；第三，批判系谱学，以反证自己不是相对主义。让我们依次对这三个步骤加以剖析。

首先，麦金太尔对旁观者与参与者进行了区分，前者从外部的观点来看待和评价事情，后者从理论传统内部的观点来看待和评价事情。麦金太尔认为，从参与者的观点看，每一种理论传统都会主张自己关于善和德性的观点都是真的，而对手的观点都是假的。一个理论传统的参与者不会否认自己的道德主张是真的。相反，只有从旁观者的观点看，只有从外部的观点看，才会产生出相对主义的立场。[①]但是，西方主流的道德哲学持一种相反的观点。自休谟以来，西方道德哲学一直持有这样的观点，即要对不同的道德观点加以评价，评价者应该持一种中立的、理想的旁观者的立场。与参与者不同，这种旁观者与所要判断的事情无关，自身的利益和信念不会牵涉其中，从而能够保持一种公正的态度。在某种意义上说，罗尔斯设计原初状态和无知之幕的目的也是要保持这种公正的态度。因此，麦金太尔必然会遭到这样的批评：要想避免道德上的相对主义，就必须从理想旁观者的观点来作出判断；麦金太尔反对这种理想的旁观者的观点，从而他无法避免相对主义。[②]

其次，麦金太尔在相对性与相对主义之间进行了区分，并且认为自己的观点属于相对性而非相对主义。区分开相对性与相对主义的是这样一种关键点：存在很多与文化相关的思想体系和行为体系，其中每一种体系都有自己的推理和评价标准；不仅这些不同的思想体系和行为体系所达到的评价和规范的结论是不相容的，而且每一种体系所使用的推理标准在其他体系看来也是没有道理的；与对手的体系相比，一个人自己所拥护的体系

---

① Cf. Alasdair MacIntyre, "A Partial Response to My Critics", in *After MacIntyre*, edited by John Horton and Susan Mendus, Cambridge, UK: Polity Press, 1994, pp.295-297.

② Cf. Christopher Stephen Lutz, *Tradition in the Ethics of Alasdair MacIntyre*, New York: Lexington Books, 2004, pp.74-75.

并不占有优势的地位。① 如果一种立场止于这个关键点，那么它就不是相对主义，而仅仅是相对性。如果一种立场超出了这个关键点，那么它有两种可能：或者它否认思想体系和行为体系的合理性，从而否认任何一种体系比其他体系更为优越，这被麦金太尔称为"相对主义"；或者它否认思想体系和行为体系的真理性，从而否认任何一种体系的权威性，这被麦金太尔称为"视点主义"或"系谱学"。麦金太尔认为，他自己的立场止于这个关键点，而相对主义和视点主义则超越了这个点。

最后，麦金太尔在处理相对主义问题时把矛头对准了系谱学，用这种最强形式的相对主义反证自己不是相对主义。这样，在第二种版本的历史主义中，麦金太尔在认识论方面的主要敌人已经不是现代的普遍主义，而是后现代的视点主义。关于这种策略，在麦金太尔对待尼采的不同态度中可见一斑。在第一种版本的历史主义（《德性之后》）中，麦金太尔把尼采引为同道，借用尼采的思路、观点和立场来批判启蒙，批判现代的普遍主义。虽然麦金太尔最后提出了"亚里士多德或者尼采"的问题，并最终选择了前者和抛弃了后者，然而其理由也仅仅是因为后者同自由主义一样是个人主义的。但是在第二种版本的历史主义（《谁之正义？何种合理性？》）中，麦金太尔把尼采当作敌人，把其"视点主义"当作主要的相对主义加以批判，并且在后来的《三种对立的道德探究观》中，对从尼采到福柯的整个系谱学进行了清算。麦金太尔极力批判系谱学的目的显然是，通过批判最强形式的相对主义来证明自己不是相对主义。

麦金太尔为避免相对主义所采取的这些策略都是不成功的，因为这些策略的基础是合理性的观念而非真理的观念。在第二种版本的历史主义中，麦金太尔的核心概念是合理性，而合理性不足以使他避免相对主义。虽然麦金太尔在批判尼采和系谱学时也提到了真理的观念，但是这种真理不仅是历史主义的而非实在论的，而且它仅仅从内部的观点被看作是"真的"。麦金太尔要想彻底划清与相对主义的界限，就必须将自己的历史主义建立在真理观念的基础之上。

---

① Cf. Alasdair MacIntyre, "An Interview for *Cogito*", in *The MacIntyre Reader*, edited by Kelvin Knight, Notre Dame, Indiana: University of Notre Dame Press, 1998, pp.272-273.

三、第三种版本的历史主义

历史主义的本意是挑战普遍主义，它认为普遍主义是一种已经过时的教条。同时，历史主义也不想陷入相对主义，起码不想被指责为相对主义。在这种两面作战的处境中，历史主义在面对普遍主义时所拥有的优势在面对相对主义时就变成了劣势，正如普遍主义很难避免教条主义的指控一样，历史主义也很难避免相对主义的指控。

在麦金太尔第一种版本的历史主义中，相对主义还不是一个问题，起码不是一个需要他尽力对付的问题。只是因为《德性之后》发表后受到了一些批评，其中包括相对主义的指责，麦金太尔才在其第二版的第 19 章试图划清历史主义与相对主义界限。在第二种版本的历史主义中，相对主义变成了一个重大问题，麦金太尔试图通过对理论传统的合理证明来克服相对主义。但是，这两种版本的历史主义在对待相对主义的问题上都是不成功的，都不足以避免相对主义的批评。以上讨论表明，对于麦金太尔而言，无论是反驳相对主义，还是证明自己不是相对主义，都必须基于真理的观念。

如果说第一种版本的历史主义体现在《德性之后》（1981 年）中，其核心概念是"证明"（justification），第二种版本的历史主义体现在《谁之正义？何种合理性?》（1988 年）中，其核心概念是"合理性"（rationality），那么第三种版本的历史主义则体现在"道德相对主义、真理和证明"（1994年）中，其核心概念是"真理"（truth）。以真理观念为基础，第三种版本的历史主义在道德理论的性质、证明和目的等方面的观点都随之变化了。具体说，第三种版本的历史主义的变化表现在如下几个方面：

首先，这种历史主义对真理具有一种坚定的承诺。虽然麦金太尔仍然承认存在着不同的和对立的道德理论，而且不同道德理论的拥护者对自己的观点给出了不同的合理证明，但是他认为，这些拥护者作为道德共同体的成员必须主张自己道德观点的核心部分是真理，即他们拥有一种真理的主张。在麦金太尔看来，这种真理的主张包括两个重要的方面：一方面，这些人主张其道德观点之核心部分是真理，从而他们也承诺对其核心部分给予合理的证明，而基于真理的主张，这种合理证明的标准不应是内在于这种或那种观点之中，而应该独立于这种观点或那种观点，即它们是合理证明的标准本身；另一方面，基于真理的主张，任何一种道德探究的结果都是开放的，从而存在这样的可能性，即道德探究所达到的结论表明原本计划要证明的主张是虚假的。① 这里的关键在于合理证明的标准。麦金太尔以前主张，一种道德理论的合理证明标准是内在于其道德理论的，不存在独立的合理证明标准。现在他主张，真理提供了合理证明的标准。

其次，这种历史主义主张的合理证明不等于真理。如果说麦金太尔先前的策略是用批评最强形式的相对主义（系谱学）来反证自己不是相对主义，那么他现在的策略是用批评最弱形式的相对主义（实用主义）来划清与相对主义的界限。当代实用主义的主要代表人物普特南（Hilary Putnam）提出，真理等同于理想化的合理证明。对此，麦金太尔提出了三点反驳意见：第一，"理想化"的观念缺乏实质的内容，任何一种合理证明都是特殊的人为了特殊的问题而在特殊的时刻提出来的，而真理是无时间的，从而真理与合理证明之间在观念上存在着巨大的距离；第二，即使我们承认"理想化"的观念，但是什么东西构成了合理证明的理想化仍然是一个问题，不同的道德理论对此是有争议的，例如，新儒家的理想化求助于宇宙秩序，托马斯主义的理想化求助于自然法，而功利主义的理想化则求助于合理性；第三，把合理证明等同于真理，这不仅歪曲了真理的本性，而且也歪曲了合理证明本性，因为后者是为前者服务的。②

再次，这种历史主义主张理论探究的目的是真理。真理的主张区分开来了各种道德观点的拥护者与道德相对主义的拥护者，在麦金太尔看来，前者承诺真理的观念，而后者拒绝真理的观念。如果各种道德观点的拥护者拥有对真理的承诺，那么他们也必然承诺坚持如下三个论题：第一，他们坚持认为，他们自己所提出的道德解释克服了特殊观点的局限性、偏见和片面性，而对立道德观点的解释则具有这样的局限性、偏见和片面性；第二，他们坚持认为，如果对立道德观点的合理证明方式所达到的结论与自己的道德解释是不相容的，那么对手的合理证明的方式就是有缺点的，

---

① Cf. Alasdair MacIntyre, "Moral Relativism, Truth and Justification", in *The MacIntyre Reader*, edited by Kelvin Knight, Notre Dame, Indiana: University of Notre Dame Press, 1998, pp.204-205.

② Cf. Ibid., pp.206-207.

应该被更好的方式所取代；第三，他们坚持认为，他们自己的合理证明方式是更好的，不仅在于它为自己的道德解释提供了支持，而且也为自己的解释优于对手的解释提供了支持。真理是道德理论的关键。如果从不同的和对立的道德观点出发所得出的主张不是关于真理的主张，那么这些对立的道德观点在逻辑上就不是不相容的。①

最后，这种历史主义拥有对理论进步的承诺。麦金太尔认为，道德探究是一种不断克服局限性、偏见和片面性的进步过程，是一种朝向真理的进步过程。这种理论进步必然具有如下一些特征：第一，这些从事道德探究的人们从开始就拥有一种实质性的真理观念，而理论的成功与否是按照这种真理观念来解释的；第二，这种理论探究要按照这样来设计，即它能够克服自己出发点的局限性，发现自己观点的困难和问题；第三，这种理论探究有能力从外部的观点和不同的观点来理解自己的观点，从而克服自己的局限性并且解决自己所遇到的各种难题。② 与其相对照，在先前版本的历史主义中，麦金太尔不仅拒绝实质性的真理观念，而且一直否认道德探究能够从外部的观点来理解自己。

如果第三种版本的历史主义以真理的观念为基础，那么我们应如何来理解麦金太尔的真理观？

在先前版本的历史主义中，麦金太尔试图在真理与合理证明之间建立更强的联系，并且以合理证明为基础来解释真理。在第三种版本的历史主义中，麦金太尔反其道而行之，他更强调真理与合理性之间的区别，并且以真理为基础来解释合理证明。麦金太尔把真理与合理证明之间的关系比喻为物理对象与感觉资料之间的关系，正如物理对象既不能还原为感觉资料也不能产生于感觉资料那样，真理也既不能还原为合理证明也不能产生于合理证明。③ 在这种意义上，麦金太尔持有一种实质性的真理观念。

在第三种版本的历史主义中，麦金太尔的真理观念不仅具有认识论的

---

① Cf. Alasdair MacIntyre, "Moral Relativism, Truth and Justification", in *The MacIntyre Reader*, edited by Kelvin Knight, Notre Dame, Indiana: University of Notre Dame Press, 1998, pp.207-209.

② Cf. Ibid., pp.217-219.

③ Cf. Ibid., p.213.

含义，而且也具有本体论的含义，真理不仅仅表达了观念之间的关系，而且也表达了心灵与对象之间的关系。在涉及某种特殊事物时，心灵所含有的内容不仅被"对象是什么"所充填，而且心灵也符合"对象是什么"。所谓真理就是指心灵的观念符合其对象，即心灵表达了关于其对象的真实判断。① 在这种意义上，麦金太尔持有一种实在论的真理观念。

在西方哲学的历史上存在各种各样的实在论的真理观念。麦金太尔为了说明自己信奉一种什么样的实在论，他引用了达米特（Michael Dummett）关于真理的讨论。达米特为了区别真理观念方面的实在论与反实在论，曾这样描述两者之间的一致与分歧：两者都同意，"一个陈述除非在原则上能够被知道是真的，否认它不能是真的"，但是反实在论认为，"能够被知道"意味着"能够被我们知道"；而实在论则认为，"能够被知道"意味着"能够被某种假设的存在物知道，而这种假设存在物的理智能力和观察力可能超过我们自己"。麦金太尔按照托马斯主义的观点，把达米特的"假设存在物的理智能力和观察力"解释为健全理智所实行的能力和力量，从而把反实在论理解为心灵具有的局限、片面和偏见，而把实在论理解为克服了局限、片面和偏见的真理。② 在这种意义上，麦金太尔持有一种托马斯主义的实在论真理观。

麦金太尔提出第三种版本的历史主义，其目的是为了摆脱难缠的相对主义。然而，如果第三种版本的历史主义建立在托马斯主义的实在论真理观之基础上面，那么麦金太尔显然走过头了。麦金太尔的理论中始终存在一种张力，一种历史主义与亚里士多德主义-托马斯主义之间的张力，前者渊源于维科、黑格尔、马克思和科林伍德，后者扎根于前现代社会。维持两者之间张力的平衡对于麦金太尔而言始终是一种非常困难的任务。在第一种和第二种版本的历史主义中，麦金太尔更倾向于历史主义，在真理问题上，这种倾向表现为他更强调真理与合理证明之间的关联，因此先前版本的历史主义中总是在某种程度上存在相对主义的问题。然而，在第三

---

① Cf. Alasdair MacIntyre, "Moral Relativism, Truth and Justification", in *The MacIntyre Reader*, edited by Kelvin Knight, Notre Dame, Indiana: University of Notre Dame Press, 1998, p.214.

② Cf. Ibid., pp.214-215.

种版本的历史主义中，麦金太尔更倾向托马斯主义，在真理问题上，这种倾向表现为他更强调真理与合理证明之间的区别，其结果是，虽然相对主义的问题解决了，但是历史主义又成为问题。也就是说，这种托马斯主义的实在论真理观会把历史主义与亚里士多德主义–托马斯主义之间的张力推向极端，从而毁掉麦金太尔的历史主义。没有了历史主义，麦金太尔的道德哲学和政治哲学就失去了最有价值的东西。

第七节 小社群主义

几百年来，自由主义在西方一直是独霸天下，在思想上和理论上从没有遇到任何值得认真对待的挑战。但是到了20世纪80年代，社群主义作为自由主义的挑战者而迅速崛起，从而当代政治哲学的主轴体现为自由主义与社群主义之间的论战。在自由主义与社群主义的争论中，麦金太尔一直被看作是一位有代表性的社群主义者，这没有问题。从当代社群主义作为一种独立的政治哲学诞生起，麦金太尔一直否认自己是社群主义者，这也没有问题。但是把两者放在一起就产生了问题：为什么一直被看作是社群主义者的麦金太尔拒绝把社群主义的称号归于自己？

这涉及麦金太尔与其他社群主义者之间的差别，也涉及他在当代政治哲学中的理论位置。正是基于这种考虑，我们把麦金太尔的政治哲学称为"小社群主义"（local communitarianism），以区别于其他形式的社群主义。虽然这种小社群主义也是一种社群主义，但是它在两个方面有别于其他形式的社群主义：一方面，他不仅否认自己是社群主义者，而且也对社群主义提出了公开的批评；另一方面，虽然这种小社群主义也建立在共同体的观念上面，但是它的共同体不仅是实践共同体，而且也是道德共同体和政治共同体。

一、拒斥社群主义

当代政治哲学的争论不仅发生于自由主义与社群主义之间，而且也发生于自由主义者之间。在自由主义内部，不同的理论家（如罗尔斯、诺奇克和德沃金等）之间相互争论，相互批评，并形成了不同派别的自由主义，如平等主义的自由主义与极端自由主义。与其相对照，社群主义者之间则极少争论，他们一致把批判的矛头对准了自由主义。正是在这种背景下，麦金太尔对社群主义的拒绝和批评分外醒目。

自从社群主义被当作是当代政治哲学的一个重要派别，并且麦金太尔也被看作是一位有代表性的社群主义者以后，麦金太尔一直刻意划清自己与社群主义的界限。他不仅一再公开宣称"我不是一位社群主义者"[1]，而且也大胆表示，"一旦有机会，我总是坚决切割我自己与当代社群主义者之间的关系"[2]。既然同为自由主义的批判者，并且同样主张把政治哲学建立在共同体价值的基础之上，麦金太尔为什么不屑于与其他社群主义者为伍？或者说，麦金太尔为什么拒斥社群主义？

首先，麦金太尔认为，理论与实践应该是统一的，然而在当代西方文化中，政治哲学只是一种理论活动，而非一种政治活动。也就是说，作为理论的政治哲学与作为实践的政治是分开的。当代政治是自由主义的政治，在18世纪和19世纪自由主义的形成时期，哲学与政治的关系比现在更为密切。在麦金太尔看来，当代自由主义政治的现实不仅在很多重要方面与18世纪和19世纪自由主义的伟大前辈理论家所希望的政治存在很大差距，而且也同当代自由主义理论的指导原则相抵牾。麦金太尔认为，在当代政治哲学中，所谓的社群主义处于这样一种位置：它起码与某种版本的自由主义理论是明显不相容的，但是在当代自由主义政治的现实中却安之若素。[3] 也就是说，当理论与实践被分开以后，社群主义顶多说对作为一种哲学理论的自由主义进行了批评，而没有从事对当代自由主义政治的斗争。

---

① Alasdair MacIntyre, "An Interview with Giovanna Borradori", in *The MacIntyre Reader*, edited by Kelvin Knight, Notre Dame, Indiana: University of Notre Dame Press, 1998, p.265.

② Alasdair MacIntyre, "A Partial Response to My Critics", in *After MacIntyre*, edited by John Horton and Susan Mendus, Cambridge, UK: Polity Press, 1994, p.302.

③ Cf. Alasdair MacIntyre, "Politics, Philosophy and the Common Good", in *The MacIntyre Reader*, edited by Kelvin Knight, Notre Dame, Indiana: University of Notre Dame Press, 1998, p.244.

　　其次，虽然人们通常认为社群主义与自由主义是对立的，但是麦金太尔则主张两者是互补的。众所周知，社群主义的主要代表总是参照自由主义理论家的基本观点来界定自己的位置：自由主义理论家强调权利，而社群主义者主张共同体的善；自由主义理论家诉诸普遍的和非个人的原则，而社群主义者则强调特殊群体和特殊个人的特殊性；自由主义理论家通常坚持每个人获得其个人善的重要性，而社群主义者则关心确立社会善的重要性，并且主张，没有这样的善，社会就会出现一种失序的状态。麦金太尔认为，虽然人们按照这种对立的框架来理解社群主义与自由主义，但是起码对于某些版本的自由主义理论与某种形式的社群主义立场，我们有理由认为它们不仅是相互对立的，而且也是相互补充的。按照这种观点，社群主义是对自由主义之某些弱点的诊断，而非对它的拒斥。① 正是在这种互补的意义上，麦金太尔认为社群主义对自由主义政治学作出了贡献：自由主义坚持政府应该在各种对立的善观念之间保持中立的态度，对此，社群主义主张政府应该表达某种共享的（共同体的）善观念；自由主义主张，表达共享的善观念应该是自发性社团的任务（如由宗教群体构成的社团），对此，社群主义坚持认为，国家的机构应该这样加以构造，即它在某种程度上被看作是一个共同体。②

　　最后，麦金太尔认为，现代国家需要维持不同群体的忠诚，从而也需要自由主义与社群主义能够和平共处。现代国家要维持稳定，就需要维持国内各种各样的社会群体对国家的忠诚。为此，现代国家需要包容和诉诸各种不同的甚至不相容的价值。在这种意义上，现代国家需要一个装有各种价值的"杂物袋"，以备在不同的场合对待各种不同群体时的不时之需。因此在现代国家的这个"杂物袋"中，既可以发现自由主义的价值，也可以发现社群主义的价值。按照麦金太尔的看法，甚至在"社群主义"这个词发明以前，社群主义的价值就存在于现代国家的"杂物袋"之中了：现

---

　　① Cf. Alasdair MacIntyre, "Politics, Philosophy and the Common Good", in *The MacIntyre Reader*, edited by Kelvin Knight, Notre Dame, Indiana: University of Notre Dame Press, 1998, p.244.

　　② Cf. Alasdair MacIntyre, "A Partial Response to My Critics", in *After MacIntyre*, edited by John Horton and Susan Mendus, Cambridge, UK: Polity Press, 1994, p.302.

代国家承诺坚持保护权利和自由的普遍原则，同时也承诺坚持家庭关系和各种群体之间的团结；现代国家承诺扩展市场经济的规模，同时也承诺维持不利于市场关系的制度。因此，在现代国家的政治中，社群主义的价值与自由主义的价值在通常的情况下完全可以共处，只是在偶然的极端场合，忠实于自由主义意味着拒斥社群主义，反之亦然。①

社群主义通常给人以这样的印象：它在批评自由主义时头头是道，但是在阐述自己的观点时往往闪烁其词，模糊不清。社群主义似乎强于批判自由主义，而弱于表述自己的主张。这种社群主义者的通病显然也被麦金太尔意识到了。因此麦金太尔不仅批评社群主义是当代西方政治哲学的一个组成部分，而且也批评社群主义理论本身的含糊不清。比如说，虽然社群主义者通常强调社群主义与自由主义的对立，如用社群主义的共同善来对抗自由主义的个人权利，但是当他们被追问这种共同善意味着什么的时候，社群主义者又都闪烁其词和含糊不清了。而且麦金太尔认为，社群主义者的闪烁其词和含糊不清是当代自由主义政治能够容纳其存在的一个条件。②

我们可以把麦金太尔的上述观点归纳如下：第一，社群主义只批评自由主义理论，不反对自由主义政治；第二，自由主义与社群主义是互补的，社群主义理论也对自由主义政治学作出了贡献；第三，在现代国家中，社群主义完全能够同自由主义和平共处。在这种意义上，麦金太尔既反对自由主义，也反对社群主义，因为它们作为宏观政治学属于当代自由主义国家的组成部分。

麦金太尔批评社群主义，坚持在自己与社群主义之间作出明确的切割，除了上述理论方面的考虑之外，还有一些更为深刻的原因。而在这些更为深刻的原因方面，麦金太尔与其他社群主义者之间存在明显的差别。

首先，麦金太尔的最深层信念始终是前现代的，尽管所信奉的具体对象有一些变化。在童年和早期，麦金太尔信仰天主教；在思想成熟期间，他开始信奉亚里士多德主义，然后转变为托马斯主义或者托马斯主义的亚

---

① Cf. Alasdair MacIntyre, "Politics, Philosophy and the Common Good", in *The MacIntyre Reader*, edited by Kelvin Knight, Notre Dame, Indiana: University of Notre Dame Press, 1998, p.245.

② Cf. Ibid., p.246.

里士多德主义，最后又皈依了天主教。对于其他社群主义者而言，信奉这些前现代的东西是无法想象的。

其次，麦金太尔始终对自由主义持一种强烈批判的态度。在其一生中，麦金太尔的信仰对象几经变化，但是在思想上的敌人则始终如一——自由主义。在其漫长的学术生涯中，他研究的理论问题不断变化，但一直有一个主题贯穿其中——自由主义批判。麦金太尔不仅反对自由主义的政治制度，批评自由民主制是一种伪装的寡头制，而且也反对自由主义的经济制度，批评资本主义意味着有产者对无产者的剥削。虽然其他社群主义者也批评自由主义，但是不像麦金太尔那样始终敌视自由主义的政治制度和经济制度。

最后，麦金太尔对现实和未来持一种悲观的态度。麦金太尔钟情于古典社会的生活，在那种生活中，以家庭和家族为中心的生活共同体同时也是生产共同体和道德共同体，人们之间不仅休戚相关，而且享有共同的价值观念。现代化的洪流冲毁了麦金太尔所钟爱的一切，前现代的生活一去不复返。麦金太尔对过去发生的事情感到悲哀，对未来行将发生的事情感到悲观。与其相比，其他社群主义者的思想是现代的或后现代的，即使他们对现实感到失望，但是他们对未来也充满希望。

虽然以麦金太尔为代表的前现代主义与以福柯为代表的后现代主义几乎在所有事情上的观点都是对立的，但是麦金太尔和福柯起码有一个共同点，即他们对所有的宏观政治学持一种反对的态度。在他们看来，自由主义和社群主义都是宏观政治学，而在当代社会的条件下，这样的宏观政治学不会产生任何有意义的结果。麦金太尔认为，宏观政治学只有两种选择：它或者试图从内部改革现代政治制度，这样它总是会变成这种政治制度的同谋；它或者试图推翻这种现代政治制度，这样它总是会蜕变为恐怖主义或准恐怖主义。① 这样，像福柯一样，麦金太尔不相信任何关于宏观社会的政治纲领，不相信社群主义所说的共同体能够成为治疗当代社会疾病的灵丹妙药。正是出于对这种宏观政治学的不信任，麦金太尔从社群主

---

① Cf. Alasdair MacIntyre, "An Interview with Giovanna Borradori", in *The MacIntyre Reader*, edited by Kelvin Knight, Notre Dame, Indiana: University of Notre Dame Press, 1998, p.265.

义转向了"小社群主义"，其关注点由宏观的共同体（国家）转向了"小共同体"。

二、实践共同体

虽然麦金太尔始终否认自己是社群主义者，但是他的基本思想和立场显然是社群主义的。为了区别于其他形式的社群主义，我们把它称为"小社群主义"。这种"小社群主义"的理想建立在"小共同体"（local comities）之上，它们是指家庭、邻里、教区、农场、渔业队、学校、诊所和实验室等，以区别于大规模社会（现代的都市和国家）。

小共同体首先是实践共同体，在其中，共同体的成员共同从事各种各样的实践活动。在现代社会中，不同的共同体从事不同的实践：家庭和邻里是生活共同体，农场和渔业队从事的是生产实践，教区从事的是宗教实践，而学校、诊所和实验室从事的是各种专业实践。当然，一个人可以同时具有不同的社会身份，属于不同的共同体，在不同的时间和场所从事不同的实践活动，例如他可以在家庭中是父亲，在自己的家庭农场中从事农业生产，在教区中还是一位虔诚的信徒。

为什么社群主义的理想只能实现于小共同体之中，而不能实现于作为大共同体的国家或都市之中？答案存在于小共同体与大共同体的区别之中。与大共同体相对比，小共同体具有以下三个特征：

首先，小共同体拥有某种共同的生活方式。在现代国家或大都市中，因为人口众多并且人们拥有各种各样的善观念，所以他们无法享有共同的生活方式。也就是说，国家或大都市不是实现个人生活理想的地方，其所能做的事情顶多是为个人理想的实现提供安全和有序的社会环境。与其不同，在小共同体中，人们则可以拥有共同的生活方式。例如，麦金太尔列举了这样一些共同体，即古代的城邦、中世纪的公社以及现代的农业合作社和渔业合作社。[1] 在这样的共同体中，不仅共同体的所有成员享有共同的生活方式，在社会实践中追求共同的目标，而且每个成员也能够在这个

---

① Cf. Alasdair MacIntyre, "Three Perspectives on Marxism", in *Ethics and Politics*, Cambridge, UK: Cambridge University Press, 2006, p.156.

过程中追求自己的善，实现个人的生活理想。在麦金太尔看来，只有在这样的小共同体中，个人的生活理想与共同体的生活方式才能够是一致的，而后者为前者的实现提供了必要的和充分的条件。

其次，小共同体能够获得内在于实践的善。小共同体的成员从事共同的实践活动，而在实践活动中，人们不仅履行与其相应的社会角色，而且也能够获得相应的善。麦金太尔把人们从实践中获得的善分为内在的和外在的：内在的善（如农耕的快乐）只能在相关的实践（农耕）中得到，而外在的善（如财富）也能够在其他活动中得到；内在的善属于正和游戏，它们不仅对相关实践的参与者本人是善的，而且对群体中的其他人也是善的，而外在的善属于零和游戏，它们是物质利益，一个人得到的越多，其他人得到的就越少。① 麦金太尔认为，在小共同体中，人们从事各种实践活动主要是为了获得内在的善，为了提升和展示自己的卓越。与其相对照，在现代国家或大都市中，人们从事各种生产性和服务性的工作，其目的是为了获得外在的善（金钱）。

最后，小共同体具有维持和传承德性的功能。在当代的各种小共同体中，家庭农场是一个典范。在麦金太尔列举西方历史上不同时期的共同体时，现代的典范是农业和渔业企业。为什么当代社会中的农业和渔业企业会成为小共同体的典范？麦金太尔认为，在当代社会，只有农业和渔业保留了过去的德性传统，德性的历史通过这样的小共同体才得以传承。农业与德性具有一种相互促进的关系："好的农业为维持自身需要德性，这样反过来它又维持了德性，而德性对所有人类生活都是极其重要的，而不仅仅是对农业。"② 与其相对照，在麦金太尔看来，现代的资本主义生产和都市生活不是在维持德性，而是在败坏德性，瓦解了自古代流传下来的德性传统，从而它们只能依靠权利和规则来维护社会秩序。

与国家或都市不同，小共同体是一种实践共同体，其成员共同参与某

---

① Cf. Alasdair MacIntyre, *After Virtue*, Notre Dame, Indiana: University of Notre Dame Press, Second Edition, 1984, pp.188-189.

② Alasdair MacIntyre, "Politics, Philosophy and the Common Good", in *The MacIntyre Reader*, edited by Kelvin Knight, Notre Dame, Indiana: University of Notre Dame Press, 1998, p.237.

种社会实践活动。在各种各样的实践中，生产活动是最基本的实践。无论是在古代社会还是在现代社会，人们都必须从事某种生产活动以养活自己和家人。在这种意义上，生活方式中具有决定性意义的因素是生产方式。正是基于这样的考虑，麦金太尔把家庭农场和渔业合作社看作是最典型的小共同体，把农业和渔业看作是最典型的实践活动。

农业和渔业是最古老的生产活动，与现代的资本主义生产形成鲜明的对照。从麦金太尔对农业和渔业的推崇中，对家庭农场和渔业合作社的赞扬中，我们可以发现小社群主义所反对和赞同的经济制度是什么样的。

在经济制度方面，小社群主义反对现代资本主义的自由市场。麦金太尔对现代资本主义制度提出了严厉批评。第一，资本主义制度中存在一种根本的不正义，这种不正义源于资本的原始占有方面的极端不平等，而资本的原始占有在很大程度上是占有者实行武力和欺诈的结果。第二，资本迫使资本家和管理者以攫取最大利润为目的，从雇员的劳动中榨取剩余价值，从事资本主义剥削。虽然资本主义的剥削有时是很温和的，给人一副仁慈的样子，但是这不能改变剥削的不正义。第三，资本主义经济通常被称为自由的市场经济，但实际上资本主义市场不是自由的，它强迫人们走出家庭成为雇佣劳动者，并且为全球市场而生产。第四，资本主义制度具有一种贪婪的性格，它试图把所有人都塑造成消费者，它所倡导的成功人生就是获得更多的消费品。①

麦金太尔反对的不是市场，而是资本主义。他认为，真正的市场永远是本地的小市场，在这样的市场中生产者能够自由选择是否参与其交易。而且，与真正的自由市场连在一起的社会是小生产者的社会，而诸如家庭农场这样的小共同体在其中会如鱼得水。② 在这种由小生产者组成的社会中，产品在本地流动和交易，人们是为了本地需要而生产，而不是为了全球市场而生产，更不是在资本和利润的驱动下进行生产。显然，这种小生

① Cf. Alasdair MacIntyre, "Three Perspectives on Marxism", in *Ethics and Politics*, Cambridge, UK: Cambridge University Press, 2006, pp.147-149.

② Cf. Alasdair MacIntyre, "Politics, Philosophy and the Common Good", in *The MacIntyre Reader*, edited by Kelvin Knight, Notre Dame, Indiana: University of Notre Dame Press, 1998, p.249.

产的社会不会达到现代发达社会所具有的经济和技术发展水平，但是从麦金太尔的观点看，虽然现代化的发达社会具有高度发展的经济和技术水平，但是其代价巨大，它瓦解了各种各样的小共同体，使自由的小生产者变成了资本主义的雇工，破坏了由过去传承下来的德性传统，以个人利益取代了共同善。

小社群主义的社会理想不仅体现为一个由小生产者组成的小共同体，而且还是一个经济乌托邦。麦金太尔为小共同体的经济制度提出了如下设想：为了维持家庭制度和其他制度的稳定性和连续性，人们应该对工作的流动性加以限制；应该在教育儿童方面给予更多的投资，即使从经济上考虑这是没有效率的；为了防止出现社会不平等，每个人都应该轮流从事那些乏味的工作和危险的工作。① 在麦金太尔关于小共同体经济制度的构想中，其基本观念是乌托邦式的，这不仅因为他的这些设想根本不可能实现，更因为在小社群主义中经济的考虑完全让位于道德的考虑。

麦金太尔把小共同体看作是一种实践共同体，把家庭农场和渔业合作社看作是小共同体的典范，实际上这是把小生产者的社会理想化了，把农业生产和渔业生产理想化了。一方面，在由小生产者组成的社会中，仍然会存在财富和收入的不平等，不同群体或阶层之间会存在矛盾和冲突；另一方面，小生产者的传统农业和渔业在当代社会很难存在下去，无法抵抗现代农业和渔业的冲击，更无法同其相竞争。

三、道德共同体

即使麦金太尔所说的小共同体是一种完美的实践共同体，人们不仅在其中安居乐业，生活幸福，而且也同自然和谐相处，那么它也没有满足"小社群主义"的要求。按照麦金太尔的"小社群主义"，小共同体不仅应该是一种实践共同体，而且也应该是一种道德共同体。

我们可以分开三个层面的主张来理解麦金太尔的共同体：第一个层面是关于政治共同体的主张，关于一个政治社会应该具备什么样的条件，这是自

① Cf. Alasdair MacIntyre, *Dependent Rational Animals*, Chicago and La Salle, Illinois: Open Court, 2002, p.145.

由主义者和社群主义者都有可能同意的，尽管实际上这个问题无论在两方之间还是每一方内部都是有争议的；在第二个层面，政治共同体同时也是一种道德共同体，这是社群主义者的主张，并区别于自由主义者；在第三个层面，这种政治共同体不仅是一种道德共同体，而且它遵守德性伦理学并拥有共同的善，这是麦金太尔的"小社群主义"的独特主张。在这三个层面的参照中，麦金太尔的主张不仅区别于自由主义者，而且也区别于其他社群主义者。

道德共同体的核心是善观念。在当代政治哲学中，如何理解正义与善的关系，这不仅是社群主义与自由主义争论的中心问题，而且也是区分两者的标准。社群主义者一贯坚持善占有第一的位置，而自由主义者则通常主张正义优先于善。对于麦金太尔的"小社群主义"而言，一个实践共同体之所以同时就是道德共同体，这是因为这个共同体拥有"共同善"。

麦金太尔认为，现代国家的主要缺点之一是它没有一种为所有公民享有的善观念。现代国家的善观念是自由主义的，而在麦金太尔看来，自由主义的善观念有两个基本错误。第一，自由主义的善观念是私人化的。[①]自由主义通常把善规定为个人偏好的满足或者欲望的实现。麦金太尔对此提出了批评：一方面，在自由主义中，人作为个人来追求善（欲望的实现），从而必然导致善的私人化；另一方面，善被界定为欲望的实现或者偏好的满足，而每个人的欲望或偏好都是特殊的，因此正义不仅独立于善，而且优先于善。第二，自由主义的善观念是个人主义的。[②]这种个人主义体现为如下三位一体的观点：个人利益独立于共同体的利益，独立于人们之间的道德联系和社会联系；个人利益是第一位的，社会被放在第二位；社会是由众多个人组成的，但是人们组成社会的目的是为了更好地获得私人利益。按照麦金太尔的观点，共同体的利益应该放在第一位，个人利益不仅只能放在后面，而且个人应该参照共同体的利益来认同自己的利益。

现代国家无法做到使其所有公民都参与到审议和决策之中，所以它不

---

① Cf. Alasdair MacIntyre, "The Privatization of Good: An Inaugural Lecture", in *The Liberalism-Communitarianism Debate*, edited by C. F. Delaney, Lanham, Maryland: Rowman & Littlefield Publishers, Inc., 1994, p.8.

② Cf. Alasdair MacIntyre, *After Virtue*, Notre Dame, Indiana: University of Notre Dame Press, Second Edition, 1984, p.250.

是一个政治共同体。在这个问题上，麦金太尔批评西方发达国家实行的不是自由民主制，而是伪装成自由民主制的寡头统治：大多数人都被排除于决策过程之外，所有决定都是由精英作出的。① 现代国家也无法拥有所有公民都享有的善观念，所以它不是一个道德共同体。在这个问题上，麦金太尔批评支配西方发达国家的自由主义和个人主义：由于每个人作为个人来追求自己的善，并且善作为偏好的满足是因人而异的，这意味着一个人所追求的善观念与其他人是不相容的；因为人们所追求的善是不相容的，而现代国家没有一种共同的善观念将它们统一起来，所以人们之间在追求自己的善时所发生的冲突是无法解决的。

对于麦金太尔而言，"共同善"（common good）在批评自由主义和论证小社群主义中都发挥了关键的作用：一方面，当代自由主义国家没有共同善的观念，人们的利益是异质的和多样的，人们的善观念也是多元的，从而它无法解决人们之间的利益冲突；另一方面，在作为实践共同体和道德共同体的小共同体中，由于人们拥有共同善，在生活方式上思想一致，每个人都参照共同善来确定自己的善，所以从根本上消除了人们之间相互冲突的根源。

如果共同善是一个关键的概念，那么它的含义是什么？麦金太尔提出，我们可以这样来界定共同善，即它是各种不同类型之社团的目的。关于社团，他所举的例子有家庭、渔业队、投资俱乐部、学校和实验室。在这些不同类型的社团中，所有人（即家庭、渔业队和投资俱乐部的成员、学校的学生、教师和行政人员以及实验室的科学家）都拥有共享的行为目标，而共同善就是他们共享的目的。② 但是，麦金太尔的这个界定过于抽象。实际上，即使按照麦金太尔的标准，在这些社团中，有些共享的目的是真正的共同善，有些则不是。为了更好地区分哪些是真正的共同善，哪些不是，我们需要更为深入地探讨这个概念。

在某些社团中，共享的目的不过是个人的善的总和。在这样的社团中，每个人作为社团成员都追求自己的善，而社团本身不过是个人能够更好地达

---

① Cf. Alasdair MacIntyre, "Politics, Philosophy and the Common Good", in *The MacIntyre Reader*, edited by Kelvin Knight, Notre Dame, Indiana: University of Notre Dame Press, 1998, p.237.

② Cf. Ibid., p.239.

到自己目的所利用的工具。例如，投资俱乐部为每个成员创造了更大的投资机会，而个人之所以参与并支持这个社团，是因为加入其中比个人单干能够更有助于达到他们的个人目的。因此，这种作为个人的善之总和的善不是真正的共同善。在另外一些社团（麦金太尔所说的小共同体）中，社团的善不是由个人的善构成的，而且也不能由个人的善的加总而获得。这些善不仅是通过共同的活动得到的，而且人们对这种善的意义也享有共同的理解。如在学校、渔业队和实验室中，他们共同活动的目的就是真正的共同善。①

社团的善是个人的善的总和，而共同善则不能由个人的善构成；反过来，个人的善则需要按照共同善来确定。这是关于共同善的一个区别。此外，共同善也涉及麦金太尔所谓的外在善与内在善之间的区别。所谓外在善是指金钱、权力和名声等，它们可以用各种不同的方式得到，而所谓内在善是指卓越等，它们只有在相关的实践中才能获得。在投资俱乐部这样的社团中，个人追求的善是金钱，也就是说，这些个人的善是外在善，从而个人的善的总和构成了社团的善。与其不同，共同善是内在的善，例如渔业队、弦乐四重奏组和科研团队所获得的卓越，这些卓越作为共同善只能在相关的生产、演奏和科研实践中才能得到。②

上面讨论的是社团的善，现在让我们转向国家。一个国家的所有公民也能够拥有某些共同的善，如维护国家的安全，防止内部的犯罪和外部的侵略。为了区别于共同善，麦金太尔将这样的善称为"公共利益"（public goods）。③ 在现代国家中，个人的善在逻辑上独立于并先于公共利益，因为后者在本质上不过是获得个人的善所必需的社会条件。由于个人的善是独立于公共利益被界定的，所以为了得到公共利益而必须做的事情，与为了得到个人的善而必须做的事情，两者完全可以分开。④ 与其相反，在麦

---

① Cf. Alasdair MacIntyre, "Politics, Philosophy and the Common Good", in *The MacIntyre Reader*, edited by Kelvin Knight, Notre Dame, Indiana: University of Notre Dame Press, 1998, p.240.

② Cf. Ibid.

③ Cf. Alasdair MacIntyre, *Dependent Rational Animals*, Chicago and La Salle, Illinois: Open Court, 2002, pp.132-133.

④ Cf. Mark C. Murphy, "MacIntyre's Political Philosophy", in *Alasdair MacIntyre*, edited by Mark C. Murphy, Cambridge, UK: Cambridge University Press, 2003, pp.160-161.

金太尔所说的小共同体中，共同善先于个人的善。共同善的这种优先性具有三层意思：首先，个人的善与共同善是不可分离的，而且它也与为共同善所作出的贡献是不可分离的；其次，个人按照共同善来认同和界定自己的善，从而对于共同体来说最好的生活方式也是个人最好的生活方式；最后，共同善为共同体中各种不同的善提供了排序标准，从而为各种不同善的实现提供了先后次序。这样，这种拥有共同善的共同体不仅是一个实践共同体，而且是一个道德共同体，例如古代的城邦、中世纪的公社和现代的家庭农场和渔业合作社。①

政治哲学的一个重要问题是证明政治权威的正当性。麦金太尔认为，不同的共同善在不同类型的证明中会发挥不同的作用。在自由主义的国家中，共同善被看作是一种公共利益，政治权威之所以被证明为正当的，是因为它提供了一种安全的社会秩序，从而个人在这种安全的社会秩序中能够追求自己的利益。在这种证明中，共同善不过是个人的善的总和。麦金太尔认为，这种关于政治权威之正当性的证明是"个人主义的"和"最低限度的"，并且出于以下两个理由，这种证明是失败的。首先，如果这是一种关于政治权威之正当性的证明，那么一个理性的人就会这样行事，即尽力分享政治权威所提供的利益，同时想方设法为此付出尽可能小的代价。这就是"搭便车"（free rider）的问题。其次，与这种理性计算对应的是另外一个问题，即有些人会为了维持政治权威而承担过多的义务，如战士、警察和消防员，因为为了保证国家的安全，有时会需要他们献出生命。②在麦金太尔看来，自由主义关于政治权威之正当性的证明太弱了，以致不能确保一个政治社会所必需的忠诚：如果一个国家里有很多人"搭便车"，那么这个国家是无法维持下去的；只有人们相信自己追求的目的与国家的安全有更强的联系，他们才会愿意为国家的安全和兴盛而牺牲自己。

与自由主义相对照，小社群主义为其政治权威的正当性提供了一种不同的证明。这种证明的核心是这样一种主张，即个人所追求的善与共同善

---

① Cf. Alasdair MacIntyre, "Politics, Philosophy and the Common Good", in *The MacIntyre Reader*, edited by Kelvin Knight, Notre Dame, Indiana: University of Notre Dame Press, 1998, p.241.

② Cf. Ibid., pp.241-242.

之间存在密切的关联。这不是说这种证明不考虑合理性问题或者个人利益问题，而是说在这种证明中，个人是作为共同体的成员来考虑其个人利益的，也就是说，个人是在同其他人的相互关系中来辨认其利益何在的，是基于共同善来辨认其个人的善的。① 在麦金太尔看来，在小社群主义的小共同体中，既不会出现"搭便车"问题，也不会有人想方设法逃避其个人应承担的义务，更不会出现某些人的义务负担过重问题，因为每个成员都愿意为共同体作出牺牲。

道德共同体的基础是共同善。麦金太尔认为，在小共同体中，因为人们是按照共同善来认同和界定个人的善的，所以个人与他人之间不会产生利益冲突，而这种冲突正是自由主义国家中始终存在并无法解决的。但是，在麦金太尔所说的小共同体中，人们之间真的不会发生利益冲突吗？按照麦金太尔的观点，个人之间不会产生利益的冲突，有两种不同的理由。一种是强的理由：因为个人作为共同体的成员是基于共同善来认同自己的善的，所以对我而言是善的东西对其他人也是善的，即人们的善是相同的。另外一种是更弱一些的理由：因为个人作为共同体的成员是参照共同善来界定自己的善的，所以我的善与其他人的善是相容的，即使我的善与他人的善是不同的。对于前者而言，主张共同体内的所有人都拥有相同的善，这是没有道理的。即使所有个人的善都是相同的，也有这样的可能性，即人们在追求实现自己的善时是相互冲突的。对于后者而言，如果个人拥有不同的善，那么这些善可能是相容的，也可能是不相容的，特别是涉及善的实现时，人们所拥有的善通常是不相容的。因此，如果国家不能消除个人利益之间的冲突，那么我们也没有理由相信小社群主义和小共同体能够免除个人利益之间的冲突。

小共同体作为道德共同体的另外一个问题是不宽容。由于小共同体据说拥有共享的道德标准，所以如果任何人持有与共享的道德标准不同的道德观点，那么他们都有可能受到共同体的压制。在国家层面上，麦金太尔赞同自由主义的主张，即国家应该允许人们发表不同的观点，应该对异议

---

① Cf. Alasdair MacIntyre, "Politics, Philosophy and the Common Good", in *The MacIntyre Reader*, edited by Kelvin Knight, Notre Dame, Indiana: University of Notre Dame Press, 1998, pp.242-243.

者持宽容的态度。但是在共同体的层面，麦金太尔则主张共同体有权利压制它认为有害的观点，可以对异议者持不宽容的态度。① 在麦金太尔的小社群主义中，什么是可以允许的不同意见，什么是不能允许的异议，宽容与不宽容之间的界限划在哪里，这些东西都由共同体来决定。因此，麦金太尔的小共同体有可能是一种压制性的社会。

麦金太尔用道德共同体及其共同善来批评自由主义的国家及其个人主义的善，但是这种小社群主义的共同善本身也存在严重的问题。如果说自由主义的善观念的问题是太弱了，它或者是私人性的或者是程序性的，从而不能在政治哲学和道德哲学中发挥重要的作用，那么小社群主义的善观念的问题是太强了，它排除了人们之间的差别，压缩了个人自由和自主的空间，以致它很可能是压制性的或不宽容的。

四、政治共同体

麦金太尔主张"小社群主义"，其理想也体现于各种各样的"小共同体"之中。麦金太尔所说的"小共同体"是指人们实际生活于其中的团体，如家族、家庭、邻里、农场、渔业合作社、俱乐部、学校、实验室、教区、诊所等。按照麦金太尔的观点，无论共同体的具体所指是什么，它都必须像古希腊的城邦那样是一个政治共同体。

我们说麦金太尔的共同体必须是一种政治共同体，这是说"小社群主义"的政治理想应该体现于他的共同体观念之中。那么什么样的政治共同体能够体现"小社群主义"的政治理想呢？按照麦金太尔的小社群主义观点，这种政治共同体应该具备三个条件。②

首先，在这种共同体中，所有成员都能够参与政治事务的审议和决定。任何一个共同体都有很多事情需要作出决定，在理想的情况下，决定应该是其所有成员共同作出的。虽然在小共同体中也有专门的人来负责政治事务，但是在审议中，普通公民可以向负责政治事务的人提出问题，而

---

① Cf. Alasdair MacIntyre, "Toleration and the Goods of Conflict", in *Ethics and Politics*, Cambridge, UK: Cambridge University Press, 2006, pp.221-222.

② Cf. Alasdair MacIntyre, *Dependent Rational Animals*, Chicago and La Salle, Illinois: Open Court, 2002, pp.129-130.

负责政治事务的人也可以向公民提出问题。也就是说，所有人都参与共同体内部事务的审议，而没有任何人被排除在外。共同体的所有成员都参与审议，并且在审议中就某个事情作出决定，但是审议的更重要的目的是达到所有成员的思想一致（common mind）。审议需要某种制度化的形式，即作出决定的正式法定程序，而这些正式法定程序也是为达到思想一致的目的服务的。麦金太尔认为，对于作为企业的小共同体而言，这种共同参与的审议是人们非常熟悉的，但是作为政治共同体，这种审议作为一种政治平台，人们是不熟悉的。①

需要指出的是，关于共同体的政治制度，麦金太尔只谈"审议"（deliberation），不谈"民主"（democracy）。这一点值得注意，不仅是因为目前西方各国实行的都是民主制度，而且更是因为自 20 世纪 90 年代以来，西方政治哲学关于"审议"的讨论一直是同"民主"联系在一起的，这个主题也被称为"审议民主"（deliberative democracy）。无论如何，麦金太尔在讨论政治制度时不提"民主"，其意味深长。

其次，在这种共同体中，应该按照正义的规范来进行分配。像亚里士多德一样，麦金太尔所说的正义主要是指分配正义，而对于不同类型的人，应该实行不同的正义。在《依赖的理性动物》中，麦金太尔把所有人分为两类，一类是"独立者"（independent），这是指健全的成年人；另外一类是"依赖者"（dependent），这是指儿童、老年人、病人和残障者。麦金太尔在分配正义问题上引用了马克思在《哥达纲领批判》中的观点，对于"独立者"，他认为应该实行马克思所说的社会主义分配原则，即"按劳取酬"；对于"依赖者"，他主张应该尽可能实行马克思所说的共产主义分配原则，即"各尽所能，按需分配"。用当代政治哲学的术语讲，适用于"独立者"的分配正义原则是应得，适用于"依赖者"的分配正义原则是需要。

把应得的原则用于"独立者"，需要的原则用于"依赖者"，对于任何一方而言，似乎都是正义的，这没有什么问题。但是把两者放在一起就产

① Cf. Alasdair MacIntyre, "Politics, Philosophy and the Common Good", in *The MacIntyre Reader*, edited by Kelvin Knight, Notre Dame, Indiana: University of Notre Dame Press, 1998, p.248.

生了问题："独立者"实行应得原则，因为他们是财富的创造者，从而按照他们对共同体的贡献来分配报酬，而"依赖者"没有能力从事生产，从而对于他们应该实行需要原则；在财富都是"独立者"创造的情况下，如果在他们之间实行"按劳取酬"，而正义意味着每个人得其"应得"，那么这意味着他们把自己所创造出来的财富都分配掉了，否则就会有人没有得到其"应得"；如果所有财富都按照"应得"分配掉了，那么满足"依赖者"之需要的东西从何而来？麦金太尔没有讲清这个问题，甚至也没有考虑这个问题。

最后，在共同体的政治结构中，应该有一种"依赖者"的代表机制。"小社群主义"的核心政治理念是参与，参与体现在现实的政治生活中就是审议，是就具体的问题表达自己的意见并共同作出决定。也就是说，所有人在审议中都表达出自己的意见，这是政治正义的规范所要求的。但是，"独立者"有能力参与审议并表达自己的意见，而"依赖者"则没有能力参与审议，这样就需要在政治结构中有一种正式的政治安排，以至于有人能够代表"依赖者"发表意见，表达观点。麦金太尔认为，为"依赖者"作出的这种政治安排不是为某种特殊群体的特殊利益作出的特殊安排，而是为了政治共同体的整体利益作出的必要安排，因为我们每一个人在一生的某个时期（童年和老年）都是"依赖者"，即使是"独立者"的时候也有很大的概率成为"依赖者"（病人）。所以，"依赖者"的意见能够得到表达，他们的需要能够得到满足，这需要共同体有一种正式的政治安排。

这里涉及一个重要问题，即共同体内部成员的阶层区分。按照麦金太尔的观点，一个共同体的所有成员被分为两个阶层，即"独立者"和"依赖者"，而后者是没有或者丧失了基本能力的人，如儿童、老年人、病人和残障者等。这种关于阶层的区分显然源自阿马特亚·森的启发，并且也与罗尔斯的正义理论有关联。森提出了人的能力平等的观念，以批评罗尔斯的"最不利者"观念。罗尔斯则按照基本善的观念把人分为两个阶层，即"更有利者"和"最不利者"，而一种分配只有符合"最不利者"的利益才是正义的。按照森的能力平等观念，麦金太尔把人分成"独立者"和"依赖者"；类似于罗尔斯以"最不利者"为基准的分配正义观念，麦金太尔主张一个共同体只有满足"依赖者"的需要才能是正义的。这里的问题不仅在于麦金太尔的阶层区分和正义观念同他一直反对的自由主义有关，而且在于他的这些观点也与自己某些更基本的观念是不一致的：在更基本的层面上，麦金太尔心中理想的政治社会是亚里士多德时代的雅典，而这种政治社会实行的是一种等级贵族制。

如果上述三个条件是一个理想的政治共同体应该具备的，那么为什么这种理想的政治共同体只能是"小共同体"而不能是国家呢？简单地说，只有"小共同体"能够满足这些条件，而国家不能满足这些条件。但是，麦金太尔没有止于这样简单的说法，而是阐发了一种论证，来说明为什么国家不是这样理想的政治共同体。

麦金太尔反对把国家当作政治共同体的理由如下。① 首先，现代国家太大了，以致排除了麦金太尔政治考虑中最重要的东西——所有公民的政治参与和共同审议。现代国家里的人口太多，从小国的数千万人到大国的数亿人，根本无法实行全体公民的直接参与。其次，因为现代国家太大，内部存在着各种各样的利益集团，而国家是这些利益集团的博弈场所。在这样的博弈中，起作用的东西是每个集团讨价还价的经济力量和政治力量，而国家通过这些冲突着的力量之间的妥协来维持其存在。最后，在现代国家中，虽然存在着一些公共利益，如保障内部安全和抵御外部侵略，但是不存在共同善，从而它不是一个共同体。

为了确立"小社群主义"，麦金太尔不仅需要把国家排除出政治共同体，而且也需要把家庭排除出去。把国家排除出去，这是因为它太大以致无法拥有"小社群主义"的政治理想；把家庭排除出去，这是因为它太小以致对"小社群主义"形成了限制。如果家庭是一种政治共同体，那么"小社群主义"就失去了用武之地。

虽然麦金太尔在很多场合把家庭与各种共同体（学校、教区、工作部门和各种俱乐部等）并列，但是基于以下理由，他认为家庭并不是政治共同体。② 首先，家庭的功能是养育和教育孩子，以使他们长大成人进入社会。这样，家庭生活本质上是执行一种社会功能，即为各种共同体（学

---

① Cf. Alasdair MacIntyre, *Dependent Rational Animals*, Chicago and La Salle, Illinois: Open Court, 2002, pp.131-132.

② Cf. Ibid., pp.133-134.

校、教区、工作部门和各种俱乐部等）提供合格的成员。其次，家庭本身不能脱离共同体存在，其兴盛依赖于共同体的兴盛。幸福的家庭都不是一样的，各有其成功与失败，也各有自己的欢乐和喜悦，而这些事情与作为社会环境的共同体是息息相关的。最后，家庭缺乏自足性，它在某种情况下需要依赖共同体才能存在。例如，对于满足"依赖者"的需要问题，单靠家庭是不行的，只有共同体才能解决这个问题。也就是说，家庭生活的善与共同体的善是密切联系在一起的。

政治共同体是介于国家与家庭之间的东西。当人们在一起共同生活并且相互合作的时候，他们必须遵守某种规范以维持相互之间的关系，防止相互伤害。对于国家而言，这种共同遵守的规范就是法律。虽然麦金太尔所说的政治共同体不是国家，但是它要生存下去并且兴旺发达，也必须有某种所有成员都遵守的"法"。在麦金太尔看来，这种共同体所有成员都遵守的共同规范就是"自然法"。麦金太尔所说的自然法包括两个部分：一个部分是规则，在这种意义上自然法是程序性的，人们只有遵守其规则才能够实现共同体的目的；一个部分是德性，在这种意义上自然法是实质性的，它们能够使人们更好地追求自己的目的并免于他人的伤害。[①] 虽然麦金太尔似乎也承认共同体可以制定"实体法"，但是他认为"实体法"的权威源于与"自然法"的一致。[②] 这里应该指出，麦金太尔的自然法观念来自阿奎那，而阿奎那认为自然法是上帝颁布的。[③]

"自然法"是麦金太尔的理想共同体所实行的法，在这种意义上，自然法的观念在"小社群主义"中占有重要的地位。自然法的这种地位与麦金太尔在《德性之后》中对自然权利的批判形成了鲜明对照，在那本著作中，他认为自然权利是杜撰出来的东西，相信它的存在就像相信女巫一

---

① Cf. Mark C. Murphy, "MacIntyre's Political Philosophy", in *Alasdair MacIntyre*, edited by Mark C. Murphy, Cambridge, UK: Cambridge University Press, 2003, p.167.

② Cf. Alasdair MacIntyre, "Politics, Philosophy and the Common Good", in *The MacIntyre Reader*, edited by Kelvin Knight, Notre Dame, Indiana: University of Notre Dame Press, 1998, p.247.

③ Cf. Alasdair MacIntyre, *Dependent Rational Animals*, Chicago and La Salle, Illinois: Open Court, 2002, p.111.

样。① 我们知道，在近代西方政治哲学中，自然法与自然权利是联系在一起的：或者如某些政治哲学家（斯宾诺莎）主张的那样，自然权利就是自然法；或者如另外一些政治哲学家（霍布斯）主张的那样，自然权利以自然法为基础。麦金太尔接受了自然法的观念并且把它当作政治共同体所遵守的法，但是他拒绝了自然权利的观念并认为它是一种无中生有的杜撰。对于麦金太尔的这两种不同态度，一些批评者认为，在麦金太尔从 20 世纪80年代的《德性之后》到90年代的后期作品中，表现了一种态度的变化；另外一些批判者则主张麦金太尔的态度根本没有变化，拒绝自然权利与接受自然法是不矛盾的。②

在麦金太尔的心目中，共同体的典范是亚里士多德时代的城邦。对于亚里士多德而言，城邦既是生活共同体，也是政治共同体——国家。把时空关系转换到当代，情况变化了，现代国家并不是生活共同体，而生活共同体也不是国家。这样麦金太尔所说的共同体内存在一种张力：作为人们生活于其中的地方，它不仅不是国家，而且是反国家的，因为它要抵制国家力量的侵入；作为政治共同体，它必然类似于国家或者说是"准国家"，起码它应该发挥国家的某些功能。比如说，一种政治共同体起码应该履行国家的两种基本功能，即保证安全和提供福利。前者涉及防止共同体的内部犯罪和抵御外部的侵犯，后者涉及为共同体的所有成员提供医疗、教育、就业、养老等方面的保障。如果麦金太尔所说的小共同体是一种政治共同体，那么它如何能够发挥这些类似于国家的功能？它是否能够拥有发挥这些功能所需要的资源？这些问题在麦金太尔那里无法找到答案。

麦金太尔既批评西方主流的自由主义，也批评反对自由主义的社群主义。他为了挑战流行的自由主义和社群主义，提出了自己的政治哲学，而我们在这里把麦金太尔的政治哲学称为小社群主义。虽然这种小社群主义有很多既有吸引力又有说服力的观点，但是它本身存在两个致命的缺点。

第一个缺点是麦金太尔无法确定小共同体的性质。这种小社群主义

① Cf. Alasdair MacIntyre, *After Virtue*, Notre Dame, Indiana: University of Notre Dame Press, Second Edition, 1984, p.69.

② Cf. Mark C. Murphy, "MacIntyre's Political Philosophy", in *Alasdair MacIntyre*, edited by Mark C. Murphy, Cambridge, UK: Cambridge University Press, 2003, p.169.

的基础是小共同体，麦金太尔的政治主张和政治理想体现在小共同体之中，而这种小共同体应该既是实践共同体，也是道德共同体，更是政治共同体。那么这种小共同体的所指是什么？麦金太尔没有对此给予明确的界定，而是列举了很多社团作为小共同体的例证，如家族、家庭、邻里、农场、渔业合作社、俱乐部、学校、实验室、教区、诊所等。但是如果对这些具体社团加以分析，就会发现它们可以被看作是实践共同体，也可以被看作是道德共同体，但是无法被看作是政治共同体，因为它们缺乏政治共同体所必需的政治形式和制度特征。

麦金太尔在《德性之后》结尾的最后一句话是这样的："我们正在等待的不是戈多，而是另外一个（无疑也是非常不同的）圣本尼迪克特。"①对于中文读者，这句话不仅极其费解，而且根本就让人摸不着头脑。但正是这句话透露了麦金太尔的困境：他不知道新共同体是什么样的。这句话的背景是公元6世纪的欧洲，而那时的欧洲表现为罗马帝国的衰退和漫长黑暗时代的来临。圣本尼迪克特是基督教的一名教士，他不满当时社会的腐败堕落，离开罗马，进入深山，创立了由教士组成的宗教共同体以及在西方延续千年的隐修制度。麦金太尔把当代的西方与公元6世纪的罗马加以对比，这意味着有一个新的黑暗时代即将来临，而道德和文明能否在即将来临的黑暗时代中存活下去，取决于能否建立新形式的共同体，正如圣本尼迪克特在公元6世纪所做的那样。但是麦金太尔不知道这种新形式的共同体是什么样的，所以他在期待出现另外一个圣本尼迪克特。

第二个缺点是小共同体与国家的关系是含糊不清的。即使我们假定麦金太尔能够描述小共同体是什么样的，能够清楚地阐述新共同体的政治形式和制度特征，那么它与国家之间的关系仍然是一个问题。小共同体处于一种两难的困境：一方面，它必须不是国家，必须作为国家的对立物存在，并且千方百计抵御国家力量的侵入；另一方面，它无法取代国家，无法消除国家，必须在国家内部生存下去。国家显然会继续存在下去的。即使国家有可能消失，那么取代国家的也是更大的机构（如欧盟），而不会

①　Alasdair MacIntyre, *After Virtue*, Notre Dame, Indiana: University of Notre Dame Press, Second Edition, 1984, p.263. 这句话在这里被称为结尾，因为它后面的第19章是第二版增加的。

是更小的机构（如某种小共同体）。这样就需要小社群主义阐明小共同体与国家之间的关系应该是什么样的，而麦金太尔所做的只是批评现代国家，而没有关注两者之间的关系。

如果国家不会消失，那么麦金太尔在这个问题上有可能与诺奇克殊途同归。诺奇克在探讨其政治理想时，认为国家只有一个，而价值理想和善观念是各种各样的，因此国家不是体现价值理想和善观念的地方。诺奇克提出，国家作为乌托邦只是一个框架，它的内部存在各种各样的共同体，而任何价值理想和善观念都只能实现于各种共同体之中。如果麦金太尔无法否认国家会继续存在下去，那么他在小共同体与国家的关系上只有一种选择：国家只是共同体存在于其中的框架，其功能仅限于防止外部侵略和内部犯罪，而所有的价值理想和善观念都体现在小共同体之中。这就是诺奇克的观点。从政治思想的光谱看，麦金太尔的小社群主义属于社群主义的一种极端，用传统的政治术语说是左派中的左派；而诺奇克的极端自由主义属于自由主义的一种极端，即右派中的右派，而两者的政治乌托邦竟然殊途同归，这对于终生都在反对自由主义的麦金太尔是一个莫大的讽刺，对于所有政治哲学的研究者也都值得深思。

第四章　新社群主义：埃齐欧尼

社群主义在 20 世纪 80 年代的兴起以及与自由主义的论战，使它的思想得到了迅速传播。各种各样的（哲学的、政治的和古典的）社群主义者站出来批评自由主义，不仅对自由主义在西方社会的权威地位形成了挑战，同时也推动了社群主义思想的发展。到了 1990 年，一群社群主义者既不想被混同于 80 年代的"学院式社群主义"，也不想被看作是"亚洲式社群主义"，于是他们打出了"新社群主义"的旗号。这些新社群主义者除了领军人物埃齐欧尼（Amitai Etzioni）之外，还有贝拉（Robert Bellah）、加尔斯顿（William Galston）和格兰顿（Mary Ann Glendon）等人。[①]这种"新社群主义"与 80 年代的社群主义有如下一些明显的区别。

首先，80 年代的社群主义以罗尔斯的政治哲学为坐标，所关心的核心问题是正义。90 年代的新社群主义以西方（特别是美国）社会为坐标，所关心的核心问题是道德。80 年代的社群主义只有一个敌人，即自由主义。新社群主义则两面作战，既反对作为左派的自由主义，也反对作为右派的基督教保守主义。80 年代的社群主义最终都要诉诸本土共同体（local community），从而导致两个问题，即特殊主义和相对主义。新社群主义试图诉诸"共同体的共同体"，并以此来克服特殊主义和相对主义。

其次，80 年代的社群主义者基本上都是哲学家，他们善于思考抽象的理论问题。90 年代的新社群主义者基本上是一些社会学家，他们更善

---

①　Cf. Amitai Etzioni, *The Common Good*, Cambridge, UK: Polity Press, 2004, p.3.

于研究和解决现实问题。在 80 年代，西方政治哲学主要体现为自由主义与社群主义的论战，特别是罗尔斯与桑德尔之间的争论，而这些论战和争论都是在抽象的哲学层面展开的。新社群主义者对抽象的哲学理论不感兴趣，他们更关注现实问题，如婚姻家庭、学校教育、社区治安、环境污染、滥用毒品和公共安全等。

最后，80 年代的社群主义是一种理论，准确地说，是各种理论，如社群主义的哲学理论、政治理论或道德理论。90 年代的新社群主义则是一种运动，它不仅要求人们读社群主义的著作，而且要求人们参与各种社群主义的组织，共同分享社群主义的理念和理想。为了推动社群主义的运动，新社群主义者于 1991 年出版了他们的刊物，一本名为《回应的共同体：权利与责任》的季刊，而且发表了社群主义宣言，建立了社群主义的网站。在这些新社群主义者看来，对于西方社会存在的各种问题，抽象的哲学理论是于事无补的，只有大规模的社会运动才能够改变现实。

第一节　道德呼声

与 20 世纪 80 年代的社群主义相比，新社群主义关注的东西与其说是理论问题，不如说是现实问题。在这些新社群主义者看来，西方社会的问题成堆，从滥用毒品到刑事犯罪，从家庭解体到未成年母亲，从电视暴力到街头暴力，从道德衰落到社会失序。但是，这些问题都围绕一个核心，套用马克思和恩格斯在《共产党宣言》中的话说就是：一个幽灵，一个个人主义的幽灵，在西方（北美和欧洲）游荡。

这里的个人主义实际上是指自由主义。桑德尔等老社群主义者反对的是自由主义，而埃齐欧尼等新社群主义者反对的是个人主义。虽然两者所指的对象是相同的，但用词的差别反映了重心的不同。

一、个人主义的泛滥
对于新社群主义者来说，个人主义在西方社会体现为人们都沉溺于自我之中。人们只关心自己，为自己要求更多的自由、权利和自主，而不关心社会整体和公共利益，更少考虑自己对共同体的责任。关于"权利"的语言不断膨胀，关于"责任"的话语日益稀少。这种个人主义的泛滥导致道德的衰落和社会的失序。

要确认道德的衰落和社会的失序，需要某种对比的底线。只有对照某种底线，我们才能说目前社会的道德是否在衰落或失序。埃齐欧尼以20世纪50年代为底线，考察了美国社会50—90年代的历史发展，以试图得出某种明确的结论。

20世纪被称为美国的世纪就是从50年代开始的。美国赢得了第二次世界大战，成为世界上最强大的国家，其经济、政治、军事和文化在全球居于支配地位。埃齐欧尼认为，在50年代，美国人拥有相对统一的观点和共享的价值观，人们对家庭、共同体和社会具有强烈的责任感。因此，肯尼迪总统在1961年能够以带有挑战的口吻对美国人说，你们不要问你们的国家能为你们做什么，而要问你们能够为你们的国家做什么。在那时，大部分美国人感觉他们生活在一个安全和有序的国家，而在这个国家的大多数地方，人们可以出门在外而无需害怕，外出可以无需锁门，孩子可以在外面任意玩耍。各种各样反社会行为（如暴力犯罪、滥用毒品和酗酒等）的发生率比较低，整个社会显得安全、稳定和有秩序。① 埃齐欧尼也承认，虽然50年代的人们拥有共同的价值观，但是这种价值观通常歧视妇女，歧视从黑人到犹太人的少数民族。而且，这种价值观也带有些微的权威主义，即它在某种程度上强迫而非说服人们来接受它。②

60年代的美国处于激烈的社会动荡之中。民权运动、反对越南战争运动、青年造反运动和反文化运动此起彼伏，原有的道德信念和社会秩序逐渐变得风雨飘摇。对于这些运动，不同的人会有不同的评价，甚至同一个人也会有不同的评价。埃齐欧尼对于其他运动未置可否，但是他认为反文化运动是有害的，因为它严重地削弱了美国的价值观，破坏了社会的秩

---

① Cf. Amitai Etzioni, *The New Golden Rule: Community and Morality in a Democratic Society*, New York: BasicBooks, 1996, pp.60-63.

② Cf. Amitai Etzioni, *The Spirit of Community: Rights, Responsibilities, and the Communitarian Agenda*, New York: Crown Publishers, Inc., 1993, p.23.

序：对权威（政府官员和学术专家）的尊重急剧衰落，选民的投票率大大降低，异化现象迅速增加，家庭不断衰落，社会分化日益严重等。在随后的 70 年代和 80 年代，个人主义的势头变得越来越强了，而这种个人主义为个人关注自我权利而非关注共同体的责任提供了规范的保证。如果说 50 年代的标志是强烈的义务感，那么 60—90 年代的标志就是日益增强的权利感，日益对社会责任的回避。这时的美国人希望政府这样来设计：他们应该缴纳更少的税，同时政府应该提供更多的服务。①

　　传统的价值观在日益衰落，而新的价值观还没有诞生。这种个人主义泛滥的结果就是"社会的无政府"（social anarchy）。社会的无政府是埃齐欧尼对当代西方社会病症的诊断，从而需要我们加以深入分析。"社会的无政府"这个概念涉及两个问题：首先，这个概念的含义是什么？其次，社会的无政府与自主的区别在哪里？

　　关于"社会的无政府"的含义，埃齐欧尼有两种说法。一种说法是，社会的无政府意味着一个社会缺乏秩序、规范和价值引导②；另外一种说法是，社会的无政府意味着我们不能分清什么是正确的与什么是错误的③。这两种说法不仅并不矛盾，而且密切相关。第一种说法是指出社会的病症——当代社会缺少秩序和规范，第二种说法是揭示社会的病因——社会的失序源于道德的失序。如果这种分析是正确的，那么社会的无政府具有两层意思：第一，一个社会缺乏秩序和规范，从而产生各种社会问题；第二，社会的无序产生于道德的无序，人们原有的道德信念日益衰落，而没有新的信念来充填出现的道德真空。

　　"社会的无政府"是对西方社会盛行的个人主义的一种批评，而所谓的个人主义就是自由主义，特别是指"极端自由主义"（libertarianism）。但是自由主义者可能会这样来反驳埃齐欧尼：所谓的"社会的无政府"不过是人的自主（autonomy）而已，而自主与人的自由和权利是联系在一起

---

① Cf. Amitai Etzioni, *The New Golden Rule: Community and Morality in a Democratic Society*, New York: Basic Books, 1996, pp.64-68.

② Cf. Ibid., p.71.

③ Cf. Amitai Etzioni, *The Spirit of Community: Rights, Responsibilities, and the Communitarian Agenda*, New York: Crown Publishers, Inc., 1993, p.24.

的。虽然埃齐欧尼反对自由主义，而自由主义的价值观建立在自主的基础之上，但是他不想否定自主的价值。这样就需要埃齐欧尼划清自主与社会的无政府之间的界限。埃齐欧尼没有能够从概念上划清两者的界限，他只是举例来说明两者的不同：在美国的一些大学城，如加利福尼亚的伯克利（伯克利加利福尼亚大学）、帕洛阿尔托（斯坦福大学）以及马萨诸塞州的剑桥（哈佛大学和麻省理工学院），这些大学中教师的生活是自主的，免予各种经济和政治方面的压力；而城市居民在城内穿行时，所面对的就是无政府状况，特别是在夜里不敢经过公园、广场甚至人行道。[①] 埃齐欧尼的这种说明显然没有多少说服力。

埃齐欧尼提出，从 20 世纪 90 年代初起，情况出现了变化，钟摆开始摆向另一面，社会的向心力增加，离心力在减弱，出现了摆脱无政府和恢复秩序的呼声。埃齐欧尼把这些情况称为"反弹"。然而，他认为，虽然反弹是确切的，但是反弹的方向仍然是不清楚的。社会的走向有三个选项：是回到 50 年代的社会秩序？还是走向一种原教旨主义的宗教秩序？或者建立一种社群主义的秩序？

二、权利与责任的平衡

如果西方社会确实出现了反弹，而反弹的走向是不确定的，那么新社群主义者的任务就是使社会向社群主义的方向发展。为了达到这个目的，埃齐欧尼和其他志同道合者一起发起了社群主义运动，这种运动不仅要宣扬社群主义的观念和理想，提出社群主义的政策，而且号召人们参与社群主义的实践。

从新社群主义的观点看，自由主义与个人主义是一回事。埃齐欧尼反对个人主义，因为它使人们只关心自己，而不考虑共同体。他也反对自由主义，因为自由主义为当代个人主义提供了理论基础，而这个基础就是权利。当代个人主义是一种以权利为基础的个人主义。基于这种个人主义，人们要求拥有各种权利，但是把责任推给了政府。为了扭转这种倾向，新

---

① Cf. Amitai Etzioni, *The New Golden Rule: Community and Morality in a Democratic Society*, New York: Basic Books, 1996, p.71.

社群主义者要求人们承担起自己的责任。按照埃齐欧尼的说法，新社群主义运动的目的是达到权利与责任的平衡，为此他提出了四点议程。①

第一，暂时停止制造新的权利。对于西方社会，权利的清单呈现出不断增加的趋势，从公民和政治权利，到社会和经济权利，被认为是权利的东西越来越多。在埃齐欧尼看来，不断增加新的权利，就像不断印制钞票，一定会引起权利的通货膨胀，从而使其贬值。而且，现在人们往往把个人欲望提升为宪法权利，而一旦自己的欲望没有得到实现，他们便声称自己的权利受到了侵犯。在这种情况下，如果我们在一个时期（比如说今后 10 年）停止制造新的权利，那么这会有助于恢复权利的道德力量。

埃齐欧尼为叫停新的权利提出了一些理由。首先，每一种新的权利的增加都会在相关的人们身上产生一种义务。例如，大多数人都认为"住房"是一种权利。如果"住房"是一种权利，那么谁负有满足人们住房权利的义务？人们通常会认为这是政府的义务，但是政府用来履行义务的金钱从哪里来？归根结底，政府的钱都来自人民的纳税。其次，权利的语言使人们更难以在政治生活中达成妥协或共识。政治决定的合法性来自于共识，如果达不成共识，人们就需要作出妥协。但是，权利是属于原则的事情，而人们在原则的事情上通常不会让步。权利倾向于使人们产生争执，而责任有助于社会合作。因此，埃齐欧尼主张用利益和美德的语言来替代权利的语言。最后，权利有害于而非有助于公共讨论。在公共辩论中，自由主义者把权利视为"王牌"，而"王牌"亮出来的时候，这意味着讨论应该结束了。但是，一种权利的确立有时与其他权利是冲突的，仅仅把"这是一种权利"作为理由，这不是一个充足的论证理由。

第二，重新确立权利与责任的关系。在新社群主义者看来，当代社会的问题在于人们只讲权利，回避责任。埃齐欧尼认为，权利意味着责任，"只讲权利，回避责任"既是不合逻辑的，也是不道德的。它是不合逻辑的，因为权利以责任的存在为前提。我们不是陌生土地上的漫游者，而是某个共同体的成员；作为共同体的成员，一个人对他人、对共同体都负有

---

① Cf. Amitai Etzioni, *The Spirit of Community: Rights, Responsibilities, and the Communitarian Agenda*, New York: Crown Publishers, Inc., 1993, pp.4-11.

责任。因此，只讲权利不谈责任是不合逻辑的。它也是不道德的，因为一个人不能只索取，不给予。权利意味着索取，意味着对某种东西提出了要求；责任意味着给予，意味着对共同体的贡献。所以，一个人只提要求而不做贡献，这是不道德的。

第三，承认没有权利的责任。人们通常认为，权利与责任（义务）是对应的：有某种权利，就有某种对应的责任（义务）；反过来，有某种责任（义务），也有相对应的权利。埃齐欧尼承认，设想没有责任的权利是困难的，但他还是认为存在着没有权利的责任。他举出的例子是对环境的责任：对于为后代留下一种宜居的环境而言，我们具有一种道德责任。扩展开来，我们对共同体负有各种责任，而这些责任通常都不伴有权利。

第四，按照变化了的环境来调整权利。美国社会对于某些法规或政策存在着很大的争议，例如，关于对飞行员和校车司机等进行毒品和酒精检测的议案，就存在强烈的反对意见。一些人援引美国宪法第四修正案赋予美国公民以不受任意的搜查和逮捕的权利，来反对这样的检测。但是埃齐欧尼认为，什么是"任意的"或不是"任意的"，这是随时间而变化的。为了维护公共安全和公众健康，需要对权利进行与时俱进的调整。

对于埃齐欧尼来说，西方社会特别是美国社会的问题在于，自由主义造成了权利语言的滥觞，以致人们只要求权利和自由，而把责任推给了国家。新社群主义者承认自由的价值，不否认个人拥有各种权利。所谓权利与责任的平衡，用通俗的话说就是，少要求一点儿权利，多承担一点责任。如果新社群主义要求人们承担更多的责任，那么问题在于，谁承担什么责任？谁承担多少责任？

埃齐欧尼把责任分为四个层面，即个人、共同体的成员、共同体本身和社会。不同的层面有不同的责任，也有不同的责任者。以个人为中心，不同层面的责任犹如大小不同的同心圆，从里向外逐渐散开，而社会处于最外缘。

首先是个人责任。人们拥有一种道德责任，来尽其所能地帮助自己，其中包括残疾人和老年人。埃齐欧尼承认，要求残疾人、老年人和遭受种族歧视的年轻人自己帮助自己，这样的说法有些冷酷，因为他们有资格得到别人的帮助。但是，他认为，要求他们自己积极地改善自己的生活，而不是消极地依赖或等待救济和救助，这涉及人的尊严。鼓励人们尽力掌控

317

自己的命运，这是对人类尊严的尊重。从长远来看，人们不情愿帮助这样的人：因为过去受到了歧视，他们现在依赖救济或者要求得到补偿。①

其次是共同体中其他成员的责任。当一个人需要帮助的时候，与其最近的人们负有帮助他的责任，其中包括亲属、朋友、邻里以及共同体的其他成员。因为他们是最亲近的人，所以他们知道他最需要的帮助是什么，也知道如何能够最好地帮助他。埃齐欧尼举例说，当政府提供大锅饭的时候，所有人都吃同样的东西，而邻里则能够给病人送去可口的饭菜，因为邻里知道病人的口味。人们为什么要帮助别人呢？埃齐欧尼给出的解释是模糊不清的②，我们可以从中分析出三种动机。人们可能出于"同情"帮助别人，这种动机比较适合于帮助对象是残疾人和老年人的场合；人们也可能出于"互惠"帮助别人，即你过去帮助了我，所以我现在应该帮助你，或者我现在帮助你，所以你将来也会帮助我，尽管这样的互相帮助不是基于精明的计算；人们也可能出于"正当"帮助别人，因为人们相互帮助是一种我们应该去做的正确事情。

再次是共同体的责任。出于同第二层责任一样的理由，每个共同体应该负起自己尽力照顾自己的责任。埃齐欧尼把它看作是一种规则：社会作为"共同体的共同体"应该表明这样的道德期望，即照管人们的福利是本地共同体的责任。埃齐欧尼举例说，当某处失火的时候，我们遵循的就是这种规则：第一个求助的是本地消防队，只有当它控制不了火势的时候，才需要其他地方的消防队来帮忙。同样，无论困扰我们的问题是什么（垃圾处理、犯罪、毒品或其他社会问题），责任首先存在于该共同体之中。③

最后是社会的责任。当一个共同体没有能力照管其成员的时候，社会（作为共同体的共同体）就应该帮助它。对于埃齐欧尼，社会正义问题主要存在于这个层面。用他的话说："社会正义是一种共同体之间的问题，而不仅仅是共同体内部的事情。"④他举例说，当联邦政府的经济政策

---

① Cf. Amitai Etzioni, *The Spirit of Community: Rights, Responsibilities, and the Communitarian Agenda*, New York: Crown Publishers, Inc., 1993, p.144.

② Cf. Ibid., pp.144-145.

③ Cf. Ibid., p.146.

④ Ibid.

使某个共同体比其他共同体遭受到更不利的影响时，比如说产生了更多的失业，那么动用联邦失业保险来帮助这个共同体就是正当的，而这笔钱来自所有人的纳税。也就是说，只有在这个地方，存在着一种共同体之间的"再分配"。然而，埃齐欧尼关于"社会"的观点是混淆不清的。一般而言，他在"社会"与"国家"之间进行了严格区分，一个人对于"社会"来说是成员，对于"国家"来说是公民。① 但是在这里，他把"社会"混同于"国家"，甚至混同于"联邦政府"了。

在责任的问题上，把新社群主义者的观点与自由主义者的观点相对比是有趣的。自由主义者可以分为两派，一派以罗尔斯为代表，另外一派以诺奇克为代表。对于埃齐欧尼的第一层责任——个人负有改善自己处境的责任，诺奇克式的自由主义者会表示强烈的支持，而罗尔斯式的自由主义者则会坚决反对。对于第二层责任——共同体其他成员的责任，两派的自由主义者都不会反对，但是也不会认为这样的帮助是责任。对于罗尔斯而言，这样的帮助属于自然义务，取决于个人的道德感；对于诺奇克而言，这样的帮助属于慈善事业，取决于个人的意愿。对于第三层责任——共同体本身的责任，两派都会认为它可以还原为第二层责任，因此可以按照同样的理由加以处理。对于第四层责任——社会的责任，罗尔斯式的自由主义者会表示赞同，而诺奇克式的自由主义者则会强烈反对。我们认为，这种对比反映了埃齐欧尼的一般理论位置：位于平等主义的自由主义与极端自由主义之间。

三、重建道德

如果当代社会的问题是要求权利太多，承担责任太少，那么如何让人们承担起他们应该承担的各种责任？可以有三种方式：首先是法律的方式，一个社会可以立法强制人们履行某些责任；其次是市场经济的方式，可以用金钱来换取人们履行某些责任；最后是道德的方式，让人们意识到他们应该履行自己的社会责任。对于新社群主义者来说，法律和市场经济的方式存在很多缺点，会产生各种副作用，而道德的方式是最好的，它能

---

① Cf. Amitai Etzioni, *The Common Good*, Cambridge, UK: Polity Press, 2004, pp.147-148.

够使人们自愿承担起各种社会责任。

道德要起作用，它必须成为能够让我们听到的呼声。新社群主义的理论在很大程度上依赖于"道德呼声"（moral voice）。何谓"道德呼声"？按照埃齐欧尼的说法，"道德呼声是一种特殊形式的动机。"① 它是一种动机，因为它鼓励人们坚持自己赞同的价值；它是特殊的，因为与典型的动机不同，它不追求生理或心理的释放。

从新社群主义的观点看，"道德呼声"这样的说法是合适的，因为人们确实能够"听到"它。起码大多数人都能够听到道德的呼声，尽管它在每个人心中引起的共鸣强度不一。虽然听到道德呼声并不意味着人们总是注意到它，但是它确实一直在影响着他们的行为。埃齐欧尼也承认少数人可能听不到道德的呼声，然而他把这样的人归为"反社会者"。② 具体来说，埃齐欧尼把道德呼声分为两种：内在的与外在的，或者个人的与共同体的。

内在的道德呼声发自个人的自我，它督促一个人按照自己信奉的价值行事，而不做与这些价值相违背的事情。当一个人坚持自己价值的时候，他会从道德呼声中获得一种肯定感；当一个人没有坚持自己价值的时候，道德呼声则会使他感到焦虑不安。通过这样的方式，道德呼声对人们的行为产生了深刻的影响，培养起人们的道德行为。道德呼声唤起了人们自愿的道德行为，而自愿的道德行为反映了这样的信念：他们在私人和公共事务中遵守的行为规则就是他们所相信的价值。如果我们追问："这种内在的道德呼声到底是什么？"埃齐欧尼回答说：我们都有这种呼声的亲身体验，而表达这种呼声的陈述中所包含的是"我应该……"而非"我喜欢……"③。

外在的道德呼声就是共同体的道德呼声。内在的道德呼声发自个人内部，外在的道德呼声来自共同体的呼唤。每个共同体都共享一些价值，共同体的道德呼声就是其所共享的价值的表达。当共同体的成员遵守这些价值的时候，共同体就会对他们给予鼓励甚至奖励；而当某些共同体的成员

---

① Amitai Etzioni, *The New Golden Rule: Community and Morality in a Democratic Society*, New York: BasicBooks, 1996, p.120.

② Cf. Ibid., p.120.

③ Cf. Ibid., p.121.

不遵守这些价值的时候，它就会谴责他们。对于每个人的自我来说，共同体的道德呼声是外在的，其作用在于强化其成员的内在呼声并变成内在的呼声。虽然内在的道德呼声与外在的道德呼声来自不同主体，但是它们的内容却是相同的，所表达的都是共享的价值，而这些价值旨在鼓励某些行为和制止某些行为。对于新社群主义来说，共同体的重要意义就在于：它们通常能够发出强烈的道德呼声，从而能够有助于维持社会秩序，而这种社会秩序的维持依赖于自愿的道德信念而非法律强制。①

人的行为归根结底取决于人的良知，也就是说，取决于人的内在道德呼声。但是仅仅有内在的道德呼声是不够的，我们更需要共同体的道德呼声。首先，人的道德良心不是天生的，而是习得的。我们出生和成长于某个共同体之中，并且作为其成员获得了共同体的道德信念。其次，在我们的成长过程中，我们从共同体获得的道德信念变成了我们的内在道德呼声；但是在很多时候，这种内在的道德呼声还不够强大，需要共同体的道德呼声不断强化它，同它一起发挥作用。最后，道德呼声不仅仅是指责和批评，而且也包括鼓励和赞美。对于那些有利于共同善的行为，对于那些为共同体作出贡献的人，我们会表达肯定、表扬、赞赏、祝贺和赞美，而这会反过来进一步培养这样的行为和这样的人。②

新社群主义者与自由主义者都承认社会秩序的重要性，但两者维护秩序所依赖的方式是不同的。当社会出现失序的时候，自由主义者通常认为社会需要更多的法律、更多的规章、更多的警察、更强硬的命令、更严厉的惩罚以及更大的强制执行权力。相反，新社群主义者主张，为了恢复社会秩序，所需要的管制应该依赖道德呼声而非法律强制，而且法律本身在很大程度体现的也是道德呼声所支持的东西。

从埃齐欧尼的观点看，在维护社会秩序的问题上，社群主义与自由主义之争的关键在于更依赖法律还是更依赖道德。对于埃齐欧尼而言，一个社会越依赖于法律强制，其道德秩序和自主性就越受到削弱，这个社会也

---

① Cf. Amitai Etzioni, *The New Golden Rule: Community and Morality in a Democratic Society*, New York: Basic Books, 1996, pp.123-124.

② Cf. Amitai Etzioni, *The Spirit of Community: Rights, Responsibilities, and the Communitarian Agenda*, New York: Crown Publishers, Inc., 1993, pp.30-34.

就越不是社群主义的；反过来，一个社会越依赖于成员共享的道德信念，社会成员的行为越是自愿的（他们所服从的规范是自己赞同的），这个社会也就越是社群主义的。说得更明确一些，社群主义的社会不是一个把法律秩序放在首要地位的社会，而是一个依赖于共享的道德价值的社会。与上述观点密切相关，对于埃齐欧尼而言，主要的组织机构不是国家，而是社会（作为共同体的共同体）；主要的行动者不是公民（citizens），而是共同体的成员（members）。因为社会（作为共同体的共同体）优先于国家，所以发生在共同体中的社会行动优先于国家层面的政治行动。①

新社群主义面对的问题是：人们要求更多的权利，承担更少的责任，从而导致社会失去了原有的秩序。对于这种社会疾病，新社群主义者提供了他们的诊断：社会失序源于道德失序，原有的道德在不断衰落，而新的道德还没有填补留下的真空。基于这种诊断，新社群主义者开出了药方：重振道德呼声，确立道德秩序，建立一个社群主义的社会。问题在于，这里存在太多的争议。即使人们承认新社群主义者确认的问题是正确的，但是未必认同他们的诊断；即使人们认同他们的诊断，但是也未必认为他们开出的药方是管用的。人们可能提出这样的疑问：新社群主义者诉诸道德呼声，但是道德呼声只是一种规劝，它不能解决社会目前面临的各种问题。

对于一位哲学家来说，他可能不会重视甚至无需理会这样的疑问。他可能反问：我的观点是不是正确的？如果它是正确的，那么如何实行是法学家、经济学家和社会学家的事情。作为一位社会学家，埃齐欧尼则不得不重视这样的疑问并给予力所能及的回答。他的回答是这样的：道德呼声会引起关于共享价值和信念的"广泛对话"（megalogue），而大量社会科学研究表明，这种"广泛对话"是改变社会方向的最好方式。埃齐欧尼承认，这种"广泛对话"的观念是模糊的，它无法事先确定，什么时候这种改变社会的过程能够完成，什么价值将流行，哪种新公共政策会实施等。他也认为，人们实际上只能预测这种改变社会的过程是不连贯的、情绪性

---

① Cf. Amitai Etzioni, *The New Golden Rule: Community and Morality in a Democratic Society*, New York: Basic Books, 1996, pp.140-141.

的、反复性的和曲折的，尽管这些东西是道德对话的标记，是真正社会变化的标记。①

尽管新社群主义者高扬道德，贬抑法律，主张社群主义的社会必须建立在道德而非法律的基础上，但是他们也必须承认，即使在社群主义社会中，也需要法律。虽然埃齐欧尼承认法律的规范作用，但是在他那里，法律的作用是有局限性的，主要发挥了两种功能。首先，法律是共同体价值的表达，它具有强化道德规范的功能；其次，法律被用来对付那些对道德呼声充耳不闻的人们，以帮助维护社会秩序。埃齐欧尼认为，在一个完善的社群主义社会中，这些置道德呼声于不顾的人数是非常少的，但是也不会完全消失。对于某些人而言，他们或者没有内在的道德呼声，或者这种呼声极其微弱，或者他们干脆不管共同体的道德呼声，因而他们会作出违反道德的事情。如果社会不能有效对付这些违反者，那么那些遵守社会规范的人们就会对道德秩序的权威和信念提出质疑。违反者越多，质疑者越多，从而社会的道德秩序也就越衰落。②

埃齐欧尼的核心观点是：一个好社会应该建立在道德而非法律的基础之上。他提出这种观点的理由是：法律是强制性的，人们遵守法律是被迫的，因此基于法律的社会秩序缺乏人们自愿的支持；道德是非强制性的，人们遵守道德是自愿的，因此基于道德的社会秩序得到了人们的真正支持。在他看来，一个社会越依赖法律，其道德就会越衰落。另外，埃齐欧尼也认为，当代社会处于激烈的变化之中，而法律调整滞后，不能跟上社会的变化，从而不能处理人们面临的各种社会问题。③

这里涉及两个问题。首先，滞后的到底是法律还是道德？无论是法律还是道德，通常都会落后于社会变化。但是与道德相比，法律的步伐更快一些，甚至有时候会有超前立法；而道德的发展通常是自发的而非人为的，其变化的速度更加缓慢。其次，我们现在依靠的是法治还是德治？埃齐欧尼主张依靠德治，而我们主张依靠法治。依赖法治的主张基于以下一些理

① Cf. Amitai Etzioni, *The New Golden Rule: Community and Morality in a Democratic Society*, New York: Basic Books, 1996, p.140.

② Cf. Ibid., p.146.

③ Cf. Ibid., p.145.

由：现代社会比前现代社会更为复杂，道德不足以处理当代社会中各种复杂的关系和问题；不是道德衰落了，从而需要法律来强化道德，而是法律和道德具有不同的规范功能，以不同的方式发挥作用；道德主张是各种各样的，也是有争议的，而法律只能有一套，它代表了某种程度的共识。

四、减速原则

新社群主义者轻视法律，高扬道德，贬抑权利，推崇责任，但是他们并没有完全抛弃权利的语言，并不否认人们拥有各种权利。用埃齐欧尼的话说，他们追求的是权利与责任的平衡。但是，任何社会运动一旦启动，它最终会走向哪里，这是运动的推动者无法控制的。新社群主义运动也是如此，它开始时平衡权利与责任，但是谁能够保证它不会按照惯性越走越快，以致剥夺人们的权利，最终导向权威主义的国家甚至警察国家。这就是所谓的"滑坡"理论：如果我们启动某种社会运动，那么它可能不会如我们所愿停下来，最终造成灾难性的后果。

在美国试图推行机场安全门、公路酒精测试和强制使用汽车安全带等措施的时候，遭到了人们特别是自由主义者的反对。自由主义者坚决反对这些措施，不仅因为他们认为这些措施违反了美国宪法第四修正案，而且担心它们会沿着"滑坡"下行并导向一个警察国家。埃齐欧尼承认这些对"滑坡"的担心是有一些理由的，但是他认为沿着"滑坡"下行并不必然导致灾难性的结果。他提出，我们可以设置一些减速带，可以制订一些原则，在到达危险点之前，这些原则能够使我们停下来。埃齐欧尼把这样的原则称为"减速原则"（notching principles）。他提出了四个减速原则或标准，并主张它们必须一个接一个地导入。当用它们设计社会政策的时候，它们必须放在一起考虑。也就是说，当政策满足了第一个标准时，我们要继续检验它是否满足了第二个、第三个和第四个标准。① 让我们依次对它们加以分析。

第一个标准：当前而清楚的危险。除非当前存在一种清楚的危险，一

---

① Cf. Amitai Etzioni, *The Spirit of Community: Rights, Responsibilities, and the Communitarian Agenda*, New York: Crown Publishers, Inc., 1993, p.177.

种可证实的巨大社会问题或需要，否则我们不应该调整社会政策。在媒体化的社会，总有一些鼓动者不时宣称，为了克服所想象的或预期的重大灾难，我们需要勒紧裤带、改变生活方式甚至放弃基本权利。按照第一个标准，这些灾难并不是当前而清楚的危险。那么什么是这样的危险？按照埃齐欧尼的看法，核武器、枪支泛滥、艾滋病和入门盗窃是这样的危险，他们使我们的生活处于危险之中，并且其证据是无可争议的。基于这个标准，埃齐欧尼支持设立机场安全门，在公路上建立酒精检测点，强制使用汽车安全带，对飞行员、校车司机、火车司机以及警察等高风险群体人员进行酒精和毒品测试。①

第二个标准：没有其他的选项。当确实存在着清楚的危险，而相关政策也满足了第一个标准，这时就要测试它是否符合其他的标准。以吸烟为例。吸烟对本人和其他人都构成了当前而清楚的危险，危害了他们的健康。但是对于如何控制吸烟，美国社会存在争议，一些人主张禁止香烟在各种媒体上做广告，另外一些人则主张对香烟征收更高的税。第二个标准要求，当事情涉及对宪法的重新解释的时候，我们需要看一看是否存在其他的选择。按照这样的标准衡量，与禁止香烟广告相比，提高香烟的税赋有更正当的理由。首先，就控制吸烟的实际效果来说，提高香烟税比禁止香烟广告更为有效。其次，禁止香烟广告涉及对言论自由权利的解释，而提高香烟税则没有这样的问题。②

第三个标准：对调整尽量加以限制。如果事情没有其他选择而必须作出调整，那么我们应该寻找具有最少侵害的选项。埃齐欧尼为此举出的例子是"米兰达"（Miranda）规则。这个从1966年开始实行的美国法律要求警察在逮捕疑犯的时候必须告之：你有沉默的权利，你所说的一切东西都将作为法庭上指控你的证据。如果警察没有告知，那么疑犯即使承认了自己的罪行，法官也不会把这种承认作为证据。随着犯罪现象的增加，这个规则在美国引起了争议。一些保守主义者认为这个规则有利于罪犯，对他们给予了过多的保护。而自由主义者则认为这个规则体现了宪法赋予的

---

① Cf. Amitai Etzioni, *The Spirit of Community: Rights, Responsibilities, and the Communitarian Agenda*, New York: Crown Publishers, Inc., 1993, pp.177-180.

② Cf. Ibid., pp.180-181.

人权，没有必要作出任何改变。埃齐欧尼承认这个规则对于保护疑犯的权利是必要的，但是按照第三个标准，我们需要作出的是调整而非废弃：只要不存在欺骗，警察搜集的证据就应该是有效的，即使出于某种原因致使"米兰达"规则没有得到遵守。①

第四个标准：避免政策的副作用或使其最小化。对政策的最后一个测试是应该避免政策的有害副作用，或者使其副作用最小化。埃齐欧尼举出的例子是处理艾滋病的政策。在涉及 HIV 病毒的检测和追踪性接触的范围时，我们应该考虑到，如果不能对相关信息保密，那么这些措施会导致相关的人失去工作、住房和医疗保险。这样，如果要实行这些措施，那么就要对能够接触这些接受检测人员名单的人进行严格审查，对用于追踪性伙伴的程序加以审查，对相关人员进行保密的专业教育，对泄密者以及那些歧视艾滋病患者和 HIV 病毒携带者的人给予惩罚。如果一个共同体试图从 HIV 检测和追踪性伙伴的行为中获益，那么它就应该尽力保护那些被检测的人和透露其性行为的人。②

新社群主义发出了道德呼声，对人们提出了更高的道德要求。与法律规范相比，这些道德要求是一些实质性的规范，从而对共同体的成员施加了更多并且程度更大的限制。在西方特别是美国的自由主义背景中，自由主义的社会秩序主要依赖于程序性的法律规范，这种强调实质性道德规范的新社群主义必然引起人们的担心：它是否会导致权威主义，导致个人权利的被侵犯，导致自由的丧失。埃齐欧尼提出"减速原则"，其目的就是为了消除人们的这种担心。正是在这种意义上，一些赞同新社群主义的人认为，埃齐欧尼的"减速原则"是他在关于社群主义的思想争论中作出的最大贡献。③

尽管"减速原则"有助于减轻人们对新社群主义的担心，但是事情有可能走向另外一面，即使它变成一种类似于 20 世纪 80 年代的学院式社群

---

① Cf. Amitai Etzioni, *The Spirit of Community: Rights, Responsibilities, and the Communitarian Agenda*, New York: Crown Publishers, Inc., 1993, pp.181-182.

② Cf. Ibid., p.189.

③ Cf. David Sciulli, *Etzioni's Critical Functionalism: Communitarian Origins and Principles*, Leiden: Koninklijke Brill NV, 2011, p.415.

主义，但同时又是保守主义的。因为按照"减速原则"的四条标准来检测为解决社会问题而提出的各种政策，最可能的结果是没有多少政策提议能够满足所有四条要求，特别是激进的社会改革政策根本无法满足这些标准。例如，美国 20 世纪 60 年代开始实行"平权法案"，它在就学和就业方面给予少数民族和妇女特殊的照顾，以推行整个社会的机会平等和社会正义。按照埃齐欧尼的"减速原则"，这个法案无法通过上述四条标准的检验，因为它会侵犯某些人（如白人男子）的权利，也会带来很大的副作用（因为照顾了一些人而损害了另外一些人的利益）。

以埃齐欧尼为代表的新社群主义者在 90 年代发出了道德呼声，要求人们承担更多的社会责任，提出重建道德的运动，这一切都源于对西方特别是美国社会的一种看法：自 60 年代的抗议运动和反文化运动以来，道德一直在衰落。需要指出的是，这种看法不是埃齐欧尼的发明，而是社会保守主义一直坚持的观点。在美国社会病症的诊断方面，他与社会保守主义者分担了相同的观点；在治疗方面，他开出的也是道德的药方。正是这种意义上，我们可以说埃齐欧尼的新社群主义带有保守主义的特征。

第二节　新金规则

关于美好社会的性质，西方社会存在着各种不同的观点，其中有三种是主要的。自由主义主张，一个好社会应该建立在法律的基础上，它能够保护人的自由和权利，免于受到他人、团体或政府的侵犯。社会保守主义主张，一个好社会应该建立在宗教信念的基础上，它具有严格的秩序，能够培养人的美德。新社群主义主张，一个好社会应该建立在道德的基础上，它能够在个人权利与共同善、个人与共同体以及自主与秩序之间保持平衡。

从新社群主义的观点看：自由主义是错误的，因为它只强调人的自主，轻视社会的秩序，而没有秩序将会导致无政府；社会保守主义也是错误的，因为它只强调社会的秩序，无视人的自主，而没有自主将会导致权威国家甚至警察国家。新社群主义坚持自主与秩序的平衡，而埃齐欧尼把这种坚持自主与秩序之间平衡的观点称为"新金规则",以区别于流行了几千年的"老金规则"。

一、秩序

关于如何看待和解决西方社会特别是美国社会出现的各种问题,哲学家、政治学家、法学家、社会学家以及其他相关人士进行了激烈的辩论。按照埃齐欧尼的看法,这种辩论基本上分为两个阵营,一个阵营是个人主义,传统上也被看作左派;另外一个是社会保守主义,传统上被看作右派。

埃齐欧尼所谓的个人主义是指极端自由主义、自由主义、自由放任的保守主义、新保守主义以及公民极端自由主义等派别,实质上就是一般而言的自由主义。所有的自由主义者通常关注的是自主,而很少关心社会秩序。那么哪些人是这种自由主义的思想代表?埃齐欧尼认为,洛克和密尔是古典自由主义的代表,而当代自由主义的代表人物是罗尔斯、德沃金、斯坎伦(T. M. Scanlon)、霍尔姆斯(Stephen Holmes)和内格尔(Tomas Nagel)等。①

埃齐欧尼所说的社会保守主义更为复杂,其中包括世俗的保守主义和宗教的保守主义。社会保守主义者通常很少关心自主,而是更为重视道德秩序。如果有必要的话,他们甚至希望由国家来强化道德秩序。埃齐欧尼所列举的社会保守主义者主要有海默尔法伯(Gertrude Himmelfarb)、奥克肖特(Michael Oakeshott)、亨廷顿(Samuel Huntington)、科克(Russell Kirk)、曼斯菲尔德(Harvey Mansfield)等。特别让人感到奇怪的是,他把人们通常认为是社群主义者的麦金太尔也归为社会保守主义者。②

埃齐欧尼参照 20 世纪 90 年代流行于欧美的时髦做法,试图在上述两大阵营之外开辟出"第三条道路"——新社群主义的道路。按照他的解释,原有的两大阵营对立是围绕国家与个人的轴心展开的,而新社群主义的轴心是个人与共同体,或者说是个人的自主与社会(作为共同体的共同体)

---

① Cf. Amitai Etzioni, *The New Golden Rule: Community and Morality in a Democratic Society*, New York: Basic Books, 1996, pp.7-8.

② Cf. Ibid., p.9.

的秩序。让我们在本小节以下部分探讨秩序的观念，首先是自由主义的秩序观念，然后是社会保守主义的秩序观念，最后是新社群主义的秩序观念。

埃齐欧尼认为人们持有两种不同的社会秩序观念，一种是"弱的"（thin），一种是"强的"（thick）。所有社会，无论其性质是什么样的，都需要维持某种最低程度的社会秩序，否则它们就有灭亡的危险。这种最低程度的社会秩序意味着防止社会出现内部的敌对状态，如从个人之间的暴力到群体之间的内战。"弱社会秩序"的观念就是指这种最低程度的社会秩序。与"弱社会秩序"的观念不同，在埃齐欧尼看来，所有社会都需要一种"强社会秩序"，因为所有社会都提倡某种共享的价值。他举例来说明这些共享的价值，如建立祖国（建国初期的以色列）、努力发展现代经济（20 世纪 90 年代早期的中国）或者扶植宗教（20 世纪 80 年代晚期的伊朗）。埃齐欧尼认为，所有社会的社会秩序都统一于某种过程：这种过程动员其成员的时间、才能、能量和忠诚，以服务于某种或某些共同的目的。①

关于自由主义的社会秩序观念，埃齐欧尼没有给予清楚的梳理和阐述。他只是引证了一些自由主义代表人物（如艾克顿、罗尔斯、诺奇克和德沃金等）的原话来解释其社会秩序的观念。从埃齐欧尼关于自由主义观点的凌乱解释中，我们可以梳理出他所理解的自由主义社会秩序观念具有以下三个特点。首先，自由主义者通常只关注自由，把自由看得高于一切，而很少注意社会秩序。他引证艾克顿勋爵的话说，自由不是一种达到更高政治目的的手段，它本身就是最高的政治目的。其次，自由主义者反对"强社会秩序"的观念，他们认为社会只是一种虚构出来的东西。他引用诺奇克的这种观点为证，即不存在社会的实体，只存在个人的实体，而这些不同的个人拥有自己不同的生命。最后，自由主义者反对"强社会秩序"观念的原因是，他们担心这种社会秩序所蕴含的道德观念会导致把某些没有达到其道德标准的人看作低等的，而把某些人视为低人一等又会导致歧视。②

埃齐欧尼认为自由主义的社会秩序观念是错误的。从新社群主义的观

---

①　Cf. Amitai Etzioni, *The New Golden Rule: Community and Morality in a Democratic Society*, New York: Basic Books, 1996, p.10.

②　Cf. Ibid., p.11.

点看，自由主义的社会秩序观念有三个缺点。首先，自由主义者持有一种"弱社会秩序"的观念，这种观念把自由看作是最高的价值，从而仅仅维持某种最低程度的社会秩序。其次，自由主义者通常从个人权利来推演出社会秩序，并且用个人同意来赋予社会秩序的合法性；就此而言，自由主义的社会秩序是程序性的，而非实质性的。最后，"强社会秩序"的核心是共同的善，而自由主义是一种个人主义，因此，自由主义者能够表达个人的善，但是他们不能表达出共同的善。①

新社群主义坚持一种"强社会秩序"的观念。在埃齐欧尼看来，虽然任何社会都应该具有一种秩序，但是新社群主义追求的是一种"好社会"（good society），而"好社会"应该具有一种好的社会秩序。那么什么样的社会秩序是好的？从埃齐欧尼的相关论述中，我们可以归纳出一个好社会的社会秩序应该具有以下几个特点：

首先，对于一个好社会来说，社会秩序是一种道德秩序。我们通过历史经验可以知道，所有社会用来维持社会秩序的手段大体上有三种：第一，使用强制性手段，如警察和监狱；第二，使用功利性手段，如由公共开支或补贴产生的经济刺激；第三，使用规范性手段，如诉诸价值或道德信念。任何社会对于这些手段都是混合使用的，而混合使用比例的不同，决定了社会性质的不同。极权主义和权威主义的社会主要利用强制性手段来约束人们的行为，而前者约束的行为范围更广一些，后者约束的范围更窄一些。自由主义的社会主要使用功利性手段来维持社会秩序，尽管自由主义者所要求的社会秩序是最低程度的。社群主义追求建立一个好社会，而好社会主要利用规范性手段，即教育、表率、共识、激励、伙伴影响和典型角色等，其中最重要的是共同体的道德呼声。在这种意义上，一个好社会的社会秩序是道德秩序。②

其次，对于一个好社会来说，好的社会秩序来自人们自愿的遵守。人们在追求好社会的时候，面临这样一种任务：他们应该以规范性的手段形成一种好的社会秩序，这种好的社会秩序不仅存在于建立社会的时候（如

---

① Cf. Amitai Etzioni, *The New Golden Rule: Community and Morality in a Democratic Society*, New York: Basic Books, 1996, pp.11-12.

② Cf. Ibid., p.13.

契约论者所主张的那样），而且也存在于它以后的持续之中。这个任务是困难的，因为人们的行为出于"偏好"，社会则要求人们按照"义务"行事，而个人"偏好"与社会"义务"之间可能存在冲突。埃齐欧尼认为，新社群主义能够比自由主义更好地解决这个困难，它可以把人们通常所说的社会"义务"（duties）变成社会"责任"（responsibilities）。按照他的说法，"义务"是从外面强加给个人的，而"责任"则是一个人相信他应该履行的。①换言之，如果一种社会秩序是道德秩序，那么这种社会秩序就最终基于其成员的自愿服从。

最后，对于一个好社会来说，社会秩序体现了人们所信奉的核心价值。一种社会秩序是道德秩序，这意味着它的成员是自愿遵守其规范的；而一个社会的成员自愿遵守其规范，这是因为他们作为社会成员共同信奉某种"核心价值"（core values）。因为他们相信这些价值，所以他们自愿地按照它们行事，而不是被迫地服从它们。虽然人们通常承认更高的暴力犯罪和其他反社会行为是缺乏社会秩序的标志，但是他们很少意识到数量众多的警官、税务稽查员和监察人员也是缺乏社会秩序的标志，即使这个社会里反社会行为的比率很低。②我们应该指出，埃齐欧尼所说的"核心价值"是一些实质性的规范，而非程序性的规范。这里的问题在于，在当代社会中，人们信奉共同的程序性规范，这相对容易一些；而人们信奉共同的实质性规范，这是非常困难的，如果不是不可能的。

在20世纪90年代，随着共和主义的兴起，公民社会和公民秩序也成为人们热议的话题。埃齐欧尼承认"公民秩序"（civic order）的观念有其优点，但是他认为这种观念所提供的秩序类型不是社群主义所需要的。在埃齐欧尼看来，所谓的"公民秩序"或者是指人们以公民的态度相互对待，或者是指社会作为一种介于国家与个人之间的机构保护个人不受政府侵害，或者是指政府应该关注公民的利益。对于埃齐欧尼而言，"公民秩序"无论是指哪一种含义，它都具有如下一些缺点：它是一种"弱社会秩序"的观念，而社群主义主张一种"强社会秩序"的观念；它是一种程序性的

---

① Cf. Amitai Etzioni, *The New Golden Rule: Community and Morality in a Democratic Society*, New York: Basic Books, 1996, pp.12-13.

② Cf. Ibid., p.13.

规范概念，仅限于政治领域，而社群主义坚持一种实质性的规范概念，其重心是道德领域；"公民秩序"中的公民与国家相关，社群主义强调的东西则是成员，而成员与社会（共同体）相关。

如果说自由主义与社群主义的原则区别在于后者主张一种"强社会秩序"，那么社群主义与社会保守主义的共同特征则在于它们都坚持"强社会秩序"的观念。但是，社会保守主义持有一种更强的社会秩序观念。从埃齐欧尼的观点看，这种更强的社会秩序观念体现在如下四个方面。①

第一，社会保守主义对待秩序的方式与自由主义对待自主的方式是一样的。按照埃齐欧尼的解释，自由主义只把自主看作是"基本的社会善"（primary social good），秩序则不是，而社会保守主义则只把秩序看作是基本的社会善，自主则不是。与上述两者不同，社群主义把秩序和自主都看作是基本的社会善。社会保守主义持有一种只承认秩序为原则的立场，把其他的东西（如自由、平等和进步等）都放在次要的位置。

第二，社会保守主义追求一种更小但更强的国家。这种国家更小，这是因为与罗尔斯式的福利国家不同，它不主张实行大规模的社会福利制度。这种国家更强，这是因为它能够强制实行道德准则。一些社会保守主义者主张，国家应该在公共事务和私人事务中使用法律来推行道德。这意味着如果某些事情不符合社会的道德标准，那么国家应该用法律来禁止。新社群主义强调用共同体的道德呼声来重建道德，而社会保守主义更可能用国家的法律来重建道德。

第三，社会保守主义否定自由和权利。对于某些社会保守主义者而言，他们不仅把自主放在从属于社会秩序的地位，甚至否定自由和权利观念本身。埃齐欧尼把麦金太尔看作是这样的社会保守主义者：麦金太尔在其现代性批判中，认为现代社会沉迷于自由，而自由破坏了传统的道德，使人们迷失于黑暗世界之中；麦金太尔认为权利是现代人虚构出来的东西，相信权利的存在就像相信巫术一样。

第四，社会保守主义建立在某种极端意识形态的基础之上。从埃齐欧

---

① Cf.Amitai Etzioni, *The New Golden Rule: Community and Morality in a Democratic Society*, New York: Basic Books, 1996, pp.14-16.

尼的观点看，社会保守主义有两种意识形态的基础，一种是民族主义，另外一种是宗教。某些社会保守主义者以民族主义为思想基础：他们认为民族主义赋予政府以及以秩序为中心的纲领以合法性，公民被要求为了民族目的和利益作出个人的牺牲，并且接受对其自由进行的限制。某些社会保守主义者以宗教为思想基础：他们主张社会秩序应该建立在宗教价值的基础上面，而上帝及其代表的指令优先于自主、自由和权利。

新社群主义与社会保守主义都主张重建西方的道德秩序，以此为基础，他们在面对各种社会问题时也有很多相同或相似的观点。因此，一些人批评埃齐欧尼的社群主义与社会保守主义难以区别。① 然而，埃齐欧尼认为他的新社群主义与社会保守主义的区别是明显的，起码有如下三个方面。② 首先是两者的原则不同。新社群主义承认自主是基本的、原则性的价值，而社会保守主义则认为自主是从属性的或次生的价值。其次是两者的信念性质不同。新社群主义主张，重建道德秩序依赖于共同体的道德呼声，依赖于教育、说服和鼓励。社会保守主义则依靠法律来推行他们所信奉的道德，而所说的法律，对于其中一些人（世俗的保守主义者）来说是国家的宪法和法律，对于另外一些人（宗教的保守主义者）来说则是神法，而在他们看来，神法高于宪法。简言之，在新社群主义中，人们按照道德行事是自愿的；在社会保守主义中，人们按照道德行事则是被迫的。最后是两者所推行的价值范围不同。新社群主义仅仅把自己所推行的价值局限于核心价值，而对于其他的各种价值，则允许人们之间存在差别。与其相比，社会保守主义所推行的价值不仅其范围更广，而且也更加统一，没有给个人或亚群体留有什么空间。

---

① Cf. William R. Lund, "Autonomy, Functionalism, and the Common Good: Some Liberal Doubts about *The New Golden Rule*", in *Autonomy and Order: A Communitaian Anthology*, edited by Edward W. Cf. Lehman, Lanham, Maryland: Rowman and Littlefield Publishers, Inc., 2000, p.1.

② Cf. Amitai Etzioni, *The New Golden Rule: Community and Morality in a Democratic Society*, New York: Basic Books, 1996, pp.16-17.

二、自主

与秩序相对的是自主。如果说社会保守主义把秩序看作是最重要的价值，那么自由主义则把自主看作是最重要的价值。如果说秩序是位于社会一端的价值，那么自主是位于个人一端的价值。重视秩序，这意味着把社会看作是一个整体，并且整体优先于个人。重视自主，这意味着把个人看作是唯一的实体，而社会则是由个人组成的。新社群主义把自己定位于两者之间，并且试图在秩序与自主之间维持平衡。

按照埃齐欧尼的解释，自主是自由主义的核心价值，它不能为其他任何东西压倒。所谓自主，就是个人应该自由地作出自己的选择（除非他会伤害到别人），其典型含义是指个人的法律权利和免除于政府干涉的自由。具体归属于个人的权利有受到保护的生命权以及支配和使用其财产的权利等。① 埃齐欧尼的解释大体上是正确的，但是其重心不在正确的位置上。当代自由主义是一种以权利为基础的自由主义，把权利放在第一位，而权利的含义是政治的。由于埃齐欧尼把自由主义解释为个人主义，他就用"自主"代替了"权利"。但是，自主与权利的含义并不完全重合：权利的概念是政治的，而自主不仅有政治的含义，而且还有伦理的和形而上学的含义。

自由主义在西方社会是一种主流思想，在思想理论和社会政策两个层面都处于支配地位。在思想理论层面，自由主义及其自主观念在各种社会科学中占据了主要位置，如心理学、新古典经济学、政治科学、社会学以及某些法学研究。埃齐欧尼特别指出，芝加哥大学是这种自由主义研究范式的中心。从新社群主义的观点看，这种研究范式的问题在于，只从个人的属性和行为来解释各种社会现象，而忽视或者根本否认宏观的历史或文化力量的重要性。在社会政策层面，自由主义关心的问题支配了西方社会的政策讨论，例如，是否能够使更多的公共机构（社会保险、公立学校、警察局、监狱和税务局等）实现私有化，能否放松对私人企业的监管，能否实行减税并且把钱归还到个人手里，等等。从新社群主义的观点看，这

---

① Cf. Amitai Etzioni, *The New Golden Rule: Community and Morality in a Democratic Society*, New York: Basic Books, 1996, p.18.

些政策讨论的问题在于，只考虑个人的利益和目标，而忽视了社会秩序的要求。①

自由主义只是对西方政治思想的一种泛称，它包括了各种不同的派别。从政治哲学的层面看，它可以被分为自由主义（liberalism）和极端自由主义（libertianism）。从政治活动的层面看，上述两派自身又可以分为许多派别，其中在美国社会最活跃的一派是"美国公民自由联盟"（ACLU）。ACLU属于极端自由主义的一派：它关心的东西是自主而非秩序，是权利而非义务，是要求而非责任；它反对由政府来规定一个人应该做什么，因为政府的本性就是不断地扩张它的权力，从而会侵犯公民自由；它反对所有强化社会秩序的措施，如在机场安装用于反恐的金属探测仪，对校车司机、火车司机、飞行员和警察进行毒品检测，在公路上设立检查酒驾的站点，建立罪犯的资料库，等等。②埃齐欧尼把ACLU当作自由主义的代表，而实际上大多数自由主义者属于更温和的派别。

基于上述解释和分析，埃齐欧尼对自由主义的自主观念提出了批评。③我们可以把他的批评归纳为以下三个方面。首先，自由主义把自主看作是自由选择的权利，而每个人都拥有自由选择的权利，只要他不会伤害到其他人。埃齐欧尼认为，这里的"伤害"概念不是一种可靠的指南，因为这个概念本身是模糊不清的。它是指身体上的"伤害"还是心理上的"伤害"？如果是前者，那么侵犯人的言论自由权利就不是一种"伤害"；如果是后者，那么除了情人间的风流韵事也应该被当作"伤害"而加以禁止。其次，在自由主义的自主观念中，人被理解为独立的个人，不受任何其他因素的约束。埃齐欧尼认为对人的这种理解是错误的，因为人是社会构成的主体，一直深受文化和道德的影响，受到其他人的影响。简言之，个人的选择无法免除于社会的和文化的影响。从新社群主义的观点看，解除社会文化和道德对个人施加的限制，这与其说是增强人的自主，不如说是将个人置于其他影响方式之下，而这些影响人的方式是不可见的、无意

---

① Cf. Amitai Etzioni, *The New Golden Rule: Community and Morality in a Democratic Society*, New York: Basic Books, 1996, pp.18-19.

② Cf. Ibid., pp.19-20.

③ Cf. Ibid., pp.20-22.

识的和非理性的。最后，在个人拥有的各种自由中，极端自由主义者通常强调财产权。他们认为，如果政府要对私人财产的所有者实行强制性的监管，那么它就应该对所有者给予赔偿。埃齐欧尼认为，这种自由主义的财产观念没有考虑到，我们不仅是所有者，而且是共同体的成员，而政府的监管代表了共同体的利益。他举例说，如果一个人向河里倾倒有毒废水（这条河流经他的私人土地），那么他就没有承担其对居住在下游的那些人的义务，从而政府有责任在这里对其进行监管。

在当代的学术背景中讨论自由主义的自主观念，离不开伯林的两个自由概念（消极自由和积极自由），埃齐欧尼也不例外。伯林所谓的"消极自由"是指免于政府、团体和其他人干涉的自由，如言论自由、良心自由和结社自由等，它们显然属于自由主义的自主观念。问题在于伯林所谓的"积极自由"，即人作为一个能思维、能意愿和能行动的主体，能够做自己愿意去做的事情。通常"积极自由"的概念不被认为是自由主义的，而被认为是共和主义的和社群主义的。但是在埃齐欧尼看来，"积极自由"的概念仍然是自由主义的，因为它以"无约束的自主"观念为前提。①

在讨论完自由主义的观念之后，我们现在可以考察新社群主义的自主了。按照埃齐欧尼的界定，自主是一种社会属性，"这种社会的属性为个人和亚群体表达他们的特殊价值、需要和偏好提供了制度化的机会和合法性"②。这个自主的定义需要加以解释。首先，埃齐欧尼的自主观念是社会的而非个人的。自由主义的自主是一种"个人的属性"，它表达了个人具有进行自由选择的能力和权利。新社群主义的自主是一种"社会的属性"，它为个人和共同体表达自己的愿望提供了制度化的机会。其次，自主是具有内容的。对于自由主义而言，自主的内容是自由和权利，而它们是神圣不可侵犯的。对于新社群主义而言，自主的内容是个人和共同体的价值、需要和偏好，而自主为它们的表达提供了合法性。最后，个人和共同体都是自主的主体。对于自由主义者而言，只有个人拥有自主，因为在他们看来，个人是唯一的实体和主体。对于埃齐欧尼而言，个人和共同体都拥有

---

① Cf. Amitai Etzioni, *The New Golden Rule: Community and Morality in a Democratic Society*, New York: Basic Books, 1996, pp.22-23.

② Ibid., p.23.

自主，而自主赋予他们以表达自己意愿的机会和合法性。

按照埃齐欧尼给自主所下的定义，以及我们上面所做的分析，可以看出他的自主观念有两层含义。一种是个人的自主，它赋予每个人表达自己价值、需要和偏好的制度化机会和合法性。另外一种是共同体（亚群体）的自主，它赋予各种共同体来表达不同的价值、需要和偏好的制度化机会和合法性。现在的问题是：自由主义的自主观念所意指的东西，即伯林所谓的消极自由和积极自由，是不是也包含在新社群主义的自主观念之中？答案是肯定的，消极自由和积极自由的概念包含在埃齐欧尼的自主观念中。他明确说过，自主观念既包含个人和亚群体的意愿表达，也包含消极自由和积极自由。①

对于埃齐欧尼而言，这意味着个人所拥有的自主有两个维度。一个维度是自主作为"个人价值"（personal virtue），它赋予个人以自由选择和免于干涉的权利，如消极自由和积极自由的权利；另外一个维度是自主作为"社会价值"（social virtue），它赋予个人以适应社会变化的能力，如自我表达、创造性、革新和自治的能力。如果说自由主义重视的是作为"个人价值"的自主，那么新社群主义关注的则是作为"社会价值"的自主。

对于作为"个人价值"的自主，它强调的东西是个人的自由选择。对于作为"社会价值"的自主，它强调的东西则是社会适应。埃齐欧尼用功能主义来解释自主，而在这种解释中，有两个关键词，一个是"适应"，一个是"亚稳定"。从功能主义的观点看，社会的外部环境和内部构成在历史过程中会发生变化，而当这些变化出现时，如果社会不能随着这些变化而变化，就会出现功能失调。因此，一个社会要想是稳定的，就必须是亚稳定的，也就是说，为了维持自己的基本结构，它必须不断地重新塑造自己。一个社会要使自己成为亚稳定的，就要不断调整自己的功能，以适应外部环境和内部构成的变化。在埃齐欧尼看来，正是作为社会价值的自主使社会具有适应变化的能力。反过来，如果一个社会极力要求其成员的一致，限制他们的自主，那么这个社会就会缺乏适应性。埃齐欧尼认为日

---

① Cf. Amitai Etzioni, *The New Golden Rule: Community and Morality in a Democratic Society*, New York: Basic Books, 1996, p.24,243.

本就是这种社会的典型，从而导致它缺乏科学和艺术方面的创造性。①

在新社群主义的自主观念中，最引人注意的是，自主不仅属于个人，而且也属于"亚群体"。埃齐欧尼所谓的"亚群体"，是指一些地理上和法律上的政治实体，如州和地方政府，也指以宗教、民族、种族和其他因素为基础形成的社会实体，如各种各样的共同体。对于自由主义而言，自主仅仅是个人的属性或者个人的要求。对于新社群主义而言，自主也是亚群体的属性和要求，因为它为各种亚群体表达差别提供了机会和合法性，而这些差别既有价值方面的，也有权力和经济利益方面的。就政府形式而言，埃齐欧尼认为联邦制比统一的国家更有助于包容亚群体之间的差别。②

新社群主义的自主观念不仅建立在对自由主义自主观念的批判上面，而且也建立在对"旧社群主义"的自由主义批判之上。在这种意义上，新社群主义的自主观念是一种批判的批判。

20世纪80年代的社群主义对自由主义的个人主义的批判是众所周知的，其中特别知名的是桑德尔对罗尔斯式自我的批判和泰勒对原子论的批判。桑德尔认为，罗尔斯正义理论中的个人独立于历史和社会，脱离了存在于其中的环境，不属于任何特定的共同体，没有共享的价值和信念，因此他把这种自由主义的个人称为"无羁绊的自我"。泰勒认为，个人要理解自己，必须把自己放在一个更大空间中，而这个更大的空间就是共同体。自由主义对个人的理解则是原子论的，它把个人视为原子，单个地、独立地存在于社会空间之中，而社会不过是众多单个原子的集合。

人们是像自由主义所说的那样存在于原子论的社会中，还是像社群主义所说的那样存在于团结的共同体之中，这可以从两个方面来提问和回答。一个方面是本体论的问题：现实社会中的人们"是"存在于原子论的社会还是团结的共同体之中？另外一个方面是规范的问题：人们"应该"存在于哪种社会之中？埃齐欧尼认为，80年代的旧社群主义的自由主义批判是本体论的，从而它留下了这样的疑问：虽然自由主义的个人"是"原子论的，但是他们也"应该"是原子论吗？基于这样的考虑，埃齐欧尼

---

① Cf. Amitai Etzioni, *The New Golden Rule: Community and Morality in a Democratic Society*, New York: Basic Books, 1996, p.23.

② Cf. Ibid., p.24.

主张新社群主义要前进一步，超越旧社群主义，把对自由主义的批判从本体论的变为规范的。①

把自由主义批判从本体论的变为规范的，就是坚持这样的主张：人们实际上"是"生活在原子论的社会中，而他们不"应该"生活在这样的社会中；生活在原子论的社会中是不好的，而生活在团结的共同体中是好的。埃齐欧尼认为，虽然人们可以生活在原子论的社会里，但是他们会缺乏稳定的、积极的归属感（attachments），而这种归属感只有团结的共同体才能提供。这种归属感不仅符合人的社会本性，而且也能够强化人的道德潜能。在他看来，这种归属感不仅不会束缚人的独立性，而且还能够丰富人的个性。相反，如果人们缺乏这样的归属感，那么他们就无法成为文明社会的理性成员。埃齐欧尼以居住在大城市中高层建筑中的人们为例：他们过着孤独的生活，无法拥有社会归属感，从而导致精神上的不稳定，容易冲动，有自杀倾向，起码容易发生精神和心理疾病。②

埃齐欧尼的自主观念实际上包含四部分的内容：作为消极自由的自主，作为积极自由的自主，作为社会价值的个人自主，以及作为表达群体差别的共同体（亚群体）自主。这四部分内容之间的关系是错综复杂的，在某些场合，它们相互之间可能是相容的；在另外一些场合，它们则可能是相互冲突的。如果它们是相互冲突的，那么就会给埃齐欧尼的自主观念带来麻烦，其中有两个问题特别重要。

首先，个人的自主与共同体的自主可能会发生冲突。个人具有自己的价值、需要和偏好，而人们之间在这些方面有可能是非常不同的，自主观念为它们提供了机会和合法性。虽然个人拥有的价值、需要和偏好是不同的，但是一个共同体则拥有共同的价值、需要和偏好，而共同体（亚群体）的自主观念为这些共享的价值、需要和偏好提供了合法性。问题在于，个人所追求的价值、需要和偏好与共同体所追求的价值、需要和偏好是不是同一的？如果两者是同一的，那么只有共同体的自主就足够了，个人的自主就失去了存在的意义；如果两者不是同一的，并且在某些场合个人的自

---

① Cf. Amitai Etzioni, *The New Golden Rule: Community and Morality in a Democratic Society*, New York: Basic Books, 1996, p.26.

② Cf. Ibid., p.25.

主与共同体的自主是冲突的，那么埃齐欧尼的自主观念就会出现问题，特别是个人的自主有可能受到严重削弱。

其次，作为自由的自主与共同体的自主可能会发生冲突。按照伯林的说法，自由可以分为消极自由和积极自由，从而作为自由的自主也可以分为作为消极自由的自主和作为积极自由的自主。伯林所说的消极自由和积极自由的含义是模糊的，特别是后者。为了澄清其含义，我们可以把所谓的消极自由界定为"程序性的权利"，把积极自由界定为"实质性的权利"。对于"程序性的权利"，他人、共同体和国家负有不得干涉的义务；对于"实质性的权利"，他人、共同体或国家负有满足其要求的义务。埃齐欧尼所说的共同体（亚群体）有两类，一类是政治实体，如各级地方政府；另外一类是以宗教和种族为基础的共同体。当作为自由的个人自主与共同体的自主出现不一致的时候，以宗教或种族为基础而形成的共同体不仅可能不会满足其成员的"实质性权利"的要求，甚至可能干涉其成员的"程序性权利"。

三、转化的共生

同哲学家在本体论问题上的观点一样，政治哲学家在价值问题上也可以分为一元论的与二元论的。自由主义者和社会保守主义者都是一元论的，尽管他们的观点完全相反。自由主义者主张个人自主是最高的价值，社会秩序只具有从属的性质。社会保守主义者则认为社会秩序具有最高的价值，而自主会破坏社会秩序。与他们不同，新社群主义者是二元论的。埃齐欧尼主张，社会秩序和个人自主都是最高的价值，把其中任何一种放在从属的地位都是错误的。虽然社会秩序与个人自主互不隶属，但是它们之间存在关联。

就任何事物而言，如果它包含两个因素，那么两者之间的关系具有如下四种可能性。首先，两者之间可能是一种零和（zero sum）关系，在这种关系中，一方得到的越多，另外一方得到的就越少，反之亦然。例如，两个邻国争夺一块领土，一个国家得到的越多，另一个国家得到的就越少。其次，两者之间可能是一种零正（zero-plus）关系，在这种关系中，两个因素相互补充。例如，一个国家按照相关要求从世界银行得到了贷款，而这种贷款则会减少其他国家对它设立的贸易壁垒，从而使它能够更容易得到更多地帮助。再次，两者之间可能是一种抵消（neutralized）关系，在这种关系中，两个因素之间发生了相互抵消，就像酸性溶液与碱性溶液接触时就会发生中和一样。最后，两者之间也有可能是一种共生（symbiotic）关系，在这种关系，两者不仅仅是共同生存，而且也相互提高。例如，某种鸟生活在河马身上，为河马除去讨厌的虫子，而它自己也从中得到了食物。在埃齐欧尼看来，秩序与自主之间的关系不是上述中的任何一种，尽管与最后一种非常接近。①

埃齐欧尼认为，秩序与自主是社会的两种基本构成因素，它们之间的关系是非常复杂、独特和罕见的。按照他的描述，两者之间的关系是这样的：在一个社会中，秩序与自主两种构成因素的组合比例达到某一点，就会发生相互提高，或者说导致一种共生关系，即一个构成因素增强了，另外一个也会随之增强；但是如果一个构成因素的增强超过了某种水平，它就会开始削弱对方，从而两者的关系变为对抗的。埃齐欧尼把秩序与自主之间的这种关系称为"转化的共生"（inverting symbiosis）。②

为了强化这种观点的说服力，埃齐欧尼要求大家同他一起做一个思想实验，而这个思想实验从一个低水平的共同体开始。③ 假设在一个新近入住的高层公寓大楼里，某些社会工作者（比如说共同体组织者）开始在新居民中加强社会联系，培养一种文化。当这种工作达到某一点的时候，社会秩序和个人自主两方面都会得到提高：楼里的居民不再是陌生人，开始相互熟识，发展出某种共同的归属感；同时，他们也会不再感到孤独，拥有了一种更强的自我感，一种更可靠的自主，并且更愿意考虑他们自己的责任，比如说在画有标记的地方停车，不在公共空间乱放杂物。

如果这个新建立的共同体继续对其成员提出更高的要求，那么就会到达这样一个点，即秩序和自主两个构成因素开始相互削弱。这样，如果秩序的构成因素变得越来越强，那么成员们的自主就会开始减少，而且随着

---

① Cf. Amitai Etzioni, *The New Golden Rule: Community and Morality in a Democratic Society*, New York: Basic Books, 1996, pp.35-36.

② Cf. Ibid., p.36.

③ Cf. Ibid., pp.36-37.

社会责任变为强加的义务以及反对共同体的情绪不断增长，这会反过来损害共同的纽带，从而会削弱社会秩序。埃齐欧尼认为，这正是极权主义国家发生的事情：虽然最初关于社会责任的要求是温和的，通常也容易接受，但是随着国家逐步提供其要求，异化就产生了。反过来也是一样。如果自主的构成因素变得越来越强，那么也会达到这样一个点：伴随私有化和公共部门的精简被推向极端，不仅公共服务被取消了，而且个人的自主也在减少，因为对于千百万普通的民众而言，其个人自主依赖于各种公共服务——从安全保护到儿童入学。在这个点上，用埃齐欧尼的术语说，秩序与自主的关系从相互强化变为相互对抗。

这种转化的共生关系要求秩序与自主之间保持一种平衡。那么秩序与自主之间什么样的组合能够是平衡的？埃齐欧尼认为，对于不同的社会，平衡所需要的组合是不同的。他举例说，按照某些标准来衡量，英国社会中的自主与美国相比更少一些；同样，德国社会中的自主与英国相比也更少一些，尽管这三个社会中的秩序与自主的组合都可以符合新社群主义的要求。

对于埃齐欧尼而言，社会秩序与个人自主之间的平衡既是好社会的一个重要标志，也是新社群主义的一个道德原则。他把这种秩序与自主的平衡称为"新金规则"（new golden rule），以区别于"老金规则"。所谓"老金规则"是指西方基督教文化长期以来一直遵循的基本道德规则：你想要别人怎样对待你，你也要怎样对待别人。在埃齐欧尼看来，"老金规则"有两个缺点。第一，"老金规则"包含了一种内部的紧张，即个人想要对别人做的事情与金规则要求他认作道德行为的事情之间存在的紧张。第二，"老金规则"只是个人与个人之间的行为规范，而没有涉及个人与社会之间的规范。埃齐欧尼所谓的"新金规则"是指：你想要社会尊重和支持你的自主，你也要尊重和支持社会的道德秩序。而且他认为，与"老金规则"相比，"新金规则"一方面大大减少了个人偏好的行为与道德行为之间的紧张，尽管这种紧张不会完全消除；另一方面，它对道德问题寻求一种宏观的社会层面的解决，而非个人层面的解决。[1]

_____

① Cf. Amitai Etzioni, *The New Golden Rule: Community and Morality in a Democratic Society*, New York: Basic Books, 1996, p.xviii.

对于"老金规则"而言，"你"与"别人"的位置是可以相互转换的，也就是说，"你"可以是"别人"，"别人"也可以是"你"，而两者之间的关系则是完全相同的。对于"新金规则"而言，"你"与"社会"的位置则是不可转换的，"你"不能成为"社会"，"社会"也不能是"你"。虽然"你"与"社会"的位置不可转换，但是两者的关系则是对应的。因此，针对不同的背景（如中国），"新金规则"也可以这样表述：社会要想每个人尊重和支持它的道德秩序，它也要尊重和支持每个人的自主。

按照埃齐欧尼所说的"转化的共生"关系，只要没有越过秩序与自主的平衡点，"新金规则"的这两种表述是等值的。虽然这两种"新金规则"的表述是等值的，但是它们的重心却不同。埃齐欧尼的重心在社会秩序，而我们所说的重心在个人自主。重心与平衡有关，而新规则强调的东西是秩序与自主的平衡。因此，如果一个社会的重心偏向了自主，那么它就需要秩序来平衡，从而导致了埃齐欧尼所表述的"新金规则"。相反，如果一个社会的重心偏向了秩序，那么它则需要自主来平衡，从而导致我们所表述的"新金规则"。

虽然埃齐欧尼把秩序与自主视为最高的两种社会价值，但是两者之间的这种"转化的共生"关系意味着它们只具有相对的价值。对于自由主义者（如罗尔斯）而言，自由是最高的价值，个人所拥有的自由越多越好。对于埃齐欧尼而言，秩序和自主都是最高价值，但是一旦它们超过了某一点，它们的价值就减低了，甚至变成了负面的价值。埃齐欧尼之所以这样看待秩序与自主，这是因为他对社会价值持有一种功能主义的观点。

功能主义以同时态的方式来对待各种社会因素，不关心这些因素的历史起源，也反对用因果关系来解释它们。例如，一个功能主义者会作出这样的观察：一个社区安装好了大门，其暴力犯罪就会更少。这种观察是有效的，即使这位功能主义者对于下述情况一无所知：比如说谁安装了大门，他们为什么安装大门。功能主义的解释主要依赖各种因素的相互关系，而非它们之间的因果顺序。从功能主义的观点看，在解释秩序与自主的关系时，"社会需要"（societal need）扮演了关键的作用。秩序或自主的价值取决于它们满足社会需要的程度，而社会为了维持自身的存在，这些需要是必须满足的。①

对于功能主义者而言，抽象地说秩序更重要或者自主更重要，或者个人权利更重要还是社会责任更重要，这是没用的。因为答案取决于具体的社会历史条件，而只有知道了具体的社会历史背景，才能够说哪一种价值对当前的处境更为重要。与其不同，自由主义者是普遍主义的，他们认为自己的观点表达了普遍的真理，与具体的社会历史背景无关：自由在当代美国是最重要的价值，在其他时代的其他国家也是最高的价值。

从功能主义来解释秩序与自主的关系，就需要关注特定的社会历史背景。在不同的社会历史背景中，秩序与自主具有不同的相对价值，两者关系的重心也会有不同的倾斜。在埃齐欧尼看来，自由主义的经典代表（如洛克、亚当·斯密和密尔等）在写作他们各自的名著时，那时的英国是具有严格秩序的社会，因此他们宣扬自由主义以平衡传统的等级秩序。按照转化共生的关系，他们对个人主义的强调使秩序与自主的关系从相互对抗变为相互强化。但是，当自由主义者把这些代表人物的观点应用于盛行个人主义的当代美国社会时，就产生了相反的效果，使两者的关系从现有的相互对抗滑向更深的相互对抗之中。②

正是在这样的社会历史背景中，社群主义应运而生。按照埃齐欧尼的说法，虽然在 1841 年"社群主义的"（communitarian）这个词就诞生了，但是直到 20 世纪 80 年代它才变得流行起来，桑德尔、沃尔策、麦金太尔以及泰勒被看作是社群主义的主要代表人物。从埃齐欧尼的观点看，80 年代的社群主义是学院式的，只流行于学术界。只有到了 90 年代，新社群主义的出现才使其思想从大学走向社会，才变得广为人知，甚至成为一种运动。这种新社群主义不仅像老社群主义那样强调共同善和社会团结，而且也强调共同体与个人、社会责任与个人权利、秩序与自主的平衡。③

埃齐欧尼以区别于老社群主义者的"新社群主义者"自居，而"新社群主义"不仅像老社群主义那样仍然强调共同善、社会责任和社会秩序，而且

---

① Cf. Amitai Etzioni, *The New Golden Rule: Community and Morality in a Democratic Society*, New York: Basic Books, 1996, p.6.

② Cf. Ibid., p.38.

③ Cf. Ibid., pp.39-40.

也重视个人权利和个人自主，而且主张两者之间的转化共生关系。这里的问题在于，秩序与自主之间可能是一种"转化的共生"关系，但是也可能是一种"零和"关系。因为它们可能是一种"零和"关系，所以自由主义者坚持自由或自主的优先性，社会保守主义者坚持秩序的优先性。埃齐欧尼从自由主义那里借来了自主的价值，从保守主义那里借来了秩序的价值，但是当它们相互冲突的时候，这种新社群主义的核心观念就无法维持了。

"新社群主义"的"新"来自"新金规则"，而"新金规则"是相对于"老金规则"而言的。所谓"金规则"是指一个社会所遵循的基本道德准则，西方社会有，其他社会也有。比如，孔子所说的"己所不欲，勿施于人"就是中国社会两千多年来一直奉行的金规则。虽然各种社会通行的金规则不尽相同，但是它们在某种意义上都是自明的，它们所包含的道德意义是不言而喻的，如西方的"你想要别人怎样对待你，你也要怎样对待别人"，或者中国的"己所不欲，勿施于人"。但是，"新金规则"不是自明的，社会秩序与个人自主之间的关系也不是自明的。秩序与自主之间的关系需要论证，而埃齐欧尼阐述的"转化的共生"关系提供了这样的论证。在这种意义上，秩序与自主之间的关系不能被称为"金规则"，无论它是老的还是新的。

第三节　新社群主义的共同体

社群主义的根基是共同体。在现代社会的连续体中，国家位于一端，个人位于另外一端，而各种各样的共同体处于两者之间。共同体对于现代人具有一种矛盾的性质：它太多不行，太少也不行。如果我们生活在传统的共同体中，比如说以家族、部落或村庄为基础的共同体中，我们会感到过于沉闷和压抑，从而希望找到一个容有更多自由的地方。如果我们在生活中缺乏共同体的因素，我们又会感到孤独和疏离，从而希望找到一个大家能彼此熟识并感到愉快的地方。对于生活中的共同体因素，自由主义者需要的更少一些，而社群主义者需要的更多一些。

那么埃齐欧尼的新社群主义需要什么样的共同体？这种共同体如何能

够建立起来？这种共同体与国家和社会具有什么样的关系？这些问题都有待于我们一一探索。

一、什么是共同体

传统的共同体与人们的生活方式是紧密联系在一起的。对于游牧民族而言，共同体是以家族或部落为基础形成的。对于农业社会而言，共同体是以邻里和村庄为基础形成的。现代化和工业革命改变了人们的生活方式，人们从关系紧密的原始乡村移居到无拘无束的现代城市。乡村生活建立在亲族关系和忠诚的基础之上，而对于现代社会而言，这些东西是可疑的。与此不同，城市生活建立在理性或合理性的基础之上，而理性的力量则毋庸置疑。这种从乡村到城市的变化是一个事实。问题在于如何看待这个事实。自由主义者认为这是一种进步，传统共同体的失去意味着解放。对于社群主义者而言，像自由主义者那样把失去共同体看作是一种解放，这是令人难以置信的事情。①

从自由主义的观点看，进步不仅表现为生活舞台的变化——从乡村变为城市，而且表现为思想舞台的变化——迷信和宗教让位给科学和技术。在传统的共同体中，魔法、巫术、炼金术和宗教大行其道，支配了人们的精神生活；但是在现代社会，它们被看作是"落后的信念"。思想的变化反映了社会经济结构和政治制度的变化。现代社会遵循市场的逻辑，市场的逻辑是效率，而这种自由市场瓦解了传统共同体的生活方式。同样，在传统共同体的生活方式中，相互的义务和帮助处于中心地位，而现在它们则让位给个人权利和社会福利。从新社群主义的观点看，在传统的共同体中，一个人依赖的是家庭、部族或者种族团体；而在现代社会中，一个人依赖的是国家的公共服务和福利系统。②

生活方式、思想意识、经济结构和政治制度的变化导致了人们行为的变化。人们从乡村搬到城市，摆脱了传统社会关系的紧密约束，挣脱了"落后信念"的思想束缚；得到了由国家保护的个人权利，在自由市场

---

① Cf. Amitai Etzioni, *The Spirit of Community: Rights, Responsibilities, and the Communitarian Agenda*, New York: Crown Publishers, Inc., 1993, p.116.

② Cf. Ibid., p.117.

中追求自己的人生梦想。用埃齐欧尼的话说，"在新的宇宙中，太阳、月亮和星辰将是个人，而非共同体。"① 自由主义把所有上述变化都视为进步和解放，而新社群主义则把它们看作是灾难之源。在埃齐欧尼看来，失去传统的共同体，没有了相应的规范和约束之后，个人主义开始流行，人们变得粗暴，更容易产生犯罪的行为，对偷盗、酗酒和卖淫等习以为常。例如，埃齐欧尼把作为美国金融中心的华尔街称为"贼窝"，一个充满了盗贼和无赖的地方，他们的社会纽带是松散的，他们的道德信念是若有若无的，他们的贪婪则是毫无拘束的。②

　　社群主义的根基是共同体，因此，一方面，社群主义者对共同体的失去感到悲哀；另一方面，他们也试图重建日渐衰落的共同体。这里社群主义面临的问题是：重建共同体是不是意味着回到过去的乡村和小镇生活？在现代社会中，能不能建立社群主义所需要的共同体？能不能在人们之间培养出社群主义的关系？尽管埃齐欧尼意识到传统的共同体已经随着现代化的进程一去不复返了，但是他坚信社群主义的重建能够成功，因为在当代社会中存在着重建的基础。具体地说，虽然传统共同体已经无可挽回地失去了，但是新共同体也在不断萌生。按照埃齐欧尼的分析，这些新共同体主要有以下一些形式。③

　　首先，在城市中，仍然存在着很多共同体的因素。比如说，邻里之间能够友好相处，相互帮助，照顾彼此的安全，相互照看儿童。他们也会在附近的公共场所（酒吧、俱乐部或宗教场所）聚会，甚至组成本地的政治力量。埃齐欧尼指出，在城市中特别容易产生以种族或宗教为基础的共同体，因为其成员在一起生活会感到更舒服。例如，纽约的"唐人街"和迈阿密的"小哈瓦那"就是以种族为基础形成的。这类共同体也被称为"都市里的村庄"。

　　其次，在某种程度上，回归小镇生活在美国社会已经发生了。在美国大城市的周围，迅速建立了一些郊区小镇，原先住在城里的人们现在更愿

---

①　Amitai Etzioni, *The Spirit of Community: Rights, Responsibilities, and the Communitarian Agenda*, New York: Crown Publishers, Inc., 1993, p.117.

②　Cf. Ibid., p.118.

③　Cf. Ibid., pp.119-122.

意搬到郊区，这样就形成了新的共同体，并且强化了社群主义的关系。现代计算机技术和网络的发展也有助于这种趋势，因为人们现在可以在家里像在办公室一样工作。

最后，出现了一些非地理上的新共同体，而其成员的住所不是相互接近的。传统的共同体是地理上的，它们是居住共同体，如乡村和小镇。最普遍的新共同体是以工作或职业为基础形成的，如工厂或公司，同事们聚在一起，或者工作，或者娱乐，或者从事户外活动，大家能够彼此照应和扶助。这类新共同体的例子还有学校、医院和律师事务所等。虽然埃齐欧尼认为这些新共同体不如传统共同体稳定和根基深厚，但是它们也能发挥传统共同体的许多社会和道德功能。

让我们把上面的讨论总结一下：传统的共同体衰落了，而且它们不可能得到恢复；新共同体还只是一些萌芽，不仅数量稀少，而且也不够强大。从埃齐欧尼的观点看，对于像美国这样的西方社会，不是没有共同体，而是没有足够多的共同体，没有符合新社群主义理想的共同体。那么什么样的共同体能够符合新社群主义的理想？从埃齐欧尼的观点看，新社群主义的共同体应该具备以下特征。①

首先是情感（affection）。共同体是一个负载情感的关系之网，这些关系不是一对一的个人联系，而是复杂的、相互交叉的和相互强化的。换言之，共同体提供了情感的纽带，能够使由个人组成的群体变为像家庭一样的社会实体。

其次是共享的信念（commitment）。共同体具有共同的信念，即对共享的价值、规范、意义以及对共享的历史和认同的信念。简言之，共同体具有对某种特殊文化的信念。一方面，这种对特殊文化的信念使该共同体具有了独特的性质，以区别于其他的共同体；另一方面，共同体使这种特殊的文化一代一代传承下去，形成共享的历史和认同。

最后是回应性（responsiveness）。"回应性"是一种关键的特征；相对于老社群主义而言，埃齐欧尼把自己的新社群主义称为"回应性的社群主

---

① Cf. Amitai Etzioni, *The New Golden Rule: Community and Morality in a Democratic Society*, New York: Basic Books, 1996, pp.127-130; Amitai Etzioni, *The Third Way to a Good Society*, London: Demos, 2000, p.15-16.

义”；相对于传统共同体而言，他把自己向往的新共同体称为“回应性的共同体”。埃齐欧尼认为，为了使共同体的成员能够具有共同的情感联系和共享的信念，这种新共同体应该做到两点，一是它所倡导的价值能够被其成员真正自愿地接受，另外一点是它能够对其成员的基本需要作出回应。① 如果说传统的共同体观念强调的只是社会责任，那么新共同体观念在强调社会责任时也强调了个人的权利，而回应性体现了对个人权利的尊重。

在上述三个特征中，前两个特征是所有共同体通常都具有的，而第三个特征是埃齐欧尼添加的。埃齐欧尼之所以增加“回应性”这个特征，是为了克服传统共同体具有的缺点。因为传统共同体具有缺点，所以建立在这种共同体上面的社群主义也受到了批评。在批评者眼中，传统共同体具有两个明显的缺点：它限制了个人自由，以及它是权威主义的。

传统共同体是按照地理边界形成的，而人们只属于一个共同体，即他们居住于其中的共同体。这样就会产生两个批评：这种共同体是其成员所面对的唯一社会实体，作为个人的成员没有选择的余地，也就是说，他们个人没有选择归属感、情感联系和价值信念的机会；这种共同体对其成员具有支配性的权力，能够用其道德呼声来强迫每个成员，从而压制他们的自由。埃齐欧尼认为，这些批评适合于传统共同体，不适用于新共同体，因为新共同体可以是非地理上的，如工作的、种族的或者宗教的共同体。也就是说，在这些新共同体中，人们可以分属不同的共同体（工作的、种族的或宗教的），从而具有多重的成员身份，如果一种成员身份（如宗教的）受到了威胁，那么他们可以向其他身份（如工作的或种族的）寻找归属感。②

另外一种常见的批评是：共同体是权威主义的，它受到一些权力精英或某个群体的支配，这些领导者或者强迫或者操纵其他人接受并服从他们的价值。埃齐欧尼认为，这种批评对于传统共同体是有效的，但对于新共同体则是弄错了方向。因为对于新共同体而言，一方面，它要求其大部分成员对所信奉的核心价值具有真正的信念，即这些价值是他们自愿接

---

① Cf. Amitai Etzioni, *The New Golden Rule: Community and Morality in a Democratic Society*, New York: Basic Books, 1996, p.130.

② Cf. Ibid., p.128.

受的；另一方面，这种共同体是回应性的，即它不能忽视其成员的基本需要，而个人的自主、自由和权利是基本需要的组成部分。①

埃齐欧尼试图用"回应性"来反驳对社群主义共同体的各种批评，而这些批评集中于一点，即社群主义的共同体是压迫性的。他用"回应的共同体"区别于"压迫的共同体"，从而反驳对社群主义的批评。那么什么是"回应的共同体"？从我们上面的分析中可以看出，所谓"压迫的共同体"是指：共同体的领导者是权力精英，他们疏离于共同体的其他成员；这些领导者忽视了其成员的真实需要，没有能够对它们作出回应；这些领导者违反了社会的核心价值，没有尊重个人成员拥有的自主、自由和权利。与其相反，当一个共同体具有了下面三种特征时，它就是回应性的：领导者与其他成员的关系不是疏离的，其他成员也能够接近领导层；领导者能够重视其成员的真实需要，并且作出相关的回应；领导者共享社会的核心价值，能够尊重和保护其成员的各种权利。换言之，如果一个共同体具有了这些特征，那么它就足以与"压迫的共同体"区分开。

对于埃齐欧尼而言，"压迫性"与传统共同体是对应的，"回应性"与新共同体是对应的。传统共同体是指以居住地为基础形成的共同体，如邻里、村庄和小镇等；新共同体主要是指以工作和职业为基础形成的共同体，如工厂、公司、学校、律师事务所等。问题在于，当面对各种对社群主义的批评时，埃齐欧尼为自己辩护说，这些批评适合于传统共同体，而不适用于新共同体。但是，当埃齐欧尼宣扬社群主义的优点时，即共同体拥有共享的情感、价值、文化和道德信念时，他所列举的例子通常又是传统共同体方面的，比如说需要共同体发挥作用的地方有防火、治安、照看儿童、相互帮助以及支持本地的学校、公园和乐队等。② 而这些都是传统共同体的功能。

在新共同体与传统共同体的区别上，还涉及它们的能力问题，即它们是否拥有在其成员中间强制实行其规范的能力，或者当成员违反了其规范，它们是否有惩罚他们的能力。某些批评者把这种能力称为"牙齿"，

---

① Amitai Etzioni, *The New Golden Rule: Community and Morality in a Democratic Society*, New York: Basic Books, 1996, pp.129-130.

② Cf. Ibid, p.149.

从而产生了这样的问题：社群主义所追求的共同体是"有牙齿的"还是"没有牙齿的"？①一般而言，传统共同体是"有牙齿的"，新共同体是"没有牙齿的"。问题在于，传统共同体不仅是"有牙齿的"，而且也是"压迫性的"，两者的结合不仅使其成为权威主义的，而且更可能成为极权主义的。反过来，如果新共同体是"没有牙齿的"，那么即使它是"回应性的"，它也没有满足其成员的基本需要之能力。更严重的问题在于，如果埃齐欧尼所说的新共同体是"没有牙齿的"，那么它只是一种话语共同体，其成员可以在一起讨论道德问题，也可以用更高的道德标准相互勉励，但是这不会产生出新社群主义所追求的社会效果。如果埃齐欧尼所说的新共同体是"有牙齿的"，那么它就具有了向其成员强制实行规范和道德观念的能力，而这种强行规范的能力有为整个社会带来消极后果的风险。无论是哪一种情况，都不会使埃齐欧尼感到满意。

二、重建共同体

共同体之于社群主义，犹如个人权利之于自由主义。共同体是社群主义的基石，它为作为成员的个人提供了安身立命的所在。虽然传统共同体无可挽回地失去了，但是新社群主义所钟情的新共同体还可以重建。

与学院式的老社群主义不同，新社群主义试图推动一场社会运动。作为一场运动的新社群主义有两个相互支持的目的：发出道德呼声，以矫正在西方社会日益泛滥的个人主义；重建共同体，为迷失于个人主义的人们确立能够安身立命的地方。在埃齐欧尼看来，要重建共同体，需要全社会都作出努力，而所谓全社会包括个人、国家和共同体本身。作为一场复兴共同体的运动，新社群主义提出了这样的问题：对于重建共同体，我们作为个人能够做什么？国家能够做什么？共同体本身又能够做什么？让我们分别对这三个问题加以考察。

首先是我们作为个人能够为重建共同体做什么。共同体与我们每个人都息息相关，我们个人的幸福在很大程度上依赖于共同体的兴旺。埃齐欧

① Cf. Benjamin D. Zablocki, "What Can the Study of Communities Teach Us about Community?" in Cf. *Autonomy and Order: A Communitaian Anthology*, edited by Edward W. Lehman, Lanham, Maryland: Rowman and Littlefield Publishers, Inc., 2000, pp.84-85.

尼提议，我们作为个人可以在以下三个方面为共同体的复兴作出贡献：

第一，改变心灵的习惯，为共同体的重建做更多的投入。① 在埃齐欧尼看来，人们通常处于这样一种现代迷思之中：挣更多的钱，当更大的官，在职业的阶梯上一步步高升。而且，当今的人们沉溺于这种迷思已经到了这种程度，它变成了支配性的追求，所有其他的东西都要服从它。然而，这是一种自败的追求。一个人无论如何努力，他都不会感到满足。这就像吸毒一样，一个人吸的越多，他所需要的就越多，而满足感则越少。因为一个人无论挣到多少钱，总有人比他更有钱，同样，一个人无论当了多大官，总有人比他的官还大。而且，社会科学的研究表明，收入的高低和官职的大小与人的幸福没有直接的关系，那些收入更高的人并不比那些收入更低的人更幸福。一旦个人的基本需要得到了保障，追求更多的金钱并不能使他更满足。与此不同，当人们把自我的追求与共同体的追求结合在一起的时候，他们会感到生活更好。特别是当他们与其他人之间存在重要的情感联系并且共享到"我们"在一起的时候，他们会感到更好。

这意味着我们应该改变自己的心灵习惯和行为取向，把更多的时间和精力投入到共同体之中。埃齐欧尼列举的活动有：做某种志愿者的工作，同其他夫妇一起钓鱼或游戏，加入教会小组，参加社群主义的聚餐（每个参加者自带一个菜）等。还有一些以群体为单位的行动，如从合唱班到周末户外活动，从读书会到集体慈善活动，从维护社区治安到发放救济食品。从新社群主义的观点看，这些活动所培育的不仅仅是人与人之间的关系，而且更主要的是社群主义的关系。

第二，解决职业需要与共同体需要的冲突，协调好工作与服务两者之间的关系。② 在埃齐欧尼看来，很多年轻人具有这样一种迷思：他们把自我追求与为共同体服务对立起来，从而只能两者择其一，或者追求一种以自我利益为中心的挣钱职业（"在 30 岁之前赚到 100 万元"），或者追求一种以自我牺牲为中心的共同体服务（加入和平营之类的利他主义活动）。埃齐欧尼认为这种观点是错误的，因为我们可以避免两者的冲突，也有很

---

① Cf. Amitai Etzioni, *The Spirit of Community: Rights, Responsibilities, and the Communitarian Agenda*, New York: Crown Publishers, Inc., 1993, pp.123-125.

② Cf. Ibid., pp.126-127.

多方法可以把两者融合在一起。例如，很多人从事看护、教育和社会工作，一方面，这些工作属于传统所说的职业，它们能够为从业者带来合理的报酬；另一方面，如果人们带着一种奉献精神从事这些工作，通常也为共同体作出了直接的贡献。

当然，更多的人在公司或企业工作。西方社会近年来盛行一种潮流，即公司应该成为"家庭友好型的"（family-friendly）。埃齐欧尼提出，公司不仅要成为"家庭友好型的"，而且也要成为"共同体友好型的"（community-friendly）。所谓"共同体友好型的"公司不仅仅是对本地红十字会、儿童博物馆或室内乐队等作出一些捐献，而且还要做更多的事情。比如说，一个公司可能为了节省开支而想把总部迁移到百里之外的另外一个城镇，但是它应该考虑到这样做会给雇员的社会联系带来损害；公司经常对经理加以轮换以提高其工作效率，但是它应该注意这种做法会破坏员工的社会关系；关闭工厂有时是不可避免的，在这样做的时候应该缓慢进行，以减少对当地共同体的损害。

第三，需要更多的人成为志愿者，为共同体做更多的自愿贡献。[①] 为共同体服务的事情，如照顾老人、救济穷人或救助病人，可以由个人自愿来做，也可以由国家来做。由国家来做这些事情有两个难处，一是资金短缺，所需的费用捉襟见肘；一是服务能力，所提供的服务质量不如志愿者提供的好。有益于共同体的自愿行为可以从点滴开始，如随手关灯以节电，一水多用以节水。在一些人看来，这些都是微不足道的小事，而堵住城市供水管网的漏洞会节省更多的水和电。但是埃齐欧尼认为，有益于共同体的都不是小事。这些措施的目的与其说是节省水电，不如说是提供公共教育，以使人们自愿地做有益于共同体的事情。

为了说明志愿者的重要性，埃齐欧尼举了两个例子。一个例子是医疗救护人员。在美国，医疗救护人员的总数为 48.6 万人，其中大约有一半是没有报酬的志愿者。志愿者几乎能做专业人员所能够做的所有事情：监视伤病者的生命迹象，提供初步诊断，包扎止血，呼叫救护车，把伤病员

---

① 　Cf. Amitai Etzioni, *The Spirit of Community: Rights, Responsibilities, and the Communitarian Agenda*, New York: Crown Publishers, Inc., 1993, pp.130-132.

转移到医院。志愿者通常要完成内容丰富的培训课程，其中包括心肺复苏术（CPR）。他们必须自愿地面对各种痛苦和死亡，有时也需要冒险把伤者从火中或倾覆的汽车中抢救出来。另外一个例子是西雅图的 CPR 培训项目，它清楚表明共同体服务是什么样的。医学研究表明，人们在室外发生心脏病时，如果病人当场得到了心肺复苏术的救治，那么就会在很大程度上提供存活的机会。在西雅图，通过 CPR 培训项目，有多达 40 万人的居民得到了心肺复苏术的培训，从而使很多病人受惠。在西雅图，室外突发心脏病的人员中，有 40％的病人在被送到医院之前，得到了路人所做的心肺复苏术的救治，并因此挽救了很多人的生命。

其次是国家或政府能够为共同体做什么。如果说老社群主义者更强调国家与共同体之间的紧张，那么新社群主义者更强调两者之间的和谐。这意味着国家或政府能够为共同体的复兴做很多事情，其中比较重要的有如下一些。

国家能够为共同体的复兴提供法律保护。共同体的重要优势之一是成员间的互相帮助，但是这种以行善为目的的帮助有时也会带来麻烦。例如，一个人在路上行走时突然跌倒了（由于某种疾病的发作），路过的一位医生试图进行救治，但是他有这样的担心，如果救治失败，他是否会被追究某种民事责任。为了解决这样的问题，美国所有各州都实行了"好撒玛利亚人法"（Good Samaritan laws），该法律对在紧急情况下救治伤病者的医生给予了法律保护，免除了他们的相关民事责任，其中有些州还把这种民事责任的免除扩展到所有的见习救治人员。埃齐欧尼提议，在现有的法律之外，立法机构还应该制定"医疗志愿者法案"（medical volunteer act），把民事责任的免除范围扩展到从事保健工作的所有专业人员，只要他们为人们提供免费的医疗服务。另外，对于那些有助于共同体复兴的活动，如社区聚会等，也需要给予组织者以额外的法律保护。①

国家或政府能够为共同体提供资金方面的帮助。近年来，在北美和欧洲发生了一场关于政府权力下放的争论：如果把任务及其资金从中央政府

---

① A Cf. mitai Etzioni, *The New Golden Rule: Community and Morality in a Democratic Society*, New York: Basic Books, 1996, p.150.

转移给地方政府，那么社会是否会变得更是社群主义的？埃齐欧尼认为，事情不是如此简单，也不是所有的事情都下放为好。在他看来，有些任务最好是留给中央政府来做，有些任务移交给地方政府更为合适，而有些任务则最好是下放给共同体。共同体要承担一些下放的任务，就会增加其资金负担，特别是对一些缺少资源的共同体更是如此。因此，共同体就需要国家的帮助，而当公共资金被分配给了各种共同体而非地方政府时，它们就得到了这样的帮助。①

国家能够为重建共同体提供良好的环境。这首先是城市设计应该考虑的事情，在设计和建造公共场所时，如广场、人行街道、公园、体育娱乐场所等，要充分考虑到有利于共同体成员之间的联系、互动和各种社会活动。过去由于工厂会产生污染，因此城市规划中实行分区原则，居住、工作和商业被分割在不同的区域。埃齐欧尼认为，现在污染的问题没有了，因此可以考虑把居住、工作和购物混合在一起，这样既减少了交通的需要，也增加了人们之间的社会联系。在城市发展中，通常会把公立学校、邮局、图书馆和医院等进行撤并，以提高效率和节约资金。但是，埃齐欧尼认为，这些机构对于共同体具有重要的意义，它们被共同体用作建立认同的场所，可以举行会议或者举办公共表演，因此在试图对它们进行撤并时，要充分考虑到对本地共同体的影响。如果其影响巨大，那么撤并就不应该进行。②

国家对重建共同体的帮助不仅体现在它做了什么，而且也体现在它不做什么。如果某些事情不是由政府而是由共同体来做，那么这显然为共同体的复兴提供了机会。由于西方社会很长时期以来就变成了"福利国家"，所以很多原本由共同体做的事情现在都是由政府来承担的，从而也就削弱了共同体的作用。如果我们现在要重建共同体，那么就需要把原本由共同体做的事情归还给共同体。在埃齐欧尼看来，共同体应该接手的事情有消防、治安、援救、创建信用合作社、组建本地的乐队、举行社区聚会、维护公园以及支持教育等。在他看来，由共同体来负责这些事情，不仅会节省资金（因为很多事情都是由自愿者来做的），而且也会做得更好，因为

---

① Cf. Amitai Etzioni, *The New Golden Rule: Community and Morality in a Democratic Society*, New York: Basic Books, 1996, pp.151-152.

② Cf. Ibid., p.154.

共同体能够根据个人的需要来提供服务，使服务更人性化，更有效。①

最后是共同体能够为自己做什么。共同体的复兴不仅需要每个成员把更多的时间和精力投入到这个事业之中，不仅需要国家在法律、资源和环境等方面提供支持，而且也需要共同体本身作出巨大的努力。按照埃齐欧尼的观点，共同体起码可以做以下一些事情：

每个共同体要承担起自己照顾自己的责任。新社群主义要建立的共同体是回应性的，这意味着它应该关注其成员的基本需要，重视其成员福利。很多城市都面临垃圾处理、暴力犯罪、滥用毒品以及其他一些社会问题的困扰，在埃齐欧尼看来，首要的责任存在于共同体之中。另外，共同体不仅要照顾自己，而且也要互相帮助。有些共同体很弱，缺少资源来履行共同体的责任，这时那些更强的共同体就应该帮助它们。②

在共同体能够为自己所做的事情中，最重要的是发出道德呼声。每个共同体都共享一些价值，共同体的道德呼声就是其所共享的价值的表达。当共同体的成员遵守这些价值的时候，共同体就应该对他们给予鼓励甚至奖励；而当某些共同体的成员不遵守这些价值的时候，它就应该谴责或惩罚他们。从埃齐欧尼的观点看，当代社会的所有问题都源于个人主义的泛滥，并由此导致原有的道德在不断衰落，而新的道德还没有填补道德的真空。基于这种判断，他提出了新社群主义的主张：发出道德呼声，恢复道德秩序，重建社群主义的共同体。

为了恢复共同体的道德秩序，埃齐欧尼提出了一种别出心裁的办法——共同体的公共羞辱（public shaming）。对于某些非暴力犯罪人员，比如说经常嫖娼者或者小偷，共同体可以把他们的名字公布于众。有时共同体也可以以轻判为条件，强迫罪犯在本地报纸上刊登广告为自己的罪行道歉，而广告包含有罪犯的照片，并且广告费由这些罪犯来付。埃齐欧尼认为，这种共同体的羞辱是一种有效、灵活和低成本的惩罚方式，能够表达共同体的道德呼声，有助于吓阻罪犯和重建道德秩序。③

---

① Cf. mitai Etzioni, *The New Golden Rule: Community and Morality in a Democratic Society*, New York: Basic Books, 1996, p.149.

② Cf. Ibid., p.146.

③ Cf. Ibid., p.140.

　　共同体的羞辱是一种极具争议的方法。从自由主义者的观点看，这显然是对人权的侵犯，至少侵犯了这些罪犯的隐私权：你可以把罪犯送进监狱，但是你没有权利把他们示众。从埃齐欧尼的新社群主义观点看，我们把这些罪犯关进监狱，其目的是为了维护社会秩序，但是我们为什么不能以更小的代价（公共羞辱）来达到这个目的。这种区别显示出，自由主义把权利放在优先的位置，而社群主义把共同体的善放在第一的地位。除了侵犯人的权利以外，共同体的公共羞辱还包含另外一种危险：通过这种方式来表达道德呼声，实质上是用法律来推行道德。

三、共同体的共同体

　　新社群主义发出了重建共同体的道德呼声，其目的是为了建立一个理想的社会。这个理想社会不仅是文明的，而且是美好的。什么样的社会是一个美好社会（good society）？埃齐欧尼提出了两种解释，一种是义务论的，另外一种是功能主义的。

　　按照义务论的解释，美好社会是这样一种社会：在这种社会中，人们相互把自己当作目的而非仅仅作为手段来对待，当作整体的人而非零碎的部分来对待，当作（由情感和信念联系在一起的）共同体的成员而非仅仅作为雇员、商人、消费者或公民伙伴来对待。[1] 按照这种解释，当我们与家庭、朋友或者共同体的成员紧密联系在一起的时候，我们就满足了美好社会的这个基本原则。相反，当我们出于功利主义目的而联系在一起时，就没有满足这个原则。这种解释显然来自康德道德哲学的核心原则：人是目的，而不能仅仅被当作手段。

　　按照功能主义的解释，美好社会是这样一种社会：它能够使国家、私人部分（市场）和共同体三者处于平衡之中。虽然这三个部分常常是不相容的，但是它们反映了并服务于我们人类生活的不同方面。在一个美好社会中，这三个部分相互合作，它们是互补的而非对抗的，是解决问题的一方而非制造问题的一方。[2] 按照这种解释，只有这三个部分都发挥功能，

---

① Cf. Amitai Etzioni, *The Third Way to a Good Society*, London: Demos, 2000, p.11.

② Cf. Ibid., p.12, 41.

而非每个部分单独或相互冲突地发挥功能，从而维持三者之间的平衡，我们才能达到一个美好的社会。

问题在于，在某些场合，关于美好社会的义务论解释与功能主义解释可能是不相容的。虽然埃齐欧尼认为，维持国家、私人部分（市场）和共同体三者之间平衡的社会也是一个把人当作目的的社会，但是两者的等同是没有保证的。义务论的解释给美好社会提出了一种规范性的要求，即把人当作目的而非仅仅作为手段，但是功能主义的解释则不包含有任何规范性的内容。这样一种社会的存在是非常可能的：它很好地维持了国家、市场和共同体之间的平衡，但是它既没有奉行也没有践行"人是目的"的原则。

另外一个问题是，新社群主义试图重建共同体，但是它所诉诸的共同体是指什么？是小共同体（本土共同体）还是大共同体（国家）？埃齐欧尼提出，我们最好把共同体看作一个中国套盒（Chinese nesting boxes），也就是说，更小的共同体（如家庭、邻里）被套在更大的共同体（村庄、城镇）之中，而这些更大共同体则位于超级共同体（supracommunities）之中，如国家或者跨国家的共同体（如欧盟）。同时，他也为非地理的共同体留下了余地，如以工作或职业为基础的共同体。①

在中国套盒的比喻中，大共同体包含了小共同体，正如小盒子被放在大盒子中。与这个比喻不同的是，大共同体实际上是由小共同体组成的，因此，埃齐欧尼把诸如社会这样的大共同体称为"共同体的共同体"。社会被称为"共同体的共同体"，其目的是为了区别于国家，而国家是一个统一的实体。与国家不同，社会是由各种各样的共同体构成的，而每个共同体都是一个实体。社群主义强调的重心在共同体，这样带来一个问题，如果每个共同体都只管自己，那么就会削弱作为"共同体的共同体"的社会。

在诸如美国这样的由多民族或种族构成的社会中，这个问题更为严峻。每个以民族或种族为基础形成的共同体都有自己特殊的传统和文化，拥有不同的价值、宗教和信念，从而产生出"多元文化主义"（multiculturalism）

---

① Cf. Amitai Etzioni, *The Spirit of Community: Rights, Responsibilities, and the Communitarian Agenda*, New York: Crown Publishers, Inc., 1993, p.32.

的问题。在美国社会中存在着关于"多元文化主义"的公共辩论，参与辩论的人们通常被分为两派，一派被对方指责为"欧洲中心主义"，另一派则被对方批评为"种族分离主义"。埃齐欧尼提出了新社群主义关于"多元文化主义"的主张：我们保有一套共享的价值（民主、相互尊重和个人权利），而同时为所有族裔的共同体尊重其文化传统提供充分的机会。① 这个主张往好里说是埃齐欧尼自称的"第三条道路"，以超越"欧洲中心主义"与"种族分离主义"的对立；往坏里说不过是一种对两者的混合，其共享的价值来自于"欧洲中心主义"，其分享的文化传统来自于"种族分离主义"。

"多元文化主义"给新社群主义提出的问题是：各个共同体之间的适当关系是什么？我们是否应该放弃"一个社会"的观念从而用各肤色部族的混合来取代它？或者，如果我们试图维持国家的统一性，那么把各种亚文化融为一体是不是达到这个目标的最好方式？这些问题在美国社会引起了巨大争议，产生出不同的主张。

美国主流社会的主张是"熔炉论"（melting pot）。一些人把美国社会比作一个文化上的大熔炉，其制度、习惯和理念对各种族的新来者能施加重大影响，并且迅速地同化他们。在这个熔炉中，新移民到美国的人们及其孩子将抛弃他们原有的传统和文化，变成同质化的美国人。如果一个人认为自己仍然属于一个特殊的种族群体，那么这表明他还不是一个美国人。这种"熔炉论"所期望的是一个民族、一种文化、一个单一的国家。美国社会主流文化的代表者是白人，因此，"熔炉论"与"欧洲中心主义"是密切相关的。从新社群主义的观点看，"熔炉论"意味着一种不必要的同质化。用埃齐欧尼的话说，所有美国人应该喜欢同样的食谱，跳同样的民族舞蹈，听同类的音乐，这种观念既没有理由，也不可取，更不要说用道德呼声来推行它们。与其相反，各种各样的传统、亚文化和共同体都应该得到欢迎，因为它们使美国社会更丰富了。②

与"熔炉论"相对立的是"彩虹论"（rainbow society）。如果说"熔炉论"代表了白人主流社会的观点，那么"彩虹论"代表了美国社会中少数族裔

---

① Cf. Amitai Etzioni, *The Spirit of Community: Rights, Responsibilities, and the Communitarian Agenda*, New York: Crown Publishers, Inc., 1993, pp.148-149.

② Cf. Ibid., p.155.

的观点。按照埃齐欧尼的分析，"彩虹论"有两个来源，一个是人口统计学的，一个是政治的。① 美国政府的人口统计表明，美国正在变成一个多元文化的社会，一个由白人占多数并且植根于西方文化的社会正在变成一个主要由三种少数族裔组成的社会，而这三种少数族裔是指白人、黑人和说西班牙语的人。在过去的时代，"同化"意味着把少数族裔整合进白人统治的社会；在现在的时代，"同化"则意味着把白人整合进"彩虹社会"。政治的来源是指美国黑人民权领袖杰克逊（Jesse Jackson），他在 1984 年竞选美国总统时提出了"彩虹社会"这个词。杰克逊的选民基础是黑人，为了争取范围更广的选民（各种少数族裔、工会、农场主以及环保主义者等），他呼吁建立一个所有族裔人人平等的新美国。"彩虹论"意味着美国是一个由"各肤色人民"（people of color）构成的社会，而"各肤色人民"这个词则表达了这样一种观念，即美国将变成一个各种民族和种族群体的混合体而非一个同质的国家，其中每个民族和种族都具有自己的文化。在埃齐欧尼看来，如果我们把"彩虹论"用作对"熔炉论"的一种批评，那么它或许是一种有用的比喻。如果我们把"彩虹论"当作一种表达各族裔之间关系的描述，那么它既不是事实，也不可取。

新社群主义者把自己的观点称为"多元主义的统一"，有时也被埃齐欧尼称为"马赛克论"（mosaic）。② 埃齐欧尼反对"熔炉论"，因为它否认各族裔原有文化的合理性和合法性；他也反对"彩虹论"，因为它否认有某种东西能够把所有族裔的亚文化统一起来。从另外一面看，埃齐欧尼赞同"彩虹论"中蕴含的这种主张，即所有族裔的亚文化都有在当代社会中存在的合理性和合法性；他也同意"熔炉论"包含的这种主张，即由多种族构成的社会应该有一套共享的价值把各种亚文化统一起来。每个共同体都有自己的亚文化，一套共享的价值体系能够使它们变成"共同体的共同体"。这种能够发挥统一作用的价值是什么？埃齐欧尼认为，它们是民主、人权和相互尊重。虽然每个共同体都具有自己独特的传统和文化，但

---

① Cf. Amitai Etzioni, *The Spirit of Community: Rights, Responsibilities, and the Communitarian Agenda*, New York: Crown Publishers, Inc., 1993, pp.152-153.

② Cf. Amitai Etzioni, *The New Golden Rule: Community and Morality in a Democratic Society*, New York: Basic Books, 1996, p.192.

是只要它们都按照这些共享的价值行事，就能够和平共处，形成统一的整体。①因为这些价值源于西方文化，所以埃齐欧尼的观点更接近"熔炉论"，从而也更带有"欧洲中心主义"的色彩。

以埃齐欧尼为代表的新社群主义者对西方社会中个人主义的泛滥与共同体的衰落十分不满，他们发出共同体的道德呼声，试图在道德的基础上重建共同体，进而重建社会。但是，在新社群主义的共同体理论中存在很多难以克服的问题，其中包括下面三个难题，而这三个难题表现了埃齐欧尼思想中的张力或矛盾。

首先，共同体的可行性与可欲性之间存在着张力。所有的社群主义都以共同体为基础，但是新社群主义所依赖的共同体则分为两种，一种是老共同体，一种是新共同体。所谓老共同体，是指以居住的地理位置为基础而形成的共同体，如家庭、邻里以及村镇等；所谓新共同体，是指以工作和职业为基础形成的共同体，如工厂、公司、医院和学校等。埃齐欧尼的问题在于：老共同体具有可欲性，它们是共同体的典范，其成员之间不仅存在密切的情感联系，而且他们也拥有共同的道德信念，但是正如埃齐欧尼所描述的那样，老共同体正在无可挽回地衰落下去，它们不具有可行性；新共同体具有可行性，它们不仅大量存在，而且不断以新的形式产生，但是它们很难满足埃齐欧尼的共同体标准，其成员之间没有密切的情感联系，也没有共享的道德信念，即它们缺乏可欲性。

其次，新社群主义的道德与西方社会的法律之间存在着张力。共同体依靠共享的道德信念来维系，社会依赖法律制度来维持。共同体的道德可能与社会的法律是一致的，也可能与其是冲突的。在道德与法律发生冲突的场合，新社群主义对道德的依赖就变成了问题。具体来说，我们可以从两个方面来看道德与法律之间的张力。一方面，某些埃齐欧尼所重视的共同体（如邻里）在西方社会没有法律地位，得不到法律承认，从而埃齐欧尼所赋予这些共同体的责任（如治安、教育和公益等）无法得到法律的支持；另一方面，从本质上说，共同体的道德强调的是社会责任，而美国的

---

①　Cf. Amitai Etzioni, *The Spirit of Community: Rights, Responsibilities, and the Communitarian Agenda*, New York: Crown Publishers, Inc., 1993, pp.155-157.

法律强调的则是个人权利，这样，当共同体要求个人履行其社会责任而个人以权利相对抗时，法律会支持的是个人权利而非共同体的道德。① 新社群主义的主要任务就是重建共同体，如果缺乏法律支持，这种重建任务是无法完成的。

最后，共同体与社会之间存在着张力。社群主义依赖共同体，而共同体的重要意义在于它是国家（社会）与个人之间的中介。国家只有一个，共同体则是无数的；这样，当人们拥有的各种不同的信念和理想无法在一个国家实现时，它们可以在共同体中寻找安身的场所。如果国家（社会）是"一"，那么共同体就是"多"；如果强调国家意味着建立统一，那么强调共同体则意味着确立界限。新社群主义面临的困境是：如果它过于强调共同体，就会突出共同体与共同体之间的界限，从而使国家变成"彩虹社会"，使自己变为"种族分离主义"；如果它过于强调国家，就会模糊共同体与共同体之间的区别，从而使社会变成一个"熔炉"，使自己变为"欧洲中心主义"。为了不陷入这两个极端，埃齐欧尼构造出"共同体的共同体"，而这个概念基于共同体，同时又突出了共同体与共同体之间的统一性。虽然"共同体的共同体"能够使埃齐欧尼避免陷入上述困境，但是这个概念本身失去了社群主义的含义。

第四节　核心价值

对于新社群主义，核心价值（core values）是一个关键概念，是一个使它能够既区别于自由主义也区别于老社群主义的概念。对于自由主义而言，价值或者是程序性的，或者是个人的，而新社群主义的价值是实质性的。虽然老社群主义的价值是实质性的，但是这种价值只存在于某种共同体的内部，等同于共同体的善；而新社群主义的核心价值存在于共同体之

---

① Cf. David Sciulli, *Etzioni's Critical Functionalism: Communitarian Origins and Principles*, Leiden: Koninklijke Brill NV, 2011, p.357, 386.

间，等同于整个社会的善。

老社群主义的价值是实质性的，但它们是特殊主义的，无法为所有人共享；自由主义的价值能够为所有人共享，但它们是程序性的。埃齐欧尼提出核心价值的概念，试图达到两个目的：一方面，他试图克服老社群主义的特殊主义，使社群主义的价值拥有普遍性；另一方面，他也试图证明普遍主义的价值可以是实质性的，并以此表明社群主义优于自由主义。为了达到这两个目的，埃齐欧尼必须解决三个问题：第一，我们为什么需要核心价值；第二，我们所需要的核心价值是什么；第三，评价价值的标准是什么。

一、我们为什么需要核心价值

如果说自由主义强调的是个人的自主和权利，那么新社群主义强调的则是社会的秩序和责任。新社群主义所说的社会秩序是道德秩序，或者更准确地说，是在道德的基础上形成的社会秩序。道德秩序依赖于核心价值，而在埃齐欧尼看来，核心价值就是"共享的价值"。它们是价值，体现在从婚姻礼仪到社团章程的各种社会构成之中；它们是共享的，为该社会绝大多数成员所信奉。他特别指出，"共享的价值"不是"一致的同意"，后者是某种程序（如谈判）的产物，是在策略基础上达成的和解，而和解的双方则具有不同的价值观。① 这显然是暗指罗尔斯的观点。

一个社会的秩序可以通过两种方式达成，一种是道德，另外一种是法律。新社群主义者主张，社会秩序应该建立在道德的基础上，建立在人们的自愿服从上面。在一个美好社会中，人们能够按照自己信奉的价值行事，自愿承担相应的社会责任。他们这样做是源于自己的道德信念，而不是因为害怕受到法律制裁或者受到经济刺激的利诱。

在埃齐欧尼看来，自由主义的社会秩序是建立在法律基础之上的，而执法者是监察、审计、警察、法院和监狱等机构中的人员。他认为，如果社会中日常发生的无数行为都需要加以监督，以确保它们与社会的道德立场相一致，那么这个社会就会需要有一半的人充当执法者。反过来，执法

---

① Cf. Amitai Etzioni, *The New Golden Rule: Community and Morality in a Democratic Society*, New York: Basic Books, 1996, pp.85-86.

者也需要执法者，也就是说，需要有其他人来监督他们，这样导致的最终结果就是使一个社会变成警察国家。埃齐欧尼以美国为例：随着 20 世纪 60 年代社会道德的衰落，美国试图更依赖警察、缉毒者、审计人员、监察人员、边境巡逻员和监狱来维持社会秩序。用于监狱和警察的钱越多，用于教育等方面的钱就越少。而且，如果缺乏有效的监督，警察本身就会变为腐败之源。①

从实践的观点看，核心价值与公共政策密切相关。公共政策通常涉及一些具有争议的问题，比如说是否承认堕胎的合法性，如何对财富加以再分配，在哪里设置垃圾焚烧炉等，而不同的群体或共同体对此具有不同的利害关系，从而持有不同的立场。如果一个社会在这些问题上能够形成共识，那么它就具有更大的能力来推行具体的公共政策。问题在于，这种共识是如何形成的？

自由主义主张，人们具有不同的信念和善观念，不能共同拥有实质性的价值，这样他们只能诉诸程序来达成共识，如通过投票来决定某种公共政策。对于自由主义的程序主义，埃齐欧尼提出了两个批评。第一，要想解决人们在公共政策方面的争议，仅仅具有程序性的信念是不够的，还需要共享的实质性价值。第二，仅仅基于程序达成的共识是不稳定的，当情况发生变化时，原本赞同某项政策的人们可能会撤销对它的支持。② 换言之，如果人们拥有共享的核心价值，那么他们所达成的共识就能够是稳定的。

埃齐欧尼是从功能主义来看待核心价值的。从功能主义的观点看，一个共同体或社会忽视了核心价值，那么就会导致道德秩序的衰落，导致社会的功能失调，导致宗教原教旨主义运动的兴起，因为核心价值衰落所留下来的真空需要某种东西来充填。这也说明我们为什么需要核心价值。但是，在论及这些关系的时候，埃齐欧尼使用了三个概念，即"核心价值"、"共享的价值"和"共同善"，而在其使用方式中，这三个概念是可互换的，

---

① Cf. Amitai Etzioni, *The New Golden Rule: Community and Morality in a Democratic Society*, New York: Basic Books, 1996, p.86.

② Cf. Ibid., p.88.

似乎具有相同的含义。① 起码，埃齐欧尼对这三个概念的使用是模糊不清的，更不用说在社群主义文献中它们具有不同的含义。

按照功能主义的观点，核心价值既不能没有，也不能太多。从这种观点看，在 17—19 世纪的西方社会，核心价值（或共同善）太多了，也就是说它们的范围太广泛，限制太严格，没有给个人自主留下多少余地。这样导致自由主义对核心价值的攻击，而这种攻击可以被看作是对核心价值太多的反动和矫正。但是，当历史进入 20 世纪晚期的时候，情况发生了相反的变化，现在核心价值不是太多，而是太少。在这种情况下，自由主义继续对核心价值进行攻击就没有什么道理了，因为社会功能的平衡摆向了另外一端。正是在这种背景下，我们可以把社群主义看作是对自由主义的一种矫正：现在需要更多的核心价值、共享的价值或共同善，来恢复社会的道德秩序，解决社会的功能失调。②

我们需要核心价值，因为没有核心价值，道德秩序就会衰落，社会功能就会失调，从而导致整个社会秩序的不稳定。核心价值是把我们作为个人联系起来的东西：不能没有它们，否则我们就会成为一盘散沙；它们也不能太多，否则我们就失去了自由。正是基于这样的观点，埃齐欧尼批评了社会保守主义、自由主义和老社群主义。

社会保守主义的问题在于核心价值太多，即他们所赞同并推行的价值范围太广，这些价值对个人的限制太严格。比如说，他们要求社会只信奉一种宗教（如基督教、伊斯兰教或印度教），试图控制个人生活的方方面面，反对文化和信念的多元化。自由主义的问题在于核心价值太少。自由主义者把人的行为分为"公共领域"与"私人领域"，核心价值或公共善只限于公共领域之中，而把私人领域完全留给个人，即私人领域中的价值或善是个人的、特殊的和彼此不同的。埃齐欧尼认为，自由主义关于公共领域与私人领域的区分完全是错误的：从事实上说，两者根本无法分开，一个领域的行为对另外一个领域具有各种影响；从规范上说，两者也不应

---

　　① Cf. Amitai Etzioni, *The New Golden Rule: Community and Morality in a Democratic Society*, New York: Basic Books, 1996, pp.90-91.

　　② Cf. Ibid.

该分开，它们都应该受到核心价值的引导和规范。① 老社群主义的问题则在于缺乏核心价值，埃齐欧尼以沃尔策为例。沃尔策主张，一个社会存在着各种不同的领域，其中每一个领域都有自己不同的善（或价值）。虽然这种特殊主义的主张可以避免陷入相对主义和普遍主义，但是由于缺乏核心价值（共同善），沃尔策无法解决各种特殊的善之间的矛盾和冲突。②

即使我们承认一个社会或共同体需要共享的价值，也存在一个问题：我们现在是否拥有这些价值？如果我们曾经拥有这样的价值，那么它们从何而来？如果我们现在不拥有这样的价值，那么我们如何塑造出它们？前者涉及价值的来源，后者涉及价值的重铸。

关于价值的来源，社群主义的观点与自由主义是对立的。③ 社群主义主张，价值是通过共同体一代代传承下来的，而不是创造或协商出来的。正是在这种意义上，埃齐欧尼说共同体拥有一种传统、一种历史、一种文化，而这种传统、历史和文化浸满了共享的价值。如果说社群主义的出发点是共同体的传统，那么自由主义的出发点则是个人的选择。自由主义主张，个人彼此就道德或价值问题进行讨论，以达成某种共识。或者像洛克所说的那样，独立的个人在自然状态中聚到一起来商量和选择出一种制度安排；或者像罗尔斯所说的那样，他们在无知之幕的后面选择出正义原则。价值或道德来自一致的同意，而这种同意赋予社会安排和政治制度以合法性。

更重要的问题在于价值的重铸。如果一个社会的核心价值被破坏了，那么就需要根据社会的变化把它们重新恢复起来。埃齐欧尼认为，价值重铸有两种方式，自由主义的方式是慎思（deliberation）或审议民主（deliberative democracy），而社群主义的方式是道德对话（moral dialogues）或价值谈话（values talks）。

自由主义主张，一个社会要想建立规范以引导行为和社会政策，应该采取这样的方式：首先把人们集合起来，共同讨论相关的事实是什么，它们具有什么逻辑含义，可供选择的政策有哪些，然后选择出最有效的路

① Cf. Amitai Etzioni, *The New Golden Rule: Community and Morality in a Democratic Society*, New York: Basic Books, 1996, p.92.

② Cf. Ibid., pp.88-89.

③ Cf. Ibid., pp.93-94.

线。慎思体现了启蒙的观念，即理性将把人们从迷信和无知的统治下解放出来。慎思被自由主义者看作是一种理想化的过程，这个过程由公平的程序构成，而人们在这种公平程序中进行推理和论证，以解决各种政治冲突。在社群主义者看来，从康德到罗尔斯，自由主义者都在政治思考中强调了理性的慎思，而反对把情感当作政治的合法因素。①

埃齐欧尼认为，自由主义的慎思或审议民主是有问题的，为此他出示了三个理由。② 首先，慎思或审议民主要求参与者是自主的主体，具有充分的信息和分析能力，能够作出合理的推理。但是在现实社会中，政治对话的参与者不是这样的人，他们是共同体的成员，需要挣钱养家糊口，需要照顾孩子，只能在有限的业余时间研究政治问题。也就是说，慎思的本意是要求人们从事理性的思考并作出合理的决定，但是实际的审议者不具有这样的能力。其次，更重要的是，在社会范围的审议中，参与者通常不是自由主义所说的个人，而是群体的代表，他们或者是这些群体的直接代表，或者是各种共同体的代言人。也就是说，在审议民主中，人们所表达出来的东西实际上不是个人的理性慎思，而是群体或共同体的价值。最后，也是最重要的，政治审议中所面对的主要是规范问题，而不是经验或逻辑的问题。所谓规范问题就是价值问题。在理性慎思的模式下，这个事实通常被忽视了，起码它的重要性被低估了。即使通常被看作是技术性的问题，其中很多也深受规范因素的影响。

与自由主义者热衷于审议民主不同，社群主义者更钟爱道德对话。无论是审议民主还是道德对话，要想有序进行，都需要遵守某些程序。自由主义者的审议民主遵循的是一些形式性的程序，而社群主义者的道德对话遵循的则是一些实质性的程序。埃齐欧尼提出，道德对话应该按照以下三个实质性的程序来进行。③

第一个程序是，道德对话应该诉诸对话各方所共享的基本价值来解决所面对的问题。当对话各方发生争论时，他们应该用超出各方的基本价值

① Cf. Amitai Etzioni, *The New Golden Rule: Community and Morality in a Democratic Society*, New York: Basic Books, 1996, pp.97-98.

② Cf. Ibid., pp.98-100.

③ Cf. Ibid., pp.102-104.

来解决他们之间的冲突，而导致冲突的东西是各自拥有的更低层面的价值。埃齐欧尼举出的例子是吸烟者与不吸烟者之间的冲突，而两者都以个人权利来为自己辩护。在他看来，因为不吸烟者没有侵犯对方的权利，而吸烟者确实侵犯了不吸烟者的权利，所以不吸烟者的权利优先于吸烟者的权利。但是，这个例子似乎与埃齐欧尼所说的第一个程序是无关的，因为不吸烟者的权利只是一方的权利，并不是双方共享的基本价值。

第二个程序是，当道德对话中的双方出现分歧或冲突的时候，他们应该诉诸第三方价值。埃齐欧尼举例说，当一些人试图在美国黑人和犹太人之间建立联盟时，他们提出，两个群体应该诉诸对自由事业或宗教自由的共享信念，并且以这种信念为基础，他们可以阐发出一种共同的主张。正如批评者指出的那样，这个程序是否能够发挥作用，取决于所说的第三方价值是否在该社会中被制度化了。[1] 在一个宗教自由没有形成制度的国家里，如果争论的双方诉诸宗教自由作为第三方价值来解决他们之间的分歧，那么就不会有什么效果。

第三个程序是，一个共同体或社会应该利用教育、说服和领导力来使那些还没有接受相关价值的人们接受它们。与前两个程序不同的是，埃齐欧尼在这里没有举例来说明其所指，而只是简单地说："这些价值就不在这里检验了，因为它们是众所周知的。"[2] 虽然他的语气显得很肯定，但是究竟什么价值是众所周知的，这是不清楚的。除此之外，这个程序更严重的问题在于，人们会怀疑这里所说的"教育、说服和领导力"在实际的使用中会变为强迫和操纵，通过这些方式来使其成员接受这些"共享的价值"，而这正是社群主义最经常受到的批评之一。

二、我们需要的核心价值是什么

所有社群主义者都面临这样的难题：他们追求的理想建立在本土共同体（或者是基于居住地形成的，或者是基于种族或宗教形成的）上面，但

---

① Cf. David Sciulli, *Etzioni's Critical Functionalism: Communitarian Origins and Principles*, Leiden: Koninklijke Brill NV, 2011, p.472.

② Amitai Etzioni, *The New Golden Rule: Community and Morality in a Democratic Society*, New York: Basic Books, 1996, p.104.

本土共同体不是政治共同体；国家是政治共同体，但它不是理想的。如果社群主义者执着于自己关于本土共同体的信念，培养和强化它们，而每个共同体都以自己的利益为中心，那么他们就会面临更严重的困难：或者引发共同体与共同体之间的矛盾和冲突，或者导致整个社会的冲突。

"共同体"是一个带有边界的词汇，它意味着与其他共同体之间存在着界限。一个共同体是依靠只存在于内部的情感、信念和共同善维系在一起的。一个共同体越强大，维系其存在的情感、信念和共同利益也就越强烈，从而它就越发以自己为中心。如果一个共同体以自己为中心，那么它就倾向于与其他共同体发生冲突，特别是涉及这些事情的场合，如在哪里建垃圾处理厂、无家可归者收容所、戒毒中心以及核材料储存库等。如果维系共同体的情感、信念和共同利益非常强烈，自我为中心的倾向得到了强化，那么这种共同体就可能走向分离主义，如加拿大的魁北克或英国的苏格兰。一些更激进的分离主义导致了内战，如苏联、前南斯拉夫以及其他一些国家。

社群主义者面对这样的挑战：如何处理共同体与共同体、共同体与社会之间的关系？为了防止内战，消除或减少共同体之间的冲突，社群主义必须找到一种方式，能够把各种共同体团结在一起，形成一个更大、更包容的共同体。埃齐欧尼认为，处理共同体与共同体之间关系的方法与处理个人与共同体之间关系的方式是类似的，即要对自主性加以约束而非放开。在处理个人与共同体之间的关系时，关键在于用对共同体的信念来平衡个人的权利；同样，在处理共同体与共同体之间的关系时，关键在于用对更大共同体之核心价值的信念来平衡对某个共同体的信念。①

那么如何使各种共同体结合在一起从而形成一个更大的共同体（社会或国家）？埃齐欧尼认为有三种方式。② 第一种方式是"熔炉论"，它主张对具有离心倾向的共同体进行同化，使这些共同体的成员放弃自己的亚文化以及对自己共同体的忠诚，从而使他们变为一个国家的普通公民。第二种方式是"彩虹论"，它主张一个国家应该由"各肤色人民"（people of color）构成，而"各肤色人民"这个词则表达了这样一种观念，即国家

---

① Cf. Amitai Etzioni, *The New Golden Rule: Community and Morality in a Democratic Society*, New York: Basic Books, 1996, p.191.

② Cf. Ibid., pp.195-197.

是一个由各种民族和种族群体组成的混合体，其中每个民族和种族都具有自己的文化。埃齐欧尼批评前者为"欧洲中心主义"，批评后者为"种族分离主义"，他把自己的新社群主义称为"马赛克论"。"马赛克"的各种构成要素具有各种不同的色彩和形状，但它们是通过一种框架和黏合剂结合在一起的。"马赛克"的比喻意味着新社群主义追求的是这样一个社会：各种共同体能够维持它们的文化特殊性，并且为自己的独特传统而感到骄傲，同时这些各种各样的共同体也承认自己是一个更大共同体的组成部分，它们对共同的框架具有一种承诺。

这个把各种共同体黏合在一起的框架就是埃齐欧尼所说的共享的核心价值。与老社群主义不同，新社群主义强调一个社会需要一种把各种共同体统一起来的框架。与自由主义不同，新社群主义所说的统一框架或核心价值不是程序性的，而是实质性的；不是薄的（thin），而是厚的（thick）。那么到底埃齐欧尼所说的作为统一框架的核心价值是什么？埃齐欧尼一共提出了七个核心价值，其中最后两个（对话与和解）不是实质性的价值，而是达到价值共识的方式，因此我们在下面仅讨论前五个核心价值。

第一个核心价值是民主。埃齐欧尼特别强调，他所说的"民主"是价值而非程序：自由主义者把民主看作是一种程序，而社群主义者把民主看作是共享的核心价值。他为此提供的理由是，如果民主仅仅被看作是一种程序，那么当它与主要群体的利益发生严重冲突的时候，它就可能被抛弃。相反，如果民主被看作是一种共享的实质性价值，而不仅仅是一种程序，那么它就能得到更好地坚持。为了说明民主是一种核心价值，埃齐欧尼以1995年美国国会关于环境项目的预算争论为例：起初，国会以6票的差距通过了反对削减环境项目的议案；后来，国会变卦了，又通过了一个赞成削减的议案；在第二次投票中，只要有一票改变主意或者投弃权票，结果就会相反。埃齐欧尼试图说明，一票就能够决定某项重大事情的不同结果，而没有人对此提出挑战，这说明民主已经深入人心，已经成为共享的核心价值，已经成为把共同体黏合在一起的框架。①

---

① Cf. Amitai Etzioni, *The New Golden Rule: Community and Morality in a Democratic Society*, New York: Basic Books, 1996, pp. 199-200.

第二个核心价值是宪法及其权利法案。宪法体现了指导一个社会的核心价值，而它所包含的权利法案对个人权利和少数派的权利提供了保证。但是，埃齐欧尼认为，宪法及其权利法案不仅为如何处理个人与群体（或社会）的关系提供了指导，而且为如何处理共同体与社会（作为更大共同体）的关系提供了指导。这体现在它规定了"多数"能够决定什么事情，以及不能够决定什么事情。比如说，"多数"可以投票决定征收多少税赋，决定如何分配资金，但是不能投票决定人可以卖身为奴，不能否定个人的投票权。这里的个人权利是指言论自由、结社自由和集会自由等，它们保护个人免于共同体或国家基于各种理由的压制。[1] 这里的关键在于，如果人权是核心价值，那么当本土共同体的价值或政策同它发生冲突的时候，作为人权的核心价值具有优先性。但是，当埃齐欧尼承认社会所共享的核心价值优先于本土共同体的特殊价值时[2]，他似乎没有意识到这意味着个人权利作为核心价值优先于共同体的价值。

第二个核心价值是分层忠诚（layered loyalties）。埃齐欧尼认为，为了维持共同体（作为社会的组成部分）与社会（作为更大的共同体或共同体的共同体）之间的适当平衡，分层忠诚必须得到培养。这意味着，首先，一个人应该把对生活于其中的共同体的忠诚与对社会的忠诚分开；其次，他应该把对社会的忠诚放在优先的位置。要做到分层忠诚，一个人不仅要把自己当作是生活于其中的共同体的成员，而且更要把自己看作是更大共同体（或社会）的成员。埃齐欧尼认为，直到 20 世纪 60 年代之前，美国人一直首先把自己看作是"美国人"，然后再看作是某个州或地方的人（如"加利福尼亚人"或"纽约人"）。但是从 60 年代到 90 年代，越来越多的人把自己首先看作是某个地方或州的人，然后才是"美国人"，也就是说，对社会（更大的共同体）的忠诚被削弱了。[3]

第四个核心价值是尊重（respect）。要想把各种共同体黏合为一个更大的共同体，那么每个共同体的成员就不仅要赞赏自己共同体之特殊的传

---

① Cf. Amitai Etzioni, *The New Golden Rule: Community and Morality in a Democratic Society*, New York: Basic Books, 1996, pp.200-201.

② Cf. Ibid., p.201.

③ Cf. Ibid., pp.202-203.

统、文化和价值，对它们具有坚定的信念，而且还应该对其他共同体的传统、文化和价值表达出尊重。而且，当他们这样做的时候，无需担心这种做法会被解释为，他们赞同其他共同体的价值并且在道德上认可了它们。在这个问题上，埃齐欧尼刻意把自己的观点与自由主义的观点进行了区别。关于如何对待与自己不同的其他人所信奉的价值，埃齐欧尼的观点是尊重，而自由主义的观点体现在两个概念上面。一个是中立性（neutrality），它要求对各种不同的价值持一种中立的立场，既不支持某些价值，也不否定某些价值。另外一个概念是宽容，它要求人们与那些持有不同信念的人和平相处，即使他们不赞同其信念。埃齐欧尼对自由主义的观点进行了批评：自由主义的中立性在价值问题上采取了躲闪的立场，而尊重则肯定了价值的多元论；自由主义的宽容意味着其他人的信念在道德上是低级的，而尊重则是平等待人。①

第五个核心价值是限制认同政治（identity politics）。在当代的政治文化中有一种潮流，它夸大群体之间的差别，贬低群体之间的共同性。这种潮流被称为"认同政治"，它以这样一种方式来界定人：似乎他们只具有一种社会地位，他们只是一个共同体的成员。这种单一的取向低估了这个事实，即每个人具有多重地位，比如说，一个人是黑人，但同时她也是一位女性（同其他族裔的女性一样）和一位工人（同其他族裔的工人一样）。从社群主义的观点看，这种认同政治有两个问题：首先，认同政治把人的社会地位单一化了，而人们具有多重的社会地位；其次，认同政治具有一种排斥的倾向，容易导致把其他群体当作敌人。因此，埃齐欧尼主张用一种更复杂的政治学来取代认同政治学，而这种政治学允许一个群体提出自己的特殊需要，但同时也承认它的成员可以对其他群体和更大的共同体拥有另外的归属感和忠诚。②

上述五个核心价值是把各种共同体统一起来的框架。按照埃齐欧尼的说法，这些核心价值作为一个框架是共享的、实质性的和社群主义的。现在我们对作为框架的这些核心价值提出三个问题：首先，所谓"共享的"

---

① Cf. Amitai Etzioni, *The New Golden Rule: Community and Morality in a Democratic Society*, New York: Basic Books, 1996, p.204.

② Cf. Ibid., pp.205-208.

是指什么？其次，这些核心价值到底是实质性的还是程序性的？最后，它们是社群主义的还是自由主义的？

首先，埃齐欧尼把这些核心价值看作是"共享的"。因为它们是共享的，所以它们才能够作为统一各种共同体的框架。他所说的"共享的"是指什么？从埃齐欧尼的论述看，所谓"共享的"似乎仅仅指的是美国，因为他所列举的事例和讨论问题的背景都是美国。但是从他论述的方式看，这些"共享的"核心价值似乎是普遍的，它们不仅适用于美国，而且还应该适用于西方各国，适用于像欧盟这样的超国家共同体，其中一些（如人权和尊重）甚至适用于全球共同体。这里的问题在于，如果这些核心价值被看作是全世界"共享的"，埃齐欧尼是否陷入了他极力避免的"欧洲中心主义"？

其次，无论这些核心价值的适用范围是什么，它们都会面临另外一个问题，即它们是实质性的还是程序性的？埃齐欧尼自己认为，这些核心价值不仅是实质性的，而且还是"厚的"而非"薄的"。他把这些核心价值称为实质性的，是为了区别于自由主义，因为自由主义也会认同这些价值，但是自由主义者把它们看作是程序性的。这里的问题在于"实质性的"与"程序性的"区别是什么？让我们以民主与人权为例。一般而言，民主与人权是程序性的，因为它们赋予每个人以平等的各种权利以及参与政治生活的权利，但是它们不能保证每个人都能够享用这些权利，不能保证每个人都能够真正参与民主的政治生活。要保证人们真正享用这些权利，就需要社会为每个人提供平等的机会，以使他们获得和拥有参与政治生活的能力，而这些事情需要一种正义的制度。在这种意义上，埃齐欧尼所说的这些核心价值仍然是程序性的，而不是实质性的。

最后，这些价值是实质性的还是程序性的，与另外一个问题密切相关，即它们是社群主义的还是自由主义的？埃齐欧尼自己把它们看作是社群主义的，因为按照"马赛克论"，它们是把各种共同体黏合成为统一整体的框架和黏合剂，并以此来区别于自由主义的"熔炉论"和种族分离主义的"彩虹论"。但是，如果我们认真分析这些核心价值，就会发现它们不仅是自由主义长期以来一直坚持的价值，而且自由主义也以这些价值的宣扬者自居。比如说"民主"与"人权"，自由主义者通常把自己赞同并且目前在西方各国实行的政治制度称为"自由主义的民主制"，而"人权"

通常被看作是自由主义的核心价值。虽然"尊重"不是传统自由主义（功利主义）的价值，但它是当代自由主义（以权利为基础的自由主义）的核心价值，从康德到罗尔斯都是如此。至于"分层忠诚"和"限制认同政治"，它们不仅是自由主义的，而且还是反社群主义的，因为这两种核心价值所针对的都是社群主义信念，即对本土共同体的忠诚和认同。

三、评价价值的标准是什么

埃齐欧尼在陈述了"我们为什么需要核心价值"和"核心价值是什么"之后，他还需要解决一个问题，即"评价价值的标准是什么"。新社群主义的社会需要核心价值，而这些价值需要证明它们的正当性。用埃齐欧尼的话说，价值与口味和情感不同，它们需要具备"可解释性"（accountability）。①

"可解释性"意味着我们需要提供某种标准来评价共同体所信奉的价值。先前的社群主义者（如麦金太尔和沃尔策）提出了一些评价的标准，但是埃齐欧尼认为它们都不令人满意。在他看来，先前的社群主义者提出的标准是历史的，它们基于事实的观察。而他主张，这些标准应该是规范的，它们不同于并独立于事实。埃齐欧尼提出了检验价值的四个标准，它们代表了适用范围逐渐变宽的四个层面。

第一个规范标准是共同体。② 社群主义者通常主张，一个共同体所信奉的特殊价值是合法的，这是因为它们是这个共同体的一个组成部分，是共同体之历史、文化和认同的一个组成部分。在某种意义上，这个主张基于经验上的观察：没有普遍的价值，人们所拥有的价值来自他们特殊的共同体。社群主义者认为，自由主义的普遍权利观念是抽象的，在任何共同体的信念、忠诚和团结中都没有安身立命之处。反过来，自由主义者也批评说，社群主义者没有分清共同体认可核心价值的事实与这些认可得到了证明这两者之间的区别，从而把经验的观察当成了规范的标准。

社群主义之批评者的核心观点是：社群主义者持有这样的观点，即一

① Cf. Amitai Etzioni, *The New Golden Rule: Community and Morality in a Democratic Society*, New York: Basic Books, 1996, p.217.

② Cf. Ibid., pp.220-222.

个共同体所信奉的价值是有效的，这是因为共同体信奉了它们。埃齐欧尼认为，虽然一个共同体认可某种价值之事实本身并没有为这种价值提供充分的规范性解释，但是这个事实确实表明这种价值通过了第一个标准的检验。他提出，这种规范的检验可以通过两种过程来进行，一种是政治过程，另外一种是社会过程。

政治过程是指民主。当某个共同体必须选择某种涉及价值的路线时，如堕胎、平权法案或者如何削减预算赤字，这个共同体首先要对这些问题进行深入的讨论和商议，然后把商议的结果付诸投票表决，而共同体的所有成员都可以自由参与商议和投票。在埃齐欧尼看来，这种民主过程所达到的最终结果在道德上优于通过其他任何方式所达到的结果，如受某个煽动者、一小撮精英或其他非民主方式的影响所达到的结果。在这种意义上，这个共同体最终作出的决定通过了检验。但是，埃齐欧尼认为，这种民主的检验是不够充分的，因为民主实行的是"多数决定"原则。如果一个共同体依靠多数派来确立什么是正确的，那么这有可能侵犯个人或少数派的权利，或者说，这可能会把共同体之51%成员的价值判断强加给其他的成员。简言之，民主的政治过程本身不能为价值提供足够的规范理由，它们还需要其他的标准。

社会过程是指凝聚共识（consensus building）。除了民主以外，社群主义者还认为凝聚共识能够为共同体的价值决定提供可解释性———种规范的标准。凝聚共识的典型做法是进行持续的讨论，直到共同体的所有成员都赞同某种立场。如果要求共同体的所有成员都赞同某种立场，这种凝聚共识的过程会很长，投入的精力会很多，从而成本会非常高。如果降低对"共识"的要求，不要求所有成员的同意，而只要大部分成员的同意，那么就会产生另外一个困难，即需要多少成员的同意（百分之多少？）才能够算作共识？在埃齐欧尼看来，凝聚共识并不能为价值提供比民主更令人满意的基础。

无论是民主的政治过程还是凝聚共识的社会过程，只要把共同体当作评价价值的标准，社群主义者就会面临相对主义的问题。社群主义者通常持有这样的观点，即一个共同体应该发出道德呼声来鼓励其成员遵守该共同体所共享的价值，但是他们不认为这个共同体所共享的价值适用于其共同体或整个社会。反过来，当一个共同体所共享的价值与其他共同体的价值发生冲突的时候，人们不能基于自己的价值信念来批评其他共同体。埃齐欧尼认为，社群主义者只要把共同体当作唯一的规范标准，那么他们就无法摆脱相对主义。要摆脱相对主义，就需要更大框架的规范标准。

第二个规范标准是社会价值。① 埃齐欧尼认为，即使我们承认共同体本身不能充当其价值的终极裁判者，那么也无需采用自由主义的做法，用普遍权利来替代共同体内部的规范标准。我们应该采用社群主义的做法，即把共同体置于更大的社会之中，把它所确认的价值置于更高的规范标准之中。埃齐欧尼把这种更高的合法性标准称为"社会价值"。这样，只要一个共同体所确认的特殊价值不违反社会价值，那么它们就是合法的。比如说，如果一个共同体的价值得到多数投票支持或者反映了该共同体内部的共识，那么只要它们不违反更高层面的规范标准，它们就是合法的。

问题在于"社会价值"是指什么？按照埃齐欧尼的观点，社会价值首先体现在一个国家的宪法之中：宪法为共同体所赞同的价值设定了界限，为个人免于政府和共同体的压制提供了保护条款。这些保护条款界定了共同体不能逾越的领域，例如，共同体不能合法地剥夺其成员的投票权。另外，社会价值也体现在一个国家长期建立的法律传统之中（如案例法），或者体现在一个社会内部的共享信念之中（如机会平等的观念）。

从社群主义的观点看，国家应该支持多样性，对共同体的价值信念要给予更少的干涉和更多的宽容。只要共同体所信奉的价值不违反更高层面的标准，它们就具有合法的地位。这是事情的一个方面。另一方面，当一个共同体的价值违反了社会价值的时候，比如说这些价值侵犯了该共同体成员的个人权利时，国家就必须具有压倒共同体的权力，而国家的权力基于宪法的规定。这是一种双层标准的观点，即共同体的标准和社会的标准，而埃齐欧尼认为，这种双层标准的观点一般来说是令人满意的，能够经得起进一步的规范检验。

然而，"进一步的规范检验"的说法意味着存在更高层面的规范标准。

---

① Cf. Amitai Etzioni, *The New Golden Rule: Community and Morality in a Democratic Society*, New York: Basic Books, 1996, pp.224-227.

没有这样的标准，我们就没有办法来检验通过了前两种标准检验的价值是不是合法的。埃齐欧尼认为我们有两种方式来看待这个问题。首先，当人们在检验与自己极为不同的其他文化时，他们就需要更高层面的规范标准。埃齐欧尼举例说，在我们看来，对通奸的人实行砍头以及砍掉小偷的手，这在道德上是令人困惑的。但是在沙特阿拉伯，这些做法不仅被共同体所信奉的价值认可，而且也符合其宪法。其次，当我们审查美国宪法以及最高法院的判决时，我们也需要更高层面的规范标准。比如说，当我们说宪法需要修订（如需要增加平等权利的条款）或者最高法院的某些判决在道德上是错误的时候，我们就是在应用某种更高层面的规范标准。前者涉及跨文化和跨社会的道德对话，后者涉及全球共同体。

第三个规范标准是跨社会的道德对话。[①] 社群主义者在处理跨文化问题时通常显得无能为力，因为他们主张特殊主义，反对从一种文化的观点来评价另外一种不同的文化。这个问题不仅涉及一个社会内部拥有不同文化传统的两个共同体之间的关系，而且也涉及具有不同文化传统的两个社会之间的关系。埃齐欧尼主张通过跨文化、跨社会的道德对话来解决价值问题上的分歧，而道德对话所得出的结论可以作为检验价值的更高层面的规范标准。道德对话有两种典型的模式，一种是程序的对话，另外一种是信念的对话。

程序对话模式的代表是哈贝马斯。哈贝马斯主张，规范的正确性产生于主体之间的对话，用来评价信念的唯一标准来自对话的一致结论。他提出了道德对话所必须满足的规则：每个人都必须被允许参与对话；每个人都被允许对任何主张提出质疑；每个人都被允许在对话中提出任何主张；不得以强迫方式来阻止对话者参与、提出主张和质疑主张的权利。埃齐欧尼认为，哈贝马斯提出的这些道德对话规则是程序的而非实质的。

社群主义者主张的模式是实质性的信念对话。埃齐欧尼认为，真正的道德对话不能是程序的，因为对话的参与者都持有某种道德立场，都拥有某种价值观，例如关于平权法案、对外援助、学校的性教育等的对话都不是从道

---

① Cf. Amitai Etzioni, *The New Golden Rule: Community and Morality in a Democratic Society*, New York: Basic Books, 1996, pp.227-231.

德真空中开始的。无论道德对话的参加者是个人还是群体，他们都负载着某种价值。这些价值使道德对话变得更为困难，但它们不可消除。在这种意义上，实质性的信念对话对于一个好社会来说不仅是普遍的，而且是本质的。通过这种对话过程，一个共同体所共享的价值得以表述和重述。

一方面，与共同体的标准和社会价值的标准相比，道德对话所产生的共享价值是更高层面的规范标准；另一方面，这种实质性的信念对话并不能提供一种终极的规范标准，我们可以用它评价任何一个共同体所拥有的价值。埃齐欧尼举例说，历史学家可能发现，在纳粹时期举行的一次会议上，不同国家之间就种族灭绝进行了对话，各方一致同意把那些低级种族的人消灭掉。这种对话所达到的价值结论显然是错误的，从而我们需要一种用来评价道德对话的道德标准。

第四个规范标准是全球人权宣言。① 第三个标准适用于两种不同文化的共同体或社会（国家），第四个标准则适用于全世界的所有社会，它的范围是最广的；同时，埃齐欧尼也认为这个标准也是最成问题的。从自由主义的观点看，由于价值是普遍的，所以应用于一个社会的标准也可以应用于所有的社会。但是问题不是如此简单，普遍主义会面临很多困难。

社群主义反对自由主义的普遍主义，而主张一种文化相对主义。埃齐欧尼把长期生活在东亚社会的贝淡宁（Daniel A. Bell）视为这些社群主义者的代表。贝淡宁认为，东亚社会反对把人权观念当作终极目标，其理由在于，人权概念是一种西方的发明，它与东亚的传统是不相容的。因此他主张，西方不应该因为东亚社会侵犯人权而责备它们，正如中国不应该因为美国社会忽视了孝道而指责它。② 埃齐欧尼认为，贝淡宁的相对主义观点是不正确的，因为问题不在于价值起源于哪里，而在于价值能否被证明为正当的。价值的普遍性涉及规范性的检验，它与价值的起源无关。

如果说自由主义的普遍主义的反对者是持有文化相对主义观念的社群主义者，那么社群主义的相对主义的反对者则是全球主义者。埃齐欧尼把全球主义分为两种，一种是经验的全球主义，一种是规范的全球主义。基

---

① Cf. Amitai Etzioni, *The New Golden Rule: Community and Morality in a Democratic Society*, New York: Basic Books, 1996, pp.231-236.

② Cf. Ibid., p.232.

于各种人类学报告，经验的全球主义者提出，在全世界各种文化的社会中存在着一些普遍的基本价值，如谴责凶杀、酷刑和强奸等。规范的全球主义者主张，各种不同文化的人们拥有一些共享的价值，这可以通过全球的共识检验来证明，比如说"金规则"就能够通过这样的检验。埃齐欧尼认为这两类全球主义者的观点都有问题：首先，"共识"可能代表的不是真理而是偏见，例如长期以来妇女在全世界都被看作是二等人类；其次，这些全球主义是"弱的"，因为它们提出的普遍价值只有为数不多的几种，如谴责凶杀、酷刑和强奸等。

埃齐欧尼需要一种更强的全球主义，其价值清单不仅包含更多的价值，而且也包含肯定的价值。在开列全球共享价值的清单时，这些更强的全球主义者利用了"普遍人权宣言"（Universal Declaration of Human Rights），其中包括国际法、联合国宪章和联合国代表大会决议等文献。这份清单的核心是人权，其中包括公民和政治权利，也包括社会和经济权利。埃齐欧尼赞成把人权用作全球范围的规范标准，但是他也承认这个标准存在一些问题。首先，这个人权标准基于联合国宪章、国际法和各种宣言，但是这些国际文件并没有得到广泛的认可。其次，这些国际文件的产生也有问题，它们既不是产生于国际社会的民主程序，也没有反映世界范围的道德对话之结果。在这种意义上，人权还不能为普遍价值提供一种令人满意的规范标准。

埃齐欧尼从社群主义出发，提出了检验价值的四个规范标准，其适用范围从本土共同体到全球共同体，它们分别是共同体本身、宪法、跨文化道德对话以及全球人权。埃齐欧尼的目的是通过这四个规范标准对核心价值给予解释，但是这些解释本身存在各种问题，从而会引起更大的质疑。

首先，这四个标准分属四个层面，即本土共同体、作为共同体的共同体的社会（国家）、不同文化的社会之间以及全球共同体，这是清楚的。但是，这四个标准之间是什么关系，这是不清楚的。按照埃齐欧尼的解释，似乎一种标准适用的范围越广，它就优先于甚至压倒其他的标准，如国家之于共同体。但是他又认为，一种标准的适用范围越广，它的规范性就越差，例如人权是一种适用于全球的标准，但是它的规范性问题最大。如果这四种标准之间的关系是不清晰的，那么它们就无法使价值具有埃齐欧尼所期望的"可解释性"。

其次，埃齐欧尼试图通过这四种规范标准为价值提供"可解释性"，问题在于价值是否需要这样的解释。任何社会的价值体系都以一些最基本的价值为基础，如自由主义价值体系的基本价值就是自由、平等和正义等。对于当代的大多数政治哲学家（如罗尔斯等），这些价值得到了社会的广泛赞同，它们不需要进一步（形而上学）的解释。埃齐欧尼自己也承认，一些基本价值是"自明的"，而其他价值是从这些基本价值推演出来的。① 如果一些基本价值是自明的，这意味着它们不需要解释，不需要政治哲学家为它们提供进一步的证明。

最后，埃齐欧尼为核心价值提供检验的规范标准，其目的是为了摆脱社群主义通常遇到的相对主义指控。社群主义以本土共同体为基础，只认可特殊的价值，不承认价值的普遍性，特别是反对从事跨文化的评价，从而引起了相对主义的批评。为了摆脱这样的批评，埃齐欧尼诉诸普遍的标准（宪法、道德对话以及全球人权），但是这些普遍标准本身的规范性则成为问题。在这个问题上埃齐欧尼陷入一种两难的境地：这些普遍的标准需要规范性，但是他只能用更大范围的共识（社会的、社会之间的和全球的）来证明它们的规范性；同时，他也意识到规范性与共识是不同的，更大范围的共识并不意味着更强的规范性。

第五节　社群主义的义务

社群主义是以共同体为中心来阐发其观点的，它的各种主张带有明显的特殊主义色彩，与自由主义的普遍主义形成了鲜明的对比。在义务的问题上也是如此。社群主义主张，一个人对自己的共同体以及共同体的其他成员负有一种特殊的义务，而这种义务不能扩展到其他共同体的成员、国

---

① Cf. Amitai Etzioni, *The New Golden Rule: Community and Morality in a Democratic Society*, New York: Basic Books, 1996, p.242.

家的公民或者其他国家的人们。人们在社会生活中履行这种特殊义务，一般不会产生什么问题。但是在理论上，社群主义的这种特殊义务则容易引起争议，特别是引起自由主义者的批评。这样就需要以埃齐欧尼为代表的新社群主义者为这种特殊义务提出辩护，来证明它具有正当的理由。

一、义务是普遍的还是特殊的

自由主义的核心概念是个人权利，社群主义的核心概念是共同善（common good）。对于社群主义者而言，共同善的存在是自明的，它是指有利于我们所有人的善，而不是指所有个人的善的总和。① 而自由主义者通常把善看作是个人的选择，一个自主的人能够决定对他而言什么是善。

自由主义主张权利优先于善。权利具有优先的地位，无论是国家还是共同体都必须尊重个人的权利。权利是普遍的，一个国家的所有公民都拥有相同的平等的个人权利；义务是相对丁权利来界定的，从而每个人也同样对其他公民拥有相同的普遍义务。在自由主义的以权利为基础的概念体系中，不存在特殊义务的问题。对于自由主义者而言，特殊义务在某种意义上意味着"偏私"、"任人唯亲"和"裙带主义"。

与自由主义不同，社群主义把共同善放在优先的地位。共同善是共同体的善，是共同体所有成员共享的善，同时也是每一个成员的善。社群主义的概念体系是以共同体和共同善为基础建立起来的，而在对共同善的表述中就包含了对共同体及其成员的特殊道德义务。特殊义务对社群主义具有重要的意义，因为共同体以共同善为基础，而特殊义务为实现共同善提供了保证。

基于上述讨论，我们可以把自由主义和社群主义的立场归纳如下：自由主义主张人们承担普遍的义务，而社群主义主张人们承担特殊的义务。但是这里需要注意的是，这两种立场可以是对立的，也可以是相容的。所谓"对立的"是指这样的主张，一个人或者给予所有人以平等的考虑，或者给予某些人而非其他人更多的考虑，两者必居其一。所谓"相容的"是指，一个人可以同时既承担普遍的义务，也承担特殊的义务。

---

① Cf. Amitai Etzioni, *The Common Good*, Cambridge, UK: Polity Press, 2004, p.1.

在道德哲学中，有一个与此相关的问题近年来得到了很多讨论，即"公正"（impartiality）与"偏私"的问题（partiality）。在某种意义上，"公正"意味着给予所有人以平等的考虑，它对应于普遍的义务；而"偏私"意味着给予某些人以特殊的考虑，它对应于特殊的义务。埃齐欧尼认为，无论是在道德哲学中还是在政治哲学中，强调"公正"的观念都处于主流地位。在道德哲学中，强调"公正"观念的是康德主义和功利主义，它们主张非个人的道德要求应该永远优先于个人的追求；在政治哲学中，这种主张正日益变得流行：移民应该得到与公民一样的对待，甚至全世界的所有人都应该得到同样的对待，无论是在公民和政治权利方面，还是在社会和经济权利方面。①

面对普遍义务与特殊义务（以及公正与偏私）的问题，埃齐欧尼试图完成两个任务：首先，他要反驳那些否定特殊义务的各种观念，确认特殊义务与普遍义务可以是相容的；其次，他要证明特殊义务是有道德根据的，这些义务不能延及他人也是有道德根据的。我们将在本小节讨论第一个任务，在其余各小节讨论第二个任务。

第一种否认特殊义务的观点主张，特殊义务与普遍义务是对立的，如果承认特殊义务的存在，那么就会排除普遍义务的存在。埃齐欧尼认为，特殊义务与普遍义务的对立只有在这种情况下才会发生，即一个人只能采取一种立场，或者确认普遍义务，或者确认特殊义务。但是，人们没有必要非得采取一种立场，他们可以同时承认两者。埃齐欧尼举例说，对于"亚裔美国人"、"非洲裔美国人"或者"拉丁裔美国人"，他们一方面可以对自己的种族共同体负有一种特殊义务，另一方面也可以对美国法律承担一种普遍义务。② 这不是说特殊义务与普遍义务永远都不会发生冲突，而是说这种冲突的可能性不足以使我们抛弃其中的任何一种义务。

第二种否认特殊义务的观点主张，普遍义务与权利是联系在一起的，如果个人享有的权利不仅是消极的（强加了不得干预他人的义务），而且是积极的（确保每个人得到某种最低水平福利的义务），那么特殊义务就没有必要存在了。埃齐欧尼认为，即使我们有向所有人提供最低水平福利

---

① Cf. Amitai Etzioni, *The Common Good*, Cambridge, UK: Polity Press, 2004, pp.9-10.

② Cf. Ibid., p.10.

的普遍义务，我们仍然保有向我们自己共同体的成员提供更多福利的特殊义务。反过来也是一样，没有任何重大的理由认为，人们只要对自己共同体的成员负有特殊义务，他们就不考虑对其他人的普遍义务了。埃齐欧尼强调说，这里的问题不是人们是否应该重视特殊义务而非普遍义务，而是当人们承担了对自己共同体成员的特殊义务时（这种义务不能延及每个人），他们是否拥有正当的道德根据。①

第三种否认特殊义务的观点主张，即使不否认特殊义务的存在，但是当特殊义务与普遍义务发生冲突时，那么也会产生哪一种义务具有优先性的难题。特别是当共同体存在于更大的社会实体之中并是其中的一个组成部分时，通常都会面临这个问题。埃齐欧尼对此的回答分为两个部分。首先，义务分为不同的层面是一个明确的事实，这个事实表明，一个人拥有一种义务并不妨碍他发展出另外一种义务。其次，从道德上说，普遍义务压倒特殊义务，权利优先于共同体的价值，这是可取的。埃齐欧尼举例说，某些特殊共同体允许荣誉处决、强迫婚姻和种族歧视等，但是我们不能因为它们是这个共同体道德文化的一部分就加以宽容。但是他也认为，当事情与普遍权利无关的时候，特殊义务就具有支配地位。②

为了表明在特殊义务问题上的争议，埃齐欧尼举了一个真实的事情为例。③在1997年，纽约市格林威治村的第41公立小学由于资金短缺决定裁掉一名教师，这时学生的家长们告诉学校，他们打算捐出46000美圆以留住这名教师。纽约市教育部门的领导认为，这笔捐款是不能接受的，因为这会打开让学生家长为自己孩子的学校捐款的大门。这位领导提出，如果这些家长确实想捐款，那么他们可以把钱捐给纽约市的教育系统。按照埃齐欧尼的解释，这件事情提出的问题是：是否允许捐钱给他们孩子的学校，这意味着是否允许他们对共同体的道德要求作出回应。反对给他们自己孩子的学校捐款，要求他们向整个教育系统捐款，这意味着否定特殊义务的合法性。

那么有什么理由可以支持这些家长对自己孩子学校的特殊义务呢？或

---

①　Cf. Amitai Etzioni, *The Common Good*, Cambridge, UK: Polity Press, 2004, pp.10-11.

②　Cf. Ibid., p.11.

③　Cf. Ibid., pp.12-13.

者更一般地说，特殊义务有什么道德上的根据？埃齐欧尼提出了两种支持特殊义务的论证，一种是后果主义的证明，另外一种是社群主义的证明。

二、后果主义的证明

按照埃齐欧尼的解释，后果主义的证明有两种形式，一种与人性有关，另外一种建立在人们之间的特殊关系之上。让我们首先讨论第一种后果主义的证明。

基于人性的论证可以是各种各样的，但是它们有两个共同点：就前提来说，它们主张人的本性是自私的；就结论而言，它们认为人们没有能力按照普遍的指令行事。一个为此所举的例子是这样的：如果一个人不得不在两个人之间选择只救一个，一个是他所爱的人，另外一个是陌生人，那么他会"自然地"选择救所爱的人。要求人们像对待任何其他人那样对待具有特殊关系的人，这是没有道理的。① 基于人性的论证有两种形式，一种是教学法的论证，另外一种论证与"超义务"概念有关。

所谓教学法的论证主张，我们只能要求人们做他们能力范围内的事情。比如说，你训练孩子们跳高，你只能要求他们跳过比近来所越过的高度更高一点儿的横杆，而不能要求他们越过比那高得多的横杆，因为他们马上就会发现自己达不到你的要求，从而对你的激励置之不理。这样过分的要求不仅通常事与愿违，而且还会引起愤恨。这里存在一个教学法的假定，即人们只具有这样的能力，所以不能施加过多的要求。对于道德也是这样。如果一种伦理学施加了过多的要求，那么它就会失去引导作用，而它原本应该为人们过一种更道德的生活提供这样的引导。② 这种论证意味着，对于普通人来说，他们只具有承担特殊义务的能力，而普遍义务代表了过分的道德要求。

基于人性的另外一种论证与所谓的"超义务"（supererogation）有关。这种论证基于道德义务与超义务的区别：后者尽管是值得赞扬的，但它们不是义务，它们超出了可以合理地期望人们所做的事情。埃齐欧尼为超义

---

① Cf. Amitai Etzioni, *The Common Good*, Cambridge, UK: Polity Press, 2004, p.14.

② Cf. Ibid.

务所举的例子是，一个战士为了拯救周围战友的生命而压在了将要爆炸的手榴弹上面。这种行为是值得称赞的，但是它超出了我们可以期望一个人所做的事情之外。因为这种牺牲是极其不平凡的，所以一个人即使不能做到牺牲自己，他也没有什么过错。"超义务"不是义务，它超出了义务之外，因此如果要求普遍人按照超义务行事，那么这就对他们提出了过高的要求。特别是一些人认为，普遍人不具备超出基本道德义务的能力，而这种能力的缺乏也不是通过教育或培养就能够加以补救的。①

教学法的论证与超义务的论证聚焦于一点：按照普遍义务行事超出了人们的本性，而按照特殊义务行事则是自然的。当然这种论证也承认，我们必须保证这些特殊义务不要破坏正义、公平、法律以及其他事情，必须保证一个人对朋友、家庭和邻里的特殊义务不要变成工作场所和公共机构中的任人唯亲和裙带主义。这种论证的反对者可能批评说，即使特殊义务应该得到人们的承认，但是这并不意味它们在道德上是正确的。对此埃齐欧尼认为，虽然这种基于人性的后果主义论证不是非常令人满意，但是它们确实为证明特殊义务的正当性打开了大门。②

另外一种对特殊义务的后果主义证明基于人们之间的特殊关系，而没有特殊的义务，这种特殊关系就无法维持。所谓特殊关系是指一个人与其朋友、邻里或同事等的关系。这些关系是特殊的，因为它们对相关的人们给予了特别的对待，而把其他人排除在外。只要人们认为这些特殊关系具有重要的道德价值，那么他们就会认可关于特殊义务的这种证明，即没有特殊义务，这些特殊关系就不能得到维持。这种特殊关系的论证有两种形式，一种是诉诸"互惠性"（reciprocity）的概念，另外一种是诉诸"相互性"（mutuality）的概念，而两者都与人的"自利"（self-interest）本性有关。

把特殊义务建立在"互惠性"概念上面的典型代表是"合理选择"理论，而这种理论在 20 世纪 60—70 年代位于很多社会科学特别是经济学的核心。"合理选择"理论的基础是人的自利而非道德义务，但是其思想实质是"我为朋友，朋友为我"，因为这种双向的关系会使双方都受益。埃

---

① Cf. Amitai Etzioni, *The Common Good*, Cambridge, UK: Polity Press, 2004, pp.14-15.

② Cf. Ibid., p.16.

齐欧尼举例说，一个店主为给他送货的人付钱，这是因为他今后会仍然需要送货；而生产者把货物送给他，这是因为他需要市场把这些生产出来的东西卖出去。起初，双方可能寻求某种保证，比如说预先支付抵押金或者签订有法律约束力的契约，但是如果交易要想持续下去，那么他们必须依赖双方的自利来维持这种关系。①

对于维持特殊关系来说，"互惠性"不是一种牢靠的基础。如果这种特殊关系只依靠互惠的双方自利来维持，那么只要一方发现这种关系于自己不利，他就会极力摆脱所签订的契约，而强制履行契约的成本又极高。也就是说，当双方相互信任对方的时候，这样的商业行为会运行流畅，因为他们相信双方会遵守相互的承诺。很多学者曾指出，即使维持纯粹的经济关系，也不能完全依靠双方的互惠，起码这种关系应该得到某种程度的道德义务的支持。如果给这种互惠的关系披上一件道德的外衣，那么这种关系会变得更为牢固。② 这种道德外衣就是相互的信任和承诺。

如果商业运行所依靠的特殊关系不能完全依赖互惠的自利而需要某种道德支持，那么其他的特殊关系就更是如此，如朋友、邻里或爱人之间的关系。埃齐欧尼认为，实际上，这里自利与道德义务之间的关系需要颠倒一下：让道德义务发挥一种关键的作用，而自利则扮演一种更小的角色。埃齐欧尼把这样的关系称为"相互性"，以区别于"互惠性"。对于后者来说，自利扮演了更重要的角色。

按照埃齐欧尼的解释，当一个人与另外一个人拥有了一种可一般化的（或弥散的）关系，而非一种涉及某种特殊交易的关系，那么"相互性"就产生了。他为此举了两个例子。一个例子是朋友，而朋友之间的关系就依赖相互性。比如说，一个人的朋友病了，他就会去照顾他，而不会指望什么回报。人们相互照顾，这是因为他们之间存在着特殊的关系，而他们都很看重这种关系。另外一个依靠相互性而非互惠性的例子是婚姻。埃齐欧尼认为，人们通常把婚姻说成是一种契约，这是一个错误。婚姻是一种誓约而非一种契约，双方的承诺体现在结婚时的誓言之中。③

---

① Cf. Amitai Etzioni, *The Common Good*, Cambridge, UK: Polity Press, 2004, p.17.

② Cf. Ibid.

③ Cf. Ibid., p.18.

　　如果说"互惠性"包含了一件道德的外衣是真的，那么"相互性"包含了一种互惠的自利也是真的。无论是友谊还是婚姻，假如总是仅仅对一方有利，那么就会慢慢毁掉这种特殊的关系。然而，在非常大的范围内，这些特殊关系在本质上依赖于对这种关系之价值的承诺而非利益上的回报。正是在这种意义上，特殊义务在相互性的关系而非互惠性的关系中扮演了更重要的角色。在埃齐欧尼看来，这些特殊义务是这种关系的内在组成部分，是这种关系的本质或定义的组成部分。也就是说，如果没有这种特殊的道德义务，这些特殊的关系是无法维持的。

　　埃齐欧尼认为，这些商业的、朋友的或邻里的特殊关系不同于社群主义的关系，从而这些特殊关系所蕴含的特殊义务也不同于社群主义的特殊义务。两者之间存在两个重要的差别。首先，社群主义的关系及其义务不仅包含对具有某种特殊关系的人的道德承诺，而且包含对该共同体之所有成员（其中包括那些与自己没有特殊关系的人）的道德承诺。其次，更重要的地方在于，社群主义的关系及其义务包含了对该共同体之"共同善"的道德承诺，而"共同善"是那些被该特殊共同体视为公共利益（如它的环境）的东西。①

三、社群主义的证明

　　从社群主义的观点看，后果主义的证明具有一些明显的缺点：首先，它以人的本性为基础，而且把人的本性理解为自利的；其次，它本质上表达的是人们之间的利益交换，其特殊义务缺乏道德含义；最后，它所证明的特殊义务的范围过窄，仅限于具有特殊关系的人们之间。鉴于后果主义的论证难以令人满意，埃齐欧尼想为特殊义务提出更令人信服的论证，即社群主义的证明。

　　所谓社群主义的证明既不是基于人性，也不依赖人们之间的特殊关系，而是以共同体为基础。埃齐欧尼的社群主义证明有两种形式，一种是构成论的证明，另外一种是完善论的证明。构成论的证明主张，特殊义务在我们的构成中是本质的部分，能够使我们更好地发挥自己的功能；完善

---

　　①　Cf. Amitai Etzioni, *The Common Good*, Cambridge, UK: Polity Press, 2004, pp.18-19.

论的证明主张，特殊义务能够使我们变得更好，有助于人类的繁荣。如果说构成论的证明与功能主义有关，那么完善论的证明则与亚里士多德主义有关。

社群主义的证明是以共同体为中心的，这样就需要首先说明共同体是什么，给它以界定。埃齐欧尼通过两个特征来界定共同体：首先，共同体是一个负载情感的关系之网，这些关系不是一对一的个人联系，而是复杂的、相互交叉的和相互强化的。换言之，共同体提供了情感的纽带，能够使由个人组成的群体变为像家庭一样的社会实体。其次，共同体具有共同的信念，即对共享的价值、规范、意义以及对共享的历史和认同的信念。简言之，共同体具有对某种特殊文化的信念。①

共同体具有共同的情感和信念，这不意味着它们是好的。很多自由主义者对这样的共同体持强烈批判的态度，指责它们是权威主义的和压迫性的。埃齐欧尼认为共同体是好的，因为大量的社会科学研究表明，当人们脱离共同体的时候，就会遭受身体上的痛苦（更容易患有各种疾病）和心理上的折磨（更容易感到抑郁或茫然）。缺少共同的联系纽带，这会使人们感到疏离、异化和无力，从而或者使他们离群索居，或者使他们加入反社会的帮派。有人可能反问说：难道一个不属于任何共同体的人就不能拥有健全的功能吗？埃齐欧尼认为，很多社会科学文献可以证明，当人们真的脱离了共同体，断绝了与其他人的情感联系和价值关联时，他们的能力确实会受到严重削弱，他们会变得神经过敏、自私和自恋。简言之，共同体对我们的完整性格的构成是本质的：没有它们，我们也能活下去；但是缺少它们，我们就会无法完全发挥我们作为人类的功能。②

即使共同体对于人们的性格构成是本质的，那么它与特殊义务有什么关系？共同体与特殊义务的联系在于"认同"（identity）。从社群主义的观点看，世界上不存在"人"这样的东西，只存在法国人、德国人或意大利人。除非我们把自己与某个共同体联系起来，否则我们不知道自己是谁，

---

① Cf. Amitai Etzioni, *The New Golden Rule: Community and Morality in a Democratic Society*, New York: BasicBooks, 1996, pp.127-130; Amitai Etzioni, *The Common Good*, Cambridge, UK: Polity Press, 2004, p.20.

② Cf. Amitai Etzioni, *The Common Good*, Cambridge, UK: Polity Press, 2004, p.20.

我们来自哪里，以及我们的文化是什么样的。因为我们属于某个特殊的共同体，所以我们的认同是特殊的；因为我们的认同是特殊的，所以我们有与这种特殊认同联系在一起的特殊义务。

共同体对人们有两种贡献，一方面它使我们成为完整的人，另一方面它使我们拥有了个人认同。埃齐欧尼提出，这两种贡献不能混为一谈，前者使我们成为羽翼丰满的人，后者使我们选择成为什么样的人。前者关心的是我们的身体和心理健康，我们发挥自己功能的一般能力；后者关心的是我们的前进方向，我们如何界定自己与他人的关系。当然，这两者是相互关联的：如果我们发挥功能的能力被削弱了，那么这会影响我们形成和维持认同的能力；如果我们具有更强的认同能力，那么这种更强的认同能力也会培养我们发挥功能的能力。①

一个人把自己认同为某个共同体的成员，这对于他作为道德主体是构成性的（本质性的），因此他有责任通过亲力亲为来培育这种共同体的认同。这样的责任会产生对共同体的特殊义务，而这种特殊义务超越于更普遍的义务之上。埃齐欧尼用"道德生态学"来描述这种特殊义务：这种特殊义务反映了一种维护社会环境的道德义务。像在自然环境中一样，我们也是社会环境中的"乘员"（stewardship），我们有义务至少不给后代留下一种更坏的社会环境。维持道德生态的平衡像维持自然生态平衡一样，如果只索取而不给予，只破坏而不恢复，那么这是不道德的。②

这种构成论的证明存在一个根本问题：同好共同体一样，某些坏共同体（如黑帮）对于其成员也是构成性的。我们如何区别对好共同体与对坏共同体的特殊义务？埃齐欧尼对此的回答主要有两点。首先，他认为共同体本身不能成为价值的最终裁决者，特殊义务需要同更高层面的价值相一致。其次，不是任何特殊义务都能够得到一般的辩护，而是某些特殊义务能够得到辩护，而哪些特殊义务能够得到辩护取决于具体的条件。③

构成论的证明表明，共同体及其特殊认同（以及特殊义务）是人类生活的本质部分，有助于人们发挥其正常的功能。从社群主义的观点看，我

① Cf. Amitai Etzioni, *The Common Good*, Cambridge, UK: Polity Press, 2004, pp.21-22.
② Cf. Ibid., p.22.
③ Cf. Ibid., p.23.

们不仅要发挥正常的功能，而且还应该变得更好，而这是完善论证明的任务。

首先，共同体有助于使我们成为某种程度上的自由主体，能够使我们产生对普遍义务的承诺。① 从社群主义的观点看，生活在共同体中的人们能够更好地抵抗政府的压力和政客的蛊惑；而且，共同体的成员更有可能具有正直和坚定的性格，从而能够使他们从事理性的慎思，作出合理选择，按照判断而非冲动行动，像自由的主体那样行事。在埃齐欧尼看来，我们不是生而就拥有普遍义务的，而是通过学习来达到它们的。我们要学习获得普遍义务，首先就要知道特殊义务，知道如何与他人发展出特殊的关系。一般而言，我们是在共同体中从父母、老师或精神领袖等人那里知道尊重普遍义务的。

其次，共同体有助于减少国家的作用，建立一种基于道德的社会秩序。② 埃齐欧尼认为，共同体提倡并强化我们的道德信念，而这在很大程度上有助于形成一种建立在自愿基础上的社会秩序。大量科学研究的证据表明，如果人们生活在良好的环境（共同体）中，在良好的家庭和学校中长大成人，那么他们就会成为有道德的人；相反，除非人们的道德信念被不断强化，否则他们就会逐渐堕落。强化道德信念的最有力方式建立在这个事实上面：人们非常需要不断地得到他人认可，特别是得到那些与其有密切联系的人的认可，而这种密切联系存在于共同体之中。共同体能够强化人们对社会规范的承诺，这样就会减少警察和法院的作用，减少国家及其强制工具在维护社会秩序方面的需要。换言之，法律和秩序能够在很大程度上被共同体的非正式控制所取代。

再次，共同体有助于人们过一种更美好的生活，使人类更加繁荣兴旺。③ 特殊义务与人类繁荣的联系包括两个层面：在较低的层面，没有特殊义务，没有稳定的密切的社会联系和归属感，人们就不可能发挥其人类功能，如以自由主体的方式行事；在更高的层面，特殊义务能够使人们过一种更有道德的生活，实现更大的潜能，达到更高的成就。社群主义者从

---

① Cf. Amitai Etzioni, *The Common Good*, Cambridge, UK: Polity Press, 2004, p.24.

② Cf. Ibid., p.25.

③ Cf. Ibid., pp.27-28.

两个方面来理解这种更美好、更有道德或更有价值的生活：一方面，对某些与自己有密切关系的人们负有特殊义务，比如说对爱人、孩子和朋友给予更多的考虑，这是人类善的本质成分；另一方面，那些从事于献身生活的人们，如献身于病人、穷人、特殊的家庭以及特殊的共同体的人们，他们在承担对这些特殊人们和群体的特殊义务方面发挥了关键作用。

最后，共同体有助于人们在黑暗时代保留人性，以人道的方式行事。① 人类历史上也曾出现过一些黑暗时期，如纳粹德国、斯大林主义的苏联以及极端主义的宗教运动。埃齐欧尼认为，这些时代都是以某种抽象的普遍观念为信念，并用以这种信念为基础的普遍义务压倒特殊义务。但是正是那些特殊的密切关系（以及所蕴含的特殊义务）使人们在普遍的疯狂中保留理智，在非人性中留存人性，在意识形态的迷失中维持道德力量，例如，很多德国人在纳粹统治时期热情帮助他们的犹太朋友。

通过上述论证，埃齐欧尼试图证明，特殊义务植根于我们人类的本性之中，是我们构成的本质部分，不仅能够使我们发挥健全的功能，而且能够使我们变得更加完善。因此，特殊义务具有坚实的道德基础。

---

① Cf. Amitai Etzioni, *The Common Good*, Cambridge, UK: Polity Press, 2004, p.25.

参考文献

1. Allen, Anita L., and Regan Jr., Milton C., edited, *Debating Democracy's Discontent*, Oxford, UK: Oxford University Press, 1998.

2. Avineri, Shlomo and de-Shalit, Avner, edited, *Communitarianism and Individualism*, Oxford, UK: Oxford University Press, 1992.

3. Bell, Daniel, *Communitarianism and Its Critics,* Oxford, UK: Clarendon Press, 1993.

4. Barry, Brian, *Theories of Justice*, Berkeley, CA: University of California Press, 1989.

5. Barry, Brian, *Justice as Impartiality*, Oxford, UK: Oxford University Press, 1995.

6. Barry, Norman, *An Introduction to Modern Political Theory*, London: The Macmillan Press Ltd., 2000.

7. Campbell, Tom, *Justice*, Atlantic Highlands, NJ: Humanities Press International, Inc., 1988.

8. Cupit, Geoffrey, *Justice as Fittingness*, Oxford: Clarendon Press, 1996.

9. D'Andrea, Thomas D., *Tradition, Rationality, and Virtue: the Thought of Alasdair MacIntyre*, Hampshire, UK: Ashgate Publishing Limited, 2006.

10. Daniels, Norman, edited, *Reading Rawls*, Stanford, CA: Stanford University Press, 1989.

11. Delaney, C. F., edited, *The Liberalism-Communitarianism Debate*, Lanham, Maryland: Rowman & Littlefield Publishers, Inc., 1994.

12. Dworkin, Ronald, *Taking Rights Seriously*, Cambridge, MA: Harvard University Press, 1977.

13. Dworkin, Ronald, *Sovereign Virtue*, Cambridge, Ma.: Harvard University Press, 2000.

14. Elster, Jon, *Solomonic Judgements*, Cambridge, UK: Cambridge University Press, 1989.

15. Etzioni, Amitai, *The Spirit of Community: Rights, Responsibilities, and the Communitarian Agenda*, New York: Crown Publishers, Inc., 1993.

16. Etzioni, Amitai, *The New Golden Rule: Community and Morality in a Democratic Society*, New York: Basic Books, 1996.

17. Etzioni, Amitai, *The Third Way to a Good Society*, London: Demos, 2000.

18. Etzioni, Amitai, *Next: The Road to the Good Society*, New York: Basic Books, 2001.

19. Etzioni, Amitai, *The Common Good*, Cambridge, UK: Polity Press, 2004.

20. Forst, Rainer, *Contexts of Justice*, Translated by John M. M. Farrell, Berkeley, CA: University of California Press, 2002.

21. Foucault, Michel, Discipline and Punish, Translated by Alan Sheridan, New York: Vintage Books/Random House , 1979.

22. Foucault, Michel, *Power/Knowledge*, edited by Colin Gordon, New York: Pantheon Books, 1980.

23. Foucault, Michel, *The Foucault Reader*, edited by P.Rabinow, Harmondsworth: Penguin, 1984.

24. Frazer, Elizabeth, *The Problems of Communitarian Politics*, Oxford, UK: Oxford University Press, 1999.

25. Frohlich, Norman and Oppenheimer, Joe A., *Choosing Justice*, Berkeley, CA: University California Press, 1993.

26. Gauthier, David, *Morals by Agreement*, Oxford, UK: Oxford University Press, 1992.

27. Galston, William A., "Community, Democracy, Philosophy: The Political Thought of Michael Walzer", *Political Theory*, Vol. 17, No. 1, February 1989.

28. Habermas, Jürgen, *The Theory of Communicative Action*, Vol. I , Boston: Beacon Press, 1984.

29. Habermas, Jürgen, *The Theory of Communicative Action*, Vol. II , Boston: Beacon Press, 1987.

30. Habermas, Jürgen, *Moral Consciousness and Communicative Action,* The MIT Press, 1990.

31. Habermas, Jurgen. *Between Facts and Norms*, translated by William Rehg, Cambridge, Ma: The MIT Press, 1996.

32. Horton, John and Mendus, Susan, edited, *After MacIntyre*, Cambridge, UK: Polity Press, 1994.

33. Kolm, Serge-Christophe, *Modern Theories of Justice*, Cambridge, Massachusetts: The MIT Press, 1996.

34. Lehman, Edward W., edited, *Autonomy and Order: A Communitaian Anthology*, Lanham, Maryland: Rowman and Littlefield Publishers, Inc., 2000.

35. Lucas, J.R, *On Justice*, Oxford: Clarendon Press, 1980.

36. Lucash, Frank S., edited, *Justice and Equality: Here and Now*, Ithaca: Cornell University Press, 1986.

37. Lutz, Christopher Stephen, *Tradition in the Ethics of Alasdair MacIntyre: Relativism, Thomism, and Philosophy*, Lanham, Maryland: Lexington Books, 2004.

38. Lyotard, Jean-Francois, *Just Gaming,* Manchester: Manchester University Press, 1985.

39. MacIntyre, Alasdair, *After Virtue*, Notre Dame, Indiana: University of Notre Dame Press, Second Edition, 1984.

40. MacIntyre, Alasdair, *Whose Justice? Which Rationality?* Notre Dame, Indiana:

University of Notre Dame Press, 1988.

41. MacIntyre, Alasdair, *Three Rival Version of Moral Enquiry*, London: Duckworth, 1990.

42. MacIntyre, Alasdair, *The MacIntyre Reader*, edited by Kelvin Knight, Notre Dame, Indiana: University of Notre Dame Press, 1998.

43. MacIntyre, Alasdair, *Dependent Rational Animals*, Chicago and La Salle, Illinois: Open Court, 2002.

44. MacIntyre, Alasdair, *Ethics and Politics*, Cambridge, UK: Cambridge University Press, 2006.

45. Mandle, Jon, *What's Left of Liberalism?* New York: Lexington Books, 2000.

46. McCarthy, Thomas, *The Critical Theory of Jurgen Habermas*, The MIT Press, 1978.

47. McMylor, Peter, *Alasdair MacIntyre*, London, UK: Routledge, 1994.

48. Mill, John Stuart, *On Liberty and Other Essays*, Oxford and New York: Oxford University Press, 1991.

49. Miller, David, and Walzer, Michael, edited, *Pluralism, Justice, and Equality*, Oxford: Oxford University Press, 1995.

50. Mulhall, Stefhen and Swift, Adam, *Liberals and Communitarians*, Oxford, UK: Blackwell Publishers, 1992.

51. Murphy, Mark C., edited, *Alasdair MacIntyre*, Cambridge UK: Cambridge University Press, 2003.

52. Nagel, Thomas, "Rawls on Justice", in Norman Daniels (ed), *Reading Rawls*, Stanford, CA: Stanford University Press, 1989.

53. Nagel, Thomas, *Equality and Partiality*, Oxford, UK: Oxford University Press, 1991.

54. Nozick, Robert, *Anarchy, State and Utopia*, New York: Basic Books, 1974.

55. O'Manique, John., *The Origins of Justice*, Philadelphia: University of Pennsylvania Press, 2003.

56. O'Neill, Shane., *Impartiality in Context*, Albany, NY: State University of New York Press, 1997.

57. Phillips, Derek L., *Looking Backward*, Princeton, New Jersey: Princeton University Press, 1993.

58. Pettit, Philip, *Republicanism: a Theory of Freedom and Government*, Oxford, UK: Oxford University Press, 1999.

59. Pogge, Thomas W., *Realizing Rawls*, Ithaca, NY: Cornell University Press, 1989.

60. Rawls, John, *A Theory of Justice,* Cambridge, Massachusetts: The Belknap Press of Harvard University Press, 1999.

61. Rawls, John, *Political Liberalism*, New York: Columbia University Press, 1996.

62. Rawls, John, *Collected Papers,* edited by Samuel Freeman Cambridge, Massachusetts: The Belknap Press of Harvard University Press, 1999.

63. Rawls, John, *Justice as Fairness,* Cambridge, Massachusetts: The Belknap Press of Harvard University Press, 2001.

64. Rorty, Richard, *Contingency, Irony and Solidarity*, Cambridge: Cambridge University Press, 1989.

65. Rorty, Richard, *Objectivity, Relativism, and Truth*, Cambridge: Cambridge University Press, 1991.

66. Rorty, Richard, *Truth, Politics and 'Post-modernism'*, Van Gorcum, 1997.

67. Sandel, Michael, *Liberalism and the Limit of Justice,* Cambridge University Press, 1982.

68. Sandel, Michael, edited, *Liberalism and Its Critics*, New York: New York University Press, 1984.

69. Sandel, Michael, *Democracy's Discontent: America in Search of a Public Philosophy*, Cambridge, Mass: The Belknap Press of Harvard University Press, 1998.

70. Sandel, Michael, *Public Philosophy: Essays on Morality of Politics*, Cambridge, Mass: Harvard University Press, 2005.

71. Sandel, Michael, *Justice: What's the Right Thing to Do?* New York: Farrar, Straus and Giroux, 2009.

72. Sciulli, David, *Etzioni's Critical Functionalism: Communitarian Origins and Principles*, Leiden: Koninklijke Brill NV, 2011.

73. Sen, Amartya, and Williams, Bernard, edited, *Utilitarianism and Beyond*, Cambridge: Cambridge University Press, 1982.

74. Sher, George, *Desert,* Princeton, NJ: Princeton University Press, 1987.

75. Sterba, James P., edited, *Justice: Alternative Political Perspectives*, Wadsworth Publishing Company, 1999.

76. Taylor, Charles, *Philosophy and the Human Sciences*, Cambridge, UK: Cambridge University Press, 1985.

77. Taylor, Charles, *Sources of the Self,* Cambridge, Massachusetts: Cambridge University Press, 1989.

78. Walzer, Michael, *Radical Principles*, New York: Basic Books, Inc., 1980.

79. Walzer, Michael, *Spheres of Justice*, New York: Basic Books, Inc., 1983.

80. Walzer, Michael, "Justice Here and Now", in *Justice and Equality: Here and Now,* edited by Frank S. Lucash, Ithaca, New York: Cornell University Press, 1986.

81. Walzer, Michael, *Interpretation and Social Criticism*, Cambridge, Mass: Harvard University Press, 1987.

82. Walzer, Michael, *Thick and Thin*, Notre Dame, Inaiana: University of Notre Dame Press, 1994.

83. Walzer, Michael, *Politics and Passion: Toward a More Egalitarian Liberalism*, New Haven: Yale University Press, 2004.

84. Walzer, Michael, *Thinking Politically: Essays in Political Theory*, edited by David Miller, New Haven: Yale University Press, 2007.

85. Waxman, Chaim I.,edited, *The End of Ideology Debate*, New York: A Clarion Book, 1968.

86. Williams, Bernard, *Moral Luck*, Cambridge, UK: Cambridge University Press, 1981.

87. Young, Iris Marion, *Justice and Politics of Difference*, Princeton, NJ: Princeton University Press, 1990.

索　引

142, 143, 144, 146, 150, 153, 155, 156,
158, 160, 161, 163, 166, 167, 169, 174,
175, 178, 180, 182, 183, 192, 197, 200,
202, 206, 208, 209, 210, 211, 214, 215,
216, 217, 219, 220, 221, 222, 225, 226,
227, 228, 229, 230, 231, 232, 233, 234,
235, 236, 237, 239, 240, 241, 242, 244,
245, 246, 247, 248, 249, 250, 252, 253,
261, 263, 266, 267, 268, 269, 270, 271,
272, 274, 275, 283, 291, 292, 294, 295, 297,
298, 299, 300, 301, 302, 303, 306, 307, 310,
311, 317, 319, 321, 323, 327, 330, 332, 344,
352, 354, 357, 362, 363, 364, 365, 366, 369,
381, 387, 388, 390, 391

社会批判 180, 186, 187, 188, 189, 190,
191

社会意义 5, 124, 125, 126, 128, 131, 133,
136, 137, 138, 139, 140, 141, 142, 143,
144, 145, 146, 159, 160, 176, 180, 185

实践 6, 7, 8, 10, 12, 13, 14, 15, 16, 18, 20,
22, 23, 29, 30, 45, 56, 57, 73, 81, 93, 97,
98, 103, 145, 169, 170, 173, 183, 191, 196,
200, 205, 208, 210, 211, 215, 217, 220,
221, 222, 224, 225, 230, 231, 232, 233,
234, 235, 236, 237, 238, 239, 240, 241,
242, 244, 245, 248, 249, 250, 251, 253,
256, 260, 264, 266, 267, 269, 270, 271,
273, 290, 291, 294, 295, 296, 297, 298,
299, 300, 301, 309, 315, 364

斯宾诺莎 24, 308

斯金纳 90, 92, 94

社会的无政府 314, 315

社群主义 1, 2, 3, 5, 6, 7, 8, 9, 10, 11, 12,
13, 14, 15, 16, 17, 18, 19, 29, 30, 31, 40,
43, 46, 47, 50, 51, 52, 53, 54, 55, 56, 58,
59, 62, 68, 69, 70, 72, 74, 75, 76, 77, 79,

83, 84, 86, 87, 89, 90, 91, 92, 93, 94, 95,
96, 97, 98, 99, 100, 101, 104, 116, 129,
130, 131, 132, 133, 155, 156, 157, 162,
166, 167, 168, 173, 177, 178, 179, 191,
192, 193, 194, 195, 196, 197, 198, 199,
200, 201, 208, 215, 217, 219, 220, 221,
228, 229, 234, 235, 239, 246, 248, 250,
263, 264, 265, 268, 270, 271, 272, 275,
276, 289, 290, 291, 292, 293, 294, 296,
297, 298, 299, 302, 303, 304, 305, 307,
308, 309, 310, 311, 312, 315, 316, 317,
319, 320, 321, 322, 323, 324, 326, 327,
328, 329, 330, 331, 332, 333, 334, 335,
336, 337, 338, 339, 340, 342, 344, 345,
346, 347, 348, 349, 350, 351, 352, 354,
355, 356, 357, 358, 359, 360, 361, 362,
363, 365, 366, 367, 368, 369, 370, 372,
373, 374, 375, 376, 377, 378, 379, 380,
381, 384, 387, 388, 389, 390

T

泰勒 68, 86, 338, 344

特殊主义 5, 8, 10, 100, 101, 102, 103, 104,
105, 106, 107, 109, 111, 115, 116, 123,
124, 130, 143, 260, 311, 363, 366, 377,
380

同意 24, 28, 51, 52, 57, 61, 73, 75, 80, 82,
84, 85, 94, 119, 122, 141, 144, 145, 156,
157, 165, 169, 173, 177, 178, 184, 186,
218, 241, 252, 253, 288, 298, 303, 330,
360, 363, 366, 375, 378

W

沃尔策 5, 6, 10, 16, 58, 62, 68, 70, 86, 90,

X

Y

责任编辑：方国根

图书在版编目（CIP）数据

正义与善：社群主义研究 / 姚大志 著 . – 北京：人民出版社，2014.12
ISBN 978 – 7 – 01 – 013686 – 8

I. ①正… II. ①姚… III. ①政治哲学 – 研究 – 西方国家 – 现代 IV. ① D095

中国版本图书馆 CIP 数据核字（2014）第 140323 号

正义与善
ZHENGYI YU SHAN
——社群主义研究

姚大志 著

人民出版社 出版发行
（100706 北京市东城区隆福寺街 99 号）

北京新魏印刷厂印刷 新华书店经销

2014 年 12 月第 1 版 2014 年 12 月北京第 1 次印刷
开本：710 毫米 × 1000 毫米 1/16 印张：25.75
字数：400 千字 印数：0,001 – 2,500 册

ISBN 978 – 7 – 01 013686 – 8 定价：59.00 元

邮购地址 100706 北京市东城区隆福寺街 99 号
人民东方图书销售中心 电话（010）65250042 65289539